Die Basilica Aemilia am Forum Romanum

Der kaiserzeitliche Bau und seine Ornamentik

Deutsches Archäologisches Institut Rom

Palilia

Band 24

Johannes Lipps

Die Basilica Aemilia am Forum Romanum

Der kaiserzeitliche Bau und seine Ornamentik

2011

Dr. Ludwig Reichert Verlag Wiesbaden

Umschlagbild:
Basilica Aemilia, Blick von Osten auf die Basilica (Foto: H. Behrens, D-DAI-ROM-2007.0172)

Redaktion: Deutsches Archäologisches Insitut Rom
Textredaktion und Satz: Miriam Würfel

Bibliografische Information der Deutschen Nationalbibliothek
Die Deutsche Nationalbibliothek verzeichnet diese Publikation in der Deutschen Nationalbibliografie; detaillierte bibliografische Daten sind im Internet über http://dnb.ddb.de abrufbar.

ISBN 987-3-89500-870-2

Gedruckt wurde auf alterungsbeständigem Papier mit neutralem pH-Wert.
Printed in Germany.

Inhalt

Vorwort

Bei der vorliegenden Untersuchung „Die Basilica Aemilia am Forum Romanum. Der kaiserzeitliche Bau und seine Ornamentik“ handelt es sich um meine Dissertation, die von der Philosophischen Fakultät der Universität zu Köln im Sommersemester 2008 angenommen wurde. Sie entstand im Rahmen des Projektes „Basilica Aemilia“ der Abteilung Rom des Deutschen Archäologischen Instituts unter der Leitung von Klaus Stefan Freyberger.

Die Arbeit geht auf einen Vorschlag meines akademischen Lehrers Henner von Hesberg zurück, dem ich für seine engagierte Betreuung herzlich danke. Ebenfalls zu großem Dank verpflichtet bin ich Klaus Stefan Freyberger und Christine Ertel, die meine Arbeit in jeder Phase mit Interesse und Hinweisen begleiteten und das gesamte Textmanuskript einer kritischen Durchsicht unterzogen haben. Reinhardt Förtsch übernahm freundlicherweise das Koreferat.

Dankbar verbunden fühle ich mich für die gute Zusammenarbeit ferner den übrigen Kolleginnen und Kollegen des „Basilica Aemilia Projektes“ Heide Behrens, Tobias Bitterer, Arwa Darwish, Reinhardt Förtsch, Daniela Gauss, Julia Ochmann, Rolf Michael Schneider, Kathrin Tacke und Florian Willems. Für die freundliche Unterstützung bei der Materialsammlung und -dokumentation danke ich der staatlichen und städtischen Soprintendenz Roms. Von den vielen Beteiligten seien an dieser Stelle Angelo Bottini, Irene Iacopi, Roberto Meneghini, Marina Milella, Eugenio La Rocca, Maria Antonietta Tomei, Lucrezia Ungaro sowie besonders Stefania Trevisan genannt.

Für zahlreiche Diskussionen, Hinweise und Korrekturen danke ich ferner meinen Kolleginnen und Kollegen Tobias Bitterer, Kerstin P. Hofmann, Kristine Iara, Martin Köder, Patric Kreuz, Christiane Nowak, Sabine Patzke, Martin Tombrägel und Hauke Ziemssen. Für die Anfertigung von Schaubild 1 danke ich Roy Hessing, für die redaktionelle Betreuung Philipp von Rummel und Miriam Würfel. Die Korrektur der Übersetzung der Zusammenfassung übernahmen dankenswerterweise Katharina Lipps, Marina Sclafani und Alexander Thein.

Schließlich möchte ich dankend an Heinrich Bauer erinnern, dessen jahrelangen Vorarbeiten für die vorliegende Studie von unschätzbarem Wert waren.

Ermöglicht wurde die Untersuchung durch die großzügige Förderung der Deutschen Forschungsgemeinschaft, des Deutschen Akademischen Austauschdienstes und der Gerda Henkel Stiftung sowie die logistische Unterstützung der Abteilung Rom des Deutschen Archäologischen Instituts, denen ich allen herzlich danke.

Letztlich ist darauf hinzuweisen, dass die hier vertretenen Meinungen nicht in allen Punkten deckungsgleich mit den Ergebnissen von Klaus Stefan Freyberger und Christine Ertel sind. Es ist dem großen inhaltlichen Interesse meiner Kollegen am wissenschaftlichen Diskurs und ihrer Diskussionsfreude zu verdanken, dass die unterschiedlichen Ansichten nun der Öffentlichkeit in dieser Form zugänglich gemacht werden.

Rom, Februar 2009 Johannes Lipps

Anmerkungen zur Zitierweise und Terminologie

Diese Arbeit folgt den Abkürzungsverzeichnissen und Richtlinien für die Publikationen des Deutschen Archäologischen Instituts in der Fassung von 2005[1]. Antike Autoren und Werktitel werden nach dem Abkürzungsverzeichnis im Band III des Neuen Pauly von 1997 angeführt[2]. Ferner wird in der vorliegenden Arbeit vereinzelt auf die unpublizierten Manuskripte Heinrich Bauers, ein statisches Gutachten Harry Grundmanns und alte Photographien Bezug genommen. Sie sind allesamt im Deutschen Archäologischen Institut in Rom archiviert[3]. Die Tabellen, auf die im Text verwiesen wird, befinden sich im Anhang. Die in der Arbeit diskutierten archäologischen Objekte sind durch die angegebenen Seriennummern eindeutig identifiziert und können im Internet in Form von einzelnen, mit mehreren Fotografien und Zeichnungen versehenen Datensätzen in der Datenbank des Deutschen Archäologischen Instituts und des Forschungsarchivs für Antike Plastik der Universität zu Köln eingesehen werden[4].

Unabhängig davon, dass die Basilica Aemilia in der antiken Literatur unter verschiedenen Namen erwähnt wird und in der Kaiserzeit hauptsächlich Basilica Paulli genannt worden zu sein scheint, wird das Gebäude in der vorliegenden Arbeit stets als Basilica Aemilia bezeichnet[5]. Unter Basilica Aemilia wird der ganze Komplex nordöstlich des Forum Romanum verstanden, der eine Portikus, dahinterliegende Tabernen und die eigentliche Basilica umfasst. Es deutet zwar vieles darauf hin, dass diese Bereiche in der Antike verschiedene Namen hatten, doch sind die Benennungen im Einzelnen umstritten und nicht eindeutig belegbar[6]. Aus architektonischer Sicht ist der Komplex in der Kaiserzeit als Einheit zu verstehen, da er zeitgleich und zusammenhängend entworfen wurde. Er soll daher im Folgenden auch im Verbund betrachtet werden.

Die Terminologie für die Kapitelle orientiert sich an den Vorschlägen Klaus Stefan Freybergers[7], diejenige für die Gebälke und eine Vielzahl an Ornamentbändern an den Vorschlägen Torsten Matterns[8]. Für Bauglieder mit Rankendekor wurden Begriffe verwendet, wie sie bei Günther Schörner und Marion Mathea-Förtsch definiert wurden[9]. Unter Ikonographie wird im Folgenden nach Freyberger Aufbau und Komposition von Ornamentik verstanden[10].

Auch wenn der Gebäudekomplex nicht exakt genordet ist (Abb. 1), werden der Einfachheit halber die zum Forum gerichtete Seite als Südseite, die Schmalseiten als Ost- bzw. Westseite und die zu den Kaiserfora weisende Basilicarückwand als Nordseite angesprochen.

1 AA 2005, 309–399.

2 DNP III (1997) S. XXXVI–XLIV.

3 Im Folgenden zitiert als: Bauer DAInst Henkelbericht; Bauer DAInst Nachlass; Grundmann DAInst Gutachten bzw. Photo Nr. Der Nachlass Bauers beinhaltet neben Zeichnungen und Photographien auch ein katalogartiges Schreibmaschinen-Manuskript von ca. 250 Seiten, in dem Beobachtungen zu den Fundamenten und zu einzelnen Baugliedern dargelegt sind. Die Gliederung der aufgeführten Bauglieder entspricht Bauers Rekonstruktion. Auch wenn dieser Text sehr unvollständig ist und einige der darin enthaltenen Gedanken revidiert werden mussten, so enthielt er aufschlussreiche Einzelbeobachtungen.

4 http://www.arachne.uni-koeln.de.

5 Diese Bezeichnung wurde in der bisherigen Forschung meistens gewählt und wird hier der Einfachheit halber beibehalten. Zu den verschiedenen Schriftquellen: Bauer 1993a; Bauer 1993b; Steinby 1993.

6 Dazu zuletzt Haselberger 2007, 213 f., der in dem der Basilica vorgelagerten Bau die Porticus Gai et Luci sieht, und Heinemann 2007, 63–66, der hier die Porticus Iulia erkennt. Vgl. zur Diskussion weiter: De Maria 1988, 274 f.; Ackroyd 1992; Palombi 1999; Ackroyd 2000; Norena 2002; Swan 2004, 291–293.

7 Freyberger 1990, Beil. I–III.

8 Mattern 2001a.

9 Schörner 1995, Taf. 1. 2.; Mathea-Förtsch 1999.

10 Freyberger 1990, 2.

I. Einleitung

Nach Plinius dem Älteren war die Basilica Aemilia neben dem Augustusforum und dem Templum Pacis das schönste Bauwerk, das die Welt je gesehen hatte[11]. Selbst nach Relativierung dieser Aussage unter Berücksichtigung ihres historischen und geographischen Kontextes, wird die neuzeitliche Erforschung des Gebäudes der ihm in der Antike beigemessenen Bedeutung nicht gerecht. Obwohl der Bau aufgrund seiner zentralen Lage am Forum das Interesse der Forschung in unterschiedlichen Zusammenhängen geweckt hat, fehlt bis heute eine systematische Aufnahme seiner überlieferten Bauglieder. Erst eine solche befähigt jedoch dazu, das Gebäude kritisch für die Wissenschaft zu erschließen, um weiterführende Fragen beantworten zu können. Die vorliegende Arbeit stellt daher einen ersten Schritt dar, den archäologischen Befund der Basilica Aemilia adäquat aufzuarbeiten.

Gegenstand der Untersuchung ist der architektonische Schmuck[12] des kaiserzeitlichen Baukomplexes, der aus einer Basilica und einer dieser vorgelagerten Portikus mit Tabernen besteht (Abb. 1). Die spezifische Projektsituation[13] legte es nahe, sich dabei in der Dokumentation und primären Auswertung auf die architektonisch gebundene Ornamentik – z. B. Säulenbasen, Kapitelle oder Geisa – zu beschränken. Die Profilleisten werden wie auch die nicht architektonisch gebundene Wandverkleidung, die Fußböden und die Bauskulptur – Orientalenstatuen[14] und figürlicher Fries – von anderer Seite bearbeitet[15]. Auf die Ergebnisse dieser Arbeiten wird gegebenenfalls Bezug genommen. Bei dem untersuchten Material handelt es sich aufgrund der Erhaltungsbedingungen ausschließlich um Bauglieder aus Marmor, Travertin und Tuff.

Ziel ist es, durch die Analyse ihrer technischen Merkmale sowie der Wahl, Anordnung und Ausführung ihrer Ornamente zunächst Aufschluss über die Rekonstruktion, die Chronologie und den Planungs- und Bauvorgang des Gebäudekomplexes zu erhalten. Dahinter steht die Absicht, auf dieser Grundlage anschließend Fragen nach Einsatz und Bedeutung des architektonischen Schmucks nachgehen zu können.

In den meisten Untersuchungen architektonischen Schmuckes konzentrierte man sich bisher auf Bauglieder einer bestimmten Funktion, wie beispielsweise Kapitelle oder Geisa, von denen einzelne Stücke an unterschiedlichen Bauwerken analysiert wurden, um dadurch die chronologische Entwicklung verschiedener Bauglieder und ihrer Ornamentierung anhand stilistischer Merkmale nachzuzeichnen[16]. Ferner wurden chorologische Studien durchgeführt, da sich an Bauornamentik regional bedingte Unterschiede feststellen lassen[17]. Es ist nicht nur möglich, spezifische lokale Eigenheiten zu erkennen, sondern auch die Einflüsse von Ornamenttraditionen einer Region auf andere Gegenden festzustellen und zu interpretieren[18].

11 Plin. nat. 36, 102.

12 Zum antiken und modernen Verständnis von architektonischem Schmuck: Muth 1998, 54; die Lexikonartikel bei Höcker 2004, 36–38 sowie von Hesberg 2005a, 32–40, mit einer Fülle von antiken Quellen und weiterführender Sekundärliteratur.

13 Die vorliegende Arbeit entstand im Rahmen des Projektes „Basilica Aemilia" des Deutschen Archäologischen Instituts, Abteilung Rom, unter der Leitung von K. S. Freyberger. Erste Vorberichte sind bereits erschienen: Freyberger 2005; Freyberger 2006; Lipps 2006; Freyberger 2007; Freyberger – Ertel 2007; Ertel – Freyberger 2007; Lipps 2007a; Lipps 2007b; Bitterer 2007a; Bitterer 2007b; Freyberger 2008; Ertel u. a. (in Druck).

14 Diese Statuen stellen höchstwahrscheinlich Barbaren bzw. Parther dar: Freyberger – Ertel 2007, 513–518 mit Anm. 62. Da aufgrund der fehlenden Attribute aber keine eindeutige Benennung erfolgen kann, werden sie im Folgenden generalisierend als Orientalen bezeichnet. Zum Begriff und der polyvalenten Semantik solcher Statuen: Schneider 1986, 161 f.; Schneider 1998, 103–110. 113–118; Schneider 2002, 84–88. 91. 100–103; Bitterer 2007a, 535 mit Anm. 153; Bitterer 2007b, 155 Anm. 2.

15 Die Fußböden werden durch C. Ertel und K. S. Freyberger erforscht. Um die Wandverkleidungen und die dazugehörigen Profile bemühen sich C. Ertel und T. Bitterer. Die Orientalenstatuen werden von T. Bitterer bearbeitet, mit dem figürlichen Fries beschäftigt sich K. S. Freyberger.

16 Beispielsweise: Schede 1909; Kähler 1939; von Mercklin 1962; Börker 1965; Heilmeyer 1970; Leon 1971; Neu 1972; Pensabene 1972a; von Hesberg 1980a; Bingöl 1980; Sperti 1983; Ganzert 1983; Vasdaris 1987; Lauter-Bufe 1988; Tancke 1988; Herrmann 1988; Fischer 1990; Freyberger 1990; Gans 1992; Paul 1994; Schörner 1995; Schreiter 1995; Mathea-Förtsch 1999; Schäfer 1999; Mattern 2001a; Plattner 2003. Weitere Literatur bei Schmidt-Colinet – Plattner 2004, 136–152; von Hesberg 2005a, 277.

17 Beispielsweise: Weigand 1914; Alzinger 1974; Cavaliere Manasse 1978; Pülz 1989; Strube 1993; Rumscheid 1994; Vandeput 1997; Heinrich 2002; Köster 2004. Weitere Literatur bei Schmidt-Colinet – Plattner 2004, 149 f.

18 Zum Austausch von Architektur und Ornamentkonzepten vgl. in jüngster Zeit vor allem die Forschungen Plattners: Plattner 2003; Plattner 2004; Plattner 2007 mit weiterführender Literatur.

Erst in jüngerer Zeit wurden alle Fragmente einer Serie funktional gleicher Bauglieder desselben Bauwerks einander vergleichend gegenübergestellt[19]. Durch diese Untersuchungen kam man den Details der Rekonstruktion und den Fragen, wie groß der gleichzeitige Variationsreichtum in der Ikonographie und Ausführung von Ornamentik sein kann und wie Planung und Ausführung in der Praxis funktionierten, deutlich näher.

Die hier durchgeführte Untersuchung baut auf diesem Ansatz auf. Darüber hinaus sollen erstmals alle erhaltenen ornamentierten Fragmente eines relativ gut überlieferten Bauwerks vollständig gesammelt, dokumentiert und ausgewertet werden. Auf diese Weise kann eine detaillierte Rekonstruktion der Basilica Aemilia und ihres architektonischen Schmuckes vorgelegt werden[20]. Weiter ermöglicht die Bearbeitung aller Fragmente, den Zeitstil unabhängig vom gleichzeitigen, individuellen Variationsreichtum in der Ausführung der Ornamente zu bewerten und spätere Eingriffe in das Gebäude festzustellen. Ferner kann dadurch der zeitgleiche Variationsreichtum in der Typologie und Ausführung von Bauornamentik an ein- und demselben Gebäude und dessen Aussagegehalt für die Stilkritik untersucht werden. Auch grundsätzliche Erkenntnisse zu den Grenzen und Möglichkeiten der Datierung anhand von Bauornamentik im Rom der augusteischen Zeit lassen sich auf diese Weise gewinnen[21]. Weiterhin dürften nachträgliche Umbaumaßnahmen mit der Geschichte des Forum Romanum verbunden und interpretiert werden können. Aussagen zum Bauvorgang sollten sich am archäologischen Befund so wesentlich detaillierter nachzeichnen lassen, als es anhand einzelner Stücke möglich ist. Vor allem ist der Frage nachzugehen, in welchem Grad die Ornamentik im Rahmen eines verbindlichen Entwurfs vorgegeben war oder während des Baus durch die Handschrift einzelner bzw. gemeinsam arbeitender Steinmetzen geprägt wurde[22]. Die Beantwortung dieser Frage ist eine wesentliche Vorraussetzung, um den Einsatz und Bedeutungsgehalt von architektonischem Schmuck interpretieren zu können[23].

Die vorliegende Arbeit ist in drei Abschnitte gegliedert. In der Einführung (Kap. I.–V.) werden die Lage sowie die Geschichte der Basilica Aemilia anhand der bisher bekannten historischen und archäologischen Quellenlage mit Fokus auf der Baugeschichte und dem Zerstörungsprozess vorgestellt. In der forschungsgeschichtlichen Betrachtung wird nach einem Literaturbericht der aktuell vorliegende Rekonstruktionsvorschlag dargelegt. Die mit der bisherigen Forschung verbundenen Probleme werden anschließend skizziert und Perspektiven für die eigene Untersuchung aufgezeigt. Es folgt eine Beschreibung der der Arbeit zugrundeliegenden Quellensituation und des methodischen Vorgehens. Aufgrund der speziellen Quel-

19 Beispielsweise: Schörner 1997; Rohmann 1998; Heinrich 2002; Rohmann 2007.

20 Bei den bisherigen Untersuchungen augusteischer Architektur in Rom, die auf die Rekonstruktion eines Monumentes abzielten, wurden meist nur wenige, gut erhaltene Stücke in die Überlegungen mit einbezogen. Dies führte vielfach zu einer eher schematischen Rekonstruktion. Nur bei einem quantitativen Ansatz unter Berücksichtigung aller Fragmente kann die Varianz der Architekturglieder erkannt und so der Bau in seiner Vielfältigkeit präziser rekonstruiert werden. Vgl. etwa die herkömmlichen Untersuchungen zum Marcellustheater: Fidenzoni 1970; zum Concordiatempel: Gasparri 1979; zum Saturntempel: Pensabene 1984; zum Apollon-Sosianus-Tempel: Viscogliosi 1996; und zum Mars-Ultor-Tempel: Ganzert 1996, der auch nur eine Auswahl an gut erhaltenen Baugliedern und Ornamenten in seine Überlegungen einbezieht. Am Augustusmausoleum sind nur wenige Fragmente erhalten: von Hesberg – Panciera 1994. Die meisten anderen Bauten augusteischer Zeit liegen bis heute nicht umfassend untersucht vor. Vgl. zur Crypta Balbi: Manacorda 1993; Manacorda 2001, 21–43; zum Caesartempel: Montagna Pasquini 1973; zu den Augustusbögen am Forum zuletzt: Nedergaard 2004; zum Magna-Mater-Tempel: Pensabene 1996a; Mattern 2000a; zum Augustushaus auf dem Palatin zuletzt: Pensabene 1997; Tomei 2000b; Tomei 2004; zum sog. Oktaviusbogen: Tomei 2000a; zum Apollon-Palatinus-Tempel und seinen Portiken: Bauer 1969; Iacopi – Tedone 2006; Tomei 2005/2006; Zink 2008; zum Bellonatempel: De Nuccio 2004; zur Ara Pacis zuletzt: Rossini 2006; Bordignon – Calandra 2007; zu den Horrea Agrippiana: Bauer 1978; Bauer – Pronti 1978; zu den Hallen des Augustusforums: Bauer 1988b; zum Caesarforum: Amici 1991, 29–64; La Rocca 2001, 178–180; Rizzo 2001, 224–227; Meneghini – Santangeli Valenzani 2007, 31–37. Forschungsergebnisse zu anderen augusteischen Bauwerken, wie der Basilica Iulia (Giuliani – Verduchi 1993) oder der Regia (Scott 1999), sind, was ihre augusteische Phase angeht, nahezu unpubliziert. Eine Ausnahme stellt inzwischen der Castortempel dar, der nach mehreren Studien zu älteren Phasen sowie Vorberichten (Sande – Zahle 1988; Nielsen – Poulson 1992; Nielsen 1993) nun auch für die augusteische Phase hervorragend publiziert ist: Sande – Zahle 2008.

21 Zur Anwendung der Stilkritik an Bauornamentik in Rom bislang: von Hesberg 1990, 353; Freyberger 1990, 1–4; Mattern 2001a, 11 f.

22 Zur Problematik ausgehend von Gros 1976: von Hesberg 1981c, 223–225. Die Diskussion, ob römische oder griechische Bauhütten tätig waren und die Bauten in ihrer Gestalt beeinflussten, wird in der vorliegenden Arbeit nicht thematisiert, da in dem hier bearbeiteten Zeitfenster ohnehin bereits eine Vermischung stattgefunden haben dürfte: Maschek 2008.

23 Fragen nach Einsatz und Bedeutungsgehalt stehen seit kurzem im Blickpunkt der Beschäftigung mit Architektur und Bauornamentik. Vgl. beispielsweise von Hesberg 1990; von Hesberg 1996; von Hesberg 2003; von Hesberg 2005a, 32–62; Hölscher 2006.

lensituation am Forum Romanum wird eine Methode zum Umgang mit dislozierten Funden entwickelt.

Auf dieser Grundlage erfolgt im zweiten Abschnitt der Arbeit die Rekonstruktion der Ornamentik am Bau (Kap. VI.–VII.). Bei der Gliederung der Befundbeschreibung werden zum besseren Verständnis einige Erkenntnisse zur Rekonstruktion und Chronologie der Basilica Aemilia berücksichtigt. Grundsätzlich wird zwischen dem augusteischen Bau (Kap. VI.) und den nachfolgenden Umbauten (Kap. VII.) unterschieden. Innerhalb dieser Abschnitte wird zwischen Basilica und Portikus differenziert. Um Kurzschlüssen in der Interpretation vorzubeugen, wird im Kapitel zum augusteischen Bauwerk nach dem Grad der Wahrscheinlichkeit der Zuweisung zum Bau und der Rekonstruierbarkeit zwischen 1) sicher rekonstruierbaren, 2) zuweisbaren, aber nicht sicher rekonstruierbaren und 3) Baugliedern einer möglichen, aber nicht gesicherten Zuweisung unterschieden. Die Abfolge der einzelnen die Bauglieder beschreibenden Unterkapitel richtet sich grundsätzlich nach dem architektonischen Aufbau des Komplexes, wobei jeweils Bauglieder gleicher Funktion zusammengefasst werden. Dabei gilt es, zum einen die Formen der Bauglieder und ihre Position am Bau zu ermitteln, zum anderen die Syntax und anschließend die Machart der auf ihnen angelegten Ornamente zu beschreiben. Im Anschluss an die Befundbeschreibung erfolgt jeweils eine resümierende Gesamtrekonstruktion für die Bauglieder des betreffenden Unterkapitels.

Im auswertenden Teil (Kap. VIII.–XIII.) werden anhand des Befundes verschiedene weiterführende Fragestellungen behandelt. Zunächst soll in einem Kapitel zur Chronologie (Kap. VIII.–IX.) die genaue Zeitstellung des augusteischen Baus eruiert und die Vielfalt gleichzeitiger typologischer und stilistischer Erscheinungsformen dargelegt werden. Ferner erfolgen die zeitliche Einordnung späterer Umbauphasen und ihre Interpretation. Anschließend wird anhand zahlreicher Einzelbeobachtungen der Planungs- und Bauprozess der Basilica Aemilia erörtert (Kap. X.–XI.). Auf Grundlage des antiken Entwurfes sollen daraufhin Aspekte des Einsatzes und Bedeutungsgehalts architektonischen Schmucks am Bau dargelegt werden (Kap. XII.1.–2.).

Abschließend werden nach einem kurzen Ausblick (Kap. XII.3.) die Ergebnisse zum Baukomplex der Basilica Aemilia zusammengefasst (Kap. XIII.).

II. Topographische Situation des Bauwerks

Der Komplex der Basilica Aemilia befindet sich an der nördlichen Längsseite des Forum Romanum in einem Talkessel zwischen dem Kapitol, dem Palatin, der Velia, dem Quirinal und dem Esquilin[24]. Die herausragende Position des Bauwerks erklärt sich weniger aus seiner naturgeographischen als mehr aus seiner kulturgeographischen Lage. Bereits bei Gründung der Basilica im Jahr 179 v. Chr. hinter den damals schon existierenden Tabernen war der Bau Ausdruck eines repräsentativen Anspruchs, der sich unmittelbar aus seiner Lage am Forumsplatz der Stadt begründete[25]. Um das Unternehmen zu realisieren, war man bereit, vorherige Strukturen an dieser Stelle zu planieren[26]. Nur die unter dem Gebäude verlaufende Cloaca Maxima galt es zunächst zu integrieren, bis sie für einen Neubau schließlich umgeleitet wurde[27].

Von Beginn an war die Begrenzung des Bauplatzes durch benachbarte Monumente bzw. Plätze vorgegeben. Im Süden lag das Heiligtum der Venus Cloacina[28] und möglicherweise weitere Bauten, auf die bei baulichen Aktivitäten stets Rücksicht genommen werden musste. Im Norden der Basilica grenzte zunächst das Macellum an[29], später das Templum Pacis und das Nervaforum[30]. Gleichfalls klare Grenzen waren dem Bauwerk an seiner westlichen Schmalseite durch das Argiletum, die von Norden herführende Zugangsstraße zum Forum, vorgegeben[31]. Westlich der Basilica Aemilia erstreckte sich in republikanischer Zeit das Comitium, ab dem Jahr 29 v. Chr. schloss hier die Curia an[32]. Durch die frühaugusteische Curia und ihre Einbindung in das Ensemble des Caesarforums dürfte sich auch die schräge Schmalseite des wenig später noch in augusteischer Zeit errichteten Neubaus der Basilica Aemilia erklären[33]. Relativ unklar ist die Bebauungssituation allein an der östlichen Schmalseite. Seit dem mittleren 2. Jh. n. Chr. steht hier der Tempel des Antoninus Pius und der Faustina[34]. Die Vorgängerbebauung dieses Areals ist hingegen noch unbekannt[35].

Festzuhalten bleibt, dass sich der Baukomplex von Portikus, Tabernen und Basilica von Anfang an im Grenzbereich verschiedener Platzanlagen befand, die für das öffentliche Leben Roms – Politik, Justiz, Wirtschaft und Religion – von höchster Relevanz waren. Hieraus ergibt sich seine Schlüsselfunktion im Stadtbild.

24 Zur topographischen Situation Roms in augusteischer Zeit: Romano – Stapp – Gallia 2002, bes. 37 Abb. 6.; Haselberger 2002, mit weiteren bibliographischen Hinweisen.

25 Nünnerich-Asmus 1994, 5–11.

26 Unter der Basilica wird das aus der Literatur bekannte Atrium Regium vermutet: Gaggiotti 1985a; Zevi 1991; Zevi 1993.

27 Zur Cloaca Maxima in diesem Bereich: Bauer 1989; Tortorici 1991, 21–31; Bauer 1993c; Borbonus – Dumser – Norena 2002.

28 Zum Heiligtum der Venus Cloacina: Coarelli 1993.

29 Vgl. die ausführliche Untersuchung von Morselli – Totorici 1990; Pisani Sartorio 1996b. Zum Forum Piscatorium, welches ebenfalls in dieser Gegend lag: Morselli – Pisani Sartorio 1995, 312 f.

30 Zum Templum Pacis: Coarelli 1999. Zum Nervaforum: Bauer – Morselli 1995. Ferner Meneghini – Santangeli Valenzani 2007, 61–80.

31 Ausführlich dazu: Tortorici 1991.

32 Zur baulichen Gestalt und den Veränderungen in diesem Bereich von archaischer bis in augusteische Zeit: Coarelli 1985, 7–123; Carafa 1998. Zu den Veränderungen unter Caesar und Augustus: Coarelli 1985, 233–238; Coarelli 1988, 70 f.; Knell 2004, 28–32. 39–41. Zur Curia: Bartoli 1962, 1–7. 37–60; Zanker 1972, 8–12. Zum Caesarforum: Amici 1991; Köb 2000, 203–224; Rizzo 2001, 224–230.

33 Wie diese Schmalseite in republikanischer Zeit gestaltet war, ist unbekannt.

34 Cassatella 1993; Pensabene 1996b.

35 Vgl. Freyberger 2009, 24–26, der das Peperinfundament des Tempels einem Vorgängerbau zuweist.

III. Geschichte der Basilica Aemilia

Für die in der vorliegenden Arbeit erfolgende kontextualisierende Betrachtung der kaiserzeitlichen Basilica Aemilia und ihres architektonischen Schmucks ist die Kenntnis ihrer Geschichte eine unabdingbare Voraussetzung. Dazu haben sich zahlreiche Wissenschaftler in diversen Publikationen bereits geäußert, wobei der Schwerpunkt bislang meist auf den althistorischen Quellen und der republikanischen Zeit lag. Die bereits vielfach gesichteten und ausführlich diskutierten Quellen sollen in dieser Untersuchung nicht erneut erörtert werden. Vielmehr gilt es, einen Überblick zum Stand der Forschung zu geben, der sowohl die Baugeschichte der Basilica Aemilia als auch die Zerstörungen und Weiternutzung der Ruinen von den Anfängen[36] bis in die Renaissance beinhalten soll. Berücksichtigt werden dabei nicht nur die literarischen, epigraphischen und numismatischen Quellen, sondern auch der archäologische Befund, soweit bisher veröffentlicht. Als grundsätzliches Problem erweist sich, dass die Bauabfolge aufgrund der Quellensituation nicht im Detail rekonstruierbar ist, sondern Baumaßnahmen nur schlaglichtartig nachvollzogen werden können[37].

Den literarischen Quellen lassen sich mehrere große Bauphasen auf dem Areal der kaiserzeitlichen Basilica Aemilia entnehmen[38]. Vor dem Bau der ersten Basilica existierten hier bereits zum Forum gerichtete Tabernen, die nach einem Brand 210 v. Chr. im folgenden Jahr neu errichtet wurden[39]. Die Basilica selbst wird erst im Jahr 179 v. Chr. historisch greifbar. Die Censoren dieses Jahres, M. Fulvius Nobilior[40] und M. Aemilius Lepidus[41], ließen jeder für sich und auch gemeinsam eine Reihe öffentlicher Bauten ausführen[42]. Zu den Bauwerken, welche Fulvius allein in Auftrag gab, zählt auch eine *„basilicam post argentarias novas et forum piscatorium circumdatis tabernis, quas vendidit in privatum“*[43]. Aufgrund der Lokalisierung der Basilica „hinter den neuen Wechselstuben“ und der Aufzählung, welche mit dem Forum Piscatorium weitergeführt wird, lässt sich diese Basilica am Ort der heutigen Ruine lokalisieren. Sie war sekundär und als eigenständiges Bauwerk hinter den Tabernen platziert worden.

Aus der weiteren Geschichte des 2. Jhs. v. Chr. weiß man von dem Einbau einer Wasseruhr in die Basilica im Jahr 159 v. Chr., die vermutlich einen kleinen Eingriff in das Gebäude dargestellt hat[44]. Zu Beginn des 1. Jhs. v. Chr. wurde über den Tabernae Novae durch Marius das Bild eines Galliers aufgestellt[45].

In sullanischer Zeit brachte laut Plinius M. Aemilius Lepidus[46] Schilde an der Basilica Aemilia an, auf welchen Bildnisse seiner Vorfahren abgebildet waren[47]. Dieses Ereignis wurde in der Forschung bisher zumeist als Teil einer umfangreichen Bauphase angesehen. Als Beleg hierfür wird ein von seinem gleichnamigen Sohn herausgegebener Denar angeführt, den es in zwei Varianten mit unterschiedlicher Gestaltung der Vorderseite gibt[48]. Auf der Rückseite ist neben der Legende – oben AIMILIA, links REF(ecta), unten M(arcus) LEPIDUS und rechts S(enatus) C(onsulto) – ein zweistöckiges Gebäude mit Säulenstellungen zu sehen. Zwischen den beiden Stockwerken sind deutlich Schilde zu erkennen, die allgemein mit den bei Plinius genannten gleichgesetzt werden[49]. In der Forschung diskutierte man bislang vor allem die Frage, welche Ansicht der Basilica Aemilia dargestellt sein

36 Die früh- und mittelrepublikanische Bebauung des Areals und die Frage nach einem eventuellen Vorgängerbau an der Stelle der späteren Basilica ist für das zu behandelnde Material nicht von Belang und soll im Rahmen der vorliegenden Untersuchung nicht erörtert werden. Hierüber wurde bereits ausführlich geforscht, wobei die Quellenlage m. E. keine klare Erkenntnis erlaubt. Vgl. zur Basilica: Duckworth 1955; Platner – Ashby 1965, 57; Coarelli 1985, 135–138; Gaggiotti 1985a; Gaggiotti 1985b; Zevi 1991; Richardson 1992, 54–56; Zevi 1993, 137; Kolb 1995, 189 f.; Gros 1996, 235–238; Cavalieri 2002, 19–29; Welch 2003; Ganzert (in Druck); Dickmann (in Druck). Zu den Tabernen: Papi 1999a; Papi 1999b; Papi 1999c.

37 Im Folgenden wird daher auf eine irreführende, da lückenlos wirkende Nummerierung der überlieferten Bauphasen verzichtet.

38 Vgl. zum Folgenden die Quellensammlung bei: Chioffi 1996, 37–43.

39 Liv. 26, 27, 2; Liv. 27, 11, 16.

40 Groag 1910, 265–267.

41 Klebs 1893a, 552 f.

42 Sie hatten für die Durchführung öffentlicher Arbeiten das Vectigal eines ganzen Jahres zur Verfügung (Liv. 40, 46, 16–40, 51), was den Censoren außergewöhnlich große Möglichkeiten bot: Frank 1933, 153.

43 Liv. 40, 51, 5.

44 Varro ling. 6, 4; Plin. nat. 7, 215; Cens. 23, 7. Hierzu: McDaniel 1928, 158; Wiegartz 1984, 217; Kolb 1995, 208; Ertel – Freyberger 2007, 497–499 Abb. 6; Ertel – Freyberger 2007, 111–115 Abb. 3. 4., mit verschiedenen Interpretationen.

45 Cic. de orat. 2, 266; Quint. inst. 6, 3, 38. Plin. nat. 35, 24–25 lokalisierte ihn hingegen über den Tabernae Veteres. Vgl. Vessberg 1941, 39.

46 Klebs 1893b, 554–556.

47 Plin. nat. 35, 12 f.

48 Crawford 1974, 444 Nr. 419/3 Taf. 51; Hollstein 1993, 223.

49 Richardson 1979, 212 und Weigel 1986 hielten das dargestellte Gebäude hingegen für die Portikus Aemilia.

könnte[50]. Die genaue Zeitstellung des Denars blieb hingegen weitgehend unhinterfragt, obwohl seine Emission häufig als Ende der oben genannten Bauphase angesehen wird[51]. Auch wenn eine jahrgenaue Datierung nicht möglich ist, sprechen vor allem Schatzfunde für eine chronologische Einordnung in den Zeitraum von 61–58 v. Chr[52]. Der Beginn der Bautätigkeiten wird aufgrund der Annahme, M. Aemilius Lepidus hätte die Schilde in seinem Konsulatsjahr angebracht, für 78 v. Chr. angesetzt[53]. Dass tatsächlich umfangreichere Baumaßnahmen durchgeführt wurden, ist anhand der genannten Quellen jedoch nicht belegt[54]. Denn zum einen berichtet Plinius nichts von einer Restaurierung, sondern es werden laut ihm lediglich Schilde angebracht, zum anderen weisen die Darstellungen auf den Denaren gerade in dieser Zeit sehr häufig gentile Thematiken ohne direkten Aktualitätsbezug auf[55].

Der Beginn eines Basilica-Neubaus ist anhand von drei literarischen Quellen für das mittlere 1. Jh. v. Chr. belegt[56]. Verantwortlich für den Bau war L. Aemilius Lepidus Paullus[57], der im Jahr 44 v. Chr. von Cicero allgemein für seine Bautätigkeit gelobt wurde[58]. Der Neubau wird gemeinhin in den Zeitraum von 55 v. Chr. bis 34 v. Chr. datiert[59]. Die Quellenlage ist jedoch widersprüchlich. Die älteste Quelle, der vom 1. oder 2. Juli 54 v. Chr. stammende Cicerobrief, beschreibt, dass Paullus eine Basilica auf dem Forum unter Benutzung der alten Säulen bereits fast fertig gestellt hat. Appian und Plutarch führen hingegen aus, dass der Konsul Paullus im Jahr 51/50 v. Chr. von Caesar 1500 Talente Bestechungsgelder bekam und von diesen in der Folge die Basilica erbauen ließ. Die klärungsbedürftige Angabe, nach der Paullus nur wenige Jahre nach der Renovierung 1500 Talente in die Basilica investiert haben soll, wurde in der Forschung zumeist ignoriert und nur vereinzelt entwickelte man verschiedene Theorien zur Begründung des Sachverhaltes[60]. Zu klären ist diese Frage derzeit nicht. Im Jahre 43 v. Chr. wurde L. Aemilius Lepidus Paullus proskribiert und floh nach Kleinasien[61]. Ob der Bau der Basilica bereits fertig gestellt war, ist nicht bekannt. Überliefert ist nur, dass 34 v. Chr. von Paullus gleichnamigem Sohn[62] eine Basilica errichtet und eingeweiht wurde, für die er eigene Gelder aufgebracht haben soll[63]. Festzuhalten bleibt, dass es gegen Mitte des 1. Jhs. v. Chr. zumindest einen Neubau gegeben haben dürfte. In seinem Zusammenhang kommt auch zum ersten Mal die Bezeichnung „Basilica Paulli" vor, die bis in die Spätantike für die Basilica gebräuchlich war. Inwieweit Caesar als Initiator des Neubaus (nach 51 v. Chr.) gelten kann, ist jedoch fraglich[64].

Im Jahre 14 v. Chr. brannte die Basilica nieder und wurde anschließend durch ein weiteres Familienmitglied, M. Aemilius Paullus[65], wieder aufgebaut[66]. Geldmittel steuerten hierfür auch Augustus und die Freunde des M. Aemilius Paullus bei[67]. Mit dieser Bauphase der Basilica wird gewöhnlich auch der Bau einer der Basilica und den Tabernen vorgelagerten Portikus verbunden. Die Entstehung der Portikus ist jedoch anhand literarischer Quel-

50 Fuchs 1956, 19–23. Fuchs 1969, 49–51. 82–85 entscheidet sich für die Ansicht der Basilica vom Macellum aus. Coarelli 1985, 204 f.; Allély 2000, 141 folgen ihm darin. Andere sahen den Innenraum: Nash 1961, 176; Ward-Perkins 1974, 51; Freyberger – Ertel 2007, 500; Ertel – Freyberger 2007, 115. McDaniel 1928, 163; Sauron 1994, 174 erkennen die Südfront.

51 Richardson 1992, 212 entscheidet sich für 66 v. Chr.; Harlan 1995, 32 ist der Meinung, die Legende REF beziehe sich auf die aktuelle Renovierung des Gebäudes, die seit der Mitte der 50er Jahre v. Chr. im Gange war und datiert die Münze deshalb in das Jahr 54 v. Chr. Die übrigen Autoren datieren den Denar in den Zeitraum dazwischen.

52 Hollstein 1993, 224.

53 Dieses Postulat ist jedoch aufgrund der Pliniusstelle nicht zwingend. M. Aemilius Lepidus hätte die Schilde durchaus auch im Vorfeld der Konsulatswahl angebracht haben können (Hinweis A. Thein).

54 Die Stimmen, die sich gegen die angenommene Bauphase aussprachen, waren bislang eher vereinzelt: Richardson 1979, 213; Richardson 1992, 55; Hollstein 1993, 227 f.; Harlan 1995, 32. Lugli 1946, 173 gibt sich ebenfalls vorsichtig, ob es sich hier um eine Bauphase handelt und räumt allenfalls ein, dass Reparaturen an der Portikus stattgefunden haben könnten.

55 Hollstein 1993, 387–400. Insbesondere das SC lässt im Gegensatz zu der Pliniusstelle 78 v. Chr., wobei es sich um eine private Initiative handelte, eher einen vom Senat beschlossenen Bau vermuten. So könnte man beispielsweise an den Bau von 179 v. Chr. denken. Die Schilde auf der Münze könnten natürlich dennoch den aktuellen Bau darstellen.

56 Cic. Att. 4, 17; App. civ. 2, 26; Plut. Caesar 29, 2–3.

57 von Rohden 1893b, 564 f.

58 Cic. Phil. 13, 8.

59 Für den Baubeginn wird vermutlich deshalb 55 v. Chr. angenommen, weil Paullus damals das Amt des Aedilis Curulis bekleidete.

60 Verschiedene Ideen lieferten: Frank 1923, 355 f.; Frank 1924, 68; McDaniel 1928, 162; Fuchs 1956, 24; Richardson 1979, 214; Steinby 1987, 177–180; Steinby 1988; Steinby 1993, 167 f.; Wiseman 1998, 106–120.

61 Cass. Dio 47, 6, 3; Vell. 2, 67, 3; App. civ. 4, 37.

62 von Rohden 1893c, 565 f.

63 Cass. Dio 49, 42, 2.

64 So Coarelli 1988, 70.

65 von Rohden 1893d, 580.

66 Cass. Dio 54, 24, 2–3.

67 Dass Augustus Paullus finanziell unter die Arme griff, zeigt die enge Verbindung, in welcher die gens Aemilia und das Herrscherhaus zu Beginn des Prinzipats standen. Vgl. Bergener 1965, 56–64; Weigel 1985.

len nicht eindeutig fassbar[68]. Aber eine bei der Portikus gefundene Inschrift, in welcher L. Caesar geehrt wird und die in die Jahre zwischen 2 v. und 14 n. Chr. datiert[69], wurde in der Forschung als Indiz dafür gewertet, dass die Portikus 2 v. Chr. fertig gestellt worden sei[70].

Auf eine allerdings fragliche weitere Bauphase durch M. Aemilius Lepidus[71] wird anhand eines Zitates von Tacitus geschlossen. Im Jahr 22 n. Chr. bat der Sohn des Bauherrn der Basilica von 14 v. Chr. den Senat um die Erlaubnis, die Basilica aus eigenen Mitteln instand zu setzen und auszuschmücken[72]. Ferner zeugen zahlreiche weitere Inschriftenfragmente von Ehrungen und damit verbundenen kleineren Eingriffen in die spätrepublikanische und frühkaiserzeitliche Basilica[73].

Belege in Form literarischer Quellen für Bauphasen am Komplex in der weiteren Kaiserzeit fehlen. Die wenigen Erwähnungen der Basilica Aemilia behandeln nur ihre Lokalisierung[74] oder ihre Nutzung[75]. Bis in tetrarchische Zeit fehlen konkrete Anhaltspunkte für Baumaßnahmen. Anhand verschiedener Quellen wurden solche jedoch vermutet:

1. Das Gebäude könnte beim großen Brand 64 n. Chr. unter Nero[76] in Mitleidenschaft gezogen worden sein[77].
2. In Zusammenhang mit den flavischen Bauten im Norden der Basilica könnten in dem zum Macellum gelegenen Bereich Umbauten durchgeführt worden sein[78].

68 Dazu zuletzt Haselberger 2007, 213 f.; Heinemann 2007, 63–66.

69 CIL VI 36908.

70 Bauer 1993a, 185.

71 von Rohden 1893a, 561–563.

72 Tac. ann. 3, 72: *„propria pecunia firmaret ornaretque“*. Die eigenen Mittel, mit welchen er dies machen wollte, kamen ähnlich wie bei seinen Vorgängern ursprünglich vom Princeps. Tiberius hatte nämlich schon im Jahr 17 n. Chr. Lepidus ein reiches Testament überlassen, welches eigentlich dem kaiserlichen Fiskus zugefallen wäre (Tac. ann. 2, 48, 1). An anderer Stelle (Tac. ann. 3, 72, 3) spricht er im Widerspruch dazu zwar davon, dass Lepidus nur ein sehr bescheidenes Vermögen gehabt hätte, mit dem er das Ehrenmal für seinen Großvater erneuert habe. Doch mag sich dieser Widerspruch an betreffender Stelle dadurch erklären, dass Tacitus hier die alten Zeiten, in denen die Menschen noch für die Öffentlichkeit Stiftungen machten, hervorheben will.

Heilmeyer 1970, 126 u.a. vermuteten darin einen größeren baulichen Eingriff in das Gebäude und wiesen die Kapitelle des oberen Stockwerks dieser Zeit zu. Bauer 1993a, 186 schlug hingegen vor, die Schließung einiger Interkolumnien der Nordseite der Basilica der Zeit nach 22 n. Chr. zuzuweisen. Kähler 1960, 199–201 wies den figürlichen Fries der Basilica dieser Bauphase zu. Hülsen 1902a, 53 und Kraus 1953, 82 Anm. 139 hielten die Rankenpfeiler für tiberisch.

73 Hülsen 1902b, 262–265; Panciera 1969, 104–112.

74 Stat. silv. 1, 25–30 beschreibt die Basilica in ihrer Lage zum Equus Domitiani. In diesem Zusammenhang ist auch auf ein Fragment der Forma Urbis zu verweisen, auf dem die Buchstaben ASILI zu lesen sind: Rodríguez Almeida 1980. Die Säulenstellung auf dem Fragment korrespondiert mit dem ergrabenen Bau, so dass die Zuweisung richtig zu sein scheint und die Verortung des Grundrisses in severischer Zeit bestätigt. Außerdem lässt das Fragment noch einen Durchgang zur Portikus erkennen. Cozza 1989 wies ein weiteres Fragment der Basilica Aemilia zu, auf welchem die Portikus und Ansätze der Tabernen zu sehen sind. Die Legende davor lautet ANUS und wird vom Autor zu IANUS ergänzt. Die Zuweisung dieses Fragments an diese Stelle bleibt aber – wie der Autor selbst ausdrücklich schreibt – Hypothese.

75 Plut. Galba 26, 3 f. beschreibt anschaulich, wie im Jahr 69 n. Chr. bei der Ermordung Galbas auf dem Forum seine Gegner die Basilica als Durchgang vom Macellum aus verwenden, um überraschend vor Galba zu erscheinen. Die Menschenmenge nutzte hingegen die oberen Stockwerke der Basilica zur besseren Sicht. Weitere Textstellen bei Pseudoacronius und Porphyrio sowie Inschriften finden sich zusammengestellt bei: Coarelli 1985, 181–183 und belegen eine merkantile Funktion des Gebäudes. Coarelli stellte diese Quellen zusammen, um der Frage nach Ianusstatuen nachzugehen, die sich in der Nähe der Basilica befunden haben müssen. So dürften auch die älteren bei Coarelli aufgeführten Textstellen, die sich auf Ianus beziehen, ohne die Basilica zu nennen, und stets finanzielle Machenschaften mit dem Ort verbinden, in gewisser Weise aussagekräftig für die Nutzung der Basilica sein. Die früheste Textstelle dieser Art, Cic. off. 2, 87, datiert in die Jahre 44/43 v. Chr. Als weitere Hinweise auf die Nutzung des Gebäudes dürfen schließlich Graffiti und Spielritzungen gewertet werden: Van der Werff 1973; Rieche 1984; Langner 2001, Abb. 1438.

76 Tac. ann. 15, 38–41; Suet. Nero 38; Cass. Dio. 62, 16–18. Vgl. dazu Hahn 2006, 362–368.

77 Vermutet wurde dies von Erika Simon, die den figürlichen Fries in neronische Zeit datierte (Simon 1966, 834–843 bes. 842 f.), und auch Leon 1971, 160 f. setzte ein Kapitell in das obere Stockwerk und in neronische Zeit und brachte es vorsichtig mit dem Brand in Verbindung.

78 Vgl. Morselli – Tortorici 1989, 237–249. Das Verschwinden des Macellums im Norden der Basilica dürfte sicherlich Auswirkungen auf das Publikum und somit auch auf die Nutzung der Basilica gehabt haben.

3. Ein unter Trajan 112 n. Chr. geprägter Denar[79] imitiert die oben genannte republikanische Münze und wurde oft als Beweis für eine trajanische Bauphase gewertet[80]. Dass die Restitutionsmünzen Trajans aber Wiederauflagen republikanischer Denare waren, die nicht bedeuten, dass Trajan an den entsprechenden Bauwerken Restaurierungen hatte vornehmen lassen, wurde jüngst von Gunther Seelentag ausgeführt[81].
4. Der Gebäudekomplex könnte bei dem schweren Brand unter Commodus zwischen 188 n. Chr. und 192 n. Chr.[82] beschädigt worden sein[83].
5. Die in einem Artikel von Heinrich Bauer erwähnten, laut ihm ins 2. oder 3. Jh. n. Chr. datierenden, auf den Stufen der Portikus errichteten kleinen Gebäude stellen ebenfalls einen Hinweis für bauliche Aktivitäten in diesem Zeitraum dar, die bislang jedoch nicht überprüfbar sind[84].

Bei dem Brand 283 oder 284 n. Chr. unter Carinus und Numerianus[85] hat die Basilica Aemilia wahrscheinlich Schaden genommen, was eine beachtliche Zahl an diokletianischen und maxentianischen Ziegelstempeln im erhaltenen Mauerwerk der Ruine nahelegt[86]. In dieser Zeit muss ein recht umfassender Neubau stattgefunden haben. An Ziegelstempeln lassen sich des Weiteren auch Restaurierungen unter Konstantin und Konstans ablesen[87], so dass die Basilica auch im Libellus de Regionibus urbis Romae noch Erwähnung findet[88].

Der Baukomplex soll nach gängiger Forschungsmeinung[89] bei der Einnahme und Plünderung Roms im Jahr 410 n. Chr. abgebrannt sein[90]. Zum archäologisch nachweisbaren Zerstörungshorizont gehört eine sechs bis zehn Zentimeter hohe Schicht aus Asche[91], in welcher sich mehrere tausend Münzen fanden, die teilweise durch die Hitze mit dem Boden verschmolzen sind und die wirtschaftliche Funktion der Basilica zum Zeitpunkt der Zerstörung belegen[92]. Die bisher restaurierten und publizierten Münzen sind den Jahren bis 409 n. Chr. zuzuweisen[93]. Das Hauptschiff soll nach dieser Katastrophe zumindest teilweise aufgegeben worden sein, obgleich verschiedene Bereiche der aufgehenden Architektur noch längere Zeit gestanden haben dürften[94]. Die wenigen Architekturteile in der Brandschicht legen die Vermutung nahe, dass die Ruine schon in der Spätantike geplündert wurde[95]. Die Portikus soll im Gegensatz zur Basilica noch einmal aufgebaut worden sein. Drei Inschriften nennen Gabinius Vettius Probianus, den Stadtpräfekten des Jahres 377 oder 416 n. Chr.[96], und beschreiben, dass er Statuen in einer

79 RIC II 307 f. Nr. 790. Entgegen der lang akzeptierten Datierung der trajanischen Restitutionsmünzen von Mattingly in das Jahr 107 n. Chr. entschied sich jüngst Seelentag 2004, 413–418 in Übereinstimmung mit Komnick 2001 überzeugend für eine Datierung der Münze in das Jahr 112 n. Chr.

80 So zuletzt Wegner 1987, 328; Kränzle 1991, 90.

81 Seelentag 2004, 439–441 stellte vielmehr fest, dass die Darstellungen auf den Rückseiten der Restitutionsmünzen auf Leistungen Trajans anspielen. Im Falle der Basilica Aemilia wollte er wohl auf die „noch großartigere" Basilica Ulpia hinweisen, die er gerade hatte fertig stellen lassen. Archäologische Hinweise auf einen baulichen Eingriff in das Gebäude zu Beginn des 2. Jhs. n. Chr. wurden bereits verschiedentlich postuliert: Wegner 1987 hielt auf der Grundlage, dass auch der Castortempel dem frühen 2. Jh. n. Chr. angehören würde (von Gerkan 1953/1954), die erhaltene Basilica in ihren Hauptbestandteilen für trajanisch. Aber auch Leon 1971, 243 spricht von Reparaturstücken trajanischer Zeit.

82 Wann genau der Brand war, ist nicht sicher. Beide erhaltenen Schriftquellen, sowohl Herodian 1, 14, 2 als auch Cass. Dio 73, 24, 1 gliedern in ihren Erzählungen den Brand jeweils in die Beschreibung der letzten Regierungsjahre des Commodus ein und es lässt sich aus dem Erzählkontext lediglich ein Terminus post 188 n. Chr. heraus lesen.

83 Ein Kapitell wurde von Heilmeyer 1970, 128 dem oberen Stockwerk und der severischen Zeit zugeordnet.

84 Bauer 1993a, 186. Vgl. jetzt Freyberger 2009, 40 Abb. 23a. 45–47 mit anderer Wertung.

85 Chron. min. 1, 146. 148.

86 Die Ziegelstempel finden sich aufgeführt bei Bauer 1996, 32 Anm. 178. Wie intensiv die Bauarbeiten an der Basilica waren, geht sehr anschaulich aus einer Tab. bei Steinby 1986, 160 f. hervor. Kein anderes in der Tab. aufgeführtes Gebäude weist so viele unterschiedliche Stempel – sprich Interventionen – auf wie die Basilica Aemilia. Die Scheidung von diokletianischen und maxentianischen Ziegeln anhand ihrer Stempel ist allerdings mit Skepsis zu betrachten.

87 Steinby 1987, 145.

88 Nordh 1949, 78.

89 Eine Studie des Verf. mit abweichender Bewertung des spätantiken Befundes ist in Vorbereitung.

90 Schilderungen der historischen Zusammenhänge finden sich bei Demandt 1998, 117 f.; Kulikowski 2007, 154–184; Halsall 2007, 214–217.

91 Bartoli 1912, 759.

92 Dondero 1950, 3 gibt die Zahl von 646 gut lesbaren und ca. 2500 schlecht erhaltenen Münzen an. Von den 646 gut erhaltenen Münzen waren 1977 scheinbar nur noch 474 vorhanden (Bauer 1977b, 302 Anm. 3) und wenige Jahre später nur noch 467 (Reece 1982, 134 Tab. 1).

93 Iaccarino 1934, 479 f.; Bricchi Dondero 1950, 3; Reece 1982, 126; Reece 2003, 157 f.

94 Wie von C. Ertel (Ertel u. a. (in Druck)) richtig hervorgehoben, fanden sich die heruntergestürzten Bauglieder nur an manchen Stellen direkt in der Brandschicht. Die die zerstörte Trennwand zwischen Tabernen und Basilica ersetzende Ziegelwand fiel dagegen auf eine ca. 1 m hohe Erdschicht (vgl. auch Bartoli 1912, 759).

95 Bartoli 1912, 760.

96 Zur Datierung Machado 2006, 170 f.

„basilica inlustris" aufstellen ließ[97]. Aufgrund ihres Fundortes bei S. Adriano, setzte Franz Alto Bauer *„basilica inlustris"* mit der Basilica Aemilia gleich[98]. Eine vor der Basilica Aemilia gefundene Inschrift[99] an einem Architravblock nennt die Kaiser Honorius und Theodosius sowie den Stadtpräfekten der Jahre 418–420 n. Chr., Aurelius Anicius Symmachus, und wurde ebenfalls mit einem Wiederaufbau der Portikus verbunden[100]. An weiteren Zeugnissen wies man dieser Portikus Säulen aus rotem Granit auf würfelförmigen Basen[101] sowie korinthische Kapitelle u. a. vom Vesta-Tempel[102] zu. An der Westseite der Basilica wurde eine Ziegelmauer errichtet[103]. Dadurch verdeckte man das in Trümmern liegende Mittelschiff der Basilica. Die Schaufassade eines Gebäudes zu errichten, obgleich die eigentliche Funktion verloren war, entspräche laut Franz Alto Bauer den Bemühungen der Zeit, die Erinnerung an die Größe Roms aufrechtzuerhalten[104]. Zwei Ziegelstempel deuten auf eine möglicherweise nach einem Erdbeben 442 n. Chr. notwendig gewordene Restaurierung des Gebäudes hin[105]. Eine letzte literarische Erwähnung findet der Bau 448 n. Chr.[106] und weitere Ziegelstempel belegen darüber hinaus noch bauliche Aktivitäten in ostgotischer Zeit[107].

Die mittelalterlichen Überbauungen im Bereich der Basilica Aemilia sind bislang kaum erforscht. Es lassen sich größere Einbauten sowohl an der westlichen als auch an der östlichen Schmalseite der Portikus erkennen. Dabei handelt es sich um die Tabernen VII, VIII und den ehemaligen benachbarten Durchgang zur Basilica, in denen *opus sectile*, Böden aus Giallo, Porphyr und Serpentin, entdeckt wurden[108], die gegen Ende des 6. Jhs. datieren[109]. Ihre Deutung ist unklar. Eine dort in eine Mauer eingeritzte Inschrift „SANCTUS" führte zur Interpretation der Einbauten als Reste einer Kirche[110]. Giuseppe Lugli vermutet auch bei den Strukturen an der Westseite der Portikus eine Kapelle[111]. Möglicherweise handelte es sich jedoch um Überreste privater Wohnhäuser[112].

Im Jahr 847 n. Chr. könnte bei einem Erdbeben die Portikus stark beschädigt worden sein[113]. Außerdem ist in Betracht zu ziehen, dass durch die unter der Basilica verlaufende Cloaca Maxima auf die Dauer Statikprobleme entstanden und es zu Schäden kam, wie es Heinrich Bauer für mehrere benachbarte Gebäude nachgewiesen hat[114].

Zur letzten Zerstörung kam es in der Renaissance. Damals entstanden auch zahlreiche Zeichnungen des Baus[115]. Gegen 1500 wurden diese Reste durch den päpstlichen Architekten Bramante für den Bau des Palastes des Kardinals Adriano Castellesi völlig abgetragen[116]. Bis zum Einsetzen der neuzeitlichen Forschungsgeschichte sind die Quellen und Hinweise über die Basilica Aemilia sehr

97 CIL VI, 1658a; 1658b; AE 1984. 13 Nr. 33. Ferner: Panciera 1982, 651 f. Nr. 34.

98 Bauer 1996, 35. Die Zuweisung der Inschriften an die Basilica Aemilia ist letztlich nicht bewiesen.

99 CIL VI, 36962.

100 Da es sich bei diesem Block um ein im Kontext späterer Bebauungen gefundenes Einzelstück handelt (vgl. Meneghini – Santangeli Valenzani 2004, 164–166 Abb. 149–153), ist seine Zuweisung hypothetisch (vgl. zum Umgang mit dislozierten Funden am Forum Romanum Kap. V).

101 Lanciani 1899, 187 f.; Hülsen 1902a, 52–55, Pensabene – Panella 1993/1994, 164–166. Die Säulenabstände wurden auf 3,77 m verringert und so hatte diese Portikus statt 14 Bogenöffnungen nunmehr 24 schmalere Interkolumnien. Zu den Granitsäulen gehören Spolienkapitelle. Zudem fand man Transennen, die darauf hindeuten, dass sich einige Interkolumnien hatten verschließen lassen (Lanciani 1899, 187). Bartoli 1912, 761–763 sieht die Säulen allerdings nicht zu einer Portikus gehörig, sondern weist sie einer frühmittelalterlichen Kirche zu.

102 Boni 1900, 189. Zu den Kapitellen zuletzt: Caprioli 2007, 151–157. 237–244.

103 Labranche 1968, 153.

104 Bauer 1996, 34 f. 110; Bauer 2001, 84–87; Bauer 2005, 55–58; Muth 2006, 451–453; Machado 2006.

105 Bauer 1996, 35. Zu den Ziegeln: Steinby 1986. Zum Erdbeben: Paul. Fest. 13, 16.

106 Pol. Silv. 1, 309.

107 Steinby 1986, 160 f.

108 Bartoli 1912, 762.

109 Guidobaldi – Guidobaldi 1983, 264–277. 350–353; Guidobaldi 1984, 511.

110 Hülsen 1902a, 55 f.; Hülsen 1905b, 123 ist sich unsicher, ob die Sectileböden in Zusammenhang mit einer Kirche oder einem Wohnhaus stehen. Bartoli 1912, 762–766; Guidobaldi 1983, 275; Bauer 1996, 68 sehen die Böden stattdessen in Zusammenhang mit einer Kirche. Bei der Benennung der Kirche vermutete Bartoli 1912, 763 f., es handle sich um San Giovanni in Campo. Diese Identifizierung stützt sich auf den Katalog von Turin, in welchem die Forumsbauten in topographischer Reihenfolge genannt werden. Zum Katalog von Turin: Cod. Taurin. Lat. A 381. Zur Frage der Benennung weiter: Bartoli 1912, 758. 766; De Ruggiero 1913, 101 f.; Hülsen 1927, 270 Nr. 16; Bauer 1996, 68. Hülsen 1927, 270 zeigte sich bei der Identifizierung der Kirche unsicher.

111 Lugli 1946, 174.

112 So Hülsen 1902a, 55 f.; Kränzle 1991, 91; Santangeli Valenzani 2004, 45 f.

113 Platner – Ashby 1965, 75; Wegner 1987, 329.

114 Bauer 1989, 52.

115 Eine Zusammenstellung der Zeichnungen findet sich bei Toebelmann 1923, 28; Zampa 2005. Literatur ist gesammelt bei Bauer 1993a, 187; Zampa 2005. Zum Einfluss dieser Zeichnungen: Ghisetti Giavarina 1983; Lehmann 1982; Bruschi 1989; Syndikus 1994; Gaggiotti 1996.

116 Hoff 1987, 32; Günther 1988, 75 f. Anm. 50; Bruschi 1989, 20–24.

rar und für die hier vorliegende Arbeit nicht weiter von Relevanz[117].

Zusammenfassend bleibt festzuhalten, dass mithilfe der bislang bekannten Quellen die Geschichte der Basilica Aemilia nur ausschnitthaft erfasst werden kann. Zwar lassen sich einzelne Bauphasen, Zerstörungen und auch die Weiterverwendung der Ruinen belegen, aber eine genaue Abfolge ist nicht zu rekonstruieren. Dies trifft besonders für die Kaiserzeit zu, für die die Quellenlage bislang besonders schlecht ist. Abgesehen von den literarisch überlieferten Baumaßnahmen aus der späten Republik und der frühen Kaiserzeit liegen hierfür bis in tetrarchische Zeit keine eindeutigen Informationen vor. Neue Erkenntnisse über die kaiserzeitliche Baugeschichte der Basilica Aemilia versprechen jedoch die im Folgenden behandelten archäologischen Zeugnisse. Diese sollen zunächst unabhängig von den Schriftquellen untersucht werden, um Kurzschlüsse in der Interpretation zu vermeiden. Auf mögliche Kongruenzen zwischen dem archäologischen Befund und anderen Quellen wird abschließend hingewiesen.

117 Lanciani 1989, 120 f. 217 f. 290 f.; Lanciani 1990, 15 f. 91 f. 213 f. 226 f. 272 f.

IV. Forschungsgeschichte

Im Folgenden wird die Geschichte der Erforschung der Basilica Aemilia mit Schwerpunkt auf Baugeschichte und Rekonstruktionsversuche summarisch vorgestellt (Kap. IV.1.). Von besonderem Interesse ist der Rekonstruktionsvorschlag von Heinrich Bauer, der daher ausführlicher in einem gesonderten Kapitel diskutiert werden soll (Kap. IV.2.). Anschließend gilt es, die sich ergebenden Probleme und möglichen Perspektiven zu skizzieren (Kap. IV.3.).

1. Grabungs- und Literaturbericht

Die neuzeitliche Forschungsgeschichte der Basilica Aemilia setzte noch vor ihrer Ausgrabung ein. Als eines der letzten nicht ergrabenen, aber in der antiken Literatur vielfach erwähnten Monumente des Forum Romanum war das Gelehrteninteresse an dem Gebäude schon im 19. Jh. erwacht. Man diskutierte die Zuweisung von Renaissancezeichnungen und einzelner Bauglieder oder die Frage, ob und wo die Säulen der Basilica in einer der römischen Kirchen verbaut worden sein könnten[118].

Ausgrabungen wurden durch die nachantike Überbauung mit Wohnhäusern lange Zeit verhindert und begannen erst nach deren Abriss 1899 unter der Leitung von Giacomo Boni mit dem Ziel, die Basilica Aemilia bis auf ihr kaiserzeitliches Niveau freizulegen[119]. Die Grabungsergebnisse wurden nie umfassend veröffentlicht[120]. Nach mehreren Unterbrechungen, unter anderem durch den ersten Weltkrieg, wurde die Basilica in den 1930er Jahren unter der Leitung von Alfonso Bartoli vollständig freigelegt und anschließend teilweise restauriert[121].

Die ersten Grabungen an der Basilica, die allerdings nur knapp aber fundiert publiziert wurden, fanden erst nach dem zweiten Weltkrieg statt und wurden unter der Leitung von Pietro Romanelli vom Herbst 1946 bis zum Beginn des Jahres 1948 durchgeführt[122]. Dabei wurde ein Suchschnitt angelegt, der das kaiserzeitliche Niveau der Basilica durchstach, um in einer Tiefengrabung Auskunft über die republikanischen Vorgängerbauten zu gewinnen. Man entdeckte die Überreste von Säulenstellungen zweier verschiedener Vorgängerbauten, die seitdem vielfach mit den verschiedenen literarisch überlieferten Bauphasen in Verbindung gebracht wurden, ohne dass die Grabungsergebnisse eine exakte Datierung der gefundenen Gebäudereste zulassen[123]. Daher kann über die Chronologie der republikanischen Basilica Aemilia anhand archäologischer Indizien bis heute keine sichere Aussage getroffen werden.

Die in den Jahren 1950–54 von Gamberini Mongenet durchgeführten Grabungen an der Südostecke der Portikus und dem Bereich zum Caesartempel blieben ebenfalls unpubliziert, ihre Dokumentation ist verschollen[124].

Seit den 1950er Jahren wurde eine Diskussion über einen möglichen Vorgängerbau der Basilica Aemilia vor 179 v. Chr. geführt. In der Hoffnung, anhand der Basilica Aemilia die Genese des römischen Gebäudetyps der Basilica ergründen zu können, und dem damit verbundenen Interesse bezüglich des Aussehens des Forum Romanum im 3. Jh. v. Chr., erschienen zahlreiche Untersuchungen, die jedoch allesamt auf dem 1948 von Gianfilippo Carettonis publizierten Aufsatz und den bereits bekannten literarischen Quellen basieren[125].

Einen weiteren Forschungsschwerpunkt bildeten der Fries und die Orientalenstatuen, die der Basilica zugewiesen werden. Aufgrund der unsicheren Chronologie

118 Canina 1848, 290–292 Taf. 126; Jordan 1885, 219; Hülsen – Lanciani 1888, 95; Hülsen 1889, 242.

119 Vgl. Tea 1932, 21 f.

120 Publiziert wurden nur kleinere Berichte zusammengestellt bei Morselli – Tortorici 1989, 73 Anm. 236; Sisani 2004, 68. Vor allem: Lanciani 1899; Gatti 1899; Lanciani 1900; Valeri 1900; Hülsen 1902a; Vaglieri 1903; Lanciani 1903; Boni 1904; Hülsen 1905a. Zu ersten Auswertungen und Interpretationen: Bartoli 1912; Van Deman 1913; Van Deman 1922, 29 f.; McDaniel 1928. Zu Bonis Nachlass: Carnabucci 1991.

121 Colini 1933, 260; Colini 1935, 189; Colini 1939, 193; Morselli – Tortorici 1989, 76; Sisani 2006, 31. In diesem Zusammenhang wurde auch der größte Teil des zur Basilica gehörigen Frieses gefunden: Bartoli 1950, 294; Carettoni 1961, 65. Zu den Rekonstruktionen: Fabrini 1972/1973, 64.

122 Carettoni 1948; Carettoni 1960, 192 f.; Fabrini 1972/1973, 64; Cassetta 2006, 32 f.

123 Im Rahmen der Ausgrabungen Romanellis (Carettonis 1948) gelang es nicht, die verschiedenen architektonischen Bauphasen durch Kleinfunde sicher zu datieren. Zur Datierung diente daher das jeweils verwendete, allerdings nur sehr grob chronologisch ansprechbare Baumaterial: Grotta Oscura und Travertin. Zum Grotta Oscura: Lugli 1957, 253–257. Zum Travertin: Lugli 1957, 319–326. Zu den verschiedenen bisherigen Zuweisungen dieser Säulenstellungen an literarisch überlieferte Bauphasen der Basilica: Nünnerich-Asmus 1994, 197, wobei anzumerken ist, dass H. Bauer hier falsch zitiert wurde. Vgl. ferner: Freyberger – Ertel 2007, 494–501; Ertel – Freyberger 2007, 110–117.

124 Andreae 1957, 149–177; Cassetta 2006, 34 f.

125 Vgl. Anm. 36.

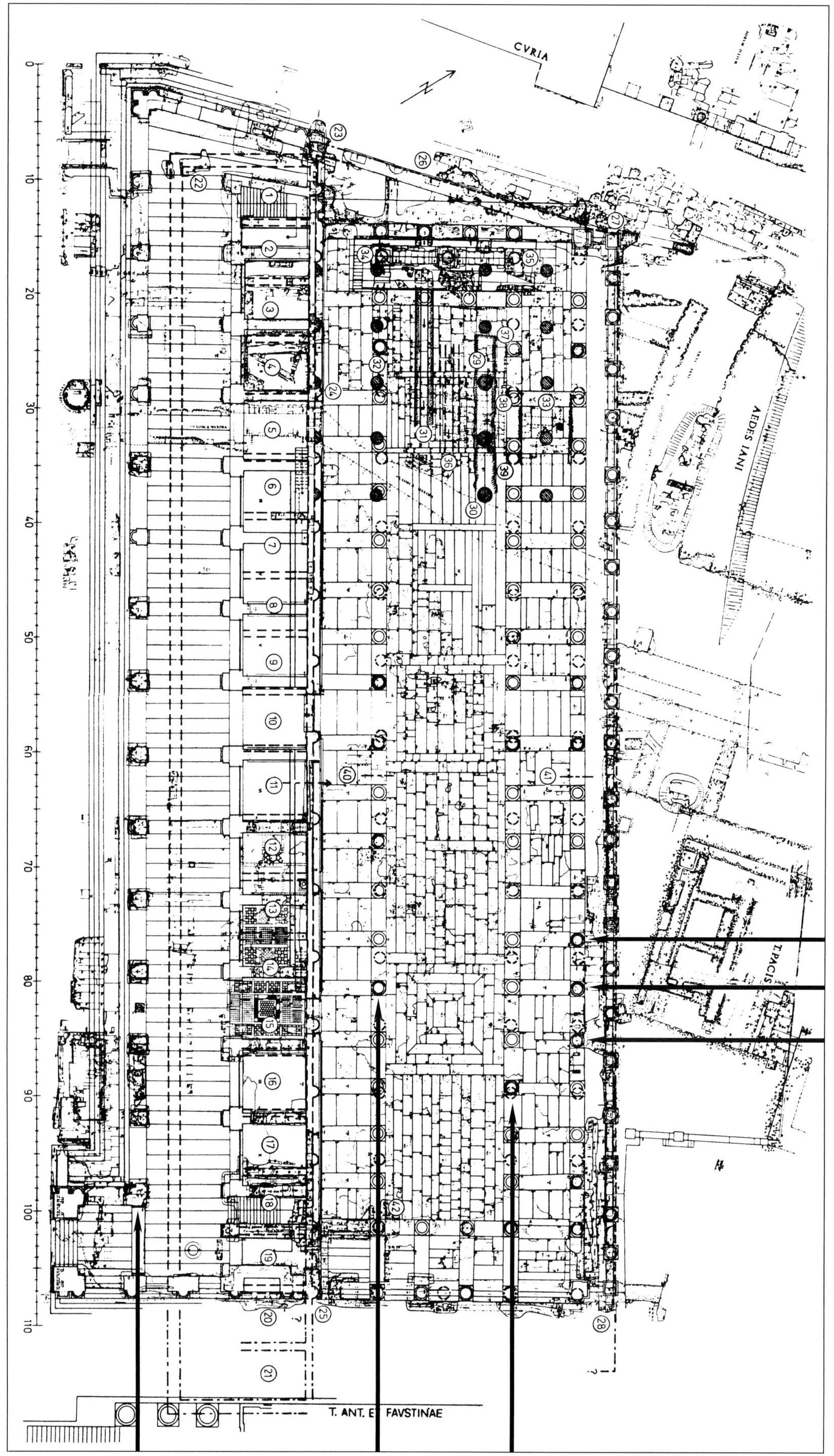

Abb. 1 Basilica Aemilia, augusteischer Grundriss und Vorgängerbau mit Markierung der *in situ* stehenden Basen

und Rekonstruktion der Basilica Aemilia kam es hierbei zu unterschiedlichen Ergebnissen[126].

Im Zuge der zunehmenden Beschäftigung mit Bauornamentik setzte man sich in den letzten Jahrzehnten mit einzelnen Baugliedern der Basilica Aemilia auseinander[127]. Ein Problem besteht dabei allerdings darin, dass die meisten dieser Abhandlungen allgemein einem Bauglied und seiner Ornamentik galten, für welches anhand stilistischer Kriterien eine Chronologie erstellt wurde. In diese wurden dann die entsprechenden Architekturfragmente der Basilica Aemilia eingegliedert, oft ohne deren baulichen Gesamtkontext zu berücksichtigen, weshalb die vorgeschlagenen Datierungen für Bauglieder, deren baugeschichtlicher Kontext eine gemeinsame Entstehungszeit nahe legt, teilweise voneinander abweichen[128]. Letztlich widmete sich Heinrich Bauer von 1970 bis in die 1990er Jahre ausführlich dem Bau. Durch das Anfertigen neuer Grundrisspläne und die Aufnahme einer großen Zahl von Baugliedern gelangte er zu einer Rekonstruktion und Chronologie des frühkaiserzeitlichen Gebäudes[129]. Darüber hinaus führte er kleinere Grabungen an der Basilica in der Hoffnung durch, die nach Romanellis Grabung offen gebliebenen Fragen der Chronologie und der Rekonstruktion der republikanischen Vorgängerbauten beantworten zu können. Dies gelang ihm aber nur bedingt, so dass sichere Aussagen anhand archäologischer Quellen über die Basilica Aemilia in republikanischer Zeit weiterhin nicht möglich sind[130]. Er publizierte seine Ergebnisse teilweise in Artikeln und verstarb, ohne eine abschließende Publikation seiner Arbeiten vorgelegt zu haben[131].

2. Heinrich Bauers Rekonstruktionsvorschlag

Das für die vorliegende Arbeit relevante Ergebnis von Bauers Untersuchung stellen die kurz erläuterten Rekonstruktionszeichnungen der frühkaiserzeitlichen Basilica Aemilia dar. Diese können als Ausgangspunkt genutzt werden. Ihnen zufolge bestand der architektonische Gesamtkomplex der Basilica Aemilia aus zwei Bereichen (Abb. 1):

1) der zum Forum gerichteten Portikus mit einer Reihe von Tabernen im Inneren; 2) der Basilica. Letztere bestand aus einem in seiner Breite drei Interkolumnien messenden Mittelschiff, um welches ein Seitenschiff lief. Daran schloss sich im Norden eine Portikus an, welche nur etwa 2,00 m breit war und eine Stufe tiefer lag. Als in flavischer Zeit anstelle des Macellum das Templum Pacis und das Forum Transitorium entstanden, ist die Portikus geschlossen und der Basilica als weiteres Seitenschiff angegliedert worden. Die Säulenstellungen um das Mittelschiff und diejenige zwischen den nördlichen Seitenschiffen nahmen durch breitere Interkolumnien Bezug auf die Durchgänge zur Portikus. Die nördliche Portikus wies ebenfalls drei verbreiterte, allerdings leicht versetzte und ihrerseits mittig zum Macellum ausgerichtete Interkolumnien auf[132]. Die Pfeiler der zum Forum gerichteten Portikus fluchteten mit den Trennwänden der Tabernen. Drei der dreizehn Tabernen dienten als Durchgänge zur Basilica. An den beiden Schmalseiten der Tabernenreihe befand sich je ein Treppenaufgang.

Alle Bauglieder der Portikus sind in zwei Größen erhalten, die sich in ihrer Höhe um ¼ Fuß unterscheiden. Die Portikus war zweistöckig (Abb. 2–3). Ihre Fassade be-

126 Zum Fries: Bartoli 1950; Borda 1951; Giuliano 1955; Picard 1957; Furuhagen 1961; Iacopi 1974, 61–69; Koeppel 1982, 482; Micheli 1987; Albertson 1990; Kampen 1991; Kränzle 1991; Kränzle 1993; Cappelli 1993; Arya 2000; Freyberger – Ertel 2007, 502–508; Ertel – Freyberger 2007, 118–129; Zappalà 2008. Vgl. dazu auch die Bemalung im Statiliergrab: Cappelli 1998. Eine exakte Untersuchung des Herstellungsprozesses des Frieses nach dem Vorbild Conlin 1997 zur Ara Pacis fehlt bislang.

Zu den Orientalenstatuen: Schneider 1986, 115–125; Landwehr 2000, 74–83 Nr. 110; Schneider 2002, 91; Freyberger 2004; Landskron 2005, 88; Rose 2005, 62 f.; Bitterer 2007a; Bitterer 2007b. Bis auf wenige Fragmente aus Giallo Antico und einem aus weißem Marmor bestehen die Orientalenstatuen aus Pavonazzetto. Strab. 12, 8, 14 berichtet von der Vorliebe der Römer, in augusteischer Zeit Pavonazzetto zu importieren.

127 Heilmeyer 1970, 126–132; Leon 1971; von Hesberg 1980a, 187; Gans 1992, 164 f.; Schörner 1995, 50 f.; Mattern 1997; Mathea-Förtsch 1999, 142 f. Zum Fußboden: Appetecchia 2007.

128 Gans 1992, 164 f. wies beispielsweise Pfeilerkapitelle der Basilica, die ihrer Höhe nach in dieselbe Ordnung gehören und sich nur bezüglich ihrer Breite in zwei Gruppen gliedern lassen (Kap. VI.3.b.) , zwei verschiedenen Bauphasen zu.

129 Während dieser Arbeiten rekonstruierte Bauer eine Reihe von Baugliedern, indem er Fragmente entweder aneinander klebte oder durch Eisendübel miteinander verband.

130 Von einer oberirdischen Säulen- bzw. Pfeilerstellung einer republikanischen Bauphase der Basilica Aemilia haben sich anscheinend keine Fragmente erhalten. Einen Grundriss rekonstruierte Bauer hingegen, indem er die an verschiedenen Stellen des Gebäudes von ihm beobachteten Fundamentmauern mit den durch Romanelli ergrabenen Säulenstellungen verknüpfte (Abb. 1).

131 von Sydow 1973; Bauer 1977a; Bauer 1977b; Bauer 1983; Bauer 1988a; Bauer 1993a.

132 Bauer 1988a, 205 verglich das mit einer Portikus in Kyrene und deutete es als experimentelle Erscheinung einer Übergangszeit.

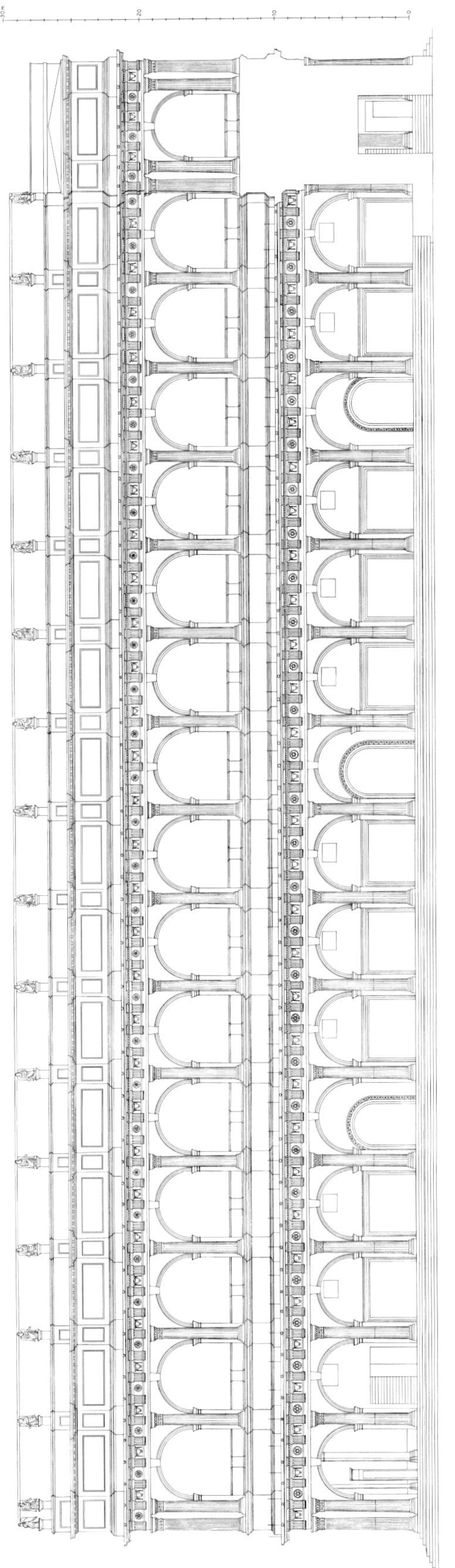

Abb. 2 Portikus, Rekonstruktion der Fassade (Heinrich Bauer)

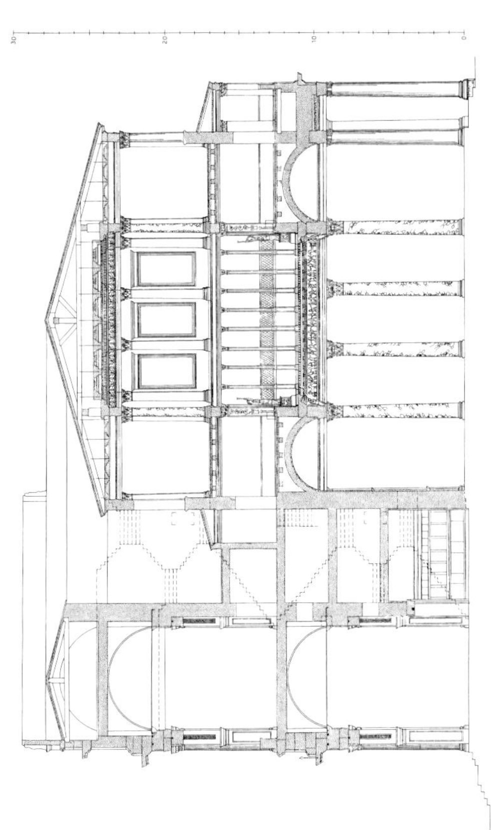

Abb. 3 Basilica Aemilia, Rekonstruktion des Querschnitts (Heinrich Bauer)

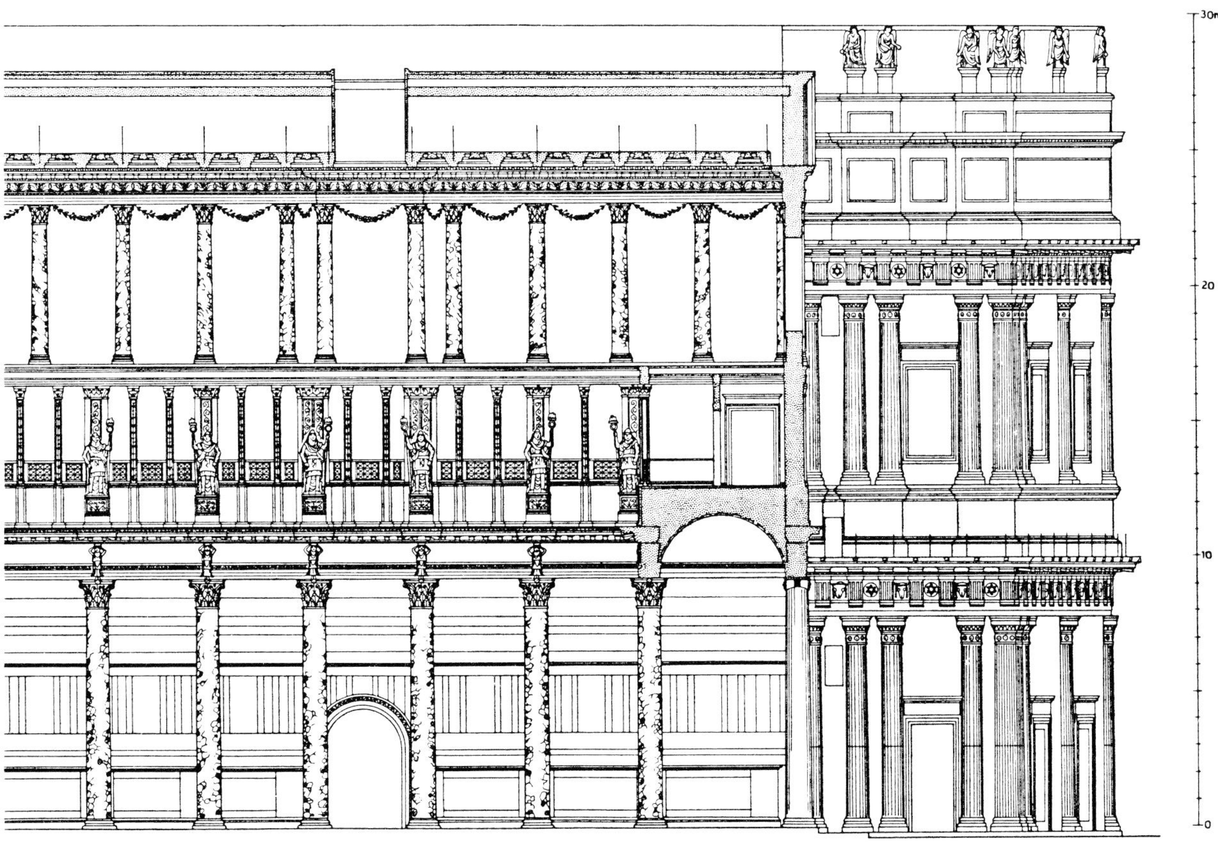

Abb. 4 Basilica, Rekonstruktion der Innenansicht des Mittelschiffs (Heinrich Bauer)

stand in beiden Stockwerken aus Bögen, die von Pfeilern mit vorgeblendeten Halbsäulen getragen wurden. Darüber lag jeweils ein dorisierendes Gebälk, auf das eine Attikazone folgte.

Auch für die Basilica haben sich alle Bauglieder der Säulenstellung in zwei unterschiedlichen Größen erhalten und gehörten ehemals zu zwei Stockwerken (Abb. 3–4). Zwischen diesen beiden Stockwerken befand sich ein Pfeilergeschoss. Über den Seitenschiffen der Basilica waren begehbare Zwischengeschosse eingelassen. Das Mittelschiff war hingegen ein in seiner Höhe bis zum Dach reichender Raum.

3. Probleme und Perspektiven

Zusammenfassend ergibt sich für die bisherige Erforschung der Basilica Aemilia ein recht problematisches Bild: Es kam trotz jahrzehntelanger Grabungen und Dokumentationen weder durch Boni noch durch Bartoli oder Bauer zu einer umfassenden und abschließenden Publikation des Gebäudes. Umgekehrt erschweren diese Arbeiten heute die Forschungen an dem Baukomplex: Einerseits weil viele der geborgenen Bauglieder immer wieder bewegt wurden und ihr Fundkontext oft unbekannt ist; andererseits weil die durchgeführten Restaurierungs- und Rekonstruktionsmaßnahmen nicht dokumentiert wurden. Die wenigen publizierten Artikel Bauers stellen Ergebnisse vor, die nicht überprüfbar sind und insofern nicht ohne weitere Untersuchungen übernommen werden können.

Die historischen Schriftquellen zur Basilica Aemilia, die zum Großteil die Zeit der Republik betreffen, wurden zwar verschiedentlich interpretiert, es ist jedoch nicht möglich, allein anhand dieser Quellen das Bauwerk und die Geschichte der Basilica Aemilia hinreichend zu klären. Das kaiserzeitliche Gebäude, welches wesentlich länger in Benutzung und in Ruinen möglicherweise bis in die Renaissance Teil des römischen Stadtbildes war, wurde bisher noch kaum erforscht. Die archäologischen Quellen, anhand derer dieser Missstand zu beheben wäre, entbehren bis heute einer wissenschaftlichen Bearbeitung mit anschließender Publikation.

V. Quellensituation und Methodik am Forum Romanum

Die Forschungen zur Basilica Aemilia sind, wie eben dargelegt, lückenhaft und voller Widersprüche. Dies liegt jedoch nur partiell an der zur Verfügung stehenden Quellenbasis.

Das Gelände wurde nachantik nur teilweise überbaut und Gebäudereste *in situ* sowie eine sehr große Zahl an dislozierten Architekturfragmenten haben sich erhalten. Eine genaue Aufnahme und Auswertung aller erhaltenen Bauglieder in Hinblick auf ihre technischen Aspekte sowie auf die Syntax und die Ausführung ihrer Ornamente versprechen neue Ergebnisse bezüglich der Rekonstruktion, der Chronologie und des Bauvorgangs des kaiserzeitlichen Gebäudes[133].

1. Allgemeine Quellensituation am Forum Romanum

Am Forum Romanum befinden sich heute nur wenige Bauglieder *in situ*. Seit der Antike kam es immer wieder zur Verlagerung von Architekturfragmenten. So kann oft weder der aktuelle Aufbewahrungsort eines einzelnen Bauglieds noch die Angabe seines Fundortes sichere Auskunft über seine Provenienz geben. Das Phänomen der Verlagerung und anderweitigen Verwendung von Baumaterial älterer Gebäude ist besonders für die Spätantike, aber auch für das Mittelalter und die Renaissance belegt. Exemplarisch seien hier die im 5. Jh. n. Chr. im Baptisterium von San Giovanni im Lateran verwendeten Bauglieder des Venus-Genetrix-Tempels genannt[134]. Gegen 1100 n. Chr. wurden Bauglieder u. a. vom Caesarforum neben die Basilica Aemilia gebracht, um in San Adriano Verwendung zu finden[135]. Ferner wurden Basen des Atrium Vestae im Gartenstadion auf dem Palatin verbaut[136]. In welchem Maße man Bauglieder verschleppte und welche Unsicherheiten bezüglich ihrer Zugehörigkeit daraus resultieren, lässt sich noch prägnanter an Baugliedern und Fragmenten kleinerer Dimensionen aufzeigen. Während der Transport großformatiger Stücke nämlich eine aufwändigere Logistik voraussetzte und daher nur sehr gezielt erfolgte, konnten gerade kleine Fragmente, die u. a. vielfach im Zuge der Kalkgewinnung entstanden, einfach und auch spontan bewegt werden. So fanden sich kleinformatige Fragmente der Konsularfasten vom Augustusbogen neben dem Caesartempel, beim Castortempel, am Romulustempel, auf dem Gelände der Portikus der Basilica Aemilia, bei der Regia, beim Antoninus Pius Tempel, bei den republikanischen Tempeln vom Largo Argentina und anderen Orten außerhalb des Forum Romanum[137]. Eine ähnlich große Verbreitung fanden die Fragmente vom Fries der Iuturnaquelle[138] oder die der Basilica Aemilia zugewiesenen Orientalenstatuen[139]. Diesen Beispielen ließen sich nahezu beliebig viele weitere hinzufügen[140]. In stärkerem Maße systematisiert und organisiert war der Steinraub am Forum dann in der Renaissance[141].

Aber auch seit den Ausgrabungen des Forumareals wurden viele Bauglieder, gerade auch der Basilica Aemilia, bewegt. Aufschluss gewähren hier Photographien vom Beginn des 20. Jhs., die Ansammlungen von Baugliedern mal zentral auf dem Forumsplatz, mal im Mittelschiff der Basilica Aemilia zeigen[142]. In den 1930er Jahren wurde die Nordwestecke der Portikus zum Depot diverser nicht zum Bau gehöriger Bauglieder, wie etwa auch der erwähnten Spolien aus San Adriano[143]. Bis heute werden immer wieder Fragmente vom Forumsareal aufgelesen und in verschiedene Magazine gebracht[144]. Diese Tätigkeiten dokumentiert man jedoch erst seit wenigen Jahren sorgfältig, so dass für viele Architekturfragmente in den Magazinen weder der Fundort geschweige denn

133 Vgl. Kap. I.

134 Kähler 1937, 108–110. Allgemein zum Phänomen der Spoliation im spätantiken Rom: Deichmann 1975; Poeschke 1996; Brandenburg 1996; Brenk 1996; Pensabene 2004a.

135 Lipps 2008, 394–396. Sie befinden sich heute auf dem Gelände der Portikus: Mancini 1967/1968, 219 Taf. 3. Photos aus den 30ern des letzten Jhs. zeigen die Säulen noch in der Curia: Bartoli 1962, 32 Abb. 15 Taf. 24–26; Mancini 1967/1968, Abb. 14–16. 18–20. 26 f.

136 Sturm 1888, 54. Zum Gartenstadion ausführlich: Iara 2007.

137 Nedergaard 2001, 110 mit Anm. 33.

138 Fragmente davon befinden sich auch in S. Maria in Trastevere und S. Giorgio in Velabro: Boni 1901, 128.

139 Die meisten der wahrscheinlich dazugehörigen Fragmente fanden sich nicht auf dem Gelände der Basilica Aemilia, sondern in der Kirche S. Teodoro bei den Horrea Agrippiana: Bitterer 2007a, 539 Anm. 179.

140 Vgl. beispielsweise die vielen Inschriften, die auf dem Areal der Basilica Aemilia gefunden wurden und nicht zu ihr gehören bei Hülsen 1902b.

141 Hoff 1987, 32.

142 Vgl. Photo Nr. 502–504. 514. 553. 562. 568. 665.

143 Mancini 1967/1968, 218 Anm. 53.

144 So richtete etwa Heinrich Bauer 1970 ein großes Magazin unter der Maxentiusbasilica ein, in welches er unter anderen viele hundert Fragmente der Basilica Aemilia brachte. Vgl. Bauer DAInst Henkelbericht.

ihr ehemaliger Herkunftsort genau bestimmt werden kann.

Es ergibt sich folgendes Bild: Auf dem gesamten Forumsareal und in diversen Magazinen liegen heute viele tausend Architekturfragmente, deren eindeutige Zuweisung an die jeweiligen baulichen Kontexte unklar ist. Das Material stammt zum größten Teil vom Forum Romanum und von den benachbarten Kaiserfora. Vereinzelt befinden sich aber auch Fragmente darunter, die von außerhalb nachträglich auf das Forum gelangten, so wie umgekehrt Architekturteile vom Forum Romanum heute in der Stadt Rom und auch außerhalb derselben anzutreffen sind[145].

2. Archäologie am Forum Romanum: Zum Umgang mit dislozierten Funden

Eine grundsätzliche Schwierigkeit besteht bei der vorliegenden Untersuchung folglich darin, das zur Basilica Aemilia gehörige Material von den übrigen Stücken zu scheiden[146]. Es ist zwingend notwendig, die Zuweisung von Baugliedern an Gebäude des Forum Romanum auf eine klare methodische Grundlage zu stellen. Im Folgenden sollen daher die einzelnen Arbeitsschritte, anhand derer die Materialbasis für die Untersuchung der Basilica Aemilia bestimmt wurde, offen gelegt und begründet werden (Schaubild 1).

Ausgegangen wird von den Baugliedern, die sich heute auf der Fläche der Basilica Aemilia und dem umliegenden Areal befinden[147]. Zu allererst sind die *in situ* erhaltenen Bauglieder des Komplexes zu betrachten, deren Zugehörigkeit nicht bezweifelt werden kann. Hierzu gehören fünf attische Säulenbasen des unteren Stockwerks der Basilica und eine Pfeilerbasis an der Front der Portikus (Abb. 1)[148]. Hinzu kommt eine sicher rekonstruierbare Pfeilerbasis an der Stirnseite der Trennwand des östlichen Treppenhauses[149]. Dass diese Bauglieder für die übrigen Basen in ihren Maßen repräsentativ sind und als Referenz dienen können, belegen die Maße der *in situ* erhaltenen Stützfundamente ohne Basen[150]. Mit Hilfe der *in situ* befindlichen Basen lassen sich für die Stützen und Gebälkteile mit einer Toleranz von wenigen Zentimetern Richtwerte für potentiell zur ersten Ordnung der Basilica Aemilia gehörige Architekturfragmente angeben[151]. Die Bauglieder eines möglichen zweiten Stockwerks können maximal die Größe des ersten Stockwerks haben, gewöhnlich sind sie jedoch um ¼ kleiner[152]. Voraussetzung für ihre Zuweisung ist demnach, dass sie alle in gleicher Weise proportional gleiche oder geringere Maße haben als die des unteren Stockwerks. Idealiter ergeben sich auch Übereinstimmungen im Material und der Machart einzelner Ornamentformen mit den Stücken des unteren Stockwerks. Auf diese Weise kommt es zu einer Reduktion der für die Basilica Aemilia potentiell in Frage kommenden Bauglieder (Schaubild 1, Selektion 1).

Da sich aber immer noch verschleppte und nicht zugehörige Bauglieder mit passenden Maßen unter den ausgewählten Stücken befinden können[153], greift als nächstes ein quantitativer Selektionsansatz unter Berücksichtigung des Fundortes der Objekte. Anhand des Materials und der Ornamentik der Bauglieder werden Serien gebildet. Idealiter ergeben sich dadurch eine oder mehrere große Serien und wenige singuläre Fragmente. Erst bei diesem Mengenverhältnis kann der Fundort als Argument für eine Zuweisung der Serie an die Basilica angeführt werden. Für die Einzelstücke ist die Wahrscheinlichkeit größer, dass es sich um dislozierte, nicht zur Basilica Aemilia gehörige Fragmente handelt. Wenn sich auch in den Magazinen keine Stücke mit Fundan-

145 So beispielsweise die oben zitierten Bauglieder vom Caesarforum im Baptisterium von San Giovanni im Lateran. Auch befinden sich heute viele Stücke in Museen.

146 Nur an einer Stelle im Südosten der Portikus hat sich ein Teil der Attika in Sturzlage gefunden. Vgl. Kap. VI.2.k.

147 Ihr Fundort bei den Ausgrabungen lässt sich anhand alter Aufnahmen, die sich im DAI oder im Antiquario Forense befinden, teilweise noch bestimmen.

148 Die Säulenbasen Ser.Nr. 197022–197023. 198149–198151, die Basis des Portikusfrontpfeilers Ser.Nr. 198064.

149 Ser.Nr. 197024. Das Stück wurde neben seinem ursprünglichen Fundament gefunden und passt genau auf.

150 Einzig die Eckbasis Ser.Nr. 198064 hat wegen ihrer besonderen Position veränderte Breitenmaße.

151 Zu Proportionsverhältnissen: Chitham 1987; Jenewein 2008, 72–105. Zur korinthischen Ordnung: Wilson Jones 2000, 143–156. Diese Schätzwerte lassen sich natürlich nicht auf den Zentimeter genau vornehmen. Es bleibt ein Spielraum von wenigen Zentimetern, da die Entasis der Säulen, die Ausladung der Kapitelle etc. zunächst unbekannt sind.

152 Vgl. Vitr. 5, 1, 3.

153 Besondere Schwierigkeiten entstehen hier, weil die Ordnungen und Baugliedhöhen an mehreren Gebäuden, gerade der benachbarten Kaiserfora, oft gleich sind. So beträgt die Höhe des Architravs der unteren Ordnung der Basilica ungefähr zwei römische Fuß, dies entspricht ca. 60 cm, wobei Schwankungen von mehreren Zentimetern möglich sind. Die gleichen Höhen weisen beispielsweise die Architrave der Portiken des Trajansforums (Leon 1971, 60 Typ B1 und 2) und der Portiken des Augustusforums (Leon 1971, 174 f. Typ C) auf. Aber auch die Portiken des Templum Pacis entsprechen ihren Maßen nach etwa der unteren Ordnung der Basilica (Basis, Säule und Kapitell sind in ihren Höhenmaßen bekannt und messen zusammengenommen ca. 10 m. Eine Publikation dieser Ergebnisse durch F. Caprioli und P. Pensabene steht noch aus).

gabe „Basilica" finden, die sich ihnen anschließen lassen (Schaubild 1, Abgleich 1), werden sie daher aus der Materialbasis ausgeschlossen (Schaubild 1, Selektion 2).

Neben den Architekturfragmenten, die sich auf dem Areal oder in unmittelbarer Nähe der Basilica Aemilia befinden, liefern die in den verschiedenen Magazinen aufbewahrten Funde eine weitere Informationsquelle. Die Provenienz der Stücke ist jedoch noch fraglicher. Es werden daher nur Stücke, die den Baugliedserien vom Forum entsprechen, der Quellenbasis, die als sicher gilt, zugeschlagen (Schaubild 1, Abgleich 2). Bei den so ausgewählten Fragmenten handelt es sich vor allem um leicht abbrechende vorkragende Teile von Baugliedern. Mit ihrer Hilfe lassen sich oft erst die gesamte Form und Ornamentik einzelner Bauelemente rekonstruieren.

Eine Überprüfung der so selektierten Materialbasis ist anhand der Ornamentik und der Anlage sowie Ausführung technischer Details der verschiedenen Baugliedserien möglich. Da davon auszugehen ist, dass diese zum Großteil zeitgleich entstanden sind, sollten sie eine Reihe von Übereinstimmungen untereinander aufweisen. Dies gilt beispielsweise für die Ausgestaltung der Anathyrosen oder die exakt gleich ausgeführten Kymatien an funktional unterschiedlichen Baugliedern. Vor allem technische Details, z. B. deckungsgleiche Dübellocher an zwei übereinander zu rekonstruierenden Baugliedern, können die erfolgte Selektion unterstützen. Durch die Rekonstruktion kann so im Nachhinein die vorgenommene Auswahl noch einmal verifiziert werden.

Der Basilica Aemilia werden demnach nur Stücke zugewiesen, die den Maßen nach zum Bauwerk passen und Teil einer in der Abfolge der Ornamente einheitlichen Serie sind, die sich nachweislich zumindest zu einem großen Teil auf dem Gebiet der Basilica Aemilia gefunden hat. Die Serien lassen sich in manchen Fällen anschließend noch auf Grundlage der unterschiedlich ausgeführten Ornamentik unterteilen. Hierfür wird sich der Stilkritik bedient[154]. Dadurch ist es möglich, spätere Eingriffe in den Bau zu erkennen. Voraussetzung einer Zuweisung der anders ausgeführten Bauornamentikfragmente an die Basilica Aemilia ist wiederum, dass es sich dabei um eine größere Anzahl von Stücken handelt. Dies gilt zumindest für Bauglieder wie Architrave oder Kapitelle, die ein verhältnismäßig genormtes Erscheinungsbild aufweisen und in allen Größenverhältnissen am Forum und in der Umgebung zahlreich zu finden sind[155]. So sind die Faszien von Architraven beispielsweise sehr oft durch Perlstäbe voneinander getrennt und schließen an ihrer Faszienoberseite mit einem Bügelkymation ab, wie es für die untere Ordnung der Basilica der Fall ist. Einzelstücke späterer Zeitstellung müssen deshalb nicht zwangsläufig zur Basilica Aemilia gehört haben, sondern können auch von benachbarten Gebäuden stammen[156]. Ausnahmen werden daher nur dann zugelassen, wenn das entsprechende Bauglied nach seinen Maßen und angebrachtem Dekor exakt zur Basilica Aemilia passt und seine Zugehörigkeit zu einem anderen Gebäude in weitem Umkreis äußerst unwahrscheinlich ist. Dies trifft einzig für eine mit einem Bukranion geschmückte dorische Friesplatte zu[157]. In seinen Maßen und der Ikonographie des Bukranions passt es exakt zu der Serie des dorischen Frieses der Portikus.

Die skizzierte Vorgehensweise bei der Kontextualisierung von dislozierten Baugliedern am Forum Romanum an ein konkretes Bauwerk ist dringend notwendig. Nur so kann sichergestellt werden, dass ausschließlich zum Gebäude gehörige Bauglieder in die Interpretation einbezogen werden. Ein Nachteil besteht bei dieser Vorgehensweise jedoch darin, dass einzelne zur Basilica Aemilia gehörige Bauglieder nicht erkannt und daher nicht in die Untersuchung einbezogen werden könnten. Diese Möglichkeit ist gegeben, wenn aufgrund von Individuallösungen am Bau einzelne Bauglieder, die beispielsweise an einer hervorgehobenen Stelle angebracht waren, anders als die übrigen Stücke gestaltet worden sind.

Schwierigkeiten entstünden ferner, wenn zufälligerweise nur noch ein Stück einer Serie überliefert sein sollte[158]. Dieser Fall scheint jedoch zumindest bei der Basilica Aemilia nicht aufzutreten, denn fast alle Bauglieder haben sich – wie sich zeigen wird – in größeren Serien erhalten und bei den wenigen fehlenden Architekturgliedserien (beispielsweise einem möglichen Gebälk der Rankenpfeiler, vgl. Kap. VI.3.d.) stehen nicht einmal einzelne Fragmente zur Verfügung.

Als methodisches Problem erweist sich weiterhin die Identifizierung von Reparaturstücken, denn es besteht auch die Möglichkeit, dass Einzelstücke ausgetauscht worden sind und dabei in der Ornamentik kein Bezug auf die Vorgänger genommen wurde.

Durch den hier vorgestellten methodischen Ansatz gelingt es, eine sichere Materialbasis für die Rekonstruk-

154 Vgl. Anm. 20.

155 Zur Abgrenzung einer späteren Serie gegenüber einzelner nachträglicher Stücke s. u.

156 Vgl. Anm. 153.

157 Vgl. Ser.Nr. 197168 und Kap. VII.2.

158 Bei solchen Stücken ließe sich zwar idealiter noch eine gemeinsame Entstehungszeit mit den übrigen Stücken und ein motivischer Bezug zur Ornamentik der Basilica Aemilia insgesamt erkennen, doch bliebe ihre Zuweisung zur Basilica mehr oder weniger unsicher.

tion eines Bauwerkes zu erstellen und dadurch Fehleinschätzungen in der Interpretation vorzubeugen. Streng von der sicheren Materialbasis abgesetzt werden in einem eigenen Kapitel Baugliedserien aufgeführt, deren Zuweisung zur Basilica wahrscheinlich ist, deren ursprünglicher Standort aber nicht eindeutig bestimmbar ist[159]. In einem weiteren Kapitel werden aus Magazinen stammende Baugliedserien vorgestellt, deren Zugehörigkeit zu dem Komplex der Basilica Aemilia möglich, aber unsicher ist. Zwar steht auf den Fundzetteln dieser Architekturfragmente, dass sie in der Gegend der Basilica Aemilia aufgelesen wurden, auch könnten sie aufgrund ihres Stils der Neubauphase der Basilica angehören, aber ihr ursprünglicher Standort lässt sich nicht mehr rekonstruieren, da es auf dem Areal an Vergleichsfunden fehlt und die Architekturfragmente darüber hinaus allesamt kleinformatig und daher gut transportabel sind[160].

3. Materialbasis und Erhaltungszustand

Im Frühjahr 2005 und im Jahr 2006 wurden auf die eben skizzierte Weise etwa 10.000 ornamentierte Fragmente von Baugliedern auf dem Forumsareal und in den verschiedenen Magazinen auf ihre Zugehörigkeit zum Komplex der Basilica Aemilia hin untersucht[161]. Der dadurch erarbeitete online einsehbare Katalog umfasst 1877 dem Bau zugewiesene Stücke, von denen 1489 Objekte in der Datenbank des Deutschen Archäologischen Instituts und des Forschungsarchivs für antike Plastik, Arachne, mit eigenen Datensätzen versehen, weitere 388 Stücke summarisch aufgeführt sind[162]. In der Datenbank sind Photographien und bei für die Rekonstruktion wichtigen Stücken Zeichnungen aller Objekte einzusehen, die aus Platzgründen hier nicht abgebildet werden konnten. Es wurden nur Objekte, die sich auf dem Forum oder in den umliegenden Magazinen befinden, aufgenommen[163]. Das für die Auswertung herangezogene Material verteilt sich wie folgt auf die verschiedenen Gebäudeeinheiten und architektonischen Funktionen:

Der Basilica können 953 Fragmente zugeordnet werden:

1. Attische Basen des unteren Stockwerks (12 Fragmente)
2. Ionische Kapitelle des unteren Stockwerks (93 Fragmente)
3. Ionischer Architrav und Fries des unteren Stockwerks (98 Fragmente)
4. Konsolengeison des unteren Stockwerks (326 Fragmente)
5. Attische Basen des oberen Stockwerks (21 Fragmente)
6. Korinthische Kapitelle des oberen Stockwerks (236 Fragmente)

159 Vgl. Kap. VI.3.

160 Vgl. Kap. VI.4.

161 Zur Materialauswahl im Rahmen der Projektsituation: Kap. I Anm. 15.

162 Die Inventarnummern wurden entweder bereits von der Soprintendenz oder vom Verfasser selbst den Stücken gegeben. Letzteres gilt für die Fragmente aus dem Bauermagazin. In Ausnahmefällen wurden auch Architekturfragmente aufgenommen, die von der Soprintendenz in den vergangenen Jahrzehnten dokumentiert wurden, heute aber nicht mehr aufzufinden sind. Die in der Datenbank katalogisierten Bauornamentikfragmente dürften den Großteil des erhaltenen Materials wiedergeben. Die meisten der aufgeführten Stücke gehören mit Sicherheit dem Baukomplex der Basilica Aemilia an. Da die Fragmente aber gelegentlich zu schlecht erhalten sind, um ihre Zuweisung an eine Serie von Baugliedern der Basilica Aemilia eindeutig bestimmen zu können, wurden die Stücke hier zunächst in drei Kategorien eingeteilt: Fragmente, die mit Sicherheit, die mit Wahrscheinlichkeit oder nur möglicherweise den jeweiligen Serien zugerechnet werden können. Die weiterführenden Auswertungen – Rekonstruktion, Chronologie, Bauvorgang, Einsatz und Bedeutungsgehalt von Ornamentik – basieren stets nur auf den mit Sicherheit zugeschriebenen Stücken. Zu Arachne vgl. Anm. 4.

163 An folgenden Orten fanden sich Bauglieder der Basilica Aemilia: 1. Basilica Aemilia und Umfeld: Es wurde nur auf den Arealen der angrenzenden Gebäude nach Baugliedern gesucht, denn ein größerer Radius und der damit verbundene Aufwand hätten in keiner lohnenden Relation zum Ergebnis gestanden. 2. Bauermagazin: Ein zu Beginn der 1970er Jahre unter der Maxentiusbasilica durch Bauer angelegtes Magazin mit mehreren hundert Fragmenten (Bauer DAIRom Henkelabschlussbericht). 3. Chiostro di S. Francesca Romana: Einige Bauglieder des Komplexes der Basilica Aemilia wurden im Laufe der letzten Jahrzehnte in das Antiquario Forense gebracht, wo sie heute ausgestellt sind. Hierbei handelt es sich vorwiegend um sehr gut erhaltene Stücke. 4. Lapidario Forense: Hier befinden sich wenige, hervorragend erhaltene Bauglieder. Dazu zählen neben einzelnen Fragmenten von ionischen Kapitellen vor allem die Fragmente von Clipei und diejenigen der Orientalenstatuen. 5. Magazin im Venus und Roma Tempel: Aufbewahrt sind im Tempelfundament ca. 200 Fragmente von Rankenpfeilern und Rankenkapitellen der Basilica Aemilia.

Darüber hinaus können sich Bauglieder der Basilica Aemilia noch in Rom als Spolien verbaut (im Falle der Villa Torlonia weiß man explizit, dass dort Bauglieder der Basilica Aemilia wiederverbaut wurden. Vgl.: Bauer 1993, 186) oder im Ausland befinden (Bauglieder der Basilica Aemilia können durchaus ins Ausland verkauft worden sein. Der Basilica bislang zugerechnete Rankenpfeiler in Amsterdam (Moormann 1991) gehören jedoch nicht dazu, da sie in ihren Maßen und ihrer Ornamentik deutlich von den Exemplaren der Basilica abweichen). Nach solchen Baugliedern wurde aber nicht systematisch gesucht, da der zu erwartende geringe wissenschaftliche Mehrwert den Aufwand nicht gerechtfertigt hätte.

7. Ionischer Architrav und Fries des oberen Stockwerks (65 Fragmente)
8. Konsolengeison des oberen Stockwerks (102 Fragmente)
9. Für die Portikus sind 231 zuweisbare Fragmente erhalten:
   1. Binderblock eines Pfeilers (1 Fragment)
   2. Attische Basen (11 Fragmente)
   3. Halbsäulen und Pilaster (37 Fragmente / nicht alle Stücke dokumentiert)
   4. Tuskanische Kapitelle (8 Fragmente)
   5. Bögen (80 Fragmente)
   6. Türen (1 Fragment / nicht alle Stücke dokumentiert)
   7. Dorisierender Architrav (19 Fragmente)
   8. Dorischer Fries (18 Fragmente)
   9. Konsolengeison (16 Fragmente)
   10. Attika
       a. Lehrabakus (8 Fragmente)
       b. Fußprofil (9 Fragmente)
       c. Orthostat (5 Fragmente)
       d. Konsolengeison (18 Fragmente)

Insgesamt 493 Baugliedfragmente der Basilica Aemilia mit unbekanntem architektonischem Kontext wurden aufgenommen:

1. Rankenpfeiler (231 Fragmente)
2. Rankenkapitelle (182 Fragmente)
3. Basisfragmente Orientalenstatuen (70 Fragmente)

An möglichen Baugliedern der Basilica Aemilia sind in der vorliegenden Arbeit 200 Fragmente beschrieben:

1. Pilaster des oberen Stockwerks der Basilica (96 Fragmente)
2. Clipei (72 Fragmente)
3. Kassettendecke (32 Fragmente)

Im Vergleich zur Basilica sind von der Portikus deutlich weniger Fragmente erhalten, weil man letztere im Unterschied zu der Basilica nachträglich überbaut hat und sie noch in der Renaissance systematisch ausgeraubt wurde[164]. Von der Portikus sind vorwiegend Bauglieder erhalten, die eine Sonderstellung am Gebäude einnahmen, wie beispielsweise Eckstücke. Nur 25 Architekturfragmente gehören nicht dem augusteischen Bau, sondern späteren Eingriffen in das Gebäude an[165].

Das erhaltene Material gibt einen Eindruck vom Prozess der Zerstörung und Spoliation des Gebäudes. So handelt es sich bei den meisten Fragmenten um Stücke eines vorkragenden Bereiches wie Abakusecken oder Polster bei korinthischen bzw. ionischen Kapitellen, vorkragende Partien bei ionischen Architraven oder Kassetten und Konsolen der Geisa. Viele dieser Stücke wurden sekundär behauen und in Mauern wieder verwendet, wie Mörtelreste belegen. Große Blöcke sind hingegen selten erhalten. Vor allem die Friese, die sich wegen ihrer Quaderform besonders gut zur Wiederverwendung eigneten, sind (z. B. im Falle des unteren Stockwerks der Basilica[166]) kaum überliefert.

164 s. Kap. III.

165 Zur Zuweisung von Baugliedern nachträglicher Eingriffe an den Bau: Kap. V.2.

166 Kap. VI.1.e.

VI. Rekonstruktion: Der augusteische Bau und seine Ornamentik

1. Basilica

1.a. Das Fundament

Die Beschreibung und Beurteilung der Bauglieder und Ornamente der augusteischen Basilica erfordern ein Verständnis des Grundrisses der Anlage. Daher sei zunächst der bauliche Befund mit seinen Fundamenten vorgestellt[167].

Die beste Möglichkeit, die Fundamente zu studieren und den Gebäudegrundriss zu bestimmen, war zu Beginn des letzten Jhs. gegeben, als das gesamte Areal bis auf die Grundmauern freigelegt worden war[168]. Die Dokumentation der Arbeiten lag seit 1900 in den Händen Gustavo Tognettis, der bis 1903 eine vorläufige, nie veröffentlichte Baubeschreibung angefertigt hat, die sich im Palazzo Altemps befindet. Auf dieser Baubeschreibung beruhten die Arbeiten Bauers, der sie durch weitere Detailuntersuchungen ergänzte[169]. Die folgende Darstellung basiert wiederum maßgeblich auf den nur vereinzelt modifizierten oder ergänzten Unterlagen Bauers.

Die Basilica erstreckt sich von Westen nach Osten auf einer Länge von 94,10 m und ist von Norden nach Süden 25,65 m breit (Abb. 1). Ihre Außenmauern waren auf allen vier Seiten geschlossen[170]. Zumindest an der östlichen Schmalseite befanden sich mehrere Eingänge[171]. Der Erhaltungszustand von Nord- und Westwand ist zu schlecht, um Aussagen über mögliche Eingänge treffen zu können[172]. In der gut erhaltenen Südmauer befinden sich drei große Durchgänge zur Portikus[173].

Der Innenraum der Basilica wird durch Säulenstellungen in ein Mittelschiff und ein umlaufendes Seitenschiff, an das im Norden ein weiteres Nebenschiff angefügt ist, aufgeteilt. Das Mittelschiff ist 11,90 m breit, das angrenzende Seitenschiff 5,85–5,95 m, das nördliche Langschiff weist eine Breite von nur 2,85 m auf. Beachtlich sind die großen Maßunterschiede der einzelnen Jochweiten. Das Säulenjoch beim Mitteldurchgang von der Basilica zur Portikus ist mit 5,30 m am größten; auch die Joche an den beiden anderen Durchgängen zur Portikus sind etwas größer als die übrigen. Letztere variieren zwischen 4,03–4,38 m.

Die Säulenreihen der Basilica stehen auf Caementiciumfundamenten, die als Streifen angelegt sind und sich gitterartig überkreuzen[174]. Ein solcher Fundamentstreifen trägt alle vier Säulenreihen, die das Mittelschiff umgeben. Auf den Außenseiten ist das Säulenfundament durch Quermauern mit dem Fundament des Mittelschiffs verbunden. Das Caementicium besteht aus Brocken gelben und roten Tuffs sowie aus rotem Pozzolanmörtel[175]. Das Fundament konnte kaum ergraben werden, scheint sich jedoch auf Mauern von Vorgängerphasen zu legen, was auch den Grundriss des Gebäudes erklären würde[176].

Die Säulen ruhen laut Bauer auf je zwei 50 cm hohen Blöcken aus rotem Tuff, auf die eine 30 cm hohe Platte

167 Die ausführliche Bearbeitung des baulichen Befundes erfolgt durch Ertel – Freyberger. Dem soll hier nicht vorgegriffen werden. Es gilt lediglich, die für das Verständnis der Bauglieder notwendigen Fakten darzugelegen.

168 Photographisch dokumentiert ist dieser Zustand im Bereich der Portikus, der Tabernen und für Teile der Basilica.

169 Bauer, DAInst Nachlass, 5–56. Dabei waren Bauer schon mehrere Bereiche nicht mehr zugänglich gewesen, da teilweise – wie etwa im westlichen Bereich der Portikus – dort gelagerte Bauglieder eine Nachuntersuchung verhinderten.

170 Dies belegen Mauerreste im westlichen Bereich der nördlichen Außenwand und ein Fragment der Forma Urbis, das den östlichen Bereich der nördlichen Außenwand gleichfalls mit einer durchlaufenden Mauer zeigt: Bauer 1993a, 407 Abb. 91.

171 Bauer DAInst Nachlass, 44–46. Im Osten sind die zu den Eingängen führenden Abdrücke der Treppen heute noch sichtbar.

172 Bauer DAInst Nachlass, 47–56.

173 Im mittleren und östlichen Durchgang haben sich Türschwellen erhalten. Ein Durchgang am westlichen Ende ist zum einen aus Gründen der Symmetrie anzunehmen, zum anderen führt genau unter dem zu vermutenden Durchgang der alte Arm der Cloaca Maxima entlang, der nur durch einen schwachen Bogen aus Grotta Oscura überdeckt wird (Bauer 1989, 49 Abb. 11). Die fehlende Fundamentierung dieser Stelle dürfte durch den Durchgang überbrückt worden sein.

174 Bauer DAInst Nachlass, 39. Die folgenden Aussagen ließen sich am Befund nicht überprüfen, sondern basieren einzig auf den Angaben Bauers.

175 Diese Materialien begegnen in Vorgängerphasen des Bauwerks. Es ist zu vermuten, dass ältere Bausubstanz im Caementiciumfundament wiederverwendet wurde. Zum gelben Grotta Oscura: Lugli 1957, 253–257. Zum roten Aniene-Tuff: Lugli 1957, 306–309. Zum Pozzolanmörtel: Lugli 1957, 394–401.

176 Die unter dem Caementicium der Säulenstellung des Mittelschiffs liegende Mauer besteht aus Grotta Oscura. Die Wiederverwendung dieser Fundamentmauer für das frühkaiserzeitliche Gebäude bei gleichzeitiger Änderung der Jochweiten könnte gemeinsam mit der Tatsache, dass die Parzelle durch die Nachbarbebauung vorgegeben war (Kap. II.), eine Erklärung für die geringe Tiefe des nördlichen Seitenschiffes liefern, die beim Anblick des Grundrisses zunächst verwundert (Abb. 1).

Abb. 5 Basilica, Travertinfundament einer Säulenbasis

aus Travertin verlegt worden ist (Abb. 5)[177]. Hierauf wurden die Säulenbasen gestellt. Das Bodenpflaster der Basilica hat keine aufwändige Fundamentierung, sondern ruht nur auf gestampfter Erde.

1.b. Die Basen des unteren Stockwerks

Die Basen des unteren Stockwerks der Basilica gehören dem attischen Typ an und bestehen aus weißem Marmor (Abb. 6–7). Es sind ausschließlich Säulenbasen erhalten, Bauglieder einer Wandverkleidung mit Pilastern sind für das untere Stockwerk nicht nachweisbar. Belegt wird die Zuweisung der Basen an die Basilica durch drei *in situ* befindliche Stücke (Abb. 1 die Basen im Mittelschiff sowie die westliche Basis in der nördlichen Säulenlängsreihe)[178].

Rekonstruktion

Die Basen, die zu der das Mittelschiff umgebenden Säulenstellung gehören, haben einen glatten Säulenanlauf angearbeitet (Abb. 6). Diejenigen in der nördlichen Säulenlängsreihe weisen hingegen keinen Säulenanlauf auf (Abb. 7). Die Basen im Mittelschiff haben einen maximalen Durchmesser am unteren Torus von 1,33 m, dasjenige Exemplar in der nördlichen Säulenlängsreihe einen von 1,29 m. Sie alle sind 33 cm hoch[179]. Bei den Exemplaren des Mittelschiffs, bei denen der Säulenanlauf angearbeitet ist, beträgt der obere Durchmesser 94 bzw. 96 cm. Bei dem Exemplar der nördlichen Säulenlängsreihe ohne Säulenanlauf ist er mit 1,07 m deutlich größer[180].

Die Basen sind getrennt von den Plinthen gearbeitet und ruhen auf Travertinblöcken, mit denen sie verdübelt sind[181]. Ihre Unterseiten haben im Abstand von ca. 16 cm zum Rand eine um 1 cm erhöhte Auflagerfläche[182]. Die Basis saß also nicht in voller Breite auf dem Travertin auf, sondern nur zentral, etwa im Durchmesser der darüber aufsitzenden Säule[183]. Die Plinthen sind ins Pflaster versenkt. Sie bestehen aus vier innen rund ausgeschnittenen Platten aus weißem Marmor, die auf den Travertinblock gelegt und an die Basis herangeschoben sind. Sie bilden ein Quadrat mit einer Seitenlänge von ca. 1,32 m. Die Säulen wurden mit Hebeleisen exakt positioniert[184] und mit den Basen verdübelt[185].

177 Sichtbar ist dieses Travertinauflager an der 3., 9. und 19. Säule der nördlichen Säulenreihe des Mittelschiffs, an der 17. Säule der Nordreihe sowie an der 2. Säule der Reihe, die das Mittelschiff gegen Osten abschließt. Die angegebenen Nummerierungen von Säulen verlaufen stets von Westen nach Osten.

178 *In situ*: In der Südreihe des Mittelschiffs Ser.Nr. 198149 und in der Nordreihe des Mittelschiffs Ser.Nr. 198150. In der nördlichen Säulenlängsreihe: Ser.Nr. 198151. Ein weiteres Stück liegt im Nordosten auf dem Gebiet des Templum Pacis: Ser.Nr. 198148. In den Magazinen fanden sich sechs weitere Fragmente dieser Basen: Ser.Nr. 197625. 197729. 197816. 197854. 197874. 197945. Sie stammen alle von dem ausladenden, leicht abzubrechenden Bereich der Basis. Zumeist ist ein Teil des unteren Torus erhalten. Die drei komplett erhaltenen Exemplare *in situ* sind in die Rekonstruktionen Bartolis einbezogen, was ihre Untersuchung erschwert (Zu den Rekonstruktionen Bartolis: Fabrini 1972/1973). So sind ihre Unterseiten gar nicht und ihre Oberseiten nur bedingt einsehbar.

179 Da die Basen alle gleich hoch sind, ergeben sich unterschiedliche Detailmaße, auf deren Grundlage auch kleinere Fragmente dem Mittelschiff oder der nördlichen Säulenreihe zugeordnet werden können.

180 Zieht man die Ausladung des angearbeiteten Säulenanlaufs von insgesamt ca. 13 cm ab, gelangt man zu einem dem Mittelschiff entsprechenden Wert.

181 Auf dem am besten einsehbaren dieser Travertinblöcke lässt sich ein Dübelloch mit Gusskanal erkennen. Wahrscheinlich war ursprünglich ein weiteres Dübelloch vorhanden (Abb. 5). Der Stein ist an dieser Seite stark zerstört.

182 Bei Ser.Nr. 197625. 197816. 198148 ist die Auflagerfläche rund, bei Ser.Nr. 197874 eckig.

183 Beispiele dazu aus den letzen Jahrzehnten v. Chr. finden sich am Caesarforum (unpubliziert) oder in den nördlichen Provinzen: Amy – Gros 1979, 125 Abb. 51; Trunk 1991, 122 Abb. 59. von Hesberg 2002a, 25 f. Abb. 11.

184 Ser.Nr. 198151.

185 Die Basisoberseiten sind nur an ihren Rändern einzusehen. Doch lassen sich an den Exemplaren in der Basilica jeweils die Ansätze zweier einander gegenüberliegender Gusskanäle, teilweise noch mit Bleiresten (Ser.Nr. 198149) erkennen. Ob alle Basen in gleicher Weise verdübelt waren, lässt sich nicht mit Sicherheit sagen. Das Beispiel vom Rundtempel am Tiber (Heilmeyer – Rakob 1973, 6 f.) zeigt für die augusteische Zeit verschiedene Möglichkeiten, innerhalb desselben Bauwerks Säulen und Basen zu verbinden.

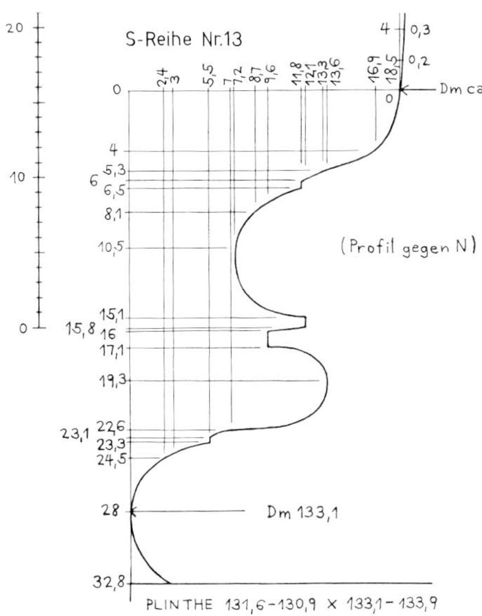

Abb. 6a Basilica, unteres Stockwerk, Mittelschiff, attische Säulenbasis, Profilzeichnung Ser.Nr. 198149

Abb. 6b Basilica, unteres Stockwerk, Mittelschiff, attische Säulenbasis, Ser.Nr. 198149

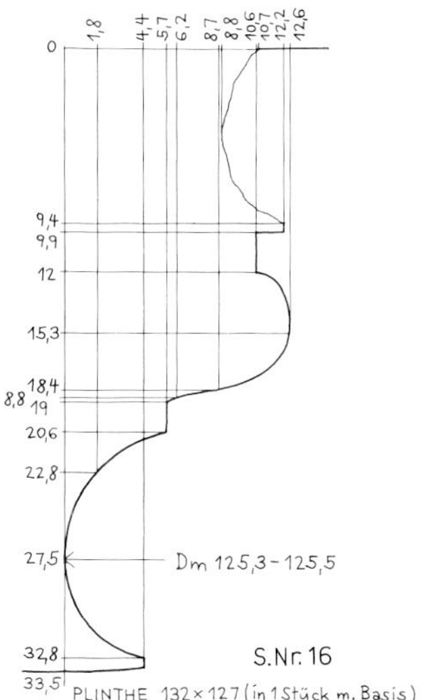

Abb. 7a Basilica, unteres Stockwerk, nördliche Säulenlängsreihe, attische Säulenbasis, Profilzeichnung Ser.Nr. 198151

Abb. 7b Basilica, unteres Stockwerk, nördliche Säulenlängsreihe, attische Säulenbasis, Ser.Nr. 198151

Ornamentik

Die Basen der Basilica stehen in republikanischer Tradition. Zeichen dieser Tradition sind ihre von der Plinthe getrennte Ausarbeitung, die weite Ausladung der Profile und – im Fall der Basen des Mittelschiffes – das flache, zum Schaft hinführende Profil des Anlaufs[186]. Die Kerbung zwischen dem Trochilus und dem oberen Torus ist als ein besonderes Charakteristikum der Basen hervorzuheben, was sie von den attischen Basen republikanischer Zeit unterscheidet (Abb. 6–7)[187]. Sie geht mit einer verhältnismäßig geringen Ausladung des oberen Torus

186 Vgl. Heilmeyer – Rakob 1973, Taf. 20. 21. 56; Adam 1994, 9 Abb. 5; Delbrueck 1912, Taf. 9. Zur Ausformung und Entwicklung: Shoe 1965; Shoe 1969. Vgl. ferner Zink 2008, 59 Anm. 25.

187 Zur unterschiedlichen Formung der attischen Basis in der griechischen und römischen Architektur: Shoe 1952, 181; Shoe 1964, 301; Shoe 1965, 25 f. 193; Shoe 1969.

einher. Als Vergleichsbeispiel finden sich in Rom die attischen Basen des Augustusforums[188].

An den Basen des Mittelschiffs ist der Übergang vom unteren Torus zum Trochilus allerdings anders ausgeführt als an den Stücken des Augustusforums: Die Stufe, mit der der Trochilus über dem Torus einsetzt, ist sehr flach und leicht gerundet, womit sie die Kurve des Torus auffängt. Dieselbe Form hat das Profil über dem oberen Torus der Basen im Mittelschiff[189].

1.c. Die Säulen des unteren Stockwerks

Auf den Basen standen monolithe Säulen aus Buntmarmor. Diejenigen um das Mittelschiff waren aus Africano[190], diejenigen in der nördlichen Säulenlängsreihe aus Cipollino[191]. Die Höhe der Säulen ist nicht bekannt[192]. Die aus Cipollino sind etwas schlanker als die aus Africano. Ihr unterer Durchmesser variiert zwischen 87 und 90 cm, der derjenigen aus Africano zwischen 90 und 97 cm[193]. Cipollino- und Africanosäulen weisen eine Entasis auf[194]. Der obere Durchmesser der Cipollinosäulen lässt sich nicht mehr bestimmen[195], jener der Africanosäulen betrug zwischen 78 und 86 cm[196]. Alle Säulen waren sowohl mit den Basen darunter als auch mit den Kapitellen darüber verdübelt[197].

Den Africanosäulen des Mittelschiffs fehlt der an die Basis angearbeitete Anlauf. Die Säulen enden oben mit einem Ablauf, einer Leiste und einem Rundstab. Den Säulen aus Cipollino war zusätzlich auch der Säulenanlauf angearbeitet. Die Schäfte sind alle glatt poliert.

1.d. Die Kapitelle des unteren Stockwerks

Über allen Säulen des unteren Stockwerks der Basilica sind ionische Kapitelle des Normaltypus aus weißem Marmor zu rekonstruieren (Abb. 8–9)[198]. Der untere Durchmesser der Kapitelle beträgt ca. 80 cm[199]. Damit

188 Zu den Basen der Peristase des Mars-Ultor-Tempels: Ganzert 1996a, Taf. 47, 5. 6. Zu denen an der Exedra: Ganzert – Kockel 1988, 170 Kat. 65. Sie wurden als ein in augusteischer Zeit am Augustusforum angebrachtes Zitat einer attischen Basis von den Propyläen der Akropolis von Athen verstanden: Wesenberg 1981; Wesenberg 1984. Vom Augustusforum aus soll sich diese Form der attischen Basis ab augusteischer Zeit verbreitet haben. Diese Deutung ist nicht korrekt, da entsprechend profilierte Basen auch früher als am Augustusforum begegnen. So – wenn auch an einer kompositen Basis – am Saturntempel: Strong – Ward-Perkins 1962, 10 Abb. 4, am Tempel von Assisi (zu dessen Frühdatierung Schenk 1997, 89 f.) und vor allem am Dioskurentempel in Cori, der bereits ca. 80–100 Jahre vor dem Augustusforum erbaut wurde, auch wenn seine Basen noch mit Stuck überzogen waren (zum Dioskurentempel zuletzt Altenhöfer 2007; Palombi – Leone 2007; von Hesberg 2007).

189 In Rom sind mir hierfür keine Vergleiche bekannt. Ähnliche Formen begegnen an verschiedenen Basen in den Nordwestprovinzen: von Hesberg 2002a, 24–26.

190 Die Zuweisung zum Mittelschiff ergibt sich durch die *in situ* erhaltene Säule über der Basis Ser.Nr. 198149 und die Tatsache, dass die Africanosäulen übereinstimmend ohne Säulenanlauf gearbeitet sind, was mit dem Befund an den Basen des Mittelschiffs übereinstimmt.

191 Die Zuweisung ergibt sich aus der Tatsache, dass die Cipollinosäulen einen unteren Säulenanlauf angearbeitet haben und damit mit der Basengestaltung dieser Säulenreihe korrespondieren.

192 Viele tausend Säulenfragmente füllen ein Magazin unter der Westapsis der Maxentiusbasilica und sind bisher nicht dokumentiert. Von der genauen Aufnahme der Säulenfragmente wurde in Anbetracht ihrer Menge, der schwierigen Bedingungen durch das Gewicht der Stücke und aufgrund der Tatsache, dass die Aussicht auf Ergebnisse für diese Materialgattung gering ist, abgesehen. Bei den summarischen Angaben wurde daher auf die Arbeiten Bauers zurückgegriffen. Die in der Basilica heute aufrecht stehende Säule wurde aus verschiedenen Fragmenten willkürlich rekonstruiert.

193 Bauer DAInst Nachlass, 303.

194 Bauer DAInst Nachlass, 362.

195 Bauer, DAInst Nachlass, 362.

196 Bauer, DAInst Nachlass, 304.

197 Zur Verdübelung mit den Basen: Kap. VI.1.b. Eine Säulenoberseite mit Dübellöchern ist laut Bauer an der wiederaufgerichteten Säule Nr. 10 in der Südreihe des Mittelschiffs zu sehen.

198 Die bisher im unteren Stockwerk des Mittelschiffs der Basilica rekonstruierten korinthischen Kapitelle lassen sich archäologisch nicht nachweisen. Ein Blick auf die Forschungsgeschichte klärt das Missverständnis auf. Toebelmanns Rekonstruktion des Untergeschosses mit durchweg ionischen Kapitellen (Toebelmann 1923, 31 Abb. 37) wurde von Weigand 1924, 73, der ionische Kapitelle unter einem Konsolengebälk nicht für möglich hielt, kritisiert. Weigands Forderung nach korinthischen Kapitellen für das Mittelschiff fand Gehör und so wich De Angelis d'Ossat 1943, 78 f. Taf. 11 mit einem von ihm publizierten ionischen Kapitell der Basilica bereits auf die Cipollinosäulen im Norden des Baus aus. Bauer 1969, 203 Anm. 55 stimmte dem zu und wich von dieser Meinung trotz eines gegenteiligen archäologischen Befundes nicht mehr ab. Bei der von ihm untersuchten, der Basilica zugewiesenen Abakusecke eines korinthischen Kapitells Ser. Nr. 123529 (Bauer 1969, Taf. 64, 1–2) handelt es sich um ein nicht zur Basilica gehöriges Einzelstück. Auch die Soffitten des darübergelegenen Architravs (Vgl. Kap. VI.1.e.) haben zur Schmalseite einen geraden Abschluss, wie es den ionischen Kapitellen entgegenkommt.

199 Es gibt kein Fragment, das vollständig genug erhalten ist, um den unteren Durchmesser genau zu ermitteln. Gut erhalten hat sich jedoch Ser.Nr. 123527, aus welcher sich ein relativ genauer Schätzwert ergibt.

Abb. 8 Basilica, unteres Stockwerk, Rekonstruktionszeichnung des ionischen Kapitells, Hauptseite

Abb. 9 Basilica, unteres Stockwerk, Rekonstruktionszeichnung des ionischen Kapitells, Polsterseite

passen sie auf die Säulen des unteren Stockwerks der Basilica[200].

Rekonstruktion

Keines der Stücke ist vollständig erhalten, doch kann deren ursprüngliches Aussehen aus den erhaltenen Fragmenten rekonstruiert werden (Abb. 8–9). Der Kapitellkörper ist zwischen 34,5 und 37 cm hoch[201], 1,10 bis 1,20 m breit und ca. 90 cm tief[202]. Der Abakus hat eine etwa quadratische Deckplatte von ca. 80 x 80 cm. Mit den Säulenschäften waren die Kapitelle durch zwei Dübel verbunden[203], mit dem Architrav darüber hingegen nicht. An den Kapitelloberseiten befinden sich mittig und an den Seiten Stemmlöcher zur Justierung des Architravs, an zwei Stücken auch ein feiner Scamillus[204].

200 Zwei ionische Kapitelle liegen im Chiostro di S. Francesca Romana: Ser.Nr. 123001. 123528. Eines im Lapidario Forense: Ser.Nr. 197333. Weitere sechs Kapitelle sind auf dem Gebiet des Templum Pacis nordöstlich der Basilica: Ser.Nr. 123523–123527. 123544. Die übrigen Stücke befinden sich im Bauermagazin.

Nur die sechs sich noch auf dem Gelände befindlichen Stücke weisen zu größeren Teilen den Kapitellkörper auf. Bis auf fünf Stücke von Eiern eines ionischen Kymations sind sonst nur Fragmente von den Kapitellpolstern vorhanden.

201 Ser.Nr. 123523–123527. 123544.

202 Als Grundlage dient das recht vollständig erhaltene Kapitell Ser.Nr. 123527, dessen Breite heute noch 1,01 m und dessen Tiefe 86 cm betragen.

203 Ser.Nr. 123544. Hier zeigt sich, dass nicht ein Dübelloch mittig angebracht war, sondern sich zwei Dübel symmetrisch an den Seiten befunden haben.

204 Scamillus: Ser.Nr. 123523. 123473. Stemmlöcher: Ser. Nr. 123525. 123527. An Ser.Nr. 123524 ist ein seitliches Stemm-

Abb. 10 Basilica, unteres Stockwerk, ionisches Kapitell, Ser.Nr. 123473

Es handelt sich um ein ionisches Normalkapitell[205]. Alle vier Seiten des Abakus sind nach einer oberen, ca. 2 cm hohen glatten Partie mit einem 5 cm hohen Bügelkymation geschmückt (Abb. 10)[206]. Direkt darunter setzen an der Polsterseite Voluten, Balteus und das Polster an[207]. Den zwischen 8,5 und 9,4 cm breiten Balteus bedeckt ein nach unten gerichteter Blattfries (Abb. 146–148). Er wird auf beiden Seiten von einem Perlstab begrenzt. Zur Volute entspringt eine doppelte Reihe von Akanthusblättern, die der Einfachheit halber in Analogie zum korinthischen Kapitell als Kranz- und Hochblatt bezeichnet werden. Das Polster beginnt oben mit einem ca. 36 cm hohen halben Hochblatt, dem noch drei ganze und ein halbes folgen[208]. Entsprechend dazwischen liegen vier 18–19 cm hohe Kranzblätter. Die meisten Akanthusblätter bestehen aus fünf Blattlappen, wobei der unterste meist drei Blattfinger und der mittlere vier aufweist. Der Blattüberfall ist nur bei wenigen Exemplaren erhalten, aufgrund derer sich die Blattfingerzahl nur annähernd zwischen sieben und neun bestimmen lässt. Zwischen den Hochblättern befinden sich Schilfblätter. Das Polster wird durch ein zu den Voluten überleitendes Profil aus zwei breiten nebeneinanderliegenden Wülsten zu den Seiten hin abgeschlossen[209].

Ließ sich die Polsterseite anhand der erhaltenen Fragmente vollständig rekonstruieren, ist das für die Vorderseite nur begrenzt möglich. Die Existenz des lesbischen Kymations am Abakus der Hauptseite wird durch zwei Eckstücke gesichert[210]. Die Volutenhöhe ist bedingt durch den Erhaltungszustand schwer zu ermitteln, dürfte aber ca. 38 cm betragen haben[211]. Der Volutenkanal rollt sich mit zweieinhalbfacher Drehung zur Volute ein. Das Volutenauge müsste etwa auf der Höhe des unteren Abschlusses des Kapitellkörpers gelegen haben, so dass der untere Teil der Volute etwa um 18–19 cm unter den Kapitellkörper herausgeragt hat.

Es haben sich 16 Stücke mit Resten der Zwickelpalmette erhalten, die am oberen Steg der Volute entspringt[212]. Aus dem tulpenförmigen Ansatz entwachsen drei Finger[213]. Diese laufen jeweils über dem ersten voll dargestellten Ei des ionischen Kymations aus, das den Echinus bedeckt haben dürfte[214]. Den Maßen der erhaltenen Eier entsprechend und gemessen an dem zur Verfügung stehenden Platz auf dem Echinus müssen drei voll dargestellte Eier nebeneinander angebracht gewesen sein. Dies legt ein Fragment nahe, auf welchem sich bescheidene Reste der Schale und des Zwischenblattes erhalten haben[215]. Von einem Perlstab, der den Echinus nach unten hin abgeschlossen haben könnte, fehlt jede Spur, und so bleibt unsicher, ob ein solcher existierte. Auch für den Querkanal muss die Frage offen bleiben, ob er durch eine Ranke oder ähnliches geschmückt war.

loch vorhanden, so dass man für den Architrav hier eine Tiefe von etwa 76 cm erwarten darf.

205 Die Rekonstruktion beruht auf 69 Fragmenten, auf denen sich Akanthusreste des Polsters erhalten haben. Auf 58 Stücken sieht man hingegen noch Teile der Volute. Das Schilfblatt zwischen den Akanthusblättern des Polsters ist noch 31mal, die Zwickelpalmette 16mal, der Perlstab, der den Balteus begrenzt, 16mal, der Blattfries des Balteus 15mal, das Bügelkymation des Abakus fünfmal mal erhalten. Noch fünf Fragmente zeugen vom ionischen Kymation des Echinus.

206 Ser.Nr. 123473.

207 Ser.Nr. 123461. 123523. 123529.

208 Ser.Nr. 123408.

209 Gerade von dieser Überleitung haben sich viele kleine Fragmente erhalten: Ser.Nr. 123431. 123462. 123464. 123468. 123485. 123487. 123488. 123491.

210 Ser.Nr. 123461. 123472.

211 Sie lässt sich an mehreren Fragmenten rekonstruieren. So beispielsweise an Ser.Nr. 123001. 123413.

212 Ob sie aus dem Blättchen oder dem Steg erwächst, lässt sich nicht mehr sagen.

213 Gut erhalten sind Ser.Nr. 123001. 123409.

214 An keinem größeren Fragment eines Kapitellkörpers haben sich Reste der originalen Oberfläche der Vorderseite erhalten. Dass sich auf dem dortigen Echinus allerdings ein ionisches Kymation befunden haben wird, ist mit Sicherheit zu postulieren. Es haben sich im Bauermagazin nämlich fünf mehr oder weniger gut erhaltene Eier erhalten, die vom Kapitellkörper weggebrochen sind: Ser.Nr. 123393–123395. 123443. 123493.

215 Ser.Nr. 123394. Die rekonstruierte Breite eines Eies von Zwischenblatt zu Zwischenblatt dürfte demnach etwa 16 cm betragen haben. Multipliziert mit drei kommt man auf etwa 48 cm. Bei einer Oberseite von 80 cm Breite entspricht dies dem üblicherweise bei ionischen Kapitellen zur Verfügung stehenden Platz für den Echinus.

Abb. 11 Basilica, unteres Stockwerk, ionisches Kapitell, Ser.Nr. 123413

Abb. 12 Basilica, unteres Stockwerk, ionisches Kapitell, Ser.Nr. 123422

Die Kapitelle bilden bezüglich ihrer Maße und – abgesehen von der genauen Anzahl der Blattlappen und Blattfinger – im Hinblick auf die Wahl und Anordnung ihrer Ornamente eine Einheit, unterscheiden sich hingegen in ihrer Machart. Dadurch lassen sie sich in eine augusteische und eine spätere Serie unterteilen (Tab. 1)[216].

Ornamentik

In der Ornamentik zeichnet sich zunächst ein sehr heterogenes Gestaltungsbild ab. Während die Stücke in den einfachen Elementen miteinander übereinstimmen[217], weisen sie in der Ikonographie und der Machart der Akanthusformen große Unterschiede auf. Einige Akanthusblätter bestehen aus sieben Lappen, andere nur aus fünf. Zusätzlich variiert die Anzahl der Blattfinger am mittleren Lappen, wobei entweder vier oder fünf Finger angebracht wurden. Ein Exemplar weist sogar beim selben Akanthusblatt am zweiten Blattlappen auf der einen Seite vier und auf der anderen Seite fünf Finger auf. Beim Nachbarblatt erkennt man dasselbe Phänomen in gespiegelter Form (Abb. 11)[218]. Bei der Ausgestaltung des Akanthus reicht das Spektrum von tief gekerbten, eng gestellten Fingern in tiefem Relief bis zu flachen, langen und breiten Fingern, wobei sich der Akanthus dann nur gering vom Grund abhebt. Obgleich die Fragmente sich in ihrer Ikonographie und vor allem in ihrer Ausführung stark voneinander unterscheiden, sind sie dennoch einer Serie zuzuweisen. Dies belegen fünf Stücke, welche sich so gut erhalten haben, dass sich zumindest ihre Hochblätter vom Kapitellfuß bis fast zum Abakus verfolgen lassen[219]. Die Gestaltungsweise der Blätter variiert je nach Position am Polster.

Das Akanthusblatt unten am Polster besteht bei jedem Kapitell aus drei Blattlappen, wobei der untere Lappen drei[220], der folgende fünf[221] Finger aufweist (Abb. 12). Die einzelnen Akanthusfinger liegen eng nebeneinander, sind mit einer tiefen Mittelkerbe versehen und verlaufen recht steil nach oben. Dabei sind sie verhältnismäßig kurz und

216 Freilich besitzt nicht jedes der Fragmente genügend Aussagekraft, um einer Serie zugewiesen zu werden. So müssen die vielen Fragmente mit erhaltenem Übergang von Polster zu Volute mit ihren zwei Wülsten bei der Serienbildung außen vor bleiben. Genauso erlauben die Eier des ionischen Kymations aufgrund ihres Erhaltungszustandes keine sichere Einteilung. Am Akanthus hingegen lassen sich die Unterschiede sehr gut feststellen. Auch der Perlstab des Balteus und das Bügelkymation verraten ihre Zugehörigkeit. Der dem augusteischen Bau zuzuordnenden und hier zu besprechenden Serie lassen sich 37 Fragmente mit Sicherheit zuweisen.

217 Zur Terminologie: Rohmann 1998, 12. Der Perlstab ist beispielsweise immer aufliegend und hat stets dieselbe Breite, und die Perlen haben alle eine ähnliche Form und Länge.

218 Ser.Nr. 123413.

219 Ser.Nr. 123413. 123418. 123422. 197333. 197643.

220 Ser.Nr. 123413. 123422.

221 Ser.Nr. 123418. 123422.

Abb. 13 Basilica, unteres Stockwerk, ionisches Kapitell, Ser.Nr. 123422

Abb. 14 Basilica, unteres Stockwerk, ionisches Kapitell, Ser.Nr. 123422

entfernen sich nicht weit vom Mittelsteg. Der Akanthus ist tief und sorgfältig hinterbohrt. Der erhabene Steg, der zur Öse zwischen erstem und zweitem Blattlappen läuft, zieht sich, anstatt den Mittelsteg direkt zu erreichen, parallel zu diesem hinab. Das ganze Relief des Blattes ist sehr tief ausgearbeitet. Das erste ganze Akanthusblatt oben am Polster[222] weist sieben Lappen auf, wobei der unterste Lappen drei, die beiden folgenden je vier Finger aufweisen (Abb. 13). Die einzelnen Akanthusfinger sind nicht gekerbt, viel länger und breiter, so dass das Blatt insgesamt mehr Platz einnimmt. Das Relief des Akanthus ist sehr flach und die Höhendifferenz zwischen Steg und Lappen gering. Die Finger sind kaum hinterbohrt. Das Akanthusblatt in der Mitte des Polsters zeigt einen fließenden Übergang von der einen in die andere Gestalt. Die Lappenzahl wird bereits beim zweiten Blatt auf sieben erhöht (Abb. 14). Daher liegen die Lappen verschiedener Blätter nicht auf derselben Höhe. Der Übergang ist ein dynamischer und kein festgelegter Prozess, so dass die Fingerzahl der Lappen variieren kann. Die Schilfblätter zwischen den Hochblättern sind unten am Polster deutlich, manchmal auch zweifach gerahmt und weisen einen Mittelsteg auf. Dagegen werden sie weiter oben am Polster nur mit einer simplen Mittelrille gestaltet (Abb. 12–14).

Da auf allen fünf entsprechend gut erhaltenen Exemplaren die Ikonographie und die Ausführung des Akanthus sich übereinstimmend in beschriebener Art und Weise an ein- und demselben Stück verändern, ist anzunehmen, dass die Kapitelle in einem Bauprozess entstanden sind. Alle kleineren Akanthusfragmente dieser Serie stimmen mit einer der genannten Möglichkeiten der Akanthusgestaltung überein[223]. Aufgrund dieser Beobachtungen ist es ausgeschlossen, die unterschiedliche Akanthusgestaltung an ein- und demselben Stück durch verschiedene Gruppen von Handwerkern oder unterschiedliche Hände zu erklären. Auch verbietet sich der Gedanke, der flachere und weniger hinterbohrte Akanthus oben am Polster sei nicht vollkommen ausgearbeitet worden, da der Akanthus dort bereits so tief auf dem Reliefhintergrund aufliegt, dass man davon nicht zu der Akanthusgestaltung der Blätter unten am Polster gelangen könnte.

Der Befund erklärt sich vielmehr durch die Rücksichtnahme auf den Ansichtswinkel des Betrachters. Direkt bei der Säule ist das Polster sehr gut einsehbar und gleichzeitig am ehesten verschattet. Hier arbeitete der Steinmetz sehr kleinteilig und legte das kontrastreichste und höchste Relief an, wodurch der Akanthus selbst noch verschattet zu erkennen ist. In der tendenziell am besten beleuchteten Mitte des Polsters nimmt das Relief ab und der Akanthus greift nach oben hin mit längeren Fingern deutlich weiter aus[224]. Dies wirkt, als wollte man die op-

222 Da das oberste, halbe Akanthusblatt stets fehlt, bezieht sich die Beschreibung auf das oberste ganze Akanthusblatt.

223 Auch an kleineren Fragmenten kann man den Wandel in der Akanthusgestaltung beobachten. Beispielsweise erkennt man bei Ser.Nr. 123423 deutlich, dass die linke Blatthälfte im Relief deutlich tiefer liegt als die rechte.

224 Vgl. z. B.: Ser.Nr. 123413.

Abb. 15 Basilica, unteres Stockwerk, ionischer Architrav, Serie A3a, Ser.Nr. 198085

tische Verzerrung ausgleichen, die sich ergibt, wenn man das Polster von unten betrachtet[225]. Dennoch sind auch im Rahmen dieses Systems große Unterschiede in der Gestaltung des Akanthus an den unterschiedlichen Stücken zu beobachten (Abb. 11–14).

Das Bügelkymation am Abakus der Kapitelle entspricht in seiner Ikonographie und Ausführung denen an der Faszienseite des Architravs des unteren Stockwerks und den Bügelkymatien, die am Geison des unteren Stockwerks angebracht sind (Abb. 10). Das Zwischenblatt variiert im Grenzbereich zwischen Veilchen und Tulpe mit Zwickelblättern. Als Bügelfüllung dient ein Spornblatt. Das Relief ist tief. Die einzelnen Ornamente sind stark und markant aus dem Reliefhintergrund gearbeitet. So werden die Bügel und das Zwischenblatt durch dünne, aber tiefe und exakt gebohrte Rillen voneinander getrennt. Die Bügel haben auf ihrer Oberseite mittig eine feine Kerbung. Verschiedene Ornamentteile werden in unterschiedlichen Reliefhöhen ausgearbeitet. So sind Spornblatt und Zwickelblatt des Zwischenblatts deutlich flacher am Reliefgrund gehalten. Das Spornblatt weist eine Mittelrippe auf. Zu seinen beiden Seiten ist die Blattoberfläche an manchen Stücken höchst differenziert gestaltet und zeigt leichte Wellen. Das Zwischenblatt ist an seinem unteren Ansatz sehr schmal und verbreitert sich erst zu den beiden sich ausfaltenden Blättern hin.

225 Vgl. Kap. XII.1.

1.e. Architrav und Fries des unteren Stockwerks

Über den Kapitellen lag ein ionischer Architrav aus weißem Marmor (Abb. 15). Manche Stücke sind in einem Block mit dem Fries gearbeitet, andere getrennt von diesem. Während die Architravblöcke alle gleich hoch sind, unterscheidet sich der Fries in seiner Höhe. Er ist im Mittelschiff höher als im Seitenschiff. Zum Mittelschiff hin war auf der Faszienseite des Architravs eine Bauinschrift durch ein Mitglied der Gens Aemilia angebracht (Abb. 16)[226]. Ob die bekannten figürlichen Friesplatten aus pentelischem Marmor den Fries im Mittelschiff zierten oder in die Außenwand eingelassen waren, lässt sich nicht entscheiden. Belegt wird die Zuweisung des Architravs an die Basilica durch eine große Zahl erhaltener Fragmente, die der Tiefe ihrer Auflagerfläche nach über die ionischen Kapitelle passen[227].

226 Ser.Nr. 197065. 197138. 198088. Vgl. ferner Kap. XII.2., Anm. 1136.

227 Auf dem Gebiet des Templum Pacis sowie der Basilica Aemilia mit ihrer Portikus haben sich 35 zumeist größere Fragmente des Architravs erhalten: Ser.Nr. 197126. 197141. 197143. 197149. 197157. 197179. 197182. 197200. 197202. 197207. 197234–197235. 197242–197243. 197263. 197272. 197316. 197320. 197482. 197950. 198056. 198059. 198061. 198071. 198073. 198075. 198079. 198085. 198089. 198091. 198094. 198099. 198161–198162. 198066–198068. Drei weitere gut erhaltene Architravblöcke befinden sich im Chiostro di S.

Abb. 16 Basilica, unteres Stockwerk, ionischer Architrav, Serie A1, Ser.Nr. 197065

Francesca Romana: Ser.Nr. 197065. 197138. 198088. Die übrigen, kleineren Fragmente liegen im Bauermagazin.

Gerade im Hinblick auf kleinere Fragmente erweist sich die Zuweisung an den Architrav des unteren Stockwerks der Basilica als schwierig. Grund hierfür ist die Tatsache, dass der Architrav des Trajansforums (Leon 1971, 59–64; Packer 1997, Taf. 89–98) und eine den Portiken des Augustusforums zuzuweisende Architravgruppe (Leon 1971, 174 f.) in ihren Maßen und in ihrer Ikonographie den Stücken von der Basilica sehr ähnlich sind und daher die Gefahr der falschen Zuweisung besteht. Eine sichere Unterscheidung von den Architravblöcken der Portikus des Augustusforums erlauben die Soffitten. An den Exemplaren des Augustusforums sind sie schmaler, durch Schuppenmuster bzw. Flechtbänder gefüllt und allein durch ein Scherenkymation gerahmt (Leon 1971, Taf. 71). Es wird zu zeigen sein, dass der Architrav der Basilica sich in diesen Punkten unterscheidet. Schwieriger ist eine Unterscheidung zwischen Basilica Aemilia und Augustusforum anhand ihrer Machart für kleine Fragmente der Faszienseiten. An den bekannten Stücken des Augustusforums sind im Unterschied zum Architrav der Basilica die Zwischenglieder des Perlstabs der Faszienseiten scheibchenförmig; Spornblatt, Bügel und Zwischenblüte des Bügelkymations sind schmaler (Leon 1971, Taf. 67, 4).

Die Soffitten der verschiedenen Architrave des Trajansforum lassen sich in drei Typen unterscheiden, wobei Typ b und c in ihrer Ikonographie an die Soffitten des Augustusforums erinnern (Leon 1971, 62 Taf. 8). Die Soffitte Typ a entspricht in ihrer Ikonographie relativ genau derjenigen des Architravs der Basilica Aemilia, so dass man ein Rezeptionsverfahren annehmen möchte. Nur sind an den Stücken des Trajansforums die Zwischenglieder des Perlstabs im Unterschied zu denen der Basilica scheibchenförmig. Lassen sich die Architrave der Basilica und des Trajansforum Typ a voneinander aufgrund der Wahl und Anordnung ihrer Ornamente schlecht trennen, gelingt dies über die Analyse der Machart. Vor allem das Bügelkymation des Trajansforums ist schmaler, kantiger, differenzierter und tiefer hinterbohrt.

Rekonstruktion

Der Architrav weist eine Höhe von durchschnittlich 60 cm und eine untere Tiefe von 76–83 cm auf (Tab. 2)[228]. Die Architravbreite beträgt etwas mehr als 4,00 m und entspricht damit den Jochweiten in der Basilica[229]. Die erhaltenen Blöcke lassen sich in vollplastische Stücke und solche einer Wandverkleidung unterteilen.

Vollplastische Bauglieder

Die Architravblöcke lassen sich in drei verschiedene Serien A1–A3 einteilen. Die Serien A1 und A2 umfassen Architrav und Fries in einem Stück, wobei die Serie A2 aufgrund einer geringeren Frieshöhe etwas niedriger ist.

228 Vgl. das ionische Kapitell Ser.Nr. 123524, an welchem sich durch ein Stemmloch die untere Tiefe des darauffolgenden Architravs von etwa 76 cm ablesen lässt.

229 Kein Architravblock ist in der ursprünglichen Gesamtbreite erhalten. Die einzige in voller Breite erhaltene Soffitte beträgt 2,35 m (Ser.Nr. 198091). An dem Stück Ser.Nr. 198085 beträgt die Strecke von der Architravschmalseite bis zum Ansatz der Soffitte ca. 85 cm, wodurch auf die ungefähre Architravbreite geschlossen wird. Entsprechend der leicht variierenden Jochbreiten müssen auch die einzelnen Architravblöcke verschieden breit gewesen sein.

Abb. 17 Basilica, unteres Stockwerk, ionischer Architrav, Serie A2, Ser.Nr. 198162

Die Serie A3 umfasst nur den Architrav (Tab. 2)[230]. Über die Art eventueller Verdübelung der Architravblöcke mit den Kapitellen und des Frieses mit dem Geison sind aufgrund ihres schlechten Erhaltungszustandes keine Aussagen mehr zu machen[231]. Die Detailmaße der Ornamente sind an allen Serien gleich.

Serie A1

Die Exemplare der Serie A1 umfassen Architrav und Fries in einem Block (Abb. 16)[232]. Ihr Fries ist mindestens 73 cm hoch[233]. Der Fries springt gegenüber dem Architrav um 11,2 cm bzw. 14,4 cm zurück[234], ist grob gearbeitet und neigt sich um 3–5° nach vorn. Hier war zumindest an manchen Stücken eine separat gearbeitete Friesplatte eingesetzt, wie ein rechteckiges Dübelloch mit Bleiresten auf dem Vorsprung eines Architravs beweist[235].

Das inklusive Rahmung 44 cm tiefe Soffittenfeld des Architravs ist durch ein Bügelkymation gerahmt[236]. Die eine Seite ist in drei, die andere in zwei Faszien unterteilt (Tab. 3). Die Höhe der Faszien nimmt von unten nach oben zu. Als Trennornamente dienen Perlstäbe; bekrönt wird der Architrav wahrscheinlich durch Bügelkymation und Leiste[237]. Von der Soffitte sind nur Reste der Rahmung bestehend aus einem Bügelkymation und bescheidene Reste des Soffittenfeldes erhalten[238].

230 Vor dem Hintergrund der drei bezüglich der Höhe unterschiedlichen Architrav-Friesserien erklärt sich Bauers bisherige Rekonstruktion des unteren Stockwerks der Basilica (Abb. 3). Auch er hatte bereits die Serien A1 bis A3 unterschieden. Er entschloss sich, die Serie A1, deren Frieshöhe mit der Höhe der erhaltenen Friesplatten korrespondiert, ins Mittelschiff zu stellen, die Serie A2 über der nördlichen Säulenreihe anzubringen und die Serie A3 an der Außenwand der Basilica zu positionieren. Da diese aber entgegen Bauers Rekonstruktion geschlossen war, bedarf es einer neuen Positionierung der Architravserien.

231 Gerade die Stücke, die hierzu Erkenntnisse versprechen würden, sind in der Rekonstruktion Romanellis im Nordosten der Basilica verbaut, so dass sich die Architravunterseiten an den entsprechenden Stellen nicht einsehen lassen. Das betrifft die Stücke Ser.Nr. 198085. 198091. Zur Rekonstruktion: Fabrini 1972/1973, 64.

232 Der Serie A1 sind nur zwei Stücke mit Sicherheit zuzuweisen: Ser.Nr. 197065. 197950.

233 Ser.Nr. 197950.

234 11,2 cm an Ser.Nr. 197065 und 14,4 cm an Ser.Nr. 197950.

235 Ser.Nr. 197065.

236 Ser.Nr. 197065.

237 Von dem Bügelkymation und der Leiste haben sich zwar keine Reste mehr erhalten, doch scheint es gerechtfertigt, sie in Analogie zu den übrigen Architravserien anzunehmen, zumal die Höhe des Abschlusses diesen entspricht. Vgl. Tab. 3.

238 Die Soffitte ist nur bei dem Block Ser.Nr. 197065 noch teilweise einzusehen. Von der Rahmung der Soffitte, die in Analogie zu den anderen Gruppen vermutlich ursprünglich aus einem äußeren Perlstab und einem inneren lesbischen Kymation bestand, sind nur Reste eines Bügelkymations erhalten.

Abb. 18 Basilica, unteres Stockwerk, ionischer Architrav, Serie A2, Ser.Nr. 198161

Serie A2

Die Blöcke der Serie A2 umfassen ebenfalls Architrav und Fries in einem Block (Abb. 17–18)[239]. Ihr Fries ist allerdings nur 57 cm hoch[240]. Die Frieszone ist etwas feiner gepickt und entspringt im Gegensatz zu den Stücken der Serie A1 nicht zurückgesetzt, sondern setzt sich etwa auf der Tiefe der oberen Faszie des Architravs fort. Der Fries neigt sich im Unterschied zu Serie A1 auch nicht nach vorne.

An den Schmalseiten der Stücke der Serie A2 befindet sich etwa mittig auf halber Architravhöhe ein Dübelloch und in der Höhe des Architravabschlusses ein Klammerloch (Abb. 18). Die Oberflächenbearbeitung der Schmalseiten ändert sich beim Übergang vom Architrav zum Fries. Während die Schmalseiten auf der Höhe des Architravs fein geglättet sind, zeigen sich im Bereich des Frieses Zahneisenspuren. Das jeweils anschließende Bauglied war demnach in zwei Blöcken gearbeitet. Die Klammer muss in der Oberseite des nur die Architravhöhe umfassenden Nachbarblockes gelegen haben. Die bei dem Block Ser.Nr. 198161 erhaltene Oberseite ist fein geglättet. Gleiches gilt für die Unterseiten.

Die Architravblöcke der Serie A2 weisen auf beiden Seiten je zwei Faszien auf (Tab. 3)[241]. Auf der einen Seite dienen Perlstäbe als Trennornamente[242]. Als Bekrönungsornament ist ein Bügelkymation zu sehen. Auf der anderen Seite des Architravs sind die verschiedenen Ornamente zwar angelegt, aber nicht ausgeführt worden. Anstatt des Perlstabs ist ein unverzierter Rundstab zu sehen. Der obere Abschluss zeigt anstelle des Bügelkymations eine konvexe Ausbuchtung (Abb. 17). Die Soffitte ist nicht erhalten.

Serie A3

Die Blöcke der Serie A3 bestehen nur aus dem Architrav (Abb. 15)[243]. Mit einer Höhe von ca. 60 cm und einer Tiefe von 77–80 cm entsprechen sie den Stücken der Serien A1 und A2 (Tab. 2). Aufgrund unterschiedlicher ikonographischer Merkmale lassen sie sich in zwei verschiedene Unterserien unterteilen, die im Folgenden A3a und A3b genannt werden sollen. Die Stücke der Serie A3a haben auf einer Seite drei, auf der anderen Seite zwei Faszien. Der Perlstab beider Seiten ist ausgearbeitet und die Soffitte wird von einem Bügelkymation gerahmt. Bei den Stücken der Serie A3b lassen sich hingegen niemals drei Faszien feststellen, sondern nur zwei. Ferner ist der Perlstab an einer der beiden Faszienseiten nicht ausgearbeitet und ihre Soffitte wird durch ein Scherenkymation gerahmt (Tab. 4).

Serie A3a

Die Blockoberseiten der Serie A3a bieten bei den Schmalfugen für ca. 70 cm ein bis zu 7 cm erhöhtes Auflager, so dass der Friesblock und der gesamte weitere Aufbau darüber nur über den Säulen lasteten[244]. Der Aufbau der

239 Auch Serie A2 lassen sich nur zwei Stücke mit Sicherheit zuweisen: Ser.Nr. 198161–198162.

240 Ser.Nr. 198161.

241 Zwar sind die Architravseiten beider Exemplare nicht komplett erhalten, doch lässt sich ihr oberer Abschluss an beiden Seiten mit ca. 20 cm messen, was den Zweifaszienseiten der Serien A1 und A3 entspricht (Tab. 3).

242 Erhalten ist nur der Perlstab über der zweiten Faszie von Ser.Nr. 198162. Über der ersten Faszie ist in Analogie zu den übrigen Architravserien aber ebenfalls einer anzunehmen.

243 Der Serie A3 lassen sich 18 Bauglieder zuweisen. Um ein Stück in Abgrenzung zu den Serien A1 und A2 mit Sicherheit der Serie A3 zuweisen zu können, muss dessen Oberseite in einer Tiefe von mehr als 15 cm erhalten sein, um auszuschließen, dass ein Fries am selben Block ansetzte.

244 Ser.Nr. 198061. 198085. 198091. Die Oberseiten der Architravblöcke Ser.Nr. 198085. 198091 waren nicht einsehbar. Sie wurden anhand der Zeichnungen Bauers beurteilt. Ein entsprechend erhöhtes Auflager ist an den Friesoberseiten der oberen Ordnung der Basilica zu beobachten. Ein ähnliches Sys-

Abb. 19 Basilica, unteres Stockwerk, ionischer Architrav, Serie A3b, Ser.Nr. 198089

beiden Faszienseiten entspricht derjenigen der Serie A1 mit drei Faszien auf der einen und zwei auf der anderen Seite (Tab. 3). An der Dreifaszienseite entspringt das erhöhte Auflager 15 cm, an der Zweifaszienseite 8 cm von der Vorderkante der jeweiligen Faszienseite entfernt. Wie an einem Stück der Serie A1 beobachtet, waren auch über den Dreifaszienseiten der Stücke der Serie A3a schmale Friesplatten angebracht und mit diesen verdübelt[245]. Die Unterseiten sind glatt. Die Soffitten umläuft ein Perlstab, dem nach innen ein Bügelkymation folgt (Abb. 21. 23–26). Nach einem ca. 2,5 cm breiten, planen Streifen ist darin das eigentliche Soffittenfeld eingebettet. In diesem sind Palmetten und S-förmige Schleifen angebracht. Inklusive Rahmung weisen die Soffitten eine Tiefe von 45 cm auf.

Serie A3b

Die Oberseiten der Architravblöcke der Serie A3b sind grob gepickt und zu den Seiten teilweise mit dem Zahneisen geglättet[246]. An allen Stücken hat sich jeweils nur eine Faszienseite erhalten. Diese ist in zwei Faszien unterteilt. Als Trennornamente weisen sie – wie bei Serie A2 – Perlstäbe auf, die jedoch nur als Profil angelegt und nicht ausgearbeitet worden sind. Über dem oberen Perlstab buchtet der Stein leicht aus, doch fehlt im Vergleich zu Serie A3a das Bügelkymation. Wieder umschließt außen ein Perlstab die Soffitte[247]. Darauf folgt ein Scherenkymation.

Abb. 20 Basilica, unteres Stockwerk, ionischer Architrav, Verkleidung, Ser.Nr. 198067

Nach einem 2,5 cm breiten Streifen setzt das Soffittenfeld an, welches nur an dem Block Ser.Nr. 198089 ansatzweise erhalten ist (Abb. 19).

Wandverkleidung

Es haben sich analog zu den vollplastischen Baugliedern auch mehrere Architravfragmente einer Wandverkleidung erhalten (Abb. 20)[248]. Sie sind ca. 60 cm hoch[249]. In ihren Tiefen variieren sie zwischen 4 und 10 cm. Die

tem zur Entlastung des Bereichs zwischen den Säulen findet sich am Apollon-Sosianus-Tempel: Viscogliosi 1996, 82 Taf. 9.

245 Ser.Nr. 198088. 198091. Die Löcher liegen über dem Architravvorsprung, sind 3–4 cm tief und 3–5 cm breit. Ser. Nr. 198091 zeigt ferner ein Stemmloch.

246 Ser.Nr. 198094. Ser.Nr. 198089 weist nach einem 2 cm breiten Vorsprung eine 2 cm hohe Auflagerfläche auf.

247 Ser.Nr. 198075. 198089. 198094.

248 Vier aus mehreren Fragmenten zusammengesetzte Architravplatten sind modern fälschlicherweise als Türrahmen des östlichen und mittleren Durchgangs von Basilica zu Portikus rekonstruiert. Zu den Rekonstruktionen: Fabrini 1972/1973, 64. Vergleichbar ist die 1933 erfolgte, ebenfalls falsche Rekonstruktion von Rankenplatten als Türen am Bau der Eumachia in Pompei: Heinrich 2002, 47 mit Anm. 163. Dass es sich bei ihnen tatsächlich um Architravplatten und nicht um Türrahmen handelt, belegen die dem vollplastischen Architrav entsprechenden Maße, die Ikonographie der Ornamente und deren Detailmaße. Auch sind alle erhaltenen Fragmente gerade. Die Durchgänge zur Portikus – zumindest in ihrer erhaltenen Reparaturphase – bestehen aber aus Bögen.

249 Ser.Nr. 198066–198068.

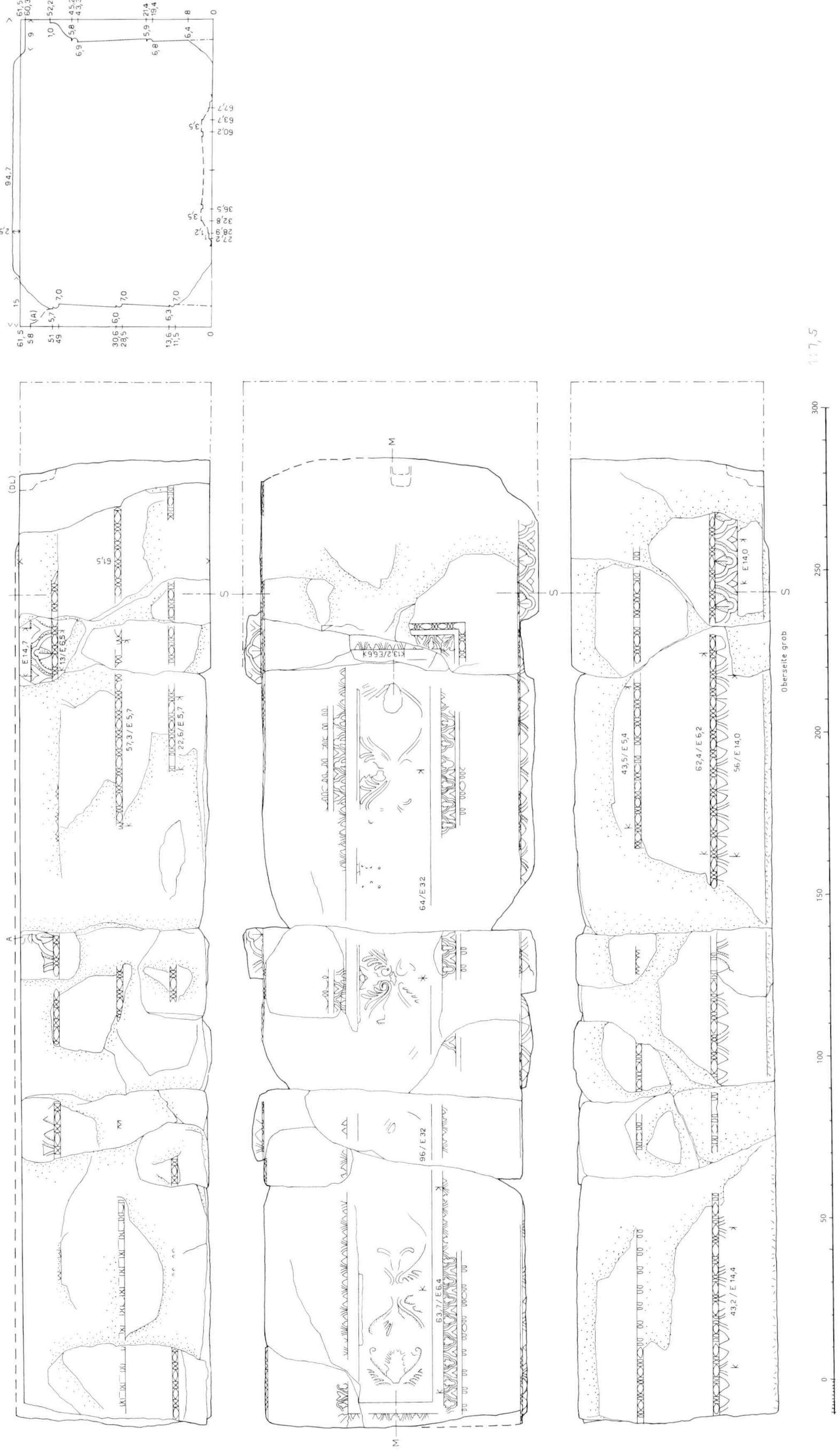

Abb. 21 Basilica, unteres Stockwerk, ionischer Architrav, Serie A3a, Zeichnung von Ser.Nr. 198085

Abb. 22 Basilica, unteres Stockwerk, ionischer Architrav, Serie A3b, Ser.Nr. 198079

ursprüngliche Breite ist an keinem Stück erhalten. Rückseiten und Oberseiten sind zumeist glatt, an manchen Stücken grob gepickt[250]. Zwei Fragmente weisen an ihren Oberseiten Löcher zur Befestigung der Platten mit der Wand auf[251]. Die Detailmaße und die Ikonographie der Plattenarchitravfragmente entsprechen denen der Rückseite der vollplastischen Architravblöcke von Serie A3a. Vorhanden sind zwei Faszien, die nach oben durch einen Perlstab abgeschlossen werden. Bekrönt wird der Architrav durch Bügelkymation und Leiste.

Positionierung der verschiedenen Architravserien innerhalb der Basilica

Die Architravfragmente der Serien A1 und A3a, sowie die der Serien A2 und A3b bilden bezüglich ihrer Ikonographie und Ausarbeitung jeweils eine Einheit. Sie sind gemeinsam in je einem Bereich des Gebäudes zu rekonstruieren, wobei sich Blöcke mit angearbeitetem Fries und solche ohne Fries nebeneinander in einer Reihe befunden haben[252]. Die zusammengehörige Bauinschrift an Architravblöcken der Serie A1 und A3a stützt diese Überlegung (Abb. 16)[253]. Für die Serie A2 und A3b lässt sich ihre Zusammengehörigkeit anhand der Schmalseiten belegen. So entspricht der Schmalseite mit Dübel- und Klammerloch der Serie A2 (Abb. 18) ein Architravblock ohne Fries, der einen Gusskanal zum Dübelloch aufweist (Abb. 22)[254]. Allein in der Abfolge von Blöcken nur aus Architrav und solchen, die aus Architrav und Fries bestehen, sind Dübel- und Klammerloch verständlich. Die eine Serienkombination ist im Mittelschiff, die andere über den Cipollinosäulen zu rekonstruieren. Nur so ist die unterschiedliche Frieshöhe der Serien A1 und A2 im Architekturverbund erklärbar.

250 Diese Arten der Rückseitengestaltung begegnen an allen Fragmenten einer Wandverkleidung des gesamten Komplexes der Basilica Aemilia, wobei mehr Rückseiten glatt sind. Eine Erklärung hierfür könnte darin bestehen, dass grob behauene Blöcke geliefert und anschließend zersägt wurden (zu diesem Vorgang Plinius nat. 36, 51). Daher sind die meisten Rückseiten glatt, einige wenige, die außen am gelieferten Block lagen, sind grob behauen. Die Art der Rückseitengestaltung spielte im Bauverbund keine Rolle, da Mörtel gewissermaßen als Ausgleichsschicht zwischen Wand und Wandverkleidung angebracht ist. Ausführlich dazu: Bitterer 2005.

251 Ser.Nr. 197868. 198066.

252 Ein Vergleich dazu findet sich in Baiae in der villa dell'„ambulatio". Ferner an der Bühnenfront des Theaters von Teano: Sirano – Beste 2005/2006, 418 f.

253 Ser.Nr. 198088 gehört der Serie A3a an; Ser.Nr. 197065 gehört der Serie A1 an. Eine Zuweisung des Blocks Ser.Nr. 197138 ist aufgrund der schlechten Erhaltung nicht möglich.

254 Ser.Nr. 198079. Das Stück weist keine ornamentalen Charakteristika auf, durch welche man es der Serie A3a oder A3b zuweisen könnte. Die Unterseite, anhand deren Soffitte eine Zuweisung möglich wäre, ist nicht einzusehen. Aufgrund der Dübellöcher an der Schmalseite, die in ihrer Art und Position mit denen der Serie A2 korrespondieren, ist aber davon auszugehen, dass das Stück der Serie A3b zuzurechnen ist.

Abb. 23 Basilica, unteres Stockwerk, ionischer Architrav, Serie A3a, Ser.Nr. 198085

Abb. 24 Basilica, unteres Stockwerk, ionischer Architrav, Serie A1 oder A3a, Ser.Nr. 197558

Da das Mittelschiff die übrigen Bereiche der Basilica im Aufwand seiner Ausgestaltung übertraf[255], ist davon auszugehen, dass die Serien A1 und A3a über den Säulen des Mittelschiffs standen, während die Serien A2 und A3b über die Cipollinosäulen gehören. So weisen drei Faszien und die Inschrift in das Mittelschiff und zwei Faszien in das Seitenschiff. Dass die Zweifaszienseiten nach außen gerichtet waren, findet Bestätigung in den erhaltenen Architravfragmenten der Wandverkleidung, die an den Innenseiten der Außenmauern der Basilica zu rekonstruieren sind und ebenfalls zwei Faszien aufweisen. Die Ornamente an der Zweifaszienseite, die zum schmalen Korridor im Norden des Baus gerichtet sind, wurden teilweise angelegt aber nicht ausgearbeitet[256]. Auf den Stücken der Serie A3 muss ursprünglich ein getrennt gearbeiteter Friesblock aufgesessen haben, um das einheitliche Niveau für das Geison herzustellen[257]. Die Soffitten mit Bügelkymation sind an den Architravblöcken des Mittelschiffs zu sehen, die mit dem Scherenkymation unter denen der nördlichen Säulenlängsreihe. Der Fries im Mittelschiff ist etwas höher und neigt sich zumindest an manchen Stücken nach vorne, dem Betrachter entgegen.

Ornamentik

Die Ikonographie und Machart der einzelnen Ornamente an den verschiedenen Serien ist stets gleich. Die Perlen des Perlstabs, der die Soffitten rahmt, sind längsoval, die Wirtel schmal[258]. Sie befinden sich im Grenzbereich zwischen einer Scheibchen- und einer Kalottenform (Abb. 21. 23). Der Perlstab ist tief in den Block eingearbeitet. Die einzige erhaltene Ecksituation zeigt zwei Perlen, die über Eck verschmolzen sind (Abb. 23).

An den Soffitten des Architravs im Mittelschiff folgt auf den Perlstab ein Bügelkymation[259]. Die Gemeinsamkeit in ihrer Gestaltung besteht darin, dass ihr Bügelfüllblatt stets durch Bohrungen aufgefächert wird. Darin unterscheidet sich das Ornament von allen anderen Bügelkymatien der Basilica. Abgesehen davon zeigen sich die einzelnen Ornamente aber sowohl in ihrer Ikonographie als auch in ihrer Ausführung sehr heterogen[260]. So gibt es Veilchen und Tulpen als Zwischenblätter, mit und ohne Knoten im Stiel, mit und ohne Zwickelblatt (Abb. 23–26). An den Ecksituationen ist ein kleines Akanthus-

255 Vgl. Kap. XII.1.

256 Eine Hierarchisierung in der Ausarbeitung von Ornamenten ist öfter zu beobachten. Dabei wird mehr Aufwand auf besser einzusehende und mehr besuchte Bereiche verwendet: Vgl. etwa die Kapitelle und den Fries der Aedicula-architektur im Innenraum des Apollon-Sosianus-Tempels: Viscogliosi 1996, 64 Abb. 65. 67; 88 Abb. 106; 89 Abb. 108; 90 Abb. 110; 96 Abb. 122, Kapitelle aus Minturnae: von Hesberg 1981/1982, 64 Abb. 25, oder aus Formia: Cassieri 2001, 46 f. Weitere Vergleiche bei: Plattner 2004, 34 Anm. 48.

257 Derartige Blöcke lassen sich nicht identifizieren. Sie dürften sich aufgrund ihrer Quaderform in besonderem Maße zur Spoliation angeboten haben.

258 Der die Soffitte rahmende Perlstab hat sich an zwölf Stücken erhalten: Ser.Nr. 197126. 197316. 197320. 197408. 197482. 197558. 197561. 197647. 197778. 198085. 198091. 198094.

259 Davon sind 16 Stücke erhalten: Ser.Nr. 197065. 197126. 197179. 197243. 197316. 197408. 197558. 197561. 197647. 197754. 197778. 197843. 198056. 198085. 198088. 198091.

260 Dabei lassen sich keine in sich einheitlichen Serien voneinander scheiden. Vielmehr tauchen die Elemente an den verschiedenen Stücken in unterschiedlichen Kombinationen auf.

Abb. 25 Basilica, unteres Stockwerk, ionischer Architrav, Serie A1 oder A3a, Ser.Nr. 197408

Abb. 26 Basilica, unteres Stockwerk, ionischer Architrav, Serie A3a, Ser.Nr. 198056

blatt zwischen zwei Veilchenblättern eines Zwischenblattes angebracht (Abb. 23)[261].

Das Scherenkymation an der Architravsoffitte über den Cipollinosäulen gehört dem Normaltypus mit glatt geführten Scherenrändern an[262]. Als Füllung dient ihm ein breites und nach unten spitz zulaufendes Spornblatt (Abb. 19). Zwei benachbarte Scheren laufen schräg im spitzen Winkel aufeinander zu und treffen erst zuunterst aufeinander.

Das Soffittenfeld ist bei allen Exemplaren stark zerstört, so dass sich die genaue Ikonographie der Soffitten nicht mehr erfassen lässt[263]. Mittig in Längsrichtung wird die Soffitte durch ein stabförmiges Element gegliedert, welches sich zu Palmetten öffnet (Abb. 21). Zu beiden Seiten befinden sich S-förmige Schleifen. Dazwischen liegen Palmetten bzw. Halbpalmetten. An den Treffpunkten von vier Voluten richten sich Lotusblüten gegen den Rand.

Die Faszien aller Architravblöcke sind strikt vertikal, ohne dass eine Böschung in die eine oder andere Richtung zu beobachten wäre. Die als Trennornamente angebrachten Perlstäbe sind alle gleich[264]; weder zwischen den einzelnen Perlstäben untereinander noch zwischen diesen und dem Bekrönungsornament, einem Bügelkymation, besteht Achskorrespondenz. Das Bügelkymation, welches die Faszienseite des Architravs bekrönt, entspricht dem auf dem Abakus der ionischen Kapitelle desselben Stockwerks (Abb. 10. 15)[265].

War bereits für die Ikonographie der Bügelkymatien der Soffitten eine große Variationsbreite festgestellt worden, trifft dasselbe auch für ihre Ausarbeitung zu. Gemeinsam ist allen Stücken eine große Differenziertheit und Plastizität in ihrer Oberflächengestaltung. Abgesehen davon sind die Ornamente verschieden scharf und tief aus dem Reliefhintergrund gearbeitet. An manchen Stücken ist das Füllblatt von der Öse durch eine tiefe Rille getrennt, an anderen Stücken ist hier nur eine schmale Rille eingezogen (Abb. 23–26). Die Ausarbeitung ist an machen Stücken gleichmäßig und exakt (Abb. 26), an anderen Stücken hingegen heterogen und unpräzise (Abb. 23). Manche Oberflächen der als Bügelfüllung dienenden Spornblätter werden differenziert, aber nicht weiter geschmückt, andere weisen vier Punktbohrungen auf. An ein und demselben Fragment begegnet stets die gleiche Gestalt der Elemente. Davon weicht nur der Architrav Ser.Nr. 198085 ab, der innerhalb derselben Soffitte unterschiedliche Formen aufweist (Abb. 21).

Die Ausführung der Scherenkymatien ist wegen des schlechten Erhaltungszustandes kaum zu beurteilen. Lediglich ein Spornblatt des Kymations an der Soffitte des Architravs Ser.Nr. 197320 besitzt noch seine origi-

261 Eine Ecksituation ist nur an zwei Stücken erhalten: Ser.Nr. 198085. 198091.

262 Zehn durchweg schlecht erhaltene Fragmente mit Resten des Scherenkymations der Soffitte haben sich erhalten: Ser.Nr. 197141. 197234. 197242. 197320. 197482. 197540. 197573. 198075. 198089. 198094.

263 Reste des Soffittenfeldes sind noch an zehn Stücken vorhanden: Ser.Nr. 197182. 197243. 197316. 197408. 197558. 197561. 197778. 198056. 198085. 198089. 198091.

264 Perlstäbe an Faszienseiten sind an 26 Stücken vorhanden: Ser.Nr. 197065. 197143. 197157. 197207. 197235. 197243. 197263. 197272. 197449. 197644. 197708. 197710. 197743. 197950. 197885. 198056. 198061. 198066–198068. 198079. 198085. 198088. 198091. 198157. 198162.

265 An 22 Stücken sind Reste davon erhalten: Ser. Nr. 197143. 197449. 197644. 197708. 197835. 197868. 197885. 197903–197904. 197938–197939. 197972. 197977. 198056. 198061. 198066–198068. 198085. 198088. 198091. 198157. 198162.

nale Oberfläche. Es ist durch einen scharfen Mittelgrat gezeichnet, von dem aus das Relief zu beiden Seiten abnimmt. In diesem Detail stimmt es mit den Spornblättern der Bügelkymatien der Architravfaszienseite überein. Die Machart der Soffittenornamente lässt sich kaum noch beurteilen, da sie durchweg zu schlecht erhalten sind. Insgesamt dürften sie aber flach am Relief gehalten und vom Hintergrund nicht schroff abgesetzt worden sein.

Die Faszien sind mit dem Zahneisen geglättet. An den Stellen unterhalb und oberhalb eines Perlstabs weisen sie jeweils einen glatten Randschlag auf. Die Perlen selbst sind längsoval. Sie variieren in ihren Längen untereinander leicht. Die Wirteln sind kalottenförmig (Abb. 15. 20). Uneinheitlich präsentieren sich die Perlstäbe einzig in dem Punkt, ob sie zwischen den Faszien bzw. zwischen Faszie und oberem Bügelkymation in den Block eingetieft sind oder auf dem gleichen Niveau der unteren Faszie aufliegen[266]. Die Ausarbeitung des Bügelkymations der Faszienseite entspricht grundsätzlich der des Bügelkymations am Abakus der ionischen Kapitelle. Gegenüber diesem ist es tendenziell etwas aufwändiger ausgearbeitet.

Exkurs zu den reliefierten Friesplatten

Im Folgenden soll die vieldiskutierte Frage nach der Lokalisierung der berühmten Friesplatten aus pentelischem Marmor mit Szenen von den Anfängen der römischen Geschichte neu aufgegriffen werden. Der stark fragmentierte Fries lässt sich nur in einigen wenigen Partien wieder großflächiger zusammenfügen. Diese zusammengesetzten Teilstücke bieten die Möglichkeit, Maße zu nehmen. Die Höhe des Frieses beträgt 71,5–76 cm, die Tiefe liegt an der Fußleiste bei 10,5–14 cm und nimmt nach oben ab. Die Breite von 3,20 m lässt sich nur an einem Block abnehmen[267].

Eine Anbringung der Friesplatten an den Architrav- bzw. Architrav-Friesblöcken der Serien A2/A3b scheidet aus, da der Fries dieser Blöcke den figürlich verzierten Platten nicht genug Platz bietet. Eine von Heinrich Bauer vertretene Positionierung an den Stücken der Serien A1 (und A3a) im Mittelschiff ist grundsätzlich möglich[268]. Folgende Argumente sprechen für diese These:

1. Die Höhe des Frieses der Architrav-Friesblöcke der Serie A1 ist ausreichend für die Friesplatten.
2. Der Vorsprung von 11,2–14,4 cm an den Architravoberseiten gegenüber dem Fries entspricht der Tiefe der Fußleisten der Friesplatten.
3. Die Dübellöcher auf dem Vorsprung der Architravoberseite der Serien A1/A3a (s.o.) entsprechen den Dübellöchern in der Fußleiste der Friesplatten[269].

Es gibt aber auch einige Gegenargumente:

1. Die Schrägstellung des Frieses der Serie A1 entspricht – soweit fassbar – nicht den Friesplatten, deren Rückseite zur Fußleiste orthogonal verläuft.
2. Die einzige erhaltene Gesamtbreite der Friesplatte entspricht mit ca. 3,20 m nicht der Architravbreite, dafür etwa der Breite der Interkolumnien.
3. Die Nebenseiten der Friesplatten verlaufen an manchen Stücken nicht vertikal sondern schräg, wobei sie sich nach oben einziehen[270].

Sollten die Friesplatten den Fries im Mittelschiff verziert haben, können sie nur über den Architravblöcken der Serie A3a zu stehen gekommen sein, da die Friesplatten nur schwer mit dem vorgeneigten Fries der Serie A1 vereinbar sind. Der Fries wäre nicht durchgängig, sondern in einzelne Bildfelder unterteilt gewesen. Die Friesbreite von 3,20 m ließe sich dadurch erklären, dass unter den Geisonvorsprüngen über den Säulen (s. u.) Stützen aus der Frieszone hervorgingen, wie sich das am obersten Stockwerk des Kolosseums[271] oder in Stuckdekorationen republikanischer Häuser[272] beobachten lässt. Andere Bereiche des Frieses könnten Inschriften getragen haben. Es ist auch möglich, dass ihnen Dekor aus Stuck aufgelegt war[273].

Der von Ertel und Freyberger vertretene Gegenvorschlag besteht darin, den Fries in die Innenseiten der Außenwände einzulassen[274]. Als Vergleich lässt sich hierfür der Venus-Genetrix-Tempel anführen, der Friesplatten

266 Der Perlstab liegt an elf von 26 Beispielen auf: Ser. Nr. 197143. 197644. 197708. 197710. 197743. 197885. 198066–198068. 198088. 198157.

267 Zu den Maßen: Kränzle 1991, 97–109.

268 Bauer 1988; Bauer 1993.

269 Kränzle 1991, 102–104.

270 Kränzle 1991, 106.

271 von Gerkan 1925, 31 Abb. 14.

272 von Hesberg 1980a, 124–130 Taf. 17, 2.

273 Diese noch hellenistische Dekorationsweise ist bis in die augusteische Zeit hinein nachweisbar, wie die Stuckfriese der Forumshallen von Minturnae und an der Palaestra von Herculaneum beweisen: Johnson 1935, 51–57 Abb. 25–28; zur Datierung: Yegül 1993, 369–393 insbes. 374; Pagano 1996, 229–262 insbes. 243–246. Zu Stuckfriesen allgemein: Mielsch 1975, 12–38. Auch der Fries der Aedikulaarchitektur im Innenraum des Apollon-Sosianus-Tempels könnte einen separat gearbeiteten Fries oder eine Stuckdekoration aufgewiesen haben: Viscogliosi 1988, 137; Bertoletti 1988, 143 Kat. 38. Zum erhaltenen Stuckdekor: La Rocca 1985, 90; Viscogliosi 1988, 138; Mattern 2001b, 62 Abb. 6. 7.

274 Freyberger – Ertel 2007, 504–508; Ertel – Freyberger 2007, 118–129. Eine weitere bei Ertel – Freyberger angesprochene Möglichkeit, die Friesplatten als Brüstungen in den Interkolumnien des oberen Stockwerks zu platzieren, wie es von den Hallen des Athenaheiligtums in Pergamon (Radt 1999, 161 f.) oder der Basilica in Aphrodisias (Smith – Ratté 2000, 231 f. Abb. 10) bekannt ist, scheidet wegen des zu klei-

Abb. 27 Basilica, unteres Stockwerk, Mittelschiff, Konsolengeison, Ser.Nr. 198080

zwischen Pilastern der Cellawände trägt[275]. Offen bliebe dann aber, was über dem Architrav des Mittelschiffs mittels der Dübel eingelassen war. Eine Entscheidung zugunsten einer der Thesen ist auf Grundlage der angeführten Argumente nicht eindeutig möglich. Beide Meinungen lassen sich weder veri- noch falsifizieren. Auf der Grundlage der zur Verfügung stehenden Indizien erscheint mir die Anbringung des Frieses am Mittelschiff allerdings wahrscheinlicher.

1.f. Das Geison des unteren Stockwerks

Das ionische Gebälk des unteren Stockwerks der Basilica wird durch ein verkröpftes Konsolengeison rhodischen Typs aus weißem Marmor abgeschlossen (Abb. 27–28). Es war nur über den Africanosäulen des Mittelschiffs angebracht. Die Ornamentik der einzelnen Blöcke ist alleinig zum Mittelschiff hin angelegt. Die zum Seitenschiff gewandten Seiten sind dagegen nicht ornamentiert. Von einem Geison, das zu der Ordnung mit den Cipollinosäulen in der nördlichen Säulenlängsreihe gehört haben könnte, hat sich kein Fragment erhalten.

Die Zugehörigkeit der Geisonblöcke zum Bau wird durch ihre Maße belegt. Mit einer durchschnittlichen Höhe von 60 cm und einer unteren Tiefe von etwa 80 cm entsprechen sie den Maßen des Architravs und Frieses (Tab. 5)[276].

nen Interkolumniums des oberen Stockwerks aus: vgl. Kap. VI.1.j.

275 Milella 2007, 100 Abb. 114; 108–111 Abb. 121–130.

276 Sechs Stücke sind heute in der Gebälkrekonstruktion im Südosten der Basilica verbaut (Ser.Nr. 197614. 198025. 198080–198083), vgl. Fabrini 1972/1973, 64. Bei ihnen handelt es sich weitestgehend um besonders gut erhaltene Stücke, an denen sich teilweise noch die Gesamtmaße der Blöcke abnehmen lassen. 96 weitere Geisonfragmente befinden sich im nördlichen Schmalschiff der Basilica und auf dem Gelände des Templum Pacis. 178 Geisonfragmente liegen im Bauermagazin. Weitere wurden summarisch aufgenommen.

Abb. 28 Basilica, unteres Stockwerk, Mittelschiff, Konsolengeison, Ser.Nr. 198081

Rekonstruktion
Innerhalb der Geisonblöcke lassen sich zwei Arten unterscheiden. Zum einen Blöcke eines Langgeisons, die eine Breite von etwa 2,30 m aufweisen und aus einer Kassettenreihe bestehen, auf der fünf Kassetten und vier Konsolen Platz haben (Abb. 28). Zum anderen Verkröpfungsblöcke, die eine doppelte Kassettenreihe in der Tiefe und drei Kassetten in der Breite aufweisen (Abb. 27). Sie sind ca. 180 cm breit[277]. Anstelle der hinteren mittleren Kassette befinden sich postamentartige Stützen. Die obere Tiefe der Langgeisonblöcke beträgt etwa 150 cm, die der Verkröpfungsblöcke etwa 185 cm[278].

Die Stücke der beiden Gruppen müssen alternierend angebracht gewesen sein, da die Blöcke des Langgeisons je mit einer Kassette zur Schmalseite enden, die Verkröpfungen je mit einer Konsole. Die Kombination eines Langgeisons mit einer Verkröpfung ergibt eine Breite von ca. 4,10–4,16 m, was dem Säulenjoch der Basilica entspricht. Die Verkröpfungsblöcke sind folglich stets über einer Säule zu rekonstruieren, wie es bereits Bauer vorgeschlagen hat (Abb. 4)[279].

Die Geisonunterseiten sind geglättet[280]. Gleiches gilt für die Schmalseiten, die zudem Anathyrosen aufweisen. Untereinander waren die verschiedenen Geisonblöcke

277 Vollständig erhalten ist die Breite der Langgeisonblöcke nur an Ser.Nr. 198082–198083. Die Breite der Verkröpfungsstücke ist vollständig erhalten an Ser.Nr. 198069. 198080. Relativ viele der erhaltenen Stücke lassen sich in Langgeisonblöcke oder Verkröpfungsblöcke einteilen: Tab. 6.

278 Zur oberen Tiefe der Langgeisonblöcke: Ser.Nr. 198081–198083, zu derjenigen der Verkröpfungen: Ser.Nr. 198080.

279 Bauer 1988a, 209 Abb. 98. 99.

280 Dass die Geisonblöcke mit dem darunter liegenden Fries verdübelt waren, ist nicht nachweisbar, aber aufgrund eines heute nicht mehr auffindbaren, von Bauer beschriebenen Photos vom Verkröpfungsblock Ser.Nr. 198080 zu vermuten: Bauer DAInstRom Nachlass, 336.

Abb. 29 Basilica, unteres Stockwerk, Mittelschiff, Konsolengeison, Ser.Nr. 198077

stets mit zwei Dübeln verbunden[281]. Einige, aber nicht alle Stücke wurden zusätzlich untereinander verklammert[282]. Die Rückseiten der Blöcke sind glatt und ohne Verzierungen[283]. Ihre Oberseiten sind im vorkragenden Bereich mit dem Zahneisen geglättet[284].

Ornamentik

Alle Geisonfragmente gleichen sich in ihrer Ikonographie und den Maßen der einzelnen Ornamente. Vom Fries leiten vier Ornamentbänder zum Geison über. Sie setzen an der Unterseite des Geisons mit einem Bügelkymation ein. Darauf folgen ein Zahnschnitt, ein Eierstab und schließlich ein Perlstab, wobei die oberen Ornamentbänder über die unteren etwas vorkragen (Abb. 27. 28). Das Bügelkymation entspricht in seiner Ikonographie dem des Abakus der ionischen Kapitelle und dem der Fasziensseiten des Architravs des unteren Stockwerks. An der Verkröpfung springt das Bügelkymation vor. Die Ecke wird von einem Bügel verziert, dessen Füllung aus einer hängenden, fünfblättrigen Palmette besteht[285]. Der Zahnschnitt ist eng, hoch und besitzt keine Via-Füllung, dafür aber einen gerundeten Zwischengrund. Die Hüllblätter des Eierstabs sind unten geschlossen und überschneiden das Zwischenblatt. An den Stellen, an denen der Eierstab zur Verkröpfung umbiegt, ist im Zwickel eine nach unten gerichtete Palmette angebracht[286]. Der Perlstab darüber weist sowohl längsovale als auch kugelförmige Perlen auf (Abb. 29). Manche der Zwischenglieder sind scheibenförmig, manche kalottenförmig. Diese beiden Formen lassen sich aber nicht voneinander trennen. Es sind alle Zwischenstufen möglich. An Ser.Nr. 198077 ändert sich die Form des Ornaments von der einen zur anderen Gestaltungsweise gleichmäßig, wobei die kalottenförmigen Zwischenglieder kontinuierlich länger und die Perlen ebenfalls länger und schlanker werden (Abb. 29). Es lässt sich also keine klare Trennung der Ornamentgestaltung ausmachen, die durch unterschiedliche Hände erklärt werden könnte. Vielmehr scheint der Perlstab von einem Steinmetz gefertigt worden zu sein.

An den Verkröpfungen liegt je eine Konsole rhodischen Typs zwischen den in die Tiefe führenden Kassetten in Querrichtung (Abb. 27). Alle Konsolen neigen sich zu ihrer Vorderseite hin leicht nach unten[287]. An ihrem

281 Jede Schmalseite hat dabei je ein Dübelloch mit einem Gusskanal: Ser.Nr. 197153. 197306. 198069–198070. 198077. 198080. Die Dübellöcher variieren in der Höhe der Anbringung und der Entfernung zueinander. Sie wurden vermutlich also erst kurz vor dem Versetzen der Blöcke am Bau ausgearbeitet.

282 Ser.Nr. 198077. 198082. 198083. Ser.Nr. 198069 ist ohne Klammerloch.

283 Ser.Nr. 198062. 198069–198070. 198077. An zwei Stücken sind Reste von Löchern unklarer Funktion vorhanden (Ser.Nr. 198069–198070).

284 Abgesehen von einer Ausnahme sind in dem vorkragenden Bereich der Geisonoberseiten keinerlei Spuren von Dübel-, Hebe-, oder Stemmlöchern vorhanden. Einzig bei Ser.Nr. 198083 ist ein kleines Loch unklarer Funktion angebracht. Zu den weiteren technischen Merkmalen der Oberseiten: Kap. VI.3.d.

285 Ser.Nr. 197791.

286 Ser.Nr. 198069. 198080. Wie die Zwickel der übrigen Ornamente gestaltet waren, lässt sich nicht mehr sagen, da die entsprechenden Stellen nicht erhalten sind.

287 Zur Neigung von Hängeplatten: Mattern 2001a, 36 Anm. 146. Die Schrägstellung der Konsolen ist allerdings höchst ungewöhnlich (von Hesberg 1980a, 186 Anm. 958). Zu verweisen ist in diesem Zusammenhang auf den Fries der Serie A1, der ebenfalls eine Schrägstellung aufweist. Zwar

Abb. 30 Basilica, unteres Stockwerk, Mittelschiff, Konsolengeison, Ser.Nr. 197435

Fuß befindet sich ein Bügelkymation, welches um die einzelne Konsole herumläuft und die Konsolen miteinander verbindet. Es entspricht den Bügelkymatien unten am Geison, an der Faszienseite des Architravs und dem Abakus der ionischen Kapitelle desselben Stockwerks (Abb. 20. 30).

Das Bügelkymation weist an den Schmalseiten der Konsolen jeweils vier Bügel auf. An den Längsseiten entlang der Konsolen und Kassetten variiert die Anzahl der Bügel hingegen zwischen fünf und sechs. Die Lösungen der Ecksituationen sind ausgesprochen verschieden und vielfältig. Hier kann ein Zwischenblatt oder ein umbiegender Bügel mit Füllung angebracht sein. Als Zwischenblatt lassen sich unterschiedlich stark gezackte Blätter[288] oder auch einfachere Langblätter mit Mittelkerbe ohne weitere Binnengliederung beobachten[289]. Wenn an den Ecken ein umbiegender Bügel angebracht war, so kann die Bügelfüllung beispielsweise dasselbe Langblatt mit Mittelkerbe tragen[290] oder als Füllung wird eine kleine fünfblättrige Palmette verwendet[291]. Die Kymationecke an den Konsolenvorderseiten ist nur an wenigen Stücken erhalten. Hier ist als Zwischenblatt einmal eine flammende fünfblättrige Palmette ausgearbeitet, ein anderes Mal wurde an entsprechender Stelle ein umbiegendes Zwischenblatt in Bosse belassen[292]. Bemerkenswert ist außerdem, dass an ein und demselben Geisonblock immer dieselbe Gestaltung der Ecksituation begegnet[293].

Die Seitenflächen der Konsolen werden durch Halbpalmetten verziert[294]. Einzig der unterste Finger der Palmette wächst in die Gegenrichtung nach unten. An seinem Ende kann eine Blüte angebracht sein (Abb. 27). Die Unterseite trägt eine etwa ein Drittel des Platzes einnehmende Soffitte. In ihrer Ausgestaltung lassen sich zwei Muster unterscheiden, ein Flechtband und ein Schuppenmuster[295]. Der Erhaltungszustand der Konsolen ist zu schlecht, um das Schema, nach welchem die beiden Varianten angebracht waren, mit Sicherheit zu bestimmen. An Ser.Nr. 198082 sind drei Konsolen in Folge erhalten. Flechtband und Schuppenmuster wechseln sich ab. Die Verkröpfung Ser.Nr. 198080 zeigt an den Konsolensoffitten in Querrichtung jeweils ein Schuppenmuster, in Normalrichtung ein Flechtband[296]. Diese Ornamentbänder gehen am vorderen Ende der Konsolen jeweils in ein Akanthusblatt über, welches in der Art eines Blattüberfalls die Konsole abschließt[297].

Die quadratischen Kassetten zwischen den Konsolen haben eine doppelte Rahmung. Die zweite, tiefere Rahmung umläuft ein Eierstab gleicher Form wie unten am Geison, der an seinen Zwickeln die gleiche flammende Palmette aufweist, wie sie schon beim Umbiegen des unteren Eierstabs an der Verkröpfung begegnet ist (Abb. 30). Während bei den eben beschriebenen Bügelkymatien diese Ecklösung individuell ausgeführt wurde, ist bei den Eierstäben immer dieselbe Palmette ausgearbeitet worden. So wie die Bügelkymatien an den Längsseiten der Konsolen und Kassetten in ihrer Anzahl variieren, so wurden auch beim Eierstab in den Kassetten fünf bzw. sechs Eier angebracht. Bei Ser.Nr. 198080 ist an der Stelle, an welcher ein Wechsel in der Anzahl der Bügel des Kymations von einer zur anderen Kassette beobachtet werden kann, auch ein Wechsel von sechs zu fünf Eiern

stimmen die jeweils von der Horizontalen bzw. Vertikalen abweichenden Winkel des Frieses und der Konsolen nicht exakt miteinander überein, doch dürfte sich in der Wahrnehmung der Architektur vom Mittelschiff aus die Schräglage beider Architekturteile gegenseitig etwas aufgehoben haben.

288 Ser.Nr. 197156. 197193. 197301. 197358.

289 Ser.Nr. 197217. 198025. 198081–198082.

290 Ser.Nr. 197306. 198074. 198083.

291 Ser.Nr. 198080.

292 Ser.Nr. 198080. 197162 mit der ausgearbeiteten Palmette und Ser.Nr. 197374 mit dem in Bosse belassenen Ornament.

293 Besonders Ser.Nr. 198025. 198081–198083.

294 Vgl. etwa Ser.Nr. 197042.

295 Ser.Nr. 197061. 197094. 197154. 197217. 197232. 197261. 198077. 198080–198083. Darüber hinaus liegen im Bauermagazin fünf Fragmente mit Schuppenmuster und drei Stücke mit Flechtband, die nur summarisch aufgenommen wurden.

296 Sollte das System so funktioniert haben, dass sich die Ornamente an den Langgeisonblöcken immer abwechselten und an den Verkröpfungsblöcken in Querrichtung und Normalrichtung aufteilten, muss sich die jeweilige Verteilung an den Verkröpfungen wegen der ungraden Zahl immer abgewechselt haben.

297 Ser.Nr. 197042. 197061. 197258.

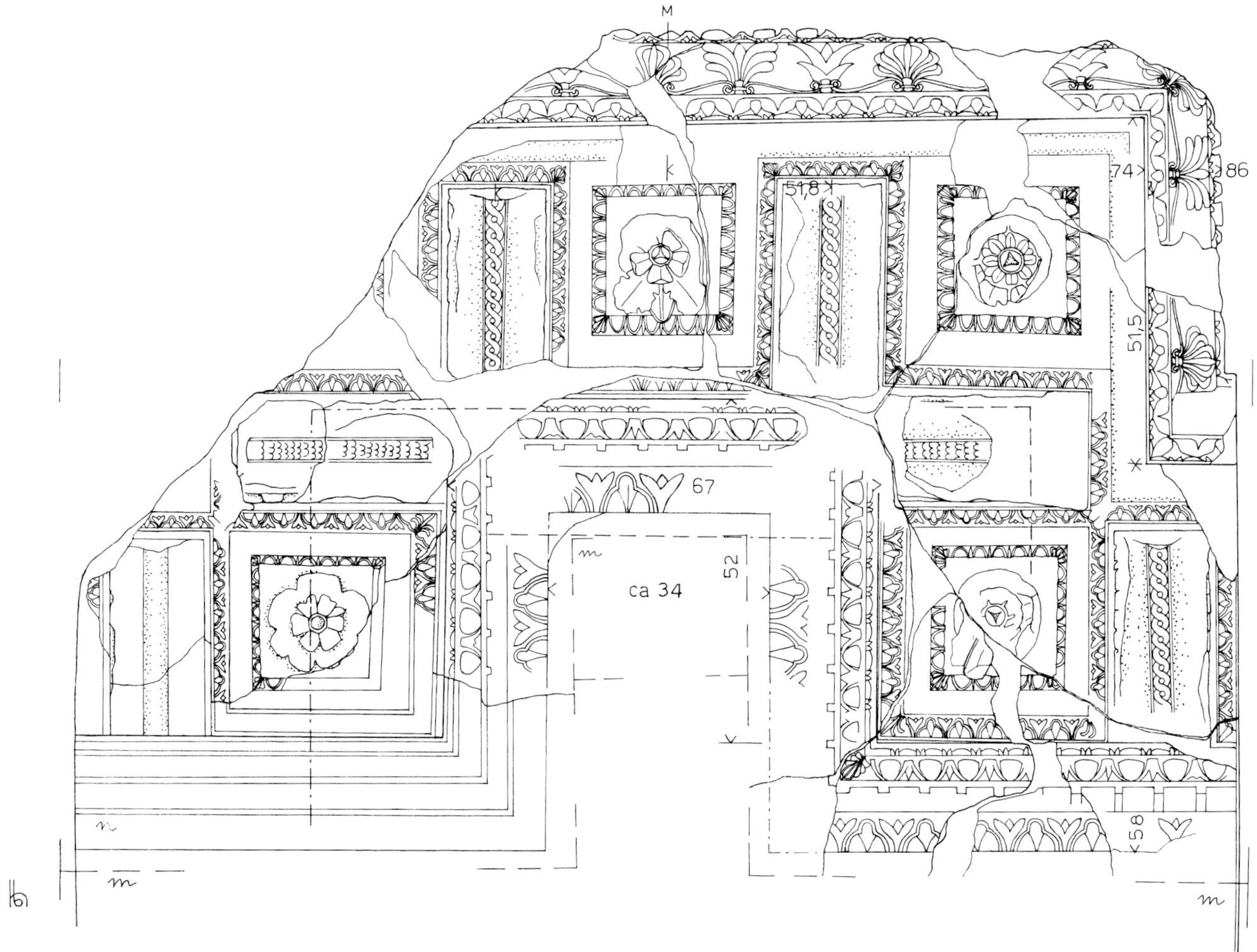

Abb. 31 Basilica, unteres Stockwerk, Mittelschiff, Konsolengeison, Zeichnung, Ser.Nr. 198080

festzustellen (Abb. 31). Ser.Nr. 197336 zeigt sogar in derselben Kassette einen Wechsel von fünf zu sechs. Ansonsten sind bei allen erhaltenen Stücken entweder stets fünf oder stets sechs Eier zu sehen. Der Innenraum der Kassette wird durch groß angelegte, in ihrer Gestalt leicht variierende zweifach konzentrische Rosetten gefüllt. Ein äußerer Kranz besteht aus Akanthusblättern, zwischen denen Schilfblätter liegen (Abb. 27. 32). Darin eingebettet befindet sich ein kleinerer Kranz aus verschiedenen kleinen und mitunter unterschiedlichen Blättern, die eine wiederum unterschiedlich ausgearbeitete Blüte umschließen[298]. Eine flache Stufe schließt die Kassetten zur Vorderseite hin ab.

Es folgt eine hohe, glatte Geisonstirn. Ein Perlstab und ein Scherenkymation vermitteln zur Sima. Obgleich Perlstab und Scherenkymation in der Breite ihrer Ornamente fast übereinstimmen, stehen sie in keiner Achskorrespondenz zueinander. Die Perlen sind längsoval, die Zwischenglieder kalottenförmig[299]. Auf der Sima wechseln eine offene Palmette, eine flammende Palmette und eine Lotusblüte einander ab (Abb. 28). An den Ecken der Vorderseite der Verkröpfung ist jeweils eine halbe siebenblättrige, flammende Palmette zu beiden Seiten aufgesetzt[300], für die Ecken, die zur Verkröpfung vorspringen, ist nicht mehr zu entscheiden, ob es sich um eine geöffnete Palmette oder ein Lotusblatt handelte[301]. Die Palmetten und Lotusblüten sind durch liegende S-förmige Ranken miteinander verbunden. Bekrönt wird die Sima durch einen Perlstab und einen Eierstab. Die Hüllblätter des Eierstabs sind an manchen Stücken nach unten geöff-

298 Zum Variationsreichtum der Blüten vgl. Ser.Nr. 198082: An einer Blüte ist ein Dreieck eingeritzt, eine andere besteht aus drei miteinander verbundenen, eingetieften Kreisen.

299 Ser.Nr. 197162. 197236–197237. 197239. 197261. 197275–197276. 197283–197284. 197298. 197302. 197314. 197336. 197339. 197374. 198025. 198080–198083.

300 Ser.Nr. 197051. 197082. 197089. 197818. 197991.

301 Ansatzweise erhalten an Ser.Nr. 197955.

Abb. 32 Basilica, unteres Stockwerk, Mittelschiff, Konsolengeison, Ser.Nr. 198082

net. Ihr Zwischenblatt wird von ihnen nicht überschnitten, die Hüllblätter sind über den Steg hinweg dafür mit einem solchen verbunden (Abb. 33). Die Ecksituation an der Vorderseite der Verkröpfung kann sowohl mit einem Ei bzw. einer Perle als auch mit einem Zwischenblatt gestaltet sein[302]. An den Ecken an der Überleitung zur Verkröpfung ist einmal die Perle um die Ecke verlängert und zwischen den Eiern als Zwischenblatt ein Langblatt mit Mittelrippe angelegt, ein anderes Mal das Wirtelpaar um die Ecke verteilt und ein normales Zwischenblatt zwischen zwei Eierschalen angebracht[303].

Das Bügelkymation am Übergang vom Fries zum Geison entspricht in seiner Ausführung demjenigen am Abakus des ionischen Kapitells und demjenigen an der Faszienseite des Architravs[304]. Im Vergleich mit diesen zeichnet es sich durch besondere Sorgfalt aus. Der Zahnschnitt steht hochkant und eng. Ihm wird aufgrund seiner Größe das größte Gewicht im Ensemble der unteren Ornamentreihen gegeben.

Der über dem Zahnschnitt folgende Eierstab hebt sich deutlich vom Reliefgrund ab und ist tief hinterbohrt (Abb. 28). Die Schalen der Eier werden nach unten schmaler und flacher und laufen zu einer Spitze zusammen. Sie sind an ihrer Oberseite teilweise kantig, teilweise rund gearbeitet. An der Oberseite des Ornamentbandes sind sowohl die Schalen als auch die Eier gekappt. Die Eier werden durch die Schalen weich eingebettet, wobei ihnen zu den Schalen hin viel Platz gelassen wird. Sie sind an manchen Stücken länger und spitzer, an anderen bauchiger und liegen teilweise nicht symmetrisch in den Schalen. Das Zwischenblatt ist verschieden ausgearbeitet und von den Schalen nur durch eine leichte Kerbe getrennt. An einigen Stücken ist es in seiner Oberflächengestaltung rund mit einer Verdickung in der unteren Hälfte, bevor es spitz zuläuft, an anderen weist es eine Mittelrippe auf, zu deren beiden Seiten das Zwischenblatt abfällt. Der die unteren Ornamentreihen abschließende Perlstab liegt auf einer Leiste auf. Er ist tief aus dem Relief gearbeitet und stark hinterbohrt.

Das die Konsolen umschließende und miteinander verbindende Bügelkymation entspricht in seiner Ausführung den beschriebenen Stücken des ionischen Kapitells, der Faszienseite des Architravs und des Übergangs vom Fries zum Geison. Die Bügelfüllungen sind etwas schmaler, auf die aufwändige Oberflächengestaltung wurde verzichtet. Die Ausarbeitung des Ornaments ist teilweise etwas nachlässig. Insbesondere das Zwickelblatt der Zwischenblätter wird gelegentlich nur durch Punktbohrungen angegeben oder die Rillen zwischen den Bügeln und

302 Für das Ei: Ser.Nr. 197051. Für das Zwischenblatt: Ser. Nr. 197082. 197991.

303 Ser.Nr. 197995 für die erste Lösung; für die Zweite: Ser.Nr. 198000.

304 Vgl. Kap. VI.1.d.; VI.1.e.

dem Zwischenblatt werden nicht in der üblichen Tiefe eingearbeitet[305].

An den Halbpalmetten der Konsolennebenseiten heben sich, ähnlich wie am Bügelkymation, die einzelnen Palmettenblätter stark vom Reliefgrund ab. Die Rillen zwischen ihnen sind schmal und tief gebohrt[306]. Die Blüte an der Konsolenspitze wächst innen aus dem Reliefgrund empor, zu welchem die einzelnen Blätter an ihren Enden wieder umknicken (Abb. 27).

Sowohl Flechtband als auch Schuppenmuster der Konsolenunterseite sind zumeist mit wenigen Bohrungen sehr nahe am Reliefgrund gehalten (Abb. 27)[307]. Gerade das Schuppenmuster zeigt in seiner Machart verschiedene Ausführungen, wobei auch Schuppen in der gleichen Reihe unterschiedliche Höhen haben können. An anderen Exemplaren ist dieses Ornament unter verstärktem Bohreinsatz geometrisch stark schematisiert und nicht immer vollkommen ausgearbeitet[308].

Der die Kassetten rahmende Eierstab entspricht in seiner Machart dem beschriebenen Eierstab am Übergang vom Fries zum Geison. An manchen Stücken weicht der Eierstab in seiner Machart dadurch ab, dass er etwas höher ist und tiefer hinterbohrt wurde. Die Ausarbeitung der Palmetten in den Ecken ist unterschiedlich. Während viele dieser Palmetten sorgfältig ausgearbeitet wurden, sind andere nur durch Bohrungen angedeutet[309]. Bei Ser. Nr. 197336 variieren die Zwickelblätter am selben Stück. So wurden manche Palmettenblätter kaum voneinander getrennt, andere durch Bohrungen und wieder ein anderes gar nicht ausgearbeitet.

Die nur im Ansatz erhaltenen Rosetten sind in ihrer Ausführung ebenfalls sehr verschieden. Keine Rosette gleicht der anderen. Besonders der Bohrer wird sehr unterschiedlich eingesetzt. Einige dieser Ansätze sind kreisförmig und erhaben[310], andere liegen näher am Reliefgrund und weisen verschiedene Bohrungen auf[311]. Ferner ist die Gestaltung und Anzahl der Blätter des inneren Blattkreises sehr unterschiedlich[312].

Der Perlstab unter der Sima liegt flach auf dem Reliefhintergrund auf und ist wenig hinterbohrt (Abb. 27–28).

305 Ser.Nr. 197193. 197270. 197374.

306 Ser.Nr. 197042. 197046. 197061. 197081. 197154. 197162. 197217. 197232. 197258. 197261. 198080. 198082.

307 Ser.Nr. 197042. 197061. 197094. 197154. 197217. 197232. 197261. 198077. 198080–198083. Dazu kommen insgesamt noch acht nur summarisch aufgenommene Stücke im Bauermagazin.

308 Vgl. Ser.Nr. 197094 mit 198082.

309 Ser.Nr. 197261. 197296. 197306. 197336. 198083.

310 Ser.Nr. 197276.

311 Ser.Nr. 197302.

312 Ser.Nr. 198025. 198082.

Abb. 33 Basilica, unteres Stockwerk, Mittelschiff, Konsolengeison, Ser.Nr. 197051

Die Ausführung des Scherenkymations ist sehr unterschiedlich. Dies betrifft sowohl die Höhe, in der das Ornament zum Reliefgrund ausgearbeitet wurde[313] als auch die Art und Weise, wie zwei Blätter verschiedener Ornamenteinheiten zusammentreffen. Sie berühren sich entweder nur an ihren Enden[314] oder ihre Blätter bilden eine lange gemeinsame Schnittfläche[315].

Der Lotus-Palmettenfries liegt flach auf dem zu großen Teilen frei belassenen Reliefhintergrund auf, ist von diesem aber klar abgesetzt (Abb. 27–28. 32–33). Die unteren beiden Finger der flammenden Palmette überschneiden einander. Bei einem Beispiel setzen die Palmettenfinger an beiden Seiten einer Ecksituation unterschiedlich hoch an[316].

Der folgende Perlstab, der unter dem die Sima bekrönenden Eierstab liegt, weist in seiner Ausführung ebenfalls große Differenzen auf. So unterscheiden sich zum einen die Größen der einzelnen Ornamentglieder untereinander, zum anderen die Form der Perlen, die einen Variantenreichtum von länglich bis rund und von schmal bis voluminös zeigen. Dieselbe Variationsbreite gilt für das Verhältnis des Perlstabs zum Reliefhintergrund. So liegen die Ornamente an einigen Stücken sehr flach auf und sind wenig hinterbohrt[317], an anderen liegen sie tief

313 Ser.Nr. 197233. 198080.

314 Diese Enden laufen teilweise spitz zur Seite aus (Ser. Nr. 197284), teilweise verlaufen sie gerade (Ser.Nr. 197162).

315 Ser.Nr. 198080.

316 Ser.Nr. 197082.

317 Ser.Nr. 197082.

Abb. 34 Basilica, oberes Stockwerk, attische Basis, Serie B1, Ser.Nr. 197015

im Reliefhintergrund und sind stärker hinterbohrt[318]. An den Stellen, an denen der Perlstab aufgrund der Verkröpfung umbiegt, kommt über der Ecke manchmal eine verbreiterte Perle, manchmal ein Wirtelpaar zu liegen[319].

Der nach oben abschließende Eierstab ist im Vergleich zum unteren etwas flacher und deutlich breiter angelegt. Dennoch ist das Ornament stark und sauber hinterbohrt. Weiche und glatte Oberflächen bestimmen das Bild. Zu den Ecken hin lassen sich ausgleichende Verzerrungen in den Breitendimensionen des Ornaments erkennen, um an der Ecke genau ein Ei oder ein Zwischenblatt anbringen zu können (Abb. 33)[320]. Die Schale ist breitrandig und ohne Oberflächendifferenzierung.

1.g. Plinthe und Basis des oberen Stockwerks

Wie der Übergang der Säulenordnungen vom unteren zum oberen Stockwerk genau gestaltet war, lässt sich nicht sagen[321]. Sicher ist, dass sich im oberen Stockwerk attische Basen aus weißem Marmor befunden haben. Die meisten sind mit der Plinthe in einem Block gearbeitet. Anhand ihrer Profilbildung lassen sie sich in zwei Serien unterteilen. Für die einen ist eine Rille zwischen dem Trochilus und dem oberen Torus charakteristisch, womit sie den Basen des unteren Stockwerks entsprechen (Abb. 34). Sie sind um das Mittelschiff zu rekonstruieren. Die anderen Basen weisen zwischen den Tori und dem Trochilus jeweils noch einen Rundstab auf (Abb. 35). Sie gehören in die Säulenreihe über den Cipollinosäulen des unteren Stockwerks. Es sind auch Pilasterbasen mit derselben Profilierung erhalten, die die architektonische Ordnung an den Wänden des Stockwerks widerspiegelten (Abb. 36).

Die Zugehörigkeit der Basen und/oder Plinthen bzw. deren Fragmente zur Basilica ergibt sich aus den Maßen des oberen Durchmessers von 65,5–70 cm, was dem unteren Durchmesser der dazugehörigen Säulen entspricht[322].

Rekonstruktion

Vom oberen Stockwerk sind sowohl vollplastische Basen als auch solche einer Wandverkleidung erhalten. Die vollplastischen Stücke lassen sich auf der Grundlage ihrer unterschiedlichen Profilierung in zwei Serien gliedern (B1 und B2). Da die Serien etwa gleich umfangreich sind, die jeweiligen Stücke in ihren Maßen exakt miteinander übereinstimmen und sie damit beide zu den Säulen des Stockwerks passen, ist davon auszugehen, dass sie derselben Bauphase angehören (Tab. 7).

Vollplastische Bauglieder

Serie B1

Die Plinthen und Basen der Serie B1 sind bei allen Exemplaren aus einem Block gefertigt (Abb. 34)[323]. Die Plinthen sind zwischen 17,5 und 19 cm hoch und wurden an den Seiten mit dem Zahneisen geglättet. An der Unterseite weisen sie ein kreisförmiges, leicht erhöhtes Auflager auf[324]. Der Block saß also nicht in voller Breite auf, sondern nur zentral im Durchmesser der darüber aufsitzenden Säule. Ob die Plinthe mit dem Block darunter ver-

318 Ser.Nr. 197818.

319 Eine Perle bei Ser.Nr. 197051; ein Wirtelpaar bei Ser.Nr. 197991. Bei Ser.Nr. 197082 und bei Ser.Nr. 197955, an welchem eine Ecke der Vorderseite einer Verkröpfung erhalten ist, springt das Ornamentband zwischen Perle und Wirtelpaar um die Ecke.

320 Bei dem hier angeführten Beispiel Ser.Nr. 197051 musste der Steinmetz den Zwischenraum zwischen Ei und Schale zur Ecke hin deutlich vergrößern, damit er ein Ei genau auf der Ecke anbringen konnte.

321 Vgl. die Diskussion in Kap. VI.3.d.

322 16 Basen liegen auf dem Gelände des Templum Pacis nördlich der Basilica: Ser.Nr. 197014–197021. 197407. 198135. 198143–198147. 198164. Die Pilasterbasis Ser.Nr. 198141 befindet sich in der Portikus. Drei Fragmente sind im Bauermagazin: Ser.Nr. 197560. 197608. 198152. Der Aufenthaltsort eines weiteren Stückes ist unbekannt. Es wurde von Montagna Pasquinucci 1973, 275 Taf. 11a als zum Caesartempel gehörig publiziert. Einige Basis- bzw. Plinthenunterseiten von größeren Exemplaren konnten nicht eingesehen werden. Für ihre Beurteilung musste auf Zeichnungen Bauers zurückgegriffen werden. Zwei besonders gut erhaltene Exemplare wurden in Rekonstruktionen mit einbezogen: Ser.Nr. 197018. 197021. Auf ihnen stehen heute Africanosäulen, die ihre Oberseite zum Großteil verdecken. Vgl. Fabrini 1972/1973. Zu den Säulenmaßen vgl. Kap. VI.1.h.

323 Ser.Nr. 197014–197015. 197019. 198143–198147.

324 Ser.Nr. 198146.

Abb. 35 Basilica, oberes Stockwerk, attische Basis, Serie B2, Ser.Nr. 197018

dübelt war, ist nicht mehr nachzuvollziehen. Gleichfalls unklar ist, ob die Plinthen zumindest zu einem Teil in das Bodenniveau versenkt waren, oder ob sie vollständig aus demselben herausragten. Die Basen haben eine Höhe von 20,5–23 cm. Der maximale Durchmesser am unteren Torus beträgt 83 cm[325], der Durchmesser der als Auflager der Säule dienenden Oberseiten liegt bei 64–70 cm[326]. Auf der Oberseite waren zwei einander spiegelsymmetrisch gegenübergesetzte Dübellöcher mit Gusskanälen angebracht, durch deren Dübel die Basen mit den Säulen verbunden wurden. An einigen Stücken sind mittig auf der Oberseite eine kleine, kreisrunde Anathyrose[327] und Stemmlöcher zur Justierung der Säule zu erkennen. Anhand der Stemmlöcher kann in einem Fall ein unterer Säulendurchmesser von 57 cm erschlossen werden[328]. An einer Basis ist ein Geländeransatz in Form einer 18 cm breiten Bossierung an Trochilus und oberem Torus erhalten (Abb. 34)[329]. Deshalb wird die Serie B1 um das Mittelschiff rekonstruiert.

Serie B2

Sieben der erhaltenen Stücke von Serie B2 umfassen Plinthe und Basis in einem Stück (Abb. 35)[330]. Ein achtes Bauglied weist nur eine Basis auf und ein neuntes Stück allein die Plinthe, die getrennt voneinander gearbeitet waren[331]. Die Plinthen griffen in die Zwischendecke ein und ragten 7–10 cm aus dem Bodenniveau hervor, was aus der unterschiedlichen Oberflächenbearbeitung der einzelnen Plinthenseiten hervorgeht[332]. Sie sind in ihrer Grundfläche nicht quadratisch, sondern haben die Form eines gleichschenkligen Trapezoids. Die Plinthenunterseiten ließen sich nicht einsehen[333].

Die Basen sind zwischen 19,5 und 21 cm hoch, haben einen maximalen Durchmesser von 81,5 cm und ein Auflager für die Säule von 65,5–67 cm. Auf der Oberseite waren jeweils zwei einander spiegelsymmetrisch gegen-

325 Ser.Nr. 197019.

326 Ser.Nr. 197015. 197019. 198143.

327 Ser.Nr. 197015. 198143.

328 Ser.Nr. 197015. 197019 mit zwei Stemmlöchern.

329 Ser.Nr. 197015.

330 Ser.Nr. 197016–197018. 197020–197021. 197407. 197560. 198135. 198164.

331 Die Basis: Ser.Nr. 198164 und die Plinthe: Ser.Nr. 197020.

332 Die Plinthen waren meist 20–26 cm hoch und lassen sich in verschieden bearbeitete horizontale Zonen einteilen, von denen nur die obersten 7–10 cm fein geglättet wurden. Von den unteren Lagen ist dieser Bereich manchmal durch Ritzlinien, manchmal auch durch Vor- oder Rücksprünge von 1–2 cm getrennt. Vielfach ansetzende Anathyrosen verschieden aufwändiger Ausführung in den Bereichen darunter belegen, dass die Plinthen hier in das Stylobat einbanden. Zwei Plinthen fallen durch eine, gemessen an den übrigen, deutlich größere Höhe auf (Ser.Nr. 197017. 197020). Sie entsprechen in ihrer Aufteilung den übrigen, haben nach unten aber eine weitere ca. 15 cm hohe Zone, die weiter in die Zwischendecke einband.

333 Bauer fertigte eine Zeichnung von der Unterseite der Plinthe Ser.Nr. 197020 an, auf der zwei kleine Dübellöcher zu erkennen sind.

Abb. 36 Basilica, oberes Stockwerk, attische Pilasterbasis, Ser.Nr. 198152

übergesetzte Dübellöcher mit Gusskanälen angebracht, durch deren Dübel die Basen mit den Säulen verbunden wurden. An manchen Stücken ist mittig auf der Oberseite eine kleine, kreisrunde Anathyrose angelegt[334]. Da die Basen der Serie B1 um das Mittelschiff zu positionieren sind, dürften die Basen der Serie B2 über der nördlichen Längsreihe von Cipollinosäulen des unteren Stockwerks zu rekonstruieren sein.

Wandverkleidung

In Maßen und Ikonographie entsprechen den attischen Säulenbasen der Serie B2 vier Pilasterbasen, die vermutlich an den Innenseiten der Außenwände des oberen Stockwerks zu rekonstruieren sind (Abb. 36)[335]. Ihre Plinthen sind an der Unterseite fein gepickt und ragten ebenfalls ca. 7–10 cm aus dem Boden heraus, was aus der unterschiedlichen Oberflächenbearbeitung der einzelnen Plinthenseiten hervorgeht (s.o.)[336]. Zwei Pilasterbasen waren im Pflaster versenkt, zwei standen auf ihm auf[337]. Sie sind 14–20,5 cm tief. Ihre Rückseiten sind glatt oder gepickt. An ihrer Oberseite wurden sie durch zwei Klammern mit der Rückwand verbunden[338]. An der Oberseite der Pilasterbasis Ser.Nr. 198141 sind darüber hinaus auch kleine Dübellöcher angebracht, deren Dübel die Basis mit dem aufliegenden Pilaster verbanden, an der Oberseite von Ser.Nr. 198152 hingegen nicht[339]. Die Breite des folgenden Pilasters dürfte ca. 59 cm betragen haben[340]. Eine Besonderheit stellt die Pilasterbasis Ser.Nr. 198141 dar, die an einer Schmalseite nicht profiliert, sondern glatt belassen ist. Sie ist an einer Ecksituation zu rekonstruieren.

Ornamentik

In der Ikonographie der Basen der Serie B1 ist hervorzuheben, dass der obere Torus nur wenig gegenüber dem Trochilus auslädt und dadurch zwischen den beiden eine Kerbe entsteht (Abb. 34). Darin entsprechen die Basen denen des unteren Stockwerks. Der im Erdgeschoss zu beobachtende, flache Trochilusansatz mit dem leichten Gegenschwung tritt an den Basen des oberen Stockwerks nicht auf.

Die Ikonographie der Basen der Serie B2 unterscheidet sich von derjenigen der kanonischen attischen Basis dadurch, dass zwischen Torus und Trochilus jeweils noch ein Rundstab eingefügt ist (Abb. 35–36)[341]. Der obere Torus lädt nur wenig aus. Die Art, wie der Trochilus zwischen die Rundstäbe gebettet ist, steht in der Tradition republikanischer Profilierung[342].

1.h. Die Säulen des oberen Stockwerks[343]

Im oberen Stockwerk sind Säulen aus Africano zu rekonstruieren[344]. Sie waren einschließlich unterer Leiste, Säulenanlauf, oberer Leiste und abschließendem Rundstab monolith gearbeitet. Die Säulen waren unkanneliert, der Marmor glatt poliert. Keine Säule hat sich in voller Höhe erhalten. Ihr unterer Durchmesser inklusive Säulenanlauf beträgt 65–67 cm. Der obere Durchmesser liegt bei 51–52 cm. Hinzu kommt die Ausladung des Rundstabs von 3,5–4 cm. Die Leiste des Schafts ist zur Entlastung unterarbeitet. Unklar ist, ob ähnlich wie im unteren Stockwerk auch im oberen Geschoss zusätzlich Cipollinosäulen verbaut waren. Es haben sich auch Pilaster erhalten, die möglicherweise diesem Stockwerk angehören könnten[345].

334 Ser.Nr. 197016. 198164.

335 Ser.Nr. 197608. 198141. 198152. Montagna Pasquinucci 1973, 275 Taf. 11a.

336 Ser.Nr. 198141.

337 Versenkt waren Ser.Nr. 198141 und das von Montagna Pasquinucci 1973, 275 Taf. 11a publizierte Stück. Darauf standen Ser.Nr. 197608. 198152.

338 Ser.Nr. 198141. 198152.

339 Die beiden übrigen Stücke sind zu schlecht erhalten, um hierüber Aussagen treffen zu können.

340 Ser.Nr. 198141.

341 Der Variantenreichtum bei attischen Basen im Detail ist groß. So kommt es auch vor, dass nur am Übergang vom unteren Torus zum Trochilus ein Rundstabprofil zusätzlich angebracht wurde. Vgl. eine augusteische Basis in Nîmes: Schreiter 1995, 278 Abb. 211, Nr. 12 oder eine frühkaiserzeitliche Basis in Tarragona: Schreiter 1995, 283 Abb. 216, Nr. 9.

342 Shoe 1952, 181; Shoe 1964, 301; Shoe 1965, 25 f. 193; Shoe 1969.

343 Die Angaben entstammen Bauer DAInst Nachlass, 484 f.

344 Viele tausend Fragmente sind erhalten. Von ihrer genauen Dokumentation wurde abgesehen: Vgl. Kap. VI.1.c.

345 Vgl. Kap. VI.4.a.

Abb. 37 Basilica, oberes Stockwerk, korinthisches Kapitell, Serie K1, Ser.Nr. 123023

1.i. Die Kapitelle des oberen Stockwerks

Im oberen Stockwerk der Basilica waren über den Säulen korinthische Normalkapitelle, über den Pilastern an den Wänden Pilasterkapitelle aus weißem Marmor angebracht. Die Säulenkapitelle lassen sich aufgrund von technischen Beobachtungen, ihrer Ikonographie und ihrer Machart in zwei verschiedene Serien K1 und K2 einteilen (Tab. 8), wobei die Serie K1 über den Basen der Serie B1 und den Africanosäulen im Mittelschiff zu stehen kommt (Abb. 37), die Serie K2 ist hingegen im nördlichen Seitenschiff über den dortigen Säulen und den Basen der Serie B2 zu rekonstruieren (Abb. 38. 40–41). Die Pilasterkapitelle (Abb. 39) unterscheiden sich in ihrer Ikonographie und Machart sowohl von den Säulenkapitellen der Serie K1 als auch von denen der Serie K2. Die Gleichzeitigkeit der Serien K1 und K2 wird durch drei Stücke „Kx“ beleget, die Elemente beider Serien aufweisen (s. u.). Die Zuweisung der Kapitelle an das obere Stockwerk der Basilica begründet sich durch ihren unteren Durchmesser von 48,5–54,0 cm, der mit dem der Oberseiten der Säulen bzw. Pilaster des oberen Stockwerks übereinstimmt (Tab. 9)[346].

346 28 Säulenkapitelle liegen auf dem Gebiet des Templum Pacis nördlich der Basilica: Ser.Nr. 123023–123035. 123530–123540. 123542–123543. 123545. Vier der besterhaltenen Exemplare befinden sich im Antiquario Forense: Ser. Nr. 123000. 123002. 123021. 123022. Ein Stück ist im Lapidario Forense: Ser.Nr. 197771. Ein Pilasterkapitell wurde von Montagna Pasquinucci 1973, 276 Taf. 12a publiziert, konnte aber nicht gefunden werden. Die übrigen Fragmente liegen im Bauermagazin. Nur 27 der Säulenkapitellfragmente, die zum oberen Stockwerk gehören, weisen größere Teile des Kapitellkörpers auf. Dabei handelt es sich um die Exemplare, die sich heute entweder auf der Fläche nordöstlich der Basilica oder im Antiquario Forense befinden. An diesen Stücken sind bis auf eine Ausnahme (Ser.Nr. 123023) die Abakusecken immer weggebrochen. Des Weiteren fehlen zumeist alle Teile, die im Relief höher vom Kalathos abstanden. Das sind: Voluten, Helices, Hüllblätter, Abakusblüten und die Blattüberfälle. Die Fragmente im Bauermagazin stellen gewissermaßen die Ergänzung der eben beschriebenen Stücke dar. Hier liegen vor-

Abb. 38 Basilica, oberes Stockwerk, korinthisches Kapitell, Serie K2, Ser.Nr. 123031

Rekonstruktion

Vollplastische Bauglieder

Serie K1

Der Serie K1 können 60 Fragmente zugewiesen werden (Abb. 37)[347]. Die Gesamthöhe der Kapitelle variiert zwischen 59,7 und 67 cm (Tab. 9). Die Kapitellunterseiten sind geglättet. Durch zwei Dübel waren die Kapitelle mit den Säulen verbunden[348]. Die Architravblöcke wurden durch Hebeleisen exakt auf den Kapitellen positioniert und mit ihnen verdübelt[349]. Diese Dübellöcher sind Grundlage für die vorliegende Rekonstruktion, da die Architravblöcke des oberen Stockwerks des Mittelschiffs die entsprechenden Dübellöcher aufweisen[350].

An mehreren Stücken lässt sich ein Scamillus erkennen, der bis zu 3,5 cm hoch sein kann[351]. Die vom Architrav nicht belasteten Flächen wurden lediglich grob geglättet. Der Scamillus wurde für jeden der beiden Architravblöcke in teilweise leicht unterschiedlicher Höhe ausgearbeitet. Andere Kapitelle dürften sich während des Bauvorgangs als zu hoch erwiesen haben und so musste man die Fläche für die Architravauflager etwas tiefer legen[352].

Serie K2

Der Serie K2 können 84 Fragmente zugewiesen werden (Abb. 38. 40–41)[353]. Die Maße entsprechen denen der Serie K1, wobei sich die Höhe nur noch an zwei Exemplaren mit 65 und 67,5 cm messen lässt (Tab. 9). Die Kapitellunterseiten sind geglättet. Die Kapitelle waren ebenfalls durch zwei Dübel mit den Säulen darunter verbunden[354]. Die Kapitelloberseite unterscheidet sich hingegen grundlegend von derjenigen der Kapitelle der Serie K1. Waren dort nämlich Dübel- und Stemmlöcher vorhanden, ist die Oberseite der Exemplare von Serie K2 zwar glatt gearbeitet, aber ohne irgendein Dübel- oder Stemmloch. Das Kapitell war also nicht mit dem Architrav verdübelt. Auch ein Scamillus, wie er bei den Kapitellen der Serie K1 des Öfteren begegnet, ist nicht erhalten. Da die Kapitelle der Serie K1 im Mittelschiff standen, dürften die Kapitelle der Serie K2 über den Basen der Serie B2 in der nördlichen Säulenlängsreihe zu positionieren sein. Zum weiteren Aufbau darüber lassen sich keine Aussagen treffen.

Wandverkleidung

Der Gruppe der Pilasterkapitelle lassen sich 54 Stücke zuweisen (Abb. 39. 47). Nur ein Pilasterkapitell ist in der

wiegend Abakusecken. Ferner sind Helix- und Volutenfragmente, Hüllblätter und Abakusblüten vorhanden.

347 Anhand der 31 zugehörigen Abakusecken ergibt sich ein Minimum von acht Kapitellen.

348 Ser.Nr. 123024.

349 Ser.Nr. 123000. 123002.

350 Vgl. Kap. VI.1.j.

351 Ser.Nr. 123050.

352 Ser.Nr. 123058. 123071. 123086.

353 Anhand der 39 zugehörigen Abakusecken ergibt sich ein Minimum von 10 Kapitellen.

354 Ser.Nr. 123031.

Abb. 39 Basilica, oberes Stockwerk, korinthisches Pilasterkapitell, Ser.Nr. 123021

vollen Höhe von 61,5 cm erhalten[355]. Die volle Breite lässt sich ebenfalls nur noch einem Fragment entnehmen und beträgt im unteren Bereich ca. 58 cm (Tab. 9)[356]. Die Tiefe liegt bei etwa 10 cm, wobei sie am Abakus zu den Voluten hin bis zu 15 cm betragen kann.

Die Pilasterkapitelle waren nicht mit den Pilastern verdübelt. Die Fixierung der Kapitelle erfolgte vielmehr an deren Oberseite, wo sich Klammerlöcher für die Verbindung mit der Wand erhalten haben[357]. Die Rückseiten der Pilasterkapitelle wurden in der Regel fein geglättet[358]. Teilweise wurden sie in grob gepicktem Zustand belassen[359]. An einem Fragment hat sich ein Scamillus von 1 cm Höhe erhalten[360].

355 Ser.Nr. 123022.
356 Ser.Nr. 123021.
357 Ser.Nr. 123345. 123352. 123358.
358 An einem Fragment erkennt man auf der Rückseite eine Anathyrose: Ser.Nr. 123358.
359 Ser.Nr. 123341. 123351.
360 Ser.Nr. 123358.

Ornamentik

Serie K1 (Abb. 37)

Die Kapitelle der Serie K1 haben je acht Kranz- und Hochblätter. Sie weisen einen Spreitensaum auf und haben jeweils sieben Blattlappen. Der unterste Blattlappen hat drei Akanthusfinger, die beiden folgenden fünf. Über die Anzahl der Blattfinger am Blattüberfall lässt sich keine sichere Aussage mehr treffen, da dieser in keinem Fall erhalten ist. Der Caulisstamm ist leicht gebogen. Über dem Cauilsknoten entspringen Helix und Volute, wobei am Ursprung die Volute die Helix überlagert. Beide werden von einem Hüllblatt unterfangen. Zwischen den Hüllblättern entstehen zwei bis drei Ösen, wobei die untere die Form eines Tropfens, die folgenden die eines Dreiecks haben. Die nahe am Kalathos gelegenen Bereiche der Hüllblätter sind nur vereinzelt ausgearbeitet. Die Helix rollt sich in zweifacher Drehung unter der Abakuslippe ein, die Volute überschneidet leicht die Abakuskehle. Zwischen zwei Helices ist in Höhe der Schnecke ein Puntello stehengelassen worden. Als Stützblatt dient ein Eichenblatt. Darüber führt der Stützstängel zu einer Aba-

Abb. 40 Basilica, oberes Stockwerk, korinthisches Kapitell, Serie K2, Ser.Nr. 123027

Abb. 41 Basilica, oberes Stockwerk, korinthisches Kapitell, Serie K2, Ser.Nr. 123060

kusblüte in Araceenform. Der Abakus besteht aus Kehle, Plättchen und Wulst.

Das Relief der Akanthusblätter ist hoch. Sie sind stark hinterarbeitet. Die einzelnen Akanthusfinger haben keine Binnengestaltung. Der Caulisstamm ist durch zwei oder drei Rillen gegliedert. Er ist an beiden Seiten zum Kalathos hin frei gearbeitet. Der Caulisknoten setzt sich vom Stamm plastisch deutlich ab und ist ringförmig und ohne Binnenstruktur gestaltet. Die Hüllblätter entspringen wieder deutlich tiefer am Kalathos. Die Gestaltung ihres Akanthus entspricht dem der Kranz- und Hochblätter. Die Voluten und Helices lösen sich stark vom Kalathos. Die Voluten- und Helixkanäle sind leicht konkav und an den Seiten durch eine feine Profilierung gerahmt. Das Stützblatt wird stets von einer vertikalen Mittelrille durchzogen. Über dem Stützblatt wird der Stützstängel etwas dicker, um gleich danach auf seinem Weg zur Abakusblüte wieder schlankere Formen anzunehmen. Der Kalathos schwingt kräftig aus und trifft fast im rechten Winkel auf die Lippe, wobei die Lippe ihm durch eine leichte Schrägstellung entgegenkommt. Die Abakuskehle ist leicht geschwungen, die Abakusblüte tief in die sie umgebenden Akanthusfinger eingebettet.

Die eben beschriebene Ikonographie und Machart der Kapitelle sind bei allen Exemplaren gleich. Allein die Stützblätter unterscheiden sich in ihrem Aussehen voneinander[361]. Während alle Elemente des Kapitells immer vollständig ausgeführt wurden, sind die Stützblätter in unterschiedlichem Grad ausgearbeitet[362]. Das Stützblatt wird in fünf oder sieben Blattlappen untergliedert, indem die Öse jeweils durch ein Bohrloch gebildet wird und gelegentlich in anscheinend beliebiger Weise zum Blattrand verlängert wird. Das Blatt kann an seinen Rändern entweder flach auf dem Kalathos aufliegen oder sich von ihm etwas absetzen.

Eine Besonderheit besteht darin, dass nicht jedes Kapitell eine unterschiedliche Stützblattausarbeitung aufweist, sondern völlig verschieden ausgearbeitete Stützblätter am selben Stück vorkommen (Abb. 42–43)[363]. Die Qualität der Bearbeitung deutet allerdings nicht darauf hin, dass es eine Hauptansichtsseite[364] gegeben hätte[365].

361 Ser.Nr. 123000. 123002. 123023–123026. 123033. 123343.

362 Pensabene 1982a, 164–166 wies der Basilica ein weiteres Kapitell zu, dessen Helices ineinander verschlungen sind und bekräftigte mit diesen Beobachtungen seine These, die Kapitelle im Rom der augusteischen und tiberischen Zeit seien im Gegensatz zu späteren in ihrer Gestaltung noch nicht kanonisiert, sondern unterschiedlich gearbeitet. Im Fall der Basilica Aemilia lässt sich diese Aussage allerdings nicht bestätigen, da das unterschiedliche Aussehen der Stützblätter sich entgegen Pensabene durch den unterschiedlichen Grad ihrer Ausarbeitung begründet. Das Kapitell mit den ineinander verschlungenen Helices ist nicht in die Untersuchung mit einzubeziehen, da es im Vergleich mit den anderen Kapitellen der Basilica zu klein ist. Es steht heute im Kreuzgang des Antiquario Forense mit der Inv. 29468 und ist 52 cm hoch.

363 Ser.Nr. 123002.

364 Dies ist etwa für die augusteischen Kapitelle von Santa Costanza der Fall: Rohmann 2007, 32.

365 Zwei weitere Kriterien lassen sich dazu auswerten. Zum einen wurden ganz vereinzelt die Bohrstege in den Rillen der Akanthusblätter nicht abgearbeitet und die Rillen der Hochblätter ziehen sich unterschiedlich weit hinab: Ser.Nr. 123000. 123002. Zum anderen wurden die nahe am Kalathos gelegenen Bereiche der Hüllblätter teilweise durch feine Rillen in kleine Blätter gegliedert, zumeist wurden sie aber nicht ausgearbeitet. Beide Phänomene weisen keinerlei Regelmäßigkeiten auf.

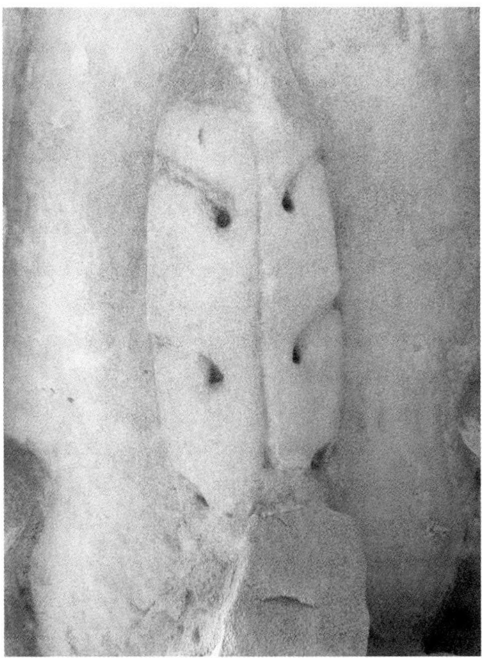

Abb. 42 Basilica, oberes Stockwerk, korinthisches Kapitell, Serie K1, Ser.Nr. 123002

Abb. 43 Basilica, oberes Stockwerk, korinthisches Kapitell, Serie K1, Ser.Nr. 123002

Serie K2

Die Kapitelle der Serie K2 haben je acht Kranz- und Hochblätter. Sie weisen keinen Spreitensaum auf und haben jeweils fünf Blattlappen (Abb. 38)[366]. Der unterste Blattlappen hat drei Akanthusfinger, der folgende weist vier Finger auf. Über die Anzahl der Blattfinger am Blattüberfall lässt sich auch hier keine sichere Aussage mehr treffen, da dieser nicht erhalten ist. Das Hochblatt setzt erst auf der Höhe der zweiten Blattöse des Kranzblattes ein. Über dem Caulisstamm und dem Cauilsknoten entspringen Helix und Volute, wobei am Ursprung die Volute die Helix überlagert (Abb. 44). Beide werden von einem Hüllblatt unterfangen. Zwischen den Hüllblättern entstehen auch hier mindestens zwei Ösen, wobei die untere die Form eines Tropfens, die obere die eines Dreiecks hat[367]. Die Helix rollt sich unter der Abakuslippe, die Volute unter dem Abakus ein.

Als Stützblatt dient ein kleines Akanthusblatt (Abb. 40). Darüber führt der Stützstängel zu einer Abakusblüte. Diese ist in keinem Fall erhalten, so dass nicht klar ist, ob sie in ihrer Form derjenigen der Kapitelle von Serie K1 entsprach. Der Abakus besteht aus Kehle, Plättchen und Wulst, der als Eierstab ausgearbeitet wurde (Abb. 41)[368].

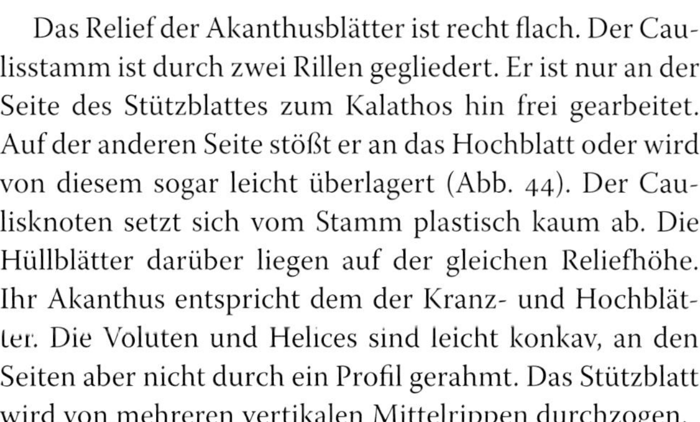

Das Relief der Akanthusblätter ist recht flach. Der Caulisstamm ist durch zwei Rillen gegliedert. Er ist nur an der Seite des Stützblattes zum Kalathos hin frei gearbeitet. Auf der anderen Seite stößt er an das Hochblatt oder wird von diesem sogar leicht überlagert (Abb. 44). Der Caulisknoten setzt sich vom Stamm plastisch kaum ab. Die Hüllblätter darüber liegen auf der gleichen Reliefhöhe. Ihr Akanthus entspricht dem der Kranz- und Hochblätter. Die Voluten und Helices sind leicht konkav, an den Seiten aber nicht durch ein Profil gerahmt. Das Stützblatt wird von mehreren vertikalen Mittelrippen durchzogen.

366 Ser.Nr. 123027. 123031.

367 Ser.Nr. 123545.

368 Etwa die Hälfte der sich im Bauermagazin befindenden Abakusfragmente weist einen ausgearbeiteten Eierstab auf. Die andere Hälfte ohne Eierstab konnte problemlos den Kapitellen der Serie K1 zugeordnet werden, da sich der undekorierte Wulst an den größeren Stücken der Kapitelle teilweise erhalten hat. Die größeren Kapitellfragmente der Serie K2 haben fast durchweg einen zerstörten Abakus. Drei Gründe lassen sich aber für die Zuweisung der Abakusfragmente mit ausgearbeitetem Eierstab an die Kapitelle der Serie K2 anführen:

1. Die Menge und die Tatsache, dass es etwa gleich viele solcher Abakusfragmente wie Fragmente von Serie K1 gibt, machen die Zuweisung der Abakusfragmente mit ausgearbeitetem Eierstab zu Serie K2 wahrscheinlich.
2. Die Kapitelle der Serie K2 weisen im Unterschied zu denjenigen der Serie K1 an Voluten und Helices keine profilierte Rahmung auf. Entsprechendes gilt für die Volutenreste der Abaki mit ausgearbeitetem Eierstab.
3. Ein einziger sehr kleiner und schlecht erhaltener Bereich eines Abakus hat sich an einem Kapitell der Serie K2 erhalten, an dem man schwach den Rest eines Eierstabs erkennen kann: Ser.Nr. 123028.

Abb. 44 Basilica, oberes Stockwerk, korinthisches Kapitell, Serie K2, Ser.Nr. 123027

Die meisten der Kapitellelemente sind so schlecht erhalten, dass sie sich kaum mehr in Hinblick auf mögliche Hauptansichtsseiten beurteilen lassen. Beispielsweise ist nur ein Stützblatt mit originaler Oberfläche erhalten, so dass man die Kapitelle untereinander anhand dieses Elements nicht vergleichen kann.

Um Fragen nach Variationsreichtum in der Ausarbeitung nachzugehen, bietet sich bei Serie K2 die Analyse der Eierstäbe auf den Abaki an. Auf 59 verschiedenen Fragmenten sind Reste eines Eierstabes erhalten. Diese schwanken untereinander in Größe und Ausführung beträchtlich. Ihre Höhe variiert zwischen 2,5 und 4,3 cm. Manche sind nur sehr flach aus dem Relief gearbeitet (Abb. 45), andere sind tief hinterbohrt (Abb. 41) – eine Unterschiedlichkeit, welche sich an den Akanthusblättern so nicht fassen lässt und sich im Gegensatz zu den Stützblättern der Kapitelle von Serie K1 nicht allein mit dem Grad der Ausarbeitung erklären lässt, sondern tatsächlich eine Variation darstellt, die am ehesten durch die ausführenden Hände zu erklären sein wird. Hier gewinnt man den Eindruck, die Steinmetze seien es nicht gewohnt gewesen, den Wulst des Abakus mit einem Eierstab auszustatten[369].

Serie Kx

Die Auswertung der Kapitelle von Serie K1 und K2 ergibt, dass sie sich in ihrer Ikonographie, in ihrer Machart und auch in technischen Fragen unterscheiden. Versucht man den Gründen für diese Unterschiede nachzuspüren, so könnte zunächst an eine chronologische Differenzierung gedacht werden. Diese Möglichkeit ist allerdings auszuschließen, da es drei Kapitelle gibt, an denen sich übereinstimmend Elemente der Serien K1 und K2 nachweisen lassen (Tab. 10)[370]. Nr. 123028 gehört nach allen Kriterien zu Serie K2 mit der Ausnahme, dass die Caulisstämme zu beiden Seiten zum Kalathos hin frei gearbeitet sind und als Stützblatt ein Eichenblatt dient (Abb. 46). Diese beiden Ausführungen sind bei den Kapitellen von Serie K2 sonst nicht zu finden, sondern tauchen ausnahmslos bei den Stücken von Serie K1 auf. Nr. 123073 ist aufgrund der Überschneidung der Abakuskehle durch die Volute zwar Serie K1 zuzurechnen, die Volute ist aber nicht durch eine Profilierung an den Seiten gerahmt, was – genau wie der ausgearbeitete Eierstab auf dem Abakus – sonst nur bei der Serie K2 vorkommt. Nr. 123537 weist die Caulisknotengestaltung von Serie K1 auf, die Oberseite trägt aber kein Dübelloch, wie das bei Serie K2 der Fall ist. An diesem Kapitell finden sich außerdem Stützblätter beider Serien.

369 Die folgende Datierung (Kap. VIII.) wird zeigen, dass es sich hier wahrscheinlich mit um die frühesten bekannten Kapitelle in Rom mit ausgearbeitetem Eierstab auf dem Abakus handelt.

370 Ser.Nr. 123028. 123073. 123537.

Abb. 45 Basilica, oberes Stockwerk, korinthisches Kapitell, Serie K2, Ser.Nr. 123043

In Anbetracht der Tatsache, dass die Elemente der Serien K1 und K2 ansonsten bei den untersuchten Kapitellen strikt getrennt voneinander erscheinen, ist ihr gemeinsames Auftreten an Einzelstücken sehr bemerkenswert. Unabhängig von den genauen Hintergründen dieses Phänomens ergibt sich als erste Folgerung, dass die Kapitelle der Serien K1 und K2 gleichzeitig entstanden sein müssen. Als weiteres Argument für eine zeitgleiche Entstehung der Kapitelle von Serie K1 und Serie K2 darf darüber hinaus die Tatsache gewertet werden, dass die erhaltenen Fragmente beider Serien sich in ihren Quantitäten ungefähr entsprechen.

Wandverkleidung

Auf einem Pilasterkapitell sind jeweils zwei ganze Kranzblätter und entsprechend mittig ein Hochblatt sowie zu den Seiten jeweils ein halbes Hochblatt angebracht. Sowohl die Kranzblätter als auch die Hochblätter haben sieben Blattlappen (Abb. 47). Der unterste Lappen des Kranzblattes weist zumeist drei, manchmal aber auch vier Akanthusfinger auf[371]. Der zweite Lappen hat stets vier Finger, was auch beim dritten Lappen der Fall gewesen zu sein scheint[372]. Der Blattüberfall hat sich an keinem Exemplar erhalten. Die Hochblätter haben am untersten Blattlappen stets drei, an den beiden folgenden aber fünf Akanthusfinger[373]. Bezüglich ihres Blattüberfalls lässt sich keine Aussage mehr treffen. Helices, Voluten und Hüllblätter entsprechen denen der Säulenkapitelle der Serie

Abb. 46 Basilica, oberes Stockwerk, korinthisches Kapitell, Serie Kx, Ser.Nr. 123028

K2[374]. Über dem mittleren Hochblatt erwächst das Stützblatt, welches als kleines Akanthusblatt gestaltet ist (Abb. 39)[375]. Von den drei Fragmenten mit der Abakusblüte ist nur eines gut genug erhalten, um eine genauere Vorstellung von der Blütenform zu geben[376]. Es handelt sich um einen stilisierten Pinienzapfen in einem Akanthusblattkranz. Der Abakus hat eine steile Kehle und weist nach einem schmalen Plättchen einen Wulst auf.

Das Relief der Akanthusblätter ist hoch. Sie sind teilweise hinterarbeitet. Im Unterschied zu den beiden Serien der Säulenkapitelle sind die einzelnen Akanthusfinger mit einer Mittelkerbe versehen und laufen spitz zu[377]. Der durch drei Rillen gegliederte Caulisstamm setzt sich vom Reliefhintergrund kaum ab und wird von den Akanthusfingern der angrenzenden Akanthusblätter teilweise überschnitten. Gleiches gilt für den Caulisknoten. Die Stützblätter sind teilweise durch Bohrlöcher mit Ösen

371 Ser.Nr. 123353 zeigt beispielsweise ein Kranzblatt, dessen unterster Blattlappen auf der einen Seite drei und auf der anderen Seite desselben Blattes vier Finger aufweist.

372 Dies lässt sich noch bei Ser.Nr. 123336 vermuten.

373 Ser.Nr. 123340.

374 Sie sind lediglich näher am Kalathos gehalten.

375 Ser.Nr. 123021.

376 Ser.Nr. 123240.

377 Die Akanthusgestaltung erinnert sehr an die Formen des kleinasiatischen Akanthus der Kaiserzeit. Zu hellenistischen Akanthusformen im Italien augusteischer Zeit: Heinrich 2002, 40.

Abb. 47 Basilica, oberes Stockwerk, korinthisches Pilasterkapitell, Ser.Nr. 123340

versehen, teilweise nicht[378]. Die Hüllblätter und die die Abakusblüte einfassenden Blätter entsprechen in ihrer Gestaltung den Kranz- und Hochblättern. Voluten und Helices sind leicht konkav, aber an ihren Rändern nicht zusätzlich mit einer Kerbe versehen wie die Säulenkapitelle der Serie K1.

1.j. Architrav und Fries des oberen Stockwerks

Über den korinthischen Kapitellen der Serie K1 im Mittelschiff folgen Architrav und Fries, die in einem Block gearbeitet sind. Die zum Mittelschiff gerichtete Seite des Frieses ist ornamental verziert (Abb. 48). Die rückwärtige Seite ist hingegen glatt, als Kehle gestaltet und schließt mit einer Leiste ab. Es ist nur eine Serie an Architrav- und Friesblöcken erhalten. Wie der weitere Aufbau über den Kapitellen der Serie K2 im nördlichen Seitenschiff aussah, ist unklar. Einige wenige Architrav- und Friesfragmente einer Wandverkleidung sind an den Innenwänden der Außenwand zu rekonstruieren und kröpften über den Pilastern vor (Abb. 49).

Belegt wird die Zuweisung der Stücke an die Basilica durch die untere Tiefe des Architravs von 49–53 cm[379],

378 Vgl. etwa die Stützblätter von Ser.Nr. 123021. 123340.

379 Auf dem Gebiet des Templum Pacis befinden sich 24 meist größere Bauglieder: Ser.Nr. 197025–197026. 197095. 197144. 197152. 197180. 197220. 197315. 197354. 197402–197403. 197406. 197455. 197484. 198033–198041. 198163. Ser.Nr. 198163 war nicht mehr auffindbar, so dass auf ein im Archiv der Soprintendenz aufbewahrtes, 1993 entstandenes Photo zurückgegriffen werden muss. Sieben der besterhaltenen Stücke sind im Südwesten des Templum Pacis in einer Rekonstruktion Bartolis verbaut (Fabrini 1972/1973), weshalb ihre Unter-, Schmal-, und Oberseiten nur bedingt einsehbar sind: Ser.Nr. 198034–198039. 198041. Ein weiteres Bauglied, das ebenfalls Teil der Rekonstruktion war, ist zu Boden gestürzt: Ser.Nr. 198040. Die Stücke auf dem Templum Pacis sind vielfach bestoßen und vor allem Eckpartien sind in größerem Umfang abgeplatzt. 27 weitere Fragmente befinden sich im Bauermagazin: Ser.Nr. 197216. 197231. 197255. 197264. 197288. 197308. 197400. 197412. 197422. 197425–197427. 197437. 197506. 197509. 197530. 197607. 197624. 197652. 197717. 197801. 197812. 197817. 197855. 197880. 197952. 198021. Diese ergänzen die Stücke auf dem Templum Pacis insofern, als hier vorwiegend Eckstücke – etwa von der Soffitte bis zur zweiten Faszie – erhalten sind.

Abb. 48 Basilica, oberes Stockwerk, ionischer Architrav/Friesblock, Ser.Nr. 198036

womit die Blöcke exakt auf die korinthischen Kapitelle des oberen Stockwerks passen (Tab. 11)[380].

Rekonstruktion

Vollplastische Bauglieder

Die Höhe der Architrav-Friesblöcke beträgt zwischen 78 und 80,5 cm (Tab. 11). Davon entfallen zwischen 41 und 46,5 cm auf den Architrav. Die Gesamtbreite der Architrav-Friesblöcke beträgt ca. 3,15–3,19 m, was drei Vierteln der Jochweite des unteren Stockwerks entspricht[381]. Das eine, mittig gelegene und nicht etwa eine zweite Blüte an der Soffitte gab, lässt sich belegen: Die Blüte liegt an allen erhaltenen Beispielen stets genau unter einem Lotuskelch im Fries: Ser.Nr. 401930. 198034. 198036. 198041. 401920. Alle erhaltenen Schmalseiten werden jeweils in der Mitte eines Lotuskelches geschnitten: Ser.Nr. 197025–197026. 197220. 197880. 198035–198038. So ergibt sich ein Bezug zwischen Soffitte und Friesornament, wobei vier Frieseinheiten auf den Raum von der Architravschmalseite bis zur Mittelblüte passen. Es ist aber allein die Mittelblüte, die in Bezug zum Fries steht. Die übrigen S-Schleifenornamente der Soffitte folgen einem anderen Rhythmus. Das hat zur Folge, dass eine zweite „Mittelblüte" nicht unter einem Lotuskelch zu liegen kommen würde und der Lotuskelch an einer Schmalseite des Architravs nicht exakt mittig geschnitten würde. Beides ist im Befund nicht erhalten. Als weiterer Hinweis gegen die Existenz einer zweiten Mittelblüte ist zu werten, dass die S-Schleifen der Soffitten in eine Richtung laufen, einander von den Schmalseiten her entgegenkommen und sich in der Mitte bei der Blüte treffen. Eine zweite Blüte kann also nicht vorhanden gewesen sein. Die Tatsache, dass sich alle erhaltenen Soffitten in ihren Detailmaßen und in ihrer Ikonographie genau entsprechen, belegt die Ansetzung desselben Interkolumniums zumindest

380 Anhand der Stemmlöcher lässt sich über dem Kapitell Ser.Nr. 123000 ein Architrav der Tiefe von 52 und über dem Kapitell Ser.Nr. 123001 einer der Tiefe von 49 cm rekonstruieren.

381 Die Gesamtbreite der Architravblöcke lässt sich noch an zwei Stücken errechnen: Ser.Nr. 198033. 198036. Diese haben sich von der Stoßfuge bis zur Mittelblüte der Soffitte erhalten. Die halbe Breite eines Architravblockes beträgt 1,577 m (Ser.Nr. 198036) bzw. 1,597 m (Ser.Nr. 198033). Dass es nur

Abb. 49 Basilica, oberes Stockwerk, ionischer Architrav/Friesblock, Verkleidung, Ser.Nr. 197180

bedeutet, dass nur alle vier Joche eine Säule des oberen Stockwerks über einer des unteren Stockwerks zu stehen kam[382]. Da sich eine Säulenstellung, allein unter Verwendung des eruierten Säulenjochs, nicht um das durch die Säulenstellung im unteren Stockwerk der Basilica vorgegebene Mittelschiff rekonstruieren lässt, muss es Ausnahmen im Jochmaß gegeben haben.

Die Architravunterseiten sind mit dem Zahneisen geglättet und weisen Dübellöcher auf, die mit denen der darunter liegenden Kapitelle der Serie K1 korrespondieren[383]. Die Schmalseiten wurden in der Regel fein geglättet und meist mit einer grob behauenen Anathyrose versehen[384]. Zwei Stücke zeigen darüber hinaus an ihren Schmalseiten jeweils ein kleines Dübelloch, welches nicht mittig, sondern leicht versetzt zur Rückseite hin angebracht ist und deren Dübel zwei benachbarte Blöcke untereinander verbanden[385]. Ferner waren einige der Architrav-Friesblöcke untereinander verklammert[386].

Die Friesoberseiten sind nur in der Nähe der Stoßfuge geglättet[387]. Im Bereich dazwischen sind sie hingegen

für einen Großteil der Stücke. Bauers Rekonstruktion (Bauer 1993a, Abb. 107) erklärt sich wohl aus dem beschriebenen Befund in Kombination mit einer gewissen Ungläubigkeit, die ihn veranlasst haben wird, vereinzelt zusätzliche Säulen einzufügen, wodurch er es in seiner Zeichnung zumindest umgeht, Säulen des oberen Stockwerks genau zwischen solche des unteren Stockwerks zu platzieren (Abb. 4).

382 Zwar stehen Säulen verschiedener Stockwerke in der Antike meist übereinander (Vgl. Wolf 2003, 35 Tab. 6), doch finden sich auch vielfach Abweichungen davon (Wilson Jones 2000, 114–116). Seit dem Hellenismus können Säulen zweier Stockwerke zueinander in den unterschiedlichsten Verhältnissen stehen (Lauter 1986, Abb. 49a. 58. 76 Taf. 48). Gerade für die augusteische Zeit lässt sich das öfter beobachten, vor allem an Stadttoren, wie etwa in Aosta, Autun, Fanum, Turin oder Verona (Kähler 1942; Bacchielli 1984; von Hesberg 1994a). Einen guten Vergleich bietet die augusteische Basilica in Ephesos. Das Säulenjoch ihres oberen Stockwerks entsprach genau der Hälfte des unteren, so dass jeweils genau mittig auf das Gebälk der unteren Ordnung eine Säule zu stehen kam (Keil 1964, 130; Alzinger 1974, 26–37; Alzinger 1972–1975, 255–280; Fossel-Peschl 1982, bes. 32; Knibbe – Büyükkolanci 1989, 43–45; Gros 1996, 245–247 Abb. 292–294; von Hesberg 2002b, 149–158; Plattner – Schmidt-Colinet 2005, 243–246 bes. 246). Zu verweisen ist ferner auf die Pilasterstellung im Innenraum des Apollon-Sosianus-Tempels, bei dem das Joch im oberen Stockwerk halb so groß ist wie im unteren (Viscogliosi 1996, 55 Taf. 6. 169 f. 180), oder auf einen Bau in der Via di S. Maria dei Calderari – ehemals als Teil der Crypta Balbi identifiziert (Nash 1961, 298 f. Abb. 354. 355.). Für das Verhältnis von vier zu drei, wie es an der vorliegenden Basilica nachzuweisen ist, gibt es m. W. jedoch keine Vergleiche.

383 Ser.Nr. 198033. 198038. 198036. Ser.Nr. 401919 trägt das Loch in einem Abstand von einigen Zentimetern zur Stoßfuge leicht nach hinten versetzt. Ser.Nr. 198033. 198038 tragen hingegen ein Loch direkt an der Stoßfuge. Dieses System findet Bestätigung an den Oberseiten der Kapitelle der Serie K1: Ser.Nr. 123000. 123002.

384 Ser.Nr. 197025–197026. 197220. 197880. 198035–198038. Ohne Anathyrose: Ser.Nr. 197025.

385 Ser.Nr. 197025. 198038.

386 Verklammerung an Ser.Nr. 198033. 198036. eventuell 198038.

387 Ser.Nr. 197025–197026. 197144. 197152. 197220. 197315. 197624. 197855. 197880. 197952. 198021. 198033–

Abb. 50 Basilica, oberes Stockwerk, ionischer Architrav/Friesblock, Ser.Nr. 198033

grob gepickt und im Niveau etwas tiefer. Das Geison lag also nur an den Blockenden auf, so dass das Gewicht des Daches direkt auf die Säulen weitergeleitet wurde. Die Verdübelung von Fries und Geison erfolgte ebenfalls nahe der Schmalseite[388]. Im rückwärtigen Bereich der Oberseiten lassen sich vereinzelt Stemmlöcher zur Justierung der Geisonblöcke beobachten, an den Vorderseiten ein Randschlag[389]. Im rückwärtigen Bereich ist die Oberseite ferner an allen erhaltenen Stücken etwas eingetieft und mit dem Zahneisen geglättet[390]. Hier könnte möglicherweise eine Decke eingezogen gewesen sein.

Im Unterschied zu den Basen und den Kapitellen desselben Stockwerks bilden die Architravblöcke mit ihrem Fries eine einzige, in sich homogene Serie. Die Dübellöcher der Unterseite verbinden sie mit den Kapitellen der Serie K1. Wie am Geison darüber ersichtlich, gehören die Stücke ins Mittelschiff, wobei der ausgearbeitete Fries ins Basilicainnere zeigte[391]. So erklärt sich auch, dass alle Dübellöcher der Unter-, Schmal- und Oberseite nicht mittig in der Tiefe des Blockes, sondern zur Rückseite hin versetzt angebracht sind. Auf diese Weise wurde den zum Mittelschiff gerichteten Kräften, die vor allem durch das vorkragende Geison darüber entstehen, entgegengewirkt.

Wandverkleidung

Auch die Wandverkleidung umfasst Architrav und Fries in einem Block. Kein einziges der elf Stücke ist in voller Höhe erhalten. Die Frieshöhe lässt sich an einem Stück mit ca. 35,5 cm messen, was mit der Höhe der vollplastischen Friesblöcke übereinstimmt[392]. In der Tiefe variieren die Fragmente sehr stark zwischen 6 und 19 cm (Tab. 11)[393]. Die ursprüngliche Breite der Platten lässt sich nicht mehr feststellen.

Die Unterseiten der Architravplatten sind fein geglättet[394]. Ihre Schmalseiten verlaufen senkrecht und sind mit dem Zahneisen bearbeitet. Über den Pilasterkapitellen kröpfte das Gebälk vor[395]. Die Friesoberseiten sind stets glatt[396]. Die Platten wurden durch je zwei Hebelöcher versetzt[397]. Mit der Wand dahinter wurden sie verklammert[398]. Die Rückseiten sind in der Mehrzahl glatt, in manchen Fällen grob gepickt[399].

Ornamentik

Sowohl in der Ikonographie als auch in der Machart der einzelnen Ornamente stimmt der Dekor der Wandverkleidung exakt mit dem der vollplastischen Bauglieder überein.

Die Soffitte hat die Form eines länglichen Rechtecks, das an den Schmalseiten eine halbkreisförmige Einziehung für die Abakusblüte der korinthischen Kapitelle darunter aufweist (Abb. 50). Ein steiles, glatt belassenes

198036. 198038–198041.

388 Nur hier sind Reste von Dübellöchern erhalten: Ser.Nr. 198033. 198035–198036. 198039.

389 Stemmloch an Ser.Nr. 197220. 197880. 198038. Randschlag an Ser.Nr. 197144.

390 Ser.Nr. 197026. 197152. 197288. 197624. 197880. 197952. 198021. 198034–198036. 198039–198041.

391 Vgl. Kap. VI.1.k.

392 Ser.Nr. 197180.

393 Unabhängig davon, dass die Platten in ihrer Tiefe von der unteren Faszie zum Fries hin zunehmen, zeigen auch unterschiedliche Fragmente an derselben Stelle Schwankungen von bis zu 11 cm. Vgl. etwa Ser.Nr. 197607 mit 197801.

394 Ser.Nr. 197400.

395 Ser.Nr. 197180. Ser.Nr. 197255.

396 Ser.Nr. 197180. 197216. 197255. 197308. 197427. 197607. 197717. 197801.

397 Ser.Nr. 197180. 197216. 197607.

398 Ser.Nr. 197180.

399 Zwei Stücke weisen eine grob gepickte Rückseite auf: Ser.Nr. 197180. 197308. An einem Stück ist auf der Rückseite eine Stufe zu sehen: Ser.Nr. 197607.

Abb. 51 Basilica, oberes Stockwerk, ionischer Architrav/Friesblock, Ser.Nr. 198034

lesbisches Kymation rahmt die Soffitte und leitet zum Bildfeld über. Nur an der eingezogenen Schmalseite wird es unterbrochen. Die Soffitte wird von zwei Längsbahnen von S-Spiralbändern durchzogen, die spiegelbildlich zur mittleren Längsachse einander gegenüberstehen. Zu den Längsseiten hin sind jeweils Halbpalmetten mit je vier Fingern angebracht. Die Mittelachse zwischen den Spiralbändern wird durch offene, einander gegenübergestellte Palmetten mit je neun Fingern gefüllt. Den Spiralaugen zwischen den Palmetten entwachsen vierblättrige Rosetten; über die Spiralenden am Rand der Längsseiten sind Blätter gelegt. In der Mitte der Soffitte, wo sich die einander entgegenlaufenden Spiralbänder treffen, entsteht ein größerer Zwischenraum. Hier ist eine große Blüte angebracht, die einem leicht erhabenen kreisförmigen Untergrund aufliegt. Sie besteht aus zwei mittig versetzten Blattreihen von je vier Blättern, wobei die innere Blattreihe, die sich über die äußere legt, noch durch Bohrungen in ihrer Gestalt differenziert wird (Abb. 51). Das Blüteninnere wird durch sieben Kugeln verziert; ein Kreis von sechs Kugeln umschließt eine siebte[400]. An den Seiten der Blüte werden die Spiralenden zusammengebunden, im Zwickel ist eine Spornspitze angebracht.

Die drei Faszien haben senkrechte Oberflächen und werden nach oben hin zunehmend höher (Abb. 48)[401]. Des Öfteren befindet sich nahe der Stoßfuge in der mittleren Faszie ein rechteckiges Loch, teilweise noch mit Metallresten[402]. Hier muss Metallschmuck, beispielsweise Girlanden, appliziert gewesen sein[403]. Der Architrav wird über den Faszien durch ein Bügelkymation abgeschlossen, das sich von allen übrigen Bügelkymatien des unteren Stockwerks der Basilica absetzt. Es ist in seiner Ikonographie sehr einheitlich gestaltet und zeichnet sich vor allem dadurch aus, dass die Blattspitzen der als Zwischenblätter dienenden Veilchen mit Zwickelblatt überfallen. Als Bügelfüllung dienen Spornblätter, die deutlich schmaler als die übrigen der Basilica sind. Die Bügelkymatien der Rückseite sind im Schnitt etwa 1 cm breiter als die Exemplare der Vorderseite desselben Stückes (Tab. 11). Dadurch sind die einzelnen Bestandteile hier etwas gestreckter und auch der sichtbare Reliefgrund wird größer.

Das Anthemion des Frieses steht in parataktischem Bezug zur Ornamentik der Soffitte (Abb. 48). Es besteht aus zwei einander abwechselnden Ornamenten. Das eine ist ein kolbenartiger Fruchtständer, zu dessen beiden Seiten

400 Noch zu erkennen an Ser.Nr. 198034. 198036. 198040.

401 Die von Leon 1971, 178 Anm. 114 gemachte Beobachtung, wonach sich die oberen beiden Faszien leicht zurückwölben, ist falsch. Richtig ist vielmehr, dass die Faszien teilweise ganz leicht schräg liegen, ohne dass dabei ein System auszumachen ist.

402 Ser.Nr. 198036–198038. 198163.

403 Vgl. Bauer 1993, Abb. 107. Ein analoger Befund bietet sich an einem Architrav in Amiternum, der wohl dem Bühnengebäude des dortigen Theaters angehört: Segenni 1985, 122–128 mit einer Datierung in augusteische Zeit.

je drei Blätter entspringen, die ihn hinterfangen und über denen eine Blüte wächst. Bei dem anderen Element handelt es sich um einen nach außen scharfkantig abgesetzten Kelch. Seinem Verlauf folgt ein halbes Blatt in der Art eines Hüllblattes. Im Inneren sind drei Blätter übereinander gereiht. Zuunterst steht ein Akanthusblatt, darüber ein Schilfblatt und schließlich eine fünfblättrige Palmette. Gerahmt wird das Gebilde jeweils durch eine fünfblättrige Halbpalmette, um deren Ansatz sich, ähnlich wie an der Soffitte, ein Blatt legt. Die beiden Dekorelemente sind durch liegende S-förmige Ranken miteinander verbunden. Die beiden Ranken, die sich mittig unter einem Fruchtständer bzw. Lotuskelch treffen, werden durch ein Band zusammengebunden. In den Zwickeln ist ein nach unten gerichteter Sporn angebracht. Unter dem Fruchtständer drehen sich die Ranken nach unten ein; aus den Spiralaugen wachsen Blüten. Diese sind durch zwei Reihen von je vier Blättern gerahmt, wobei die äußeren Blätter kleiner sind. Ihr Stempel ist ähnlich der Mittelblüte der Soffitte gearbeitet. Unter dem Kelch schwingen die Schleifen nach oben aus, sind dicker und entbehren einer Blüte im Auge.

Die Ausführung der Ornamente ist insgesamt sehr einheitlich. Die an der Soffitte angebrachten Ornamente wirken großteils abstrakt-geometrisch (Abb. 50). Die Formen sind hart. Das Relief ist relativ tief und die Bohrungen sind oft fein abgearbeitet. Die S-förmigen Spiralen sind konkav und variieren stark in ihren Höhen. Die drei Blattfinger des Hüllblattes an den nach außen gerichteten Spiralenden zur Halbpalmette sind mal großflächig von einander getrennt[404], mal durch Punktbohrungen angegeben[405]. In der Machart der Palmetten gibt es Schwankungen von geometrisch abstrakterer Formgebung[406] bis hin zu floralisierenden Gestaltungsweisen[407].

Die Faszien des Architravs sind mit dem Zahneisen geglättet und weisen oben vor der nächsten Faszie jeweils einen glatten Randschlag auf (Abb. 48). Das Bügelkymation darüber ist relativ einheitlich ausgeführt. Die Zwischenblätter öffnen sich mal breiträumiger[408], mal sind sie gedrungener angelegt[409]. Die Oberfläche der Bügel ist mit einer Mittelrille versehen. In der Öse ist das Spornblatt stark erhaben, knopfförmig und fällt nach unten zum Reliefgrund ab, wobei es durch einen Mittelgrat in zwei Hälften geteilt wird. Zwischen den einzelnen Elementen sind tiefe, saubere Rillen gebohrt. Auch die Oberfläche des Zwischenblattes ist differenziert gearbeitet, löst sich in der oberen Hälfte am stärksten aus dem Relief. Der obere Abschluss der Blattspitzen knickt leicht nach hinten und zwängt sich, schmaler werdend, gerade noch unter die Leiste, ohne von dieser beschnitten zu werden. Die Reste des Bohrvorganges wurden in einigen Fällen säuberlich abgearbeitet[410], in anderen wurden Bohrstege stehen gelassen. Manchmal wurden Bohrungen geradezu als Stilmittel eingesetzt, wenn beispielsweise die Differenzierung von Veilchenblättern und Zwickelblatt nur durch drei Punktbohrungen erzeugt wurde[411]. Mitunter ist die Ausarbeitung des Bügelkymations auf der Rückseite nachlässiger[412].

Die Ausführung des Anthemions entspricht derjenigen des Soffittenornaments. Es setzt sich scharf und klar vom Reliefgrund ab (Abb. 48–49). Die Formen sind voluminös und hart. Dennoch bleibt ein großer Teil des Reliefhintergrundes frei sichtbar. Auf Blattdrehungen und einen spielerischen Umgang der Ornamente mit dem Reliefgrund wird verzichtet. Die S-förmigen Ranken sind nicht rund, sondern werden längs durch feine Kanten in einzelne Flächen getrennt. Rillen und Stege differenzieren die verschiedenen Oberflächen der Blätter.

1.k. Das Geison des oberen Stockwerks

Auf die Architrav-Friesblöcke folgte ein Konsolengeison mit geschweiften Konsolen aus weißem Marmor (Abb. 52). Es hat sich nur eine Serie von Geisonblöcken erhalten, die im Mittelschiff zu rekonstruieren ist. Nur ihre zum Mittelschiff gerichtete Seite ist mit Ornamenten versehen. Die Unterseite der Geisonblöcke ist leicht schräg, so dass der ganze Block sich etwas nach hinten neigt.

Wie der weitere Aufbau des Gebälks über den Kapitellen der Serie K2 im nördlichen Seitenschiff aussah, ist unklar. Ferner haben sich einige wenige Geisonfragmente einer Wandverkleidung erhalten. Über den Pilastern kröpften sie vor (Abb. 53).

Belegt wird die Zuweisung der Stücke durch die Tiefe ihres unteren Auflagers von durchschnittlich 50 cm, womit die Geisonblöcke auf den zuvor besprochenen Fries passen (Tab. 12)[413].

404 Ser.Nr. 198036.
405 Ser.Nr. 198040.
406 Ser.Nr. 198040.
407 Ser.Nr. 198034.
408 Ser.Nr. 198037.
409 Ser.Nr. 198036.
410 Ser.Nr. 198036.
411 Besonders stark bei Ser.Nr. 198039. Eine in ihrem Variantenreichtum vergleichbare Ausführung findet sich an den Stützblättern der korinthischen Kapitelle der Serie K1 derselben Ordnung.
412 Ser.Nr. 198041.
413 19 Fragmente befinden sich auf dem Gebiet des Templum Pacis: Ser.Nr. 197177. 197185. 197205. 197251. 197281. 197300. 197360. 197441. 198102. 198104. 198106. 198108–198109. 198111–198116. Diese sind zu relativ großen Teilen erhalten. Bestoßen oder abgeplatzt sind besonders die her-

Abb. 52 Basilica, oberes Stockwerk, Konsolengeison, Ser.Nr. 198113

Rekonstruktion

Vollplastische Bauglieder

In ihrer Höhe messen die Geisonblöcke zwischen 50 und 56,6 cm (Tab. 12). Die Tiefe der vorkragenden Kassetten lässt sich auf etwa 57 cm bestimmen[414]. Die Gesamttiefe der Blöcke dürfte ursprünglich etwa 1,07 m betragen haben. Kein Stück ist in voller Breite erhalten[415].

Die Unterseiten der Geisonblöcke sind fein geglättet und weisen nahe den Schmalseiten im rückwärtigen Bereich entsprechend der Friesoberseite Dübellöcher auf[416]. Wie die Architrav-Friesblöcke haben viele, aber nicht alle Geisonblöcke an ihren glatt gearbeiteten Schmalseiten eine Anathyrose, die nach unten an Breite verliert. Manche Stücke waren untereinander durch Klammern verbunden, andere nicht[417].

Die Geisonoberseiten sind meist unregelmäßig und grob gepickt, lediglich der Bereich über der Sima ist mit dem Zahneisen geglättet und liegt etwas tiefer[418]. Zwei erhaltene Eintiefungen sprechen dafür, dass in die Geisonoberseiten Trägerblöcke für die Dachkonstruktion

vortretenden Partien wie Kassetten und Konsolen oder Sima. Die besterhaltenen Stücke sind in Bartolis Gebälkrekonstruktion eingebunden (Fabrini 1972/1973), was ihre Untersuchung erschwert: Ser.Nr. 198102. 198104. 198106. 198108–198109. 198111. 198113–198114. Ser.Nr. 198112 war auch Teil der Rekonstruktion, ist inzwischen aber zu Boden gestürzt. Die übrigen Fragmente befinden sich im Bauermagazin. Hier liegen vor allem die Baugliedteile, die leicht abplatzen, also die Kassetten und Konsolen, sowie Simafragmente und Reste der Wandverkleidung.

414 Ser.Nr. 198111. 198113.

415 Das Geison muss wie die Architravblöcke ca. 3,20 m breit gewesen sein, was das an den Friesoberseiten beobachtete Auflagersystem verdeutlicht (Kap. VI.1.j.). Da die Schnittfuge an der Schmalseite stets zwischen Kassette und Konsole verläuft, dürften je sechs Einheiten von Konsole und Kassette mit einer Gesamtbreite von 3,18 m auf einem Block angebracht worden sein.

416 Ser.Nr. 198108. 198112. 198114.

417 Mit Klammern: Ser.Nr. 197205 198106. 198108.

418 Ser.Nr. 197300. 197441. 197582. 197618. 197626.

eingelassen waren[419]. Die Geisonrückseiten haben unten eine etwa 25 cm hohe, gewölbte Ausarbeitung[420]. Diese ist grob behauen und ebenso tief wie die Einarbeitung, die sich im rückwärtigen Bereich der darunter liegenden Friesoberseiten beobachten ließ. Hier wird vermutlich eine Decke eingebunden gewesen sein. Darüber lädt das Geison aus und ist an der Rückseite grob gepickt.

Wandverkleidung

Der Wandverkleidung gehören sieben Geisonfragmente an[421]. Ihre mit den vollplastischen Stücken genau übereinstimmende Ikonographie, ihre Machart und die Höhenmaße sichern ihre Zuweisung an die Wände des oberen Stockwerks der Basilica.

Kein Stück hat sich in voller Höhe erhalten. Es ist aber anzunehmen, dass ihre Höhe ursprünglich derjenigen der vollplastischen Stücke entsprach, da auch die Höhe aller Ornamente in beiden Gruppen gleich ist. Die obere Gesamttiefe der Stücke lässt sich aus den einzelnen Fragmenten mit ca. 50 cm errechnen. Im Unterschied zu dem vollplastischen Geison ist die Ausladung der Kassetten und Konsolen auf etwas mehr als 25 cm verringert. In Folge davon mussten die typimmanent quadratisch angelegten Kassetten auch an Breite verlieren. Die Verkürzung in der Breite betrifft ausschließlich die Kassette (Abb. 55). Die Breite einer Einheit von Konsole und Kassette vermindert sich so von 53 auf 44 cm. Die Gesamtbreite einer Platte lässt sich nicht mehr eruieren.

Unterseiten haben sich an den Plattenfragmenten keine erhalten. Die einzige erhaltene Schmalseite ist mit dem Zahneisen geglättet[422]. Sie befindet sich zwischen Kassette und Konsole. Die einzige original erhaltene Rückseite ist grob gepickt[423]. Die Oberseiten sind glatt[424]. Auch die Geisonplatten kröpften über den Pilastern leicht vor (Abb. 53)[425].

Ornamentik

Die Ikonographie der Ornamentierung des Geisons ist sehr einheitlich. Zu den Konsolen leiten vom Fries ein Kyma-Rectum-Profil, ein Eierstab, ein Zahnschnitt und eine Leiste über (Abb. 52).

419 Ser.Nr. 198106. 198108. Die beiden eingetieften Felder sitzen nahe einer Stoßfuge direkt über den Säulen des oberen Stockwerks.

420 Ser.Nr. 197177. 198104. 198106. 198108–198109. 198111. 198113–198115.

421 Ser.Nr. 197568. 197616. 197683. 197696. 197711. 197734. 197758.

422 Ser.Nr. 197711.

423 Ser.Nr. 197568.

424 Ser.Nr. 197616. 197683. 197711. 197734.

425 Ser.Nr. 197568.

Abb. 53 Basilica, oberes Stockwerk, Konsolengeison, Verkleidung, Ser.Nr. 197568

Die Hüllblätter des Eierstabs fallen nach unten in den Reliefgrund zurück und schließen sich nur an manchen Stücken, bevor sie im Hintergrund aufgehen. Die lanzettförmigen Zwischenblätter stehen frei. Sie verbreitern sich in der Mitte leicht, etwa dort, wo sich die Schalen von ihnen abwenden. Die Stoßfugen nehmen keinen Bezug auf die einzelnen Ornamentbänder[426].

Der Zahnschnitt hat eine Via-Füllung in Form eines Querbalkens. Dieser Balken reicht an den Hintergrund des Zahnschnitts heran, wobei er an den meisten, aber nicht allen Stücken schräg nach oben verläuft, also unterhöhlt ist. Die Zähne sind relativ eng gereiht. Zahnschnitt und Eierstab korrespondieren miteinander im Verhältnis eins zu eins. Die Überleitung der Ornamentbänder zu den Verkröpfungen in der Wandverkleidung wirkt improvisiert (Abb. 53). In der Abbildung stoßen zwei Zähne aneinander und am Eierstab, der zur Verkröpfung hin je mit einem Ei endet, ist ein zerquetschtes Ei zwischengeschaltet.

Die Konsolen sind geschweift und tragen als Soffitte ein Flechtband (Abb. 52). Seitlich sind sie lediglich von einer Leiste umgeben; die Stirnseiten sind glatt. Gerahmt werden die Konsolen von einem Blattkymation, welches sich auch hinten um die Kassetten legt (Abb. 52). Die Anzahl der einzelnen Ornamentelemente variiert bei den verschiedenen Konsolenfragmenten[427], an ein- und demselben Block stimmt sie aber miteinander stets überein.

426 Sie schneiden den unteren Eierstab sechsmal zwischen Eierschale und Zwischenblatt: Ser.Nr. 197177. 198102. 198104. 198106. 198112. 198114 und viermal zwischen Eierschale und Ei: Ser.Nr. 197251. 198108–198109. 198111.

427 Das lesbische Kymation trägt an der Konsolenstirnseite fünfmal fünf Blätter: Ser.Nr. 197300. 197394. 197464. 198111. 198113; und zweimal vier Blätter: Ser.Nr. 197322.

Abb. 54 Basilica, oberes Stockwerk, Konsolengeison, Ser.Nr. 198111

Im Unterschied zum Bügelkymation am Geison des unteren Stockwerks begegnet hier eine einheitliche Ecklösung in Form eines Blattes[428]. Die einzelnen Blätter des Kymas tragen einen Mittelgrat. Als Zwischenblätter dienen Spornblätter.

Die Innenrahmung der eingetieften Kassetten besteht aus einem Eierstab, der stets fünf Eier an einer Langseite zeigt (Abb. 54)[429]. Er entspricht in seiner Gestaltung etwa dem Eierstab an der Überleitung vom Fries zu den Konsolen, mit dem Unterschied, dass die Zwischenblätter hier von den Hüllblättern überschnitten werden, da weniger Platz vorhanden ist. Die Ecklösung ist immer gleich und besteht in einem schräg auf die Ecke zuführenden kleinen Blättchen[430].

Die Kassettenfelder tragen konzentrische Rosetten. Je vier alternierend angebrachte Akanthusblätter bzw. Schilfblätter fallen nach außen und bilden den äußeren Rahmen der Blüte (Abb. 54). Weitere acht Blätter sind im Inneren angebracht und umschließen eine Blütenknospe, die von vier Blättern umgeben wird. Die Kassetten der Wandverkleidung sind kleiner als die der vollplastischen Bauglieder. So werden sie nur durch drei[431] oder zwei[432] Eier pro Seite gerahmt (Abb. 55). Auch die Rosette musste dem kleineren Raum angepasst werden. Die Stoßfugen aller Geisonblöcke schneiden zwar immer zwischen Konsole und Kassette, im Detail aber an unterschiedlichen Stellen[433].

Der glatten Geisonstirn folgt ein glattes Kyma-Rectum-Profil, welches zur Sima überleitet. Auf ihr befindet sich ein Anthemion aus Lotusblüten und Palmetten (Abb. 52). Diesen liegen S-förmige Schleifen unter, die sich unter dem Lotuskelch nach oben gegeneinander einrollen, sich unter der Palmette hingegen nach unten gerichtet

197327. Zwischen den Konsolen meist sieben Blätter: Ser.Nr. 197177. 198108–198109. 198113, einmal neun Blätter: Ser.Nr. 198114 und an vier weiteren Beispielen zumindest mehr als sieben: Ser.Nr. 197185. 197443. 197782. 198111. Entlang der Konsole sind sieben Blätter angebracht: Ser.Nr. 197641. 198111. 198113.

428 Ser.Nr. 197177. 197300. 197322. 197326–197327. 197343. 197375. 197390. 197394. 197418. 197421. 197443. 197458. 197463–197464. 197504. 197525. 197582. 197641. 197693. 197696. 197703. 197730. 197734. 198102. 198104. 198106. 198108–198109. 198113. 198111. 198115.

429 Ser.Nr. 197300. 197394. 197441. 197443. 197458. 197557. 197693. 198111.

430 Ser.Nr. 197300. 197322. 197326–197327. 197343. 197375. 197394. 197418. 197421. 197441. 197443. 197458. 197463. 197468. 197516. 197519. 197525. 197557. 197578. 197582. 197616. 197618. 197683. 197693. 197696. 197699. 197711. 197730. 197734. 197758. 198104. 198111. 198113.

431 Ser.Nr. 197683. 197711.

432 Ser.Nr. 197616. 197734.

433 Siebenmal in der Kassette vor dem lesbischen Kymation: Ser.Nr. 197394. 197418. 197464. 198102. 198104. 198109. 198114 und viermal direkt neben der Konsole Ser.Nr. 197177. 197458. 197758. 198106.

Abb. 55 Basilica, oberes Stockwerk, Konsolengeison, Verkleidung, Ser.Nr. 197734

überkreuzen, um die Palmette zu umschließen. In den Zwickeln der Schleifen, stets mittig unter den Lotusblüten und Palmetten, befinden sich nach unten gerichtete Spornblätter, ähnlich dem Fries (Abb. 52). Die Palmette hat neun Finger, die sich zu ihren Enden hin verbreitern. Der Lotuskelch ist in zwei zu beiden Seiten überfallende Blätter gehüllt, die in ihrer Form an den oberen Teil der Zwischenblätter der Bügelkymatien am Architrav desselben Stockwerks erinnern. Er umschließt eine Blüte, die sich nach oben in drei Enden aufteilt.

Auch in der Ausführung sind die Geisonornamente recht einheitlich. Der Eierstab unten am Geison hebt sich deutlich vom Reliefhintergrund ab und ist tief hinterbohrt. Die Bohrstege sind fein abgearbeitet. Die nach unten hin schmaler werdenden Schalenoberseiten liegen leicht schräg zum Ei. An der Oberseite des Ornamentes sind sowohl die Schalen als auch die Eier abgekappt. Die Eier sind weich in die Schalen eingebettet, wobei ihnen durch einen großen Zwischenraum zwischen Schalen und Eiern viel Platz gelassen wird. Das Zwischenblatt verbreitert sich nach unten und ist an seiner Oberseite mal schmaler[434] und mal breiter[435].

Das Blattkymation ist mit unterschiedlichem Aufwand und leicht variierenden Formen gestaltet. So ist der S-Schwung im Blattumriss mal ausgeprägter[436] und mal weniger ausgeprägt[437]. Unterschiedlich ist auch die Oberflächengestaltung des Blattes, welche teilweise gewölbte Blatthälften[438], teilweise plane Oberflächen[439] zeigt. Die Zwischenblätter sind tief umbohrt und deutlich von den Blättern abgesetzt. Sie sind recht hoch im Relief. Der die Kassetten innen rahmende Eierstab entspricht in seiner Machart dem beschriebenen Eierstab unten am Geison, mit der Einschränkung, dass das Relief insgesamt etwas flacher ist. Die Ausarbeitung der Ecksituationen ist sehr unterschiedlich. So sind manche der Stege breiter und weniger hinterbohrt[440], andere schmaler und höher[441].

Die Bänder des Flechtbandes der Konsolensoffitten sind teilweise gemuldet[442], teilweise plan belassen[443]. Die Augen sind punktförmig gestaltet und durch tiefe Bohrungen deutlich vom Flechtband abgesetzt. Meist sind die Bohrstege fein abgearbeitet, die Arbeit konnte aber auch flüchtiger geschehen[444]. An manchen Stücken wurde

434 Ser.Nr. 198108.
435 Ser.Nr. 197251. 198106.
436 Ser.Nr. 197251.
437 Ser.Nr. 197395.
438 Ser.Nr. 197421.
439 Ser.Nr. 197990.
440 Ser.Nr. 197699.
441 Ser.Nr. 197343.
442 Ser.Nr. 197472.
443 Ser.Nr. 197300. 197322. 197375. 197377. 197390. 197395. 197443. 197464. 197472. 198111. 198113.
444 Ser.Nr. 197443. 198111.

zu tief gebohrt, so dass Bohrlöcher an unpassenden Stellen im Ornament begegnen[445].

Die erhaltenen Rosetten sind stark zerstört und lassen sich in ihrer Machart daher nur schwer beurteilen[446]. Die Akanthusblätter sind in ihrer Höhe relativ wenig differenziert, was auch für ihre Oberflächengestaltung zutrifft (Abb. 54). Sie erinnern an den Akanthus der Kapitelle der Serie K2. Den verschiedenen Schilfblättern wird durch Wölbungen ihrer Oberflächen plastisches Volumen verliehen. Die Mittelblüte wird durch Punktbohrungen differenziert.

Der Lotus-Palmettenfries erinnert in seiner Machart an den des Friesornamentes[447]. Die einzelnen Ornamente liegen dem Reliefhintergrund relativ flach auf, spielen aber nicht mit dem Hintergrund, sondern setzen sich klar ab. Der Reliefhintergrund ist zu großen Teilen frei belassen und sichtbar. Auch wenn auf die Ausarbeitung der Oberflächen weniger Wert gelegt und auf Drehungen und Ähnliches verzichtet wurde, so variieren die einzelnen Ornamente doch in ihrer Höhe und sind sauber hinterbohrt. Das Blatt etwa, aus dem der Lotuskelch wächst, ist durch vertikale, feine Rillen zusätzlich differenziert[448].

1.l. Rekonstruktion der Basilica (Abb. 1)

Die Analyse aller erhaltenen Bauglieder der Basilica führt zu folgender Rekonstruktion: Im Grundriss weist der Bau ein von Säulenreihen umstandenes Mittelschiff auf, um welches an allen vier Seiten ein Seitenschiff läuft. An der nördlichen Längsseite ist eine weitere Säulenstellung eingezogen, die ein zusätzliches, schmales Seitenschiff nach Norden abgrenzt. Der gesamte Raum der Basilica wird durch Mauern eingefasst. Nach Süden gelangt man durch drei Durchgänge, auf die die Säulenstellungen des Mittelschiffes mit verbreiterten Interkolumnien reagieren, zur Portikus. An der östlichen Schmalseite sind ebenfalls Eingänge vorhanden. Für die beiden übrigen Seiten ist der Erhaltungszustand zu schlecht, um Aussagen über die Existenz von Eingängen treffen zu können.

Der Bau besteht aus mindestens zwei Stockwerken mit Säulenstellungen, einer unteren ionischen und einer oberen korinthischen Ordnung[449]. Bis auf die Säulen, die Fußböden und Teile der Wandverkleidung bestehen alle Bauglieder aus lunensischem Marmor. Die Basen des unteren Stockwerks gehören dem attischen Typ an (Abb. 6–7). Diejenigen im Mittelschiff sind mit Säulenanlauf gefertigt, diejenigen in der nördlichen Säulenlängsreihe ohne. Im Mittelschiff stehen monolithe Säulen aus Africano, in der nördlichen Säulenlängsreihe Säulen aus Cipollino. Alle Säulen werden von ionischen Normalkapitellen bekrönt (Abb. 8–14). Der Echinus der Hauptseite trägt einen Eierstab. Die Polster werden von einer doppelten Reihe von Akanthusblättern bedeckt, die sich vom Balteus zur Volute erstrecken. Der durch Perlstäbe gerahmte Balteus wird durch einen Blattfries geziert. Den Abakus der Kapitelle umläuft ein Bügelkymation.

Über den Kapitellen liegen ionische Architravblöcke, wobei manche in einem Stück mit dem Fries und andere getrennt von diesem gearbeitet sind (Abb. 15–26). Die Architravsoffitten mit Rankendekor werden von einem Perlstab und einem lesbischen Kymation gerahmt. Am Architrav des Mittelschiffes ist das lesbische Kymation mit einem Bügelkymation verziert (Abb. 23–26), an dem Architrav über den Cipollinosäulen mit einem Scherenkymation (Abb. 19). Die zum Mittelschiff gerichteten Architravseiten weisen drei Faszien auf, die übrigen sind mit zwei Faszien ausgestattet. Architravfragmente mit zwei Faszien haben sich auch als Wandverkleidung erhalten und sind an den Innenseiten der Außenwand zu rekonstruieren (Abb. 20)[450]. Als Trennornamente der Faszien dienen Perlstäbe. Über der obersten Faszie schließen die Architravblöcke mit einem Bügelkymation und einer Leiste ab. An der nach Norden gerichteten Architravseite über der nördlichen Säulenlängsreihe wurde die Ornamentik teilweise angelegt, aber nicht ausgeführt (Abb. 17).

Während alle Architravblöcke die gleiche Höhe haben, sind die sich nach vorne neigenden Friesblöcke im Mittelschiff ca. 20 cm höher als diejenigen über der nördlichen Säulenlängsreihe und an ihren Vorderseiten grob gepickt. Es konnte nicht mit Sicherheit geklärt werden, ob sich die reliefierten Friesplatten mit Szenen aus der römischen Geschichte am Fries des Mittelschiffs befanden, oder ob sie in die Außenwände eingelassen waren. Möglicherweise waren Teile der Frieszone auch mit Stuck dekoriert.

Über dem Fries des Mittelschiffes kommt ein aufwändig verziertes Konsolengeison zu stehen, welches jeweils über den Säulen um eine Kassettentiefe verkröpft (Abb. 27–33). An der Vorderseite des Geisons leiten ein Bügelkymation, ein Zahnschnitt, ein Eierstab und ein Perlstab vom Fries zu den Konsolen über. Die Konsolen gehören dem rhodischen Typ an und tragen wahrscheinlich

445 Ser.Nr. 197395.

446 Ser.Nr. 197300. 197322. 197377. 197394. 197441. 197516. 197519. 197520. 197557. 197584. 197650. 197693. 198111. 198113.

447 Ser.Nr. 197300. 197322. 197394. 197441. 197458. 197468. 197557. 197582. 197618. 197626. 197693. 197753. 197935–197936. 198111. 198113.

448 Ser.Nr. 197468.

449 Zu der Möglichkeit, dass ein zusätzliches Stockwerk mit Pfeilerstellungen vorhanden war, vgl. Kap. VI.3.d.

450 Abgesehen von den erwähnten Architravstücken sind keine der Säulenordnung entsprechenden Fragmente einer Wandverkleidung des unteren Stockwerks vorhanden.

alternierend Soffitten mit einem Blattfries oder einem Flechtband. Sie lappen in der Form eines Akanthusblattes über und werden an ihren Seiten durch Halbpalmetten geschmückt. Umrahmt werden sie von einem Bügelkymation. Die eingetieften Kassetten werden durch einen Eierstab eingefasst und mit Rosetten geschmückt. Ein Perlstab und ein Scherenkymation leiten von der glatten Geisonstirn zur Sima über. Auf dieser liegt ein Anthemion aus alternierend angebrachten, geschlossenen wie offenen Palmetten und Lotusblüten. Darüber wird das Geison durch einen Perlstab und einen Eierstab bekrönt. Im Kontrast zu dieser aufwändigen Gestaltung des Geisons im Mittelschiff ist seine zu den Seitenschiffen weisende Rückseite geglättet. Ein Geison, welches über den Cipollinosäulen der nördlichen Säulenlängsreihe zu rekonstruieren wäre, hat sich nicht erhalten. Möglicherweise setzten hier Blöcke aus anderem Material auf.

Der Übergang vom unteren zum oberen Stockwerk lässt sich nicht genau nachzeichnen[451]. Das Joch des oberen Stockwerks beträgt nur ¾ desjenigen des unteren Stockwerks, so dass die Säulen vielfach nicht übereinander zu stehen kommen. Für das obere Stockwerk haben sich zwei verschiedene Serien von attischen Basen erhalten. Die eine Serie (B1) entspricht in seinem Profil den Basen des unteren Stockwerks und ist in der Säulenreihe um das Mittelschiff zu positionieren (Abb. 34). Die zweite Serie (B2) unterscheidet sich von der ersten durch Rundstäbe, die zusätzlich zwischen den Tori und dem Trochilus eingefügt sind, und dürfte in einer nördlichen Säulenlängsreihe über den Cipollinosäulen des unteren Stockwerks zu platzieren sein (Abb. 35). Es existieren auch Basen einer Wandverkleidung, die ihrer Profilierung nach der Serie B2 angehören und an die Innenseite der Außenwände zu rekonstruieren sind (Abb. 36). Die Säulen des oberen Stockwerks sind ebenfalls monolith und bestehen anscheinend sämtlich aus Africano. Mit Sicherheit zuweisbare Pilaster sind nicht vorhanden[452].

Auf den Säulen befinden sich korinthische Normalkapitelle. Analog zu den Basen sind zwei verschiedene Serien von Kapitellen überliefert, die sich in der Wahl ihrer Ornamente und ihrer Ausführung voneinander unterscheiden. Die Kapitelle der einen Serie (K1) stehen auf den Säulen um das Mittelschiff (Abb. 37), diejenigen der anderen Serie (K2) dürften der nördlichen Säulenlängsreihe angehören (Abb. 38. 40–41). Von den genannten Serien an Säulenkapitellen unterscheidet sich in der Wahl und Ausarbeitung der Ornamentik des Weiteren eine dritte Serie von Pilasterkapitellen, die an den Innenseiten der Außenwände zu rekonstruieren sind (Abb. 39. 47).

Über den Kapitellen des Mittelschiffes kommt ein ionischer Architrav zu stehen, dessen Werkstücke in einem Block mit dem Fries gearbeitet sind (Abb. 48. 50–51). Ihre Soffitten werden von einem nicht weiter dekorierten lesbischen Kymation eingefasst. Sie bestehen aus einem Muster von S-förmigen Schleifen und Blüten. Zu beiden Seiten weist der Architrav drei Faszien auf, die von einem Bügelkymation und einer Leiste bekrönt werden. Der Fries ist nur an der zum Mittelschiff gerichteten Seite mit einem Lotus-Palmetten-Fries dekoriert. An der Rückseite ist der Fries glatt belassen. Entsprechende Architrav- und dekorierte Friesfragmente sind als Wandverkleidung erhalten (Abb. 49). Über den Pilastern der Wandverkleidung kröpft das Gebälk im Gegensatz zu dem über den Säulen wenige Zentimeter vor. Architrav- und Friesfragmente, die über den Säulenkapitellen der Serie K2 über der nördlichen Säulenlängsreihe zu rekonstruieren wären, haben sich nicht erhalten.

Über dem Fries des Mittelschiffs folgt ein Konsolengeison, welches allein zum Mittelschiff gerichtet ist (Abb. 52. 54). Ein undekoriertes lesbisches Kymation, ein Eierstab und ein Zahnschnitt leiten zu den Konsolen über. Die Konsolen sind geschweift und tragen eine Flechtbandsoffitte. Gerahmt werden sie durch ein Blattkymation. Die eingetieften Kassetten werden durch einen Eierstab eingefasst und tragen mittig eine Rosette. Ein glatt belassenes lesbisches Kymation leitet von der Geisonstirn zur Sima über. Auf diese ist ein Lotus-Palmettenfries gelegt. Die Rückseite des Geisons ist glatt. Fragmente einer Wandverkleidung haben sich ebenfalls erhalten (Abb. 53. 55). Stücke, die über der nördlichen Säulenlängsreihe zu rekonstruieren wären, sind nicht überliefert.

Einlassspuren für Stützen auf der Geisonoberseite des oberen Stockwerks legen die Existenz eines geschlossenen Satteldaches nahe[453]. Wie das Gebäude genau belichtet wurde, ist unklar. Abgesehen von den verschiedenen Eingängen im unteren Stockwerk, dürften im Obergeschoss mehrere Fenster angebracht gewesen sein[454].

Fragmente, die der Außenfassade der Basilica zugewiesen werden können, haben sich nicht erhalten. Es steht zu vermuten, dass die Außenwände des Baus verhältnismäßig schmucklos waren.

451 Vgl. Kap. VI.3.d.

452 Vgl. eine Serie von Pilastern, deren Zuweisung an diese Stelle möglich ist: Kap. VI.4.a. und VI.4.d.

453 Auch haben sich am Fußboden keine Indizien gefunden, die darauf hindeuten, dass hier Wasser gesammelt oder abgeleitet werden konnte.

454 Es haben sich verschiedene Fragmente erhalten, die zu Fenstern gehören könnten. Sie werden von C. Ertel bearbeitet.

Die Rekonstruktion Heinrich Bauers ist an folgenden Stellen zu korrigieren bzw. wegen fehlender Nachweismöglichkeiten in Frage zu stellen (Abb. 3–4):

1. Die äußeren Grenzen der Basilica waren durch Mauern gebildet, die zum größten Teil geschlossen gewesen sein dürften, und nicht durch Säulen.
2. Anstatt der korinthischen Kapitelle sind im unteren Stockwerk durchgehend ionische Kapitelle zu rekonstruieren.
3. Die Architravblöcke, die Bauer an die Außenseiten des Bauwerks rekonstruierte, sind im Verbund mit den Architrav-Friesblöcken über den Säulenreihen im Innern des Gebäudes zu platzieren.
4. Bei den von Bauer dem Türrahmen zugewiesenen Stücken handelt es sich um Architravplatten. Wie die Türen eingefasst waren, ist nicht zu sagen.
5. Für die Tonnengewölbe über den Seitenschiffen des unteren Stockwerks gibt es keinen Beleg. Ihre konstruktive Ausbildung ist zweifelhaft[455]. Vielleicht war erst über dem Geison eine Zwischendecke eingezogen.
6. Die von Bauer angegebenen Stützfiguren unter den Verkröpfungen des Geisons des unteren Stockwerks sind frei ergänzt und lassen sich nicht nachweisen. Die Anbringung der figürlichen Friesplatten am Fries des Mittelschiffs ist möglich, aber nicht sicher.
7. Das von Bauer rekonstruierte Zwischengeschoss mit Rankenpfeilern lässt sich in dieser Form nicht beweisen[456].
8. Im oberen Stockwerk sind zwei unterschiedliche Serien von Säulenbasen und -kapitellen zu platzieren. Diese legen für das Obergeschoss entgegen der Annahme Bauers denselben Grundriss wie für das untere Stockwerk mit dem schmalen zusätzlichen Seitenschiff im Norden nahe.
9. Zwar lässt sich anhand des Architravs nachweisen, dass die Säulenstellung des oberen Stockwerks nicht mit der des unteren Stockwerks korrespondiert, die von Bauer an den Durchgängen zur Portikus rekonstruierte Verdoppelung von Säulen lässt sich in dieser Form aber nicht bestätigen.
10. Den durch Bauer im oberen Stockwerk eingezogenen hängenden Kassettendecken lassen sich keine Fragmente zuweisen.

455 Grundmann DAInst Gutachten.

456 Vgl. Kap. VI.3.d. Weiter Grundmann DAInst Gutachten: „Die konstruktive Ausbildung des Zwischengeschosses ist sehr zweifelhaft. Es lässt sich aber auch nicht mit Sicherheit postulieren, dass es nicht gestanden haben könnte."

2. Portikus und Tabernen

2.a. Das Fundament

Zu der gegen das Forum gerichteten Seite liegt die Portikus. An ihrer Südfront und an der westlichen Schmalseite sind ihr Stufen vorgelagert, an der östlichen Schmalseite finden sich keine Indizien für eine Treppenanlage. An ihrer Rückseite befinden sich Tabernen (Abb. 1). Im Grundriss weist die Portikus mit den Tabernen etwa die Form eines langgestreckten Rechtecks auf, dessen westliche Schmalseite allerdings nicht im rechten Winkel, sondern spitzwinklig ansetzt. Sie orientiert sich an der Längswand der benachbarten Curia, lässt aber das Argiletum, den Weg zwischen Portikus und Curia, frei[457]. Im Südosten springt die Portikus mit der ihr vorgelagerten Treppe im rechten Winkel gegen den Caesartempel vor[458]. Sie bildet einen Bogen oder einen Risalit[459]. Mit dem Stufenvorbau an ihrer westlichen Schmalseite weist die Portikus von Westen nach Osten eine Breite von 108 m auf. Die zum Forum gelegene Stufenanlage ist 4,00 m tief, die Tabernen und die Portikus je 8,00 m, was insgesamt eine Tiefe von 20,00 m ergibt.

Der Stufenvorbau wies an der Südfront der Portikus sieben Stufen aus weißem Marmor auf, wobei nach der vierten Stufe ein 1,33 m tiefer Zwischenabsatz eingefügt war[460]. Der Zwischenabsatz der Stufen an der Westseite ist mit 90 cm Tiefe etwas schmaler. An dieser Seite ist auch eine Stufe weniger vorhanden. Die unterste Stufe ist doppelt so tief wie die übrigen[461]. Auf den Frontstufen lassen sich Abarbeitungen, Ausbesserungen und Ritzungen

457 Die Gebäudeflucht lässt sich den erhaltenen, zur westlichen Schmalseite der Portikus führenden Stufen entnehmen: Bauer DAInst Nachlass, 5.

458 Eine an einer Platzecke liegende Portikus umbiegen zu lassen, war schon im Hellenismus verbreitet: Lauter 1986, 120.

459 Für den Bogen plädierten zuletzt Freyberger – Ertel 2007, 519–523. Für einen Risalit Heinemann 2007, 66–71. Vgl. ferner Frisch 1982/1983, 71–73; Coarelli 1985, 269–309; Castagnoli 1987/1988; Chioffi 1996, 48–50; Nedergaard 2001. Eine Entscheidung ist m. E. zum gegenwärtigen Zeitpunkt nicht möglich. Auch die erneute Freilegung der Grundmauern in diesem Bereich muss nicht zwangsläufig zu einer Klärung führen.

460 Noch erhalten beim dritten Pfeiler (Die angegebenen Nummerierungen von Pfeilern und Tabernen verlaufen stets von Westen nach Osten).

461 Eine zusätzliche Stufe war hier nicht erforderlich, da das Gelände zum Argiletum hin anstieg: Bauer DAInst Nachlass, 5 f.

vor allem für verschiedene Gesellschaftsspiele beobachten[462].

Die gesamte Portikus mit Stufenvorbau besitzt ein großes Caementiciumfundament aus Grottaoscura, rotem Aniene-Tuff und Mörtel[463]. Die Höhe dieses Caementiciumfundamentes unter der Fassade der Portikus beträgt laut Bauer bis zu 8 m. Nach Norden hin nimmt es unter dem Portikuspflaster bis auf weniger als 50 cm ab, um dann zur Tabernenfront wieder an Höhe zu gewinnen. Daher ist von einem gewaltigen Caementiciumgewölbe auszugehen, welches sich unter der Portikus in Längsrichtung befindet. Das 8,00 m hohe Fundament trägt die Fassade der Portikus und die Stirnseite der Tabernen, auf welchen das Gewicht des Portikusgewölbes zu liegen kommt, so dass der Wandelgang der Portikus über dem Gewölbe liegt[464].

Im Caementiciumkern wurden an den Stellen, an denen die Portikuspfeiler zu liegen kommen sollten, insgesamt 1,15 m hohe Fundamentblöcke aus anderem Material versenkt, die zum Großteil später ausgeraubt wurden (Abb. 56)[465]. Wo sie heute fehlen, lässt sich erkennen, dass dort ursprünglich zwei Schichten von Blöcken gesessen haben müssen[466]. Den erhaltenen Fundamenten lässt sich ablesen, dass die obere Schicht aus Travertin, meist aus zwei nebeneinander gelegten Blöcken bestand (Abb. 58)[467].

Die Renaissancezeichnungen zeigen an der westlichen Schmalseite eine durchgehende Wand mit drei Türen[468].

Abb. 56 Portikus, Ausgrabungsphoto mit freigelegten Fundamenten

462 Bauer DAInst Nachlass, 6. Vor dem 3. Pfeiler verschiedene Dübellöcher, beim 4. Pfeiler Löcher im Boden, am 5. Pfeiler stößt der Stufenbau gegen das Sacellum der Venus Cloacina, zwischen dem 7. und 8. Pfeiler findet sich ein radförmiges Brettspiel, weitere Spielfelder und Löcher sind zwischen dem 14. und 15. Pfeiler, sowie südlich vom 16. Pfeiler. Zu den Spielfeldern: Rieche 1984, Abb. 28–31 mit den Vergleichsbeispielen von der Basilica Iulia.

463 Vgl. Anm. 175.

464 Bauer DAInst Nachlass, 5. Eine solche Fundamentierung ist im spätrepublikanischen Latium weit verbreitet, beispielsweise bei Kryptoportiken großer Villenanlagen: Tombraegel 2004. Hinweise, dass die Substruktion der Portikus zugänglich gewesen sein könnte, gibt es keine. Wahrscheinlich war das Gewölbe mit Erde gefüllt.

465 Diese Bauweise ist charakteristisch für die augusteischen Bauten am Forum. Vgl. die Fundamentierung der Basilica in Kap. VI.1.a. und das Caementiciumfundament des Dioskurentempels, dessen Verstärkungen aus Quadersteinen unter der aufgehenden Architektur ebenfalls nachträglich ausgeraubt wurden (Nielsen – Poulsen 1992, Beil. A).

466 Bauer DAInst Nachlass, 9.

467 Freyberger – Ertel 2007, 503 Abb. 10; Ertel – Freyberger 2007, 117 Abb. 8.

468 Eine Zusammenstellung der Zeichnungen findet sich bei Zampa 2005.

Abb. 57 Portikus, attische Eckbasis, Außenfassade, Ser.Nr. 198064

Den Fundamenten zufolge wies die westliche Schmalseite aber nur zwei Türen auf[469]. Im Westen der Südfront gibt es keine Hinweise auf einen Risalit oder direkt ansetzenden Bogen, wie es im Osten der Fall ist[470].

An der Südfront standen 16 Pfeiler[471]. Ihre Jochweite beträgt durchschnittlich 6,30 m. An der Stelle des 16. Pfeilers biegt die Portikus gegen den Caesartempel im rechten Winkel nach Süden um. Hier hat sich über der Travertinfundamentierung der unterste Block der aufgehenden Architektur, bestehend aus Plinthe, Basis und Säulenanlauf, erhalten (Abb. 57)[472]. Von dem auf diese Ecke gegen den Caesartempel folgenden Pfeiler ist nur das Fundamentloch erhalten. Wie die Portikus hier weiter verlief und ob ihre östliche Schmalseite durch eine Wand geschlossen war, ist nicht zu sagen[473].

469 Bauer DAInst Nachlass, 8 f. Die zur Curia gewandte Westfassade der Portikus wurde in der Renaissance vollständig zerstört, um das Baumaterial andernorts wiederzuverwenden (Kap. III). Schon Bauer konnte dieses Gebiet nur teilweise untersuchen, da dort in den 30er Jahren des letzten Jhs. tonnenschwere Bauteile aus der Curia abgelegt wurden. So ist man für die Beurteilung dieses Bereichs auf die Zeichnung Tognettis, alte Photographien und einen von Hülsen publizierten Plan angewiesen (Hülsen 1905a, 57). Darauf erkennt man die Fundamentierung eines in der Flucht der Frontreihe der Portikus liegenden Eckpfeilers und eines zweiten Pfeilers der Schmalseite, der zwar in der Flucht mit der Tabernenstirn, aber entsprechend dem spitzen Winkel leicht schräg liegt. Eine dritte Eintiefung findet sich bei der Trennwand zwischen Basilica und Tabernen, wo ein letzter Pfeiler die Schmalseite der Portikus abgeschlossen haben könnte.

470 Dem Caementicium lässt sich ablesen, dass die Treppenstufen hier gerade durchgingen und nicht umbogen. Bestätigt wird dies auch durch eine Grabung Gamberini Mongenets: Andreae 1957, 176.

471 Bauer DAInst Nachlass, 9–11. Vom 2., 4., 5. und 7. Pfeiler sind ähnlich wie von denen der westlichen Schmalseite nur die Eindrücke im Caementicium erhalten.

472 Ser.Nr. 198064. Da er aufgrund seiner Position am umbiegenden Teil der Portikus breiter und tiefer ist als die übrigen Pfeiler, ruht er auf drei anstatt auf zwei Travertinblöcken.

473 Der östliche Portikusabschluss und die Frage einer Fortführung des Gebäudes nach Süden über die Via Sacra hinweg zum Caesartempel werden seit Jahrzehnten diskutiert: vgl. Anm. 459. Angeregt wurde die Diskussion durch Grabungen Gamberini Mongenet, der zu Beginn der 50er Jahre des letzten Jhs. das Gebiet nördlich des Caesartempels bis einschließlich Teile des Südostbereichs der Portikus der Basilica Aemilia ausgegraben hat und dort ein einheitliches Gebäude mit drei Bögen rekonstruierte, das von der Basilica

Hinter der Portikus liegen vor der großen Trennwand zur Basilica 15 Räume (Abb. 1). Die einzelnen Tabernentrennwände aus rotem Aniene-Tuff fluchten genau mit den Pfeilern der Frontseite und sind 90 cm breit[474]. Von den 15 Räumen sind nur zehn mit Sicherheit in der alleinigen Funktion als Tabernen anzusprechen. Die jeweils zwei Räume im Osten bzw. Westen beherbergten ein Treppenhaus[475], die Räume hinter dem 5., 9. und 13. Joch dienten als Durchgänge zur Basilica[476].

Die zehn Tabernen und die drei Durchgangsräume messen ca. 5,45 m in der lichten Weite. Die Tiefe der Tabernentrennwände beträgt 8,30 m[477]. Ihr Fundament besteht laut Bauer aus Brocken von gelbem und rotem Tuff, vereinzelt aus Travertin, sowie rotem Pozzolanmörtel[478]. Seine Höhe beträgt 5,5 m[479]. Es ist 1,35 m breit; die dritte Schicht der darauf aufliegenden roten Aniotuffblöcke verengt sich auf die beschriebenen 90 cm Breite des aufgehenden Mauerwerks. Das durch den Vorsprung des Mauereinzugs vorgegebene Niveau stimmt mit dem des Portikuspflasters überein. Vermutlich lag hier das Tabernenpflaster auf, von dem allerdings nichts mehr erhalten ist[480].

Gegen die Portikus schließen die Tabernentrennwände mit Pfeilern ab, deren Fundamente Eindrücke im Caementiciumgewölbe hinterlassen haben (Abb. 56)[481]. Das Fundament besteht aus einem roten Tuffblock, auf den ein Block aus Travertin folgt[482].

An den *in situ* erhaltenen Travertinfundamenten der Portikusfassade und der Stirnseiten der Tabernentrennwände lässt sich der Aufbau der Portikus ablesen. Die Fundamente bestehen jeweils aus zwei Travertinblöcken von 2,00 m Tiefe bei 1,00 m Breite, was zusammen ein Quadrat von 2,00 x 2,00 m ergibt (Abb. 58)[483]. Sie bilden gemeinsam eine mittig erhöhte Auflagerfläche von etwa 1,00 m Tiefe und 1,25 m Breite an der Portikusfront bzw. 80 cm Tiefe und 1,18 m Breite an den Stirnseiten der Tabernentrennwände. Auf diesen kam jeweils ein Pfeiler zu stehen. Die zum Forum gerichtete Seite des erhöhten Rechtecks an der Portikusfrontreihe ist bei einer Tiefe von 45 cm nur 1,10 m breit. Hier befanden sich Halbsäulen. Im Portikusinnenraum lassen sich entsprechende

im Norden bis zum Caesartempel im Süden gereicht haben soll. Er veröffentlichte seine Arbeiten nicht und auch seine Dokumentationen sind nicht auffindbar. Seine Ergebnisse wurden von Andreae kurz berichtet: Andreae 1957, 168–176. Weiter Nash 1962, 244–251 mit einigen Abbildungen. Andreae zufolge hatte Gamberini Mongenet drei in den Caementiciumkern eingelassene Quadermauerfundamente beobachtet, die genau in der Flucht der Tabernenstirnseite, der Portikusfrontseite und dem vorspringenden Pfeilerfundament im Südosten der Portikus lagen. Er vermutete, dass die Porticus Gai et Luci auf den darauf rekonstruierten Pfeilern ruhte, die sich in drei Bögen zum Caesartempel erstreckt haben soll. Diese Folgerungen entbehren bis heute eines Nachweises und sind daher für weitere Forschungen nicht verwertbar. Bauer kam seinerseits zu dem Ergebnis, dass die östliche Schmalseite der Portikus geschlossen war und eine Halbsäulenstellung nach außen aufwies. Türen könnten hier analog zur anderen Schmalseite angebracht gewesen sein (Bauer DAInst Nachlass, 11 f.). Bauer nahm weiterhin eine eigene Beschreibung der Fundamente an der Portikusostseite vor, die maßgeblich von Gamberini Mongenets Beobachtungen abweicht. Quadermauerfundamente sind nach Bauer nämlich nirgendwo vorhanden, vielmehr die von der Westseite der Portikus her bekannten Fundamentabdrücke im Caementicium. Ein wesentlicher Unterschied zur Süd- oder Westseite bestünde allerdings darin, dass hier nicht einzelne Fundamentlöcher für Pfeiler vorhanden seien, sondern eine etwa 90 cm tiefe Fundamentbank für eine geschlossene Wand. Gegenüber dem 16. Pfeiler an der östlichen Schmalseite und etwa 5,00 m nördlich davon verbreiterte sich die Fundamentbank auf eine Tiefe von 1,30–1,80 m, so dass eine Halbsäulengliederung analog zur West- und Südfront anzunehmen sei. Da sich der Befund gegenwärtig nicht untersuchen lässt, muss die Rekonstruktion des Grundrisses einstweilen offen bleiben.

474 Ihre Mauern sind hinter den 11.–16. Pfeilern der Portikus gut erhalten, hinter dem 3., 8. und 9. Pfeiler wurden sie auf antikem Fundament modern aufgebaut.

475 Am Raum im Osten sind an der Wand Reste einer zum oberen Stockwerk führenden Treppe erhalten. Auch ist mittig eine zusätzliche Mauer eingezogen, um die die Treppen herumgeführt wurden. Da auch im schlechter erhaltenen westlichen Raum eine solche Mauer eingezogen wurde, ist davon auszugehen, dass auch hier ein Treppenhaus war.

476 Vgl. Anm. 173.

477 Sie lässt sich hinter dem 2. Pfeiler und an der Ostwand der zehnten Taberne feststellen, wo sich das Fundament des Pfeilers, der die Tabernentrennwand zur Stirnseite gegen die Portikus hin begrenzte, erhalten hat. Dieser Pfeiler stand 7,50 m vor der Tabernenrückwand. Die Tabernentrennwände wurden in einem zweiten Moment durch vorgeblendete Pfeiler noch um ca. 80 cm verlängert. Vgl. Kap. VI.2.c.

478 Vgl. Anm. 175.

479 Bauer DAInst Nachlass, 15.

480 Knapp vor der Tabernenrückwand durchbricht ein Kanal die Tabernentrennwände, der von der Taberne 9, dem höchsten Punkt, auszugehen scheint. Dieser Raum ist mit einem hydraulischen Putz beschichtet. Ertel – Freyberger nehmen daher hier eine literarisch überlieferte (vgl. Kap. III) Wasseruhr an: Freyberger – Ertel 2007, 497–499.

481 Bauer DAInst Nachlass, 15 f.

482 Zu sehen am Fundament zwischen Taberne 10 und dem Osttreppenhaus.

483 Vgl. hierzu die ähnliche Fundamentierung der Basilica Ulpia: Amici 1982, 6.

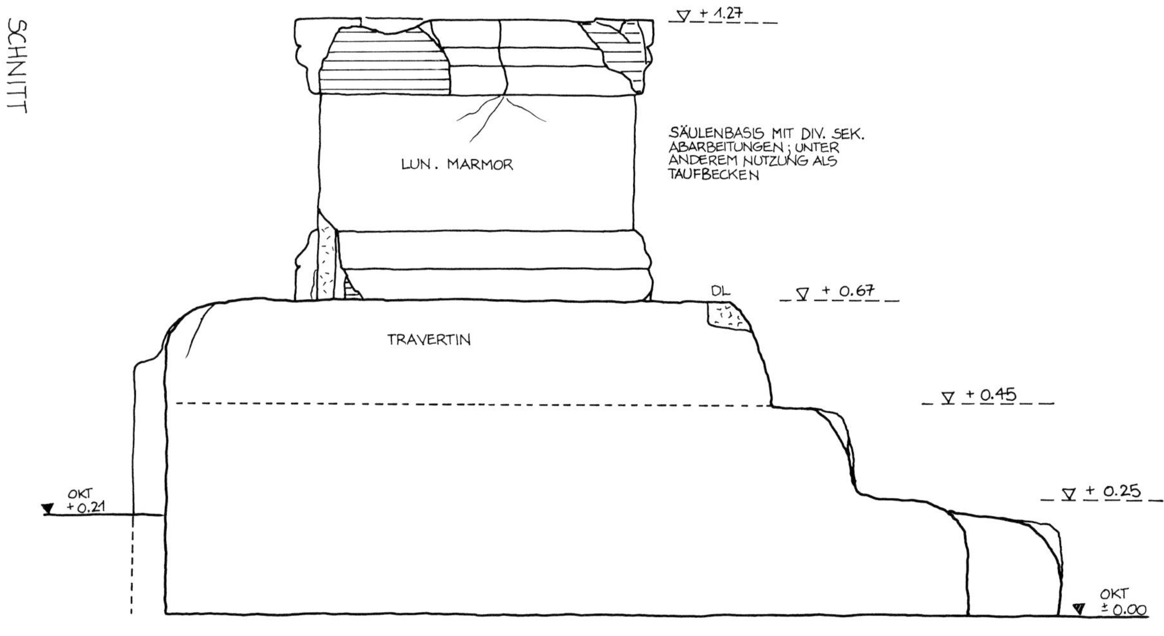

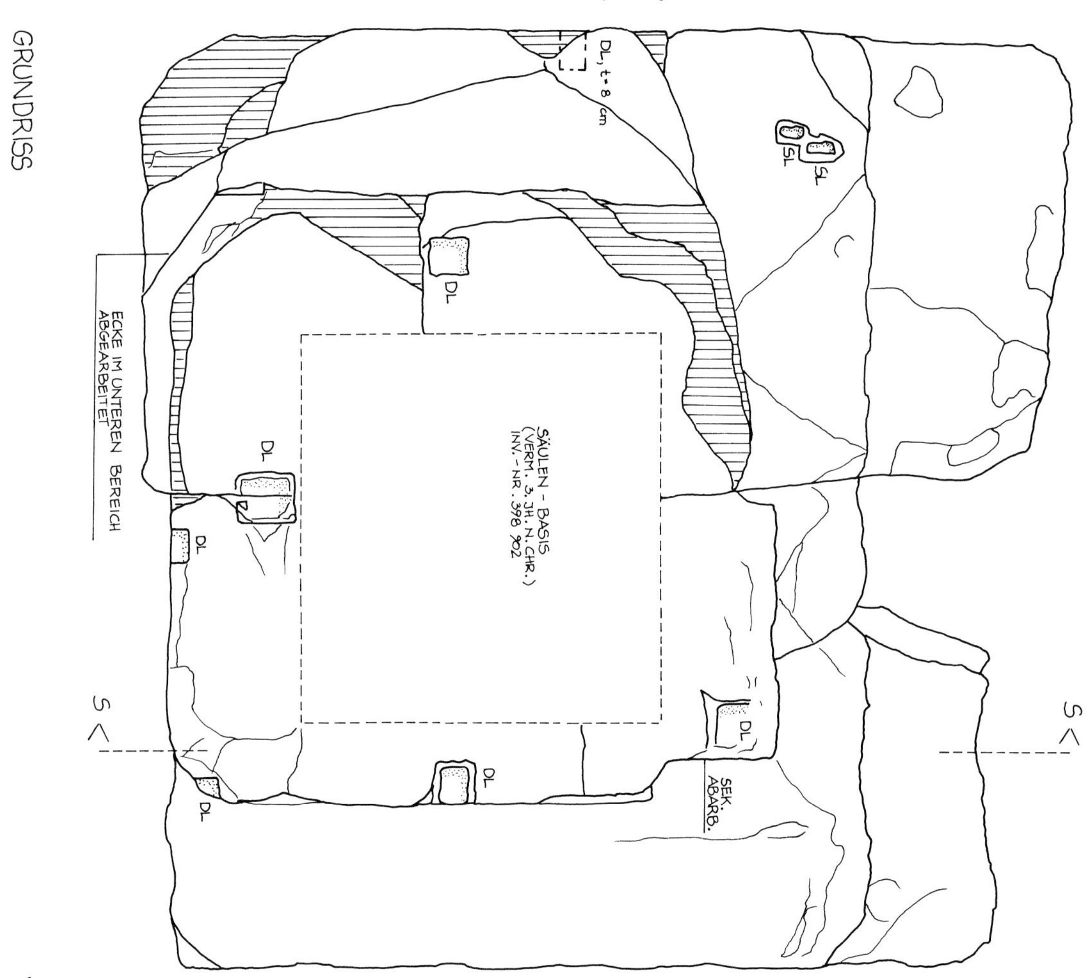

Abb. 58 Portikus, Zeichnung eines Travertinfundaments, Außenfassade (die aufsitzende Basis ist spätantik)

Einziehungen im Fundamentblock für Pilaster beobachten[484].

Die Pfeiler waren durch Dübel mit dem Travertinfundament verbunden[485]. Die tiefer liegenden Streifen rings um das erhöhte Rechteck des Blocks dienten als Auflager für Stufen, Stylobat, Portikus bzw. Tabernenpflaster aus weißem Marmor[486]. Gut nachvollziehen lässt sich das System am später zum Teil überbauten dritten Pfeiler der Portikusfront, der an allen Seiten noch mit Marmorplatten umgeben ist.

2.b. Stützen: Pfeiler, Tabernentrennwände und Außenwände der Portikus an ihren Schmalseiten

Die Pfeiler an der Portikusfassade und an den Stirnseiten der Tabernentrennwände bestanden aus mehreren Steinlagen aus weißem Marmor. Sie waren 1,20–1,42 m breit[487]. Ihre Tiefe betrug 88–96 cm[488]. In der Höhe variierten die einzelnen Steinlagen zwischen zwei[489] oder drei Fuß[490]. Die Gesamthöhe der Pfeiler lässt sich nicht mehr rekonstruieren. Die Pfeiler bestanden in den meisten Schichten aus zwei Blöcken, die in Läufer-Binder-Technik übereinander gelegt waren[491]. Ihnen waren außen Halbsäulen und innen Pilaster vorgelagert. Bedingt durch die Bautechnik der Pfeilerblöcke wurden letztere entweder an den Pfeilerblock angearbeitet oder getrennt von ihm hergestellt und angesetzt[492].

Den Pfeilern der Stirnseiten der Tabernentrennwände wurden sekundär weitere ca. 60–65 cm tiefe Blöcke vorgesetzt[493]. Sie waren ursprünglich nicht vorgesehen, sondern sind Teil einer sekundären Änderung des Entwurfs (s. u.). Ihre Höhenmaße sind unterschiedlich[494].

Die sich an die Pfeiler der Stirnseiten der Tabernentrennwände anschließenden Mauern sind aus rotem Aniotuff und etwa 90 cm breit. Sie waren ursprünglich verkleidet[495]. Für die Verkleidung bestehend aus den verschiedenen Putzschichten und aufgesetzter Platte waren ca. 15 cm Tiefe vorgesehen. Die Tabernen waren durch Tonnen überwölbt. Diese lagen auf einem Travertingesims auf[496].

Die Wände der Schmalseiten der Portikus bestanden wohl ebenfalls mindestens teilweise aus Tuffstein[497]. An den Außenseiten der Pfeiler und der Wände an den

484 Erhalten am 11. Pfeiler der Portikusfassade.

485 Am sechsten Fundament hat sich noch ein Gusskanal erhalten.

486 Der Streifen nach Süden zum Forum, der die letzte Stufe der Freitreppe trug, ist am tiefsten, die seitlichen für das Stylobat etwas höher (Reste des Stylobats haben sich noch am 3. Pfeiler, zwischen dem 14. und 15. Pfeiler und südlich des 16. Pfeilers erhalten) und der zum Portikusinneren weisende Streifen, der das dortige Marmorpflaster aufnehmen konnte (die Bodenplatten, mit denen die Portikus gepflastert war, ruhten direkt auf dem Caementiciumfundament. Von ihr haben sich nur geringe Reste hinter dem 2., 4., 14. Joch und in dem gegen den Caesartempel umbiegenden Bereich erhalten), den es aber nicht an allen Fundamenten gibt, ist am wenigsten tief. Das Portikuspflaster sollte das gleiche Niveau wie der Stylobat gehabt haben. Seine Platten müssten demnach etwas dünner gewesen sein. Stemmlöcher, die zum Verlegen der Blöcke genutzt wurden, sind an vielen Fundamentblöcken noch erhalten.

487 Die Breite der Pfeiler lässt sich der Basis Ser.Nr. 197139 entnehmen (von dieser sind das mittig auf der Oberseite gelegene Hebeloch und eine Schmalseite erhalten); der Basis mit Pilasteransatz Ser.Nr. 198065 (hier sind die mittlere Kannelur und eine Schmalseite festzustellen); dem rückwärtigen Block von Ser.Nr. 197024; dem Binderblock Ser.Nr. 198096 (der die halbe Breite eines Pfeilers aufweist); der Halbsäule Ser.Nr. 197098 (an einer Seite sind Reste der originalen Oberfläche erhalten. Dabei müsste es sich der Lage nach um den Bereich des vertieften Rechtecks (s. u.) handeln. Zu den 84,3 cm der Halbsäule muss also zweimal die Strecke bis zur Schmalseite von 25,3 cm und zweimal die fehlenden 3,7 cm, um die das Rechteck eingetieft ist, hinzugerechnet werden).

488 Erhalten an den Basisblöcken Ser.Nr. 197024. 198064 sowie dem Binderblock Ser.Nr. 198096.

489 Den Binderblock Ser.Nr. 198096, den rückwärtigen Block von Ser.Nr. 197024 und mehrere Basen der Portikus (s. u.).

490 Die Halbsäulentrommel Ser.Nr. 198026.

491 Ein Binder (Ser.Nr. 198096) hat sich fast vollständig erhalten. Auch die Oberseite der großen Eckbasis Ser.Nr. 198064 weist zwei unterschiedlich hohe Auflagerflächen für die Blöcke darüber auf. Eine Ausnahme bilden Ser.Nr. 197024. 198064, die in einem Stück die gesamte Pfeilerbreite und -tiefe einnehmen. Dabei handelt es sich in beiden Fällen um den untersten Block, der direkt auf das Travertinfundament folgte. Zur Bauweise vgl. beispielsweise die Pfeiler des Tabulariums (Delbrueck 1979, 34 Abb. 30).

492 Vgl. die Basen, Halbsäulen und Pilaster (Kap. VI.2.c und VI.2.d.), von denen einige in einem Stück mit dem Pfeilerblock, andere getrennt von diesem gearbeitet sind. Die getrennt gearbeiteten Halbsäulen und Pilaster wurden durch Klammern mit dem Block verbunden, wie der Binderblock Ser.Nr. 198096 zeigt.

493 Ser.Nr. 197024. 197070. 198042.

494 Vgl. auch Kap. VI.2.c.

495 Zu entnehmen den Löchern für die Verkleidungsplatten an den Wänden der Tabernen 6 bis 10.

496 Noch erhalten zwischen den Tabernen 6 und 7: Freyberger – Ertel 2007, 502 Abb. 9.

497 Hierfür spricht eine große Zahl an Aniene-Tuffblöcken im östlichen Bereich der Portikus. Belegt wird das weiter durch verschiedene marmorne Bauglieder einer Wandverkleidung, die diesen Bereichen zugeordnet werden können

Abb. 59 Portikus, attische Pilasterbasis, Ser.Nr. 198065

Schmalseiten waren Halbsäulen mit attischen Basen und tuskanischen Kapitellen angebracht. Die einander zugewandten Seiten zweier benachbarter Pfeiler sowohl an der Portikusfront als auch an den Stirnseiten der Tabernentrennwände waren durch eingetiefte, mit einem Kyma gerahmte und ca. 60 cm breite Rechtecke geschmückt (Abb. 57)[498].

2.c. Die Basen

Die Basen der Portikus gehören dem attischen Typ an und bestehen aus weißem Marmor (Abb. 57). Ihr Block umfasst neben der Basis auch die Plinthe und meist den Anlauf einer Halbsäule bzw. eines Pilasters ionischen Typs. Belegt wird die Zuweisung der Basen an den Bau durch ein *in situ* befindliches und ein sicher rekonstruierbares Stück[499].

Rekonstruktion

Es haben sich Halbsäulen- und Pilasterbasen erhalten. Während die Halbsäulenbasen an der Außenfassade zu positionieren sind, gehören die Pilasterbasen dem Portikusinnenraum an. Diese Rekonstruktion wird durch die Travertinfundamente[500] und die *in situ* stehenden bzw. sicher rekonstruierbaren Basen Ser.Nr. 198064 und 197024 belegt (Abb. 1). Einigen Renaissancezeichnungen zufolge standen an der Außenfassade der westlichen Schmalseite neben Halbsäulen ebenfalls Pilaster[501]. Dies lässt sich anhand des erhaltenen Materials nicht mehr belegen.

(s. u.). Vgl. ferner die Renaissancezeichnungen wiedergegeben bei Zampa 2005.

498 Erhalten ist das Ornament an den Basen Ser.Nr. 197070. 198064 und an dem Binderblock Ser.Nr. 198096. Der Erhaltungszustand der Stücke der Stirnseiten der Tabernentrennwände lässt keine Entscheidung darüber zu, ob das rechteckige Feld entsprechend der geringeren Tiefe der Pfeiler an den Stirnseiten der Tabernenfront auch schmaler war, oder es sich auf den benachbarten Block erstreckte. Der Pfeiler Ser.Nr. 197024 weist hingegen kein eingetieftes Rechteck auf, was sich aus seiner Position am Treppenaufgang erklärt.

499 Neun größere Blöcke befinden sich auf dem Gelände der Portikus: Ser.Nr. 197024. 197070. 197139. 197245. 198042. 198064–198065. 198095. 198107, zwei kleinere Fragmente liegen im Bauermagazin: Ser.Nr. 197195. 197208. *In situ* steht Ser. Nr. 198064. Neben dem zugehörigen Fundament gefunden und sicher rekonstruierbar ist Ser.Nr. 197024. Die Profilfolge stimmt grundsätzlich mit der der Basen des unteren Stockwerks der Basilica überein (vgl. Kap. VI.1.b.). Sie lassen sich dennoch sicher von den Stücken der Basilica scheiden, da zum einen die Maße voneinander abweichen, zum anderen der Trochilus an den Basen der Portikus durch höhere Stege markanter von den Tori abgesetzt ist.

500 Kap. VI.2.a.

501 Zampa 2005.

Außenfassade

Der Außenfassade lassen sich zwei Basen sicher zuweisen[502]. Ihre Höhe beträgt ca. 62 cm, wovon ca. 22 cm auf die Plinthe, ca. 10 cm auf den unteren Torus, 10,5–13,5 cm auf den Trochilus und ca. 9 cm auf den oberen Torus entfallen. Der Halbsäulenanlauf misst etwa 9 cm (Abb. 57)[503]. Die Breite der Halbsäulenbasen beträgt ca. 1,35 m[504]. Abzüglich des ausladenden Profils von etwa 15 cm müsste die aufliegende Halbsäule einen Radius von ca. 44 cm gehabt haben. Die einzige erhaltene Halbsäulenbasis ist in einem vom Pfeiler separaten Block gearbeitet und wurde zur Einpassung in den Pfeiler im rückwärtigen Bereich trapezförmig zugeschnitten[505].

Einen Sonderfall stellt der *in situ* erhaltene Eckblock Ser.Nr. 198064 an Pfeiler Nr. 16 dar, an dem die Portikus zum Caesartempel hin umbiegt (Abb. 57). Der Block ist deutlich größer als die übrigen Pfeiler und weist in dem rechten Winkel, der sich zum Forum hin bildet, eine Viertel- anstatt einer Halbsäulenbasis auf[506]. Bei der Basis der Viertelsäule handelt es sich um keine genaue Viertelsäule, deren Mittelpunkt sich in der Ecksituation befindet. Ihr Mittelpunkt ist vielmehr zum Forum hin aus der Fassadenflucht verschoben. Die Säule umfasst daher tatsächlich etwas mehr als ein Viertel, wodurch sie in der Fassade deutlicher zur Geltung kommt. Wie die übrigen Ecksituationen und die Bereiche an den Schmalseiten der Portikus im Einzelnen gestaltet waren, ist den Überresten nicht mehr zu entnehmen.

Innenraum

Dem Portikusinnenraum lassen sich vier Pilasterbasen sicher zuweisen (Abb. 59)[507]. Sie sind 1,175–1,19 m breit. Ihr Profil lädt ca. 15 cm aus[508]. Die ca. 3,5 cm vor die Wandflucht vorspringenden[509] Pilaster sind 87,5–89 cm breit[510].

Abb. 60 Portikus, attische Basis, Innenraum, Ser.Nr. 197024

Anhand der Blockhöhen lassen sich zwei Gruppen unterscheiden. Die Blöcke der einen Gruppe entsprechen in ihrer Höhe denen der Außenfassade. Sie umfassen Plinthe, Basis und höchstens den Säulen- bzw. Pilasteranlauf in einem Stück und lagen auf dem Portikuspflaster auf. Sie sind an den Rückseiten der Frontpfeiler und den Schmalseiten der Portikus zu rekonstruieren[511].

Die Stücke der anderen Gruppe umfassen Plinthe, Basis und einen unterschiedlich hohen Teil des Pilasters in einem Block. Die Plinthen sind 12 cm höher als die der ersten Gruppe. Die zusätzlichen 12 cm unten an der Plinthe sind gröber bearbeitet (Abb. 60–63) und waren in das Portikuspflaster eingelassen (Tab. 13). Diese Basen sind an die Stirnseiten der Tabernentrennwände zu rekonstruieren[512].

502 Ser.Nr. 198064. 198107.

503 Die Basis Ser.Nr. 198107 ist ohne Säulenanlauf gearbeitet.

504 Sie lässt sich nur über die erhaltene Viertelsäule von Ser.Nr. 198064 bestimmen.

505 Ser.Nr. 198107.

506 Der Eckblock misst ohne die Pilaster von Norden nach Süden ca. 1,945 m und von Osten nach Westen 2,08 m. Die Plinthe der Viertelsäule, die aufgrund der Ecksituation anstatt einer Halbsäule angebracht wurde, misst ca. 84 x 84 cm.

507 Ser.Nr. 197024. 197070. 198042. 198064.

508 Ser.Nr. 198064.

509 Der Pilastervorsprung ist zu messen an Ser.Nr. 198064–198065.

510 Die komplette Pilasterbreite hat sich an Ser.Nr. 198064 erhalten. Weiter lassen sie sich an Ser.Nr. 197139. 198065 ungefähr errechnen.

511 Ser.Nr. 198064. An den beiden Innenseiten der Eckbasis im Norden und Osten ist jeweils eine Pilasterbasis angearbeitet, die mit den Pfeilern der Stirnwand der Tabernentrennwände bzw. mit einem anderen, nicht mehr erhaltenen Pfeiler an der östlichen Schmalseite der Portikus fluchtet. Einige der übrigen Basen, für die sich nicht entscheiden lässt, ob sie Halbsäulen oder Pilastern angehören und wo sie genau zu rekonstruieren sind, entsprechen in der Plinthenhöhe diesem Block: Ser.Nr. 197139. 198065. 198095.

512 Ser.Nr. 197024. 197070. 198042. Die Basis Ser.Nr. 197024 ist sicher an der Stirnseite der Trennwand des östlichen Treppenhauses rekonstruierbar. Die entsprechenden Fundamentierungen für die Plinthen sind 12 cm niedriger als an der Portikusfront.

Abb. 61 Portikus, attische Basis, Innenraum, Ser.Nr. 197024

Eine Planänderung im Bauvorgang

Die Pilasterbasen der Stirnseiten der Tabernentrennwände gehören nicht dem ursprünglichen Gebäudeplan an. Sie sind Teil einer nachträglichen Planänderung, was an der sicher beim östlichen Treppenhaus rekonstruierbaren untersten Steinlage des Pfeilers Ser.Nr. 197024 zu erkennen ist (Abb. 60–63). Er besteht aus zwei hintereinander angeordneten Blöcken, wobei am vorderen Block die Pilasterbasis angearbeitet ist. Ursprünglich war nur der hintere Block geplant. Er sitzt an der Stelle, die durch eine Erhöhung im Travertinfundament für den Pfeiler und Pilaster vorgesehen war[513]. Über dem Block folgten quaderförmige Bauglieder aus anderem Material, die vermutlich mit Marmor verkleidet waren[514].

Der vordere Block mit der Pilasterbasis muss später vor den Wandblock gesetzt worden sein. Dies wird dadurch bestätigt, dass er nur zu 25 cm auf dem Travertinfundament aufliegt (Abb. 61. 63), im Übrigen aber auf dem Ansatz des Caementiciumfundamentes der Portikus lastet. Die 25 cm tiefe und 12 cm hohe Auflagerfläche war ursprünglich vorgesehen, um darauf das Portikuspflaster zu legen. Dies wird aus den Travertinstützenfundamenten der Portikusfront deutlich. Als man das Fundament anlegte, war der vordere der beiden Blöcke folglich nicht vorgesehen. Durch die Entwurfsänderung wurde der ursprünglich tiefer angelegte Portikusinnenraum verkürzt. Da sich die Basen in ihrer Ausführung nicht von den übrigen unterscheiden und auch sonst keine größere Serie nachträglich ausgeführter Bauglieder dieses Bereiches

513 Vgl. Kap. zu den Fundamenten VI.2.a.

514 Dies lässt sich der Oberseite des Blockes ablesen. Hier befinden sich mehrere Stemmlöcher, die jeweils ca. 10 cm vom Rand entfernt sitzen (Abb. 62). Der folgende Block war weniger breit und tief. Zwei kleine Dübellöcher liegen nahe der Vorderseite. Weder ihre Lage noch ihre Größe lassen darauf schließen, dass hier ein darüber befindlicher Block gleicher Dimensionen aufgelegen hat. Vielmehr sind sie mit einer flachen Platte, etwa einer Wandverkleidungsplatte, in Verbindung zu bringen. Es ist also davon auszugehen, dass der aufsitzende Block seinerseits nicht aus Marmor gewesen ist. Vielmehr dürfte er aus Travertin oder Tuff bestanden haben und mit einer Marmorplatte verkleidet gewesen sein, bevor man in den Bauvorgang eingriff.

Abb. 62 Portikus, Zeichnung einer attischen Basis, Innenraum, Oberseite, Ser.Nr. 197024

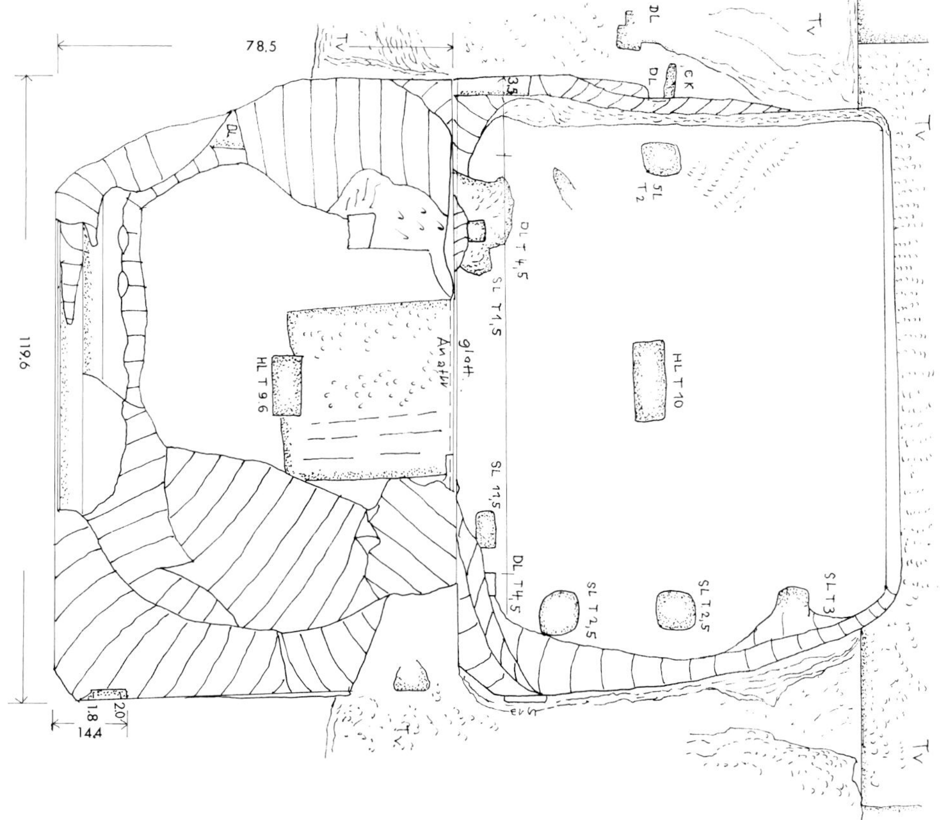

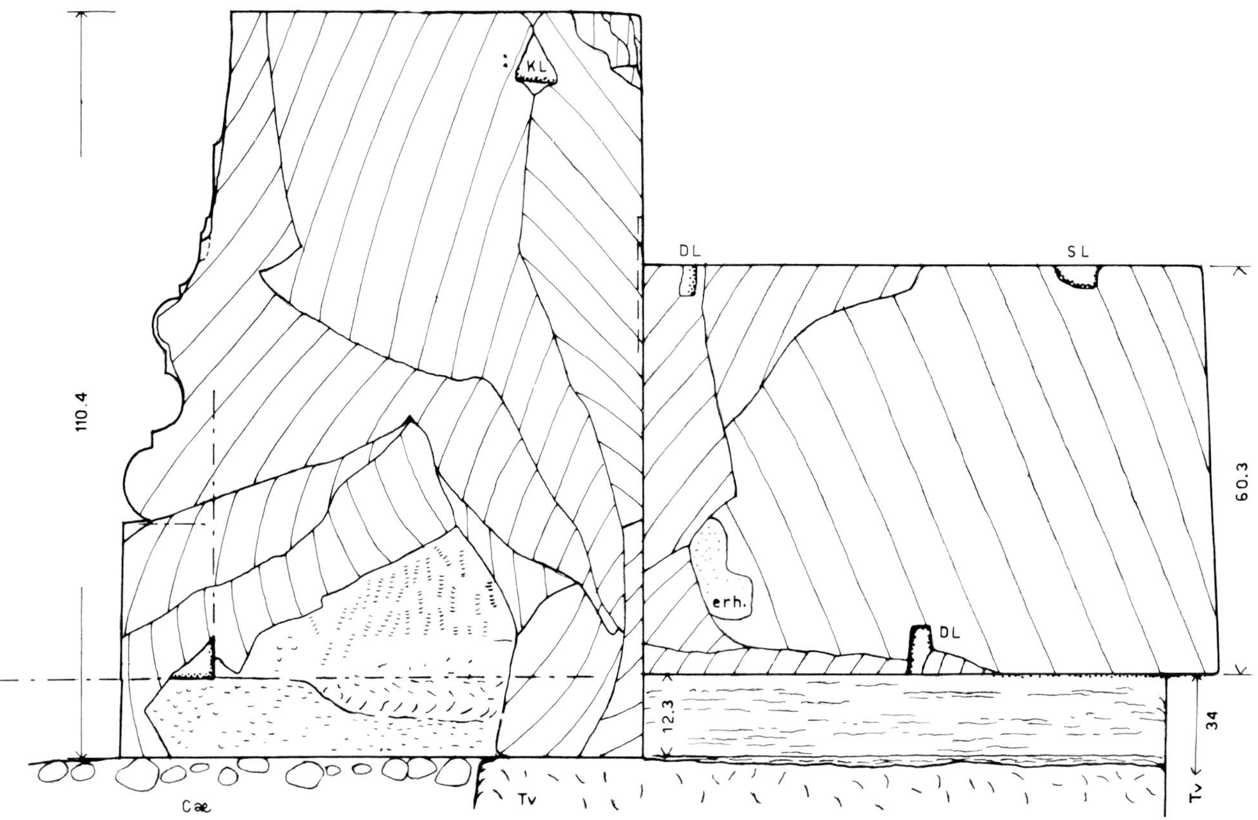

Abb. 63 Portikus, Zeichnung einer attischen Basis, Innenraum, Querschnitt, Ser.Nr. 197024

Abb. 64 Portikus, ionische Halbsäulentrommel, Ser.Nr. 198026

erhalten ist, dürfte die Planänderung während desselben Bauvorgangs vorgenommen worden sein.

Ornamentik

Die Profilfolge der Basen und ihre Ausarbeitung sind sehr einheitlich. Ähnlich denen in der Basilica handelt es sich um solche eines attischen Profils, deren oberer Torus nur eine geringe Ausladung hat (Abb. 59). Zwischen Trochilus und oberem Torus entsteht dadurch eine feine Rille[515]. Der Trochilus ist im Unterschied zu den Basen der Basilica durch höhere Stege markant von den Tori abgesetzt.

2.d. Halbsäulen und Pilaster

Den Pfeilern an der Außenfassade waren ionische Halbsäulen mit 13 Stegkanneluren und einer Entasis vorgeblendet (Abb. 64). Im Portikusinnenraum standen an den Pfeilerinnenseiten, den Stirnseiten der Tabernentrennwände und vielleicht an den Schmalseiten ionische Pilaster mit neun Kanneluren (Abb. 60). Belegt wird die Zuweisung der Halbsäulen und Pilaster an die Portikus auf Grundlage der mit den Basen übereinstimmenden Maße und derselben Ornamentierung[516].

515 Vgl. Kap. VI.1.b.

516 Zu den Basen Kap. VI.2.c.

Rekonstruktion

Außenfassade

An der Außenfassade der Portikusfront sind Halbsäulen zu rekonstruieren. Dies zeigen zwölf Fragmente, von denen nur eines in seiner ganzen Höhe erhalten ist[517]. Sein Durchmesser beträgt oben 89,3 cm, unten 88,3 cm[518], was genau mit dem Durchmesser der Halbsäulenbasis am Säulenanlauf übereinstimmt. Die Halbsäulen wiesen folglich eine Entasis auf. Die Tiefe der Halbsäulen beträgt mit 46 cm etwas mehr als der Radius[519]. Es handelt sich um keine genauen Halbsäulen, sondern sie sind etwas aus der Pfeilerflucht zum Forum hin versetzt[520]. Die getrennt vom Pfeiler gearbeitete Säulentrommel Ser.Nr. 198026 ist an der Rückseite trapezförmig zugeschnitten, um in den Pfeilerblock eingefügt zu werden[521]. Mit dem Block darunter und darüber war die Halbsäulentrommel verdübelt. An der Oberseite war sie mit dem dahinter liegenden Pfeiler verklammert[522]. Die Halbsäulen waren mit dem Kapitell verdübelt[523].

Innenraum

Die Pilaster lassen sich in Elemente der Wandverkleidung[524] und vollplastische Stücke[525] unterscheiden. Sie

517 Ser.Nr. 198026.

518 Die Oberseite wird über ein Klammerloch und ein Dübelloch mit Gusskanal definiert.

519 Ser.Nr. 197098. 198026.

520 Vgl. die Viertelsäulenbasis Ser.Nr. 198064.

521 Vgl. die Basis Ser.Nr. 198107.

522 Der Block liegt heute auf seiner Oberseite. Das Dübelloch lässt sich auf der Zeichnung Bauers erkennen.

523 Dies belegt ein erhaltener Gusskanal an der Oberseite von Ser.Nr. 197757.

524 Dabei handelt es sich um eine große Zahl kleinerer Fragmente, die sich auf dem gesamten Portikusareal und im Bauermagazin befinden. Die Dokumentation wurde auf die besser erhaltenen und signifikanten Stücke beschränkt. Die Zahl der Fragmente, die lediglich die Stärke von Verkleidungsplatten aufweisen, ist deutlich größer, da die einzelnen Platten bzw. ihre Fragmente in mehrere Teile zersprungen sind. Sie waren daher zur Wiederverwendung als Spolie weniger geeignet als die tieferen Pilaster.

525 Nur drei an Wandblöcken angearbeitete Pilaster haben sich erhalten. Ser.Nr. 197117. 197166. 197210. Das Fragment Ser.Nr. 197117 gehört dem unteren Bereich des Pilasters an, da es auf der Seite noch Reste des durch ein lesbisches Kymation gerahmten Rechteckfeldes aufweist. Die Fragmente Ser.Nr. 197166. 197210 sind hingegen dem oberen Bereich des Pilasters zuzuordnen, da sie an ihren Schmalseiten Anathyrosen aufweisen. Im oberen Bereich der Pfeiler setzten Bögen an, die sich zwischen den Pfeilern erstreckten. Am Fragment Ser.Nr. 197166 ist der obere Abschluss des Pilasters erhalten. Er ist in derselben Form gestaltet wie es an den Halbsäulen

haben dieselbe Ikonographie und dieselben Detailmaße. Weder die gesamte ursprüngliche Höhe noch die Breite ist an den Fragmenten abzunehmen. Die Tiefe der vollplastischen Stücke liegt bei 61,5–72 cm[526], die der Pilaster bei 12–24 cm. Die Pilasterplatten sind an ihren Rückseiten mit dem Zahneisen geglättet und weisen glatte Schmalseiten auf. Die Oberseiten der Pilaster tragen Scamilli und zwei Klammerlöcher, durch deren Klammern die Stücke mit den Pfeilern dahinter verbunden waren[527].

Ornamentik

Die Halbsäulen und Pilaster tragen Stegkanneluren. Zu ihrer Oberseite schließen sie mit einer schmalen Lippe und einem Wulst ab (Abb. 65)[528]. Für die Halbsäule lässt sich die Kannelurzahl auf 13, für die Pilaster auf neun bestimmen. Ihre Ausführung ist sehr einheitlich. Unterschiede gibt es lediglich in den Detailmaßen der Stege, der Kannelurbreiten und -tiefen.

2.e. Die Kapitelle

Auf den Halbsäulen der Portikusfront und den Pilastern im Portikusinnenraum standen tuskanische Kapitelle aus weißem Marmor. Sie gliedern sich der Außenfassade und dem Innenraum entsprechend in Halbsäulen- und Pilasterkapitelle. Die Kapitelle bestehen aus einem Hals mit Blüten, einer Stufenprofilierung, einem Echinus mit Eierstab und einem Abakus (Abb. 66).

Belegt wird die Rekonstruktion durch acht Fragmente[529]. Die Zuweisung der Kapitellfragmente an die Portikus begründet sich durch ihre Maße. Sie stimmen mit denen der Halbsäulen bzw. Pilaster überein. Zeichnungen aus der Renaissance zeigen zudem Kapitelle, die in ihrer

Abb. 65 Portikus, ionischer Pilaster, Ser.Nr. 197684

Ikonographie mit den erhaltenen Stücken exakt übereinstimmen[530].

Rekonstruktion

Kein Stück weist die vollständigen Maße auf. Daher musste das Kapitell aus den erhaltenen Fragmenten rekonstruiert werden (Abb. 66). Die Kapitelle waren 91–93 cm hoch[531].

Außenfassade

Die Halbsäulenkapitelle hatten einen unteren Durchmesser von ca. 80 cm und einen Umfang von ca. 1,21 m[532]. Auf ihrem Hals befanden sich ihren Maßen nach je fünf Rosetten[533]. An ihrem Echinus waren 12–13 Eier angebracht[534]. Die Gestaltung des etwa 34,5 cm hohen Abakus

beobachtet wurde. Im Unterschied zu den bisherigen Stücken ist hier aber das anschließende Kapitell mit dem Pilaster in einem Stück gearbeitet. Zumindest für dieses Fragment ist es wahrscheinlich, dass es den Stirnseiten der Tabernentrennwände angehörte. So wiesen bereits die Blöcke mit Basen an den Tabernenstirnseiten im Unterschied zu denen an der Front unterschiedliche Höhenmaße auf, was sich durch den nachträglichen Eingriff an dieser Stelle erklären mag.

526 Ser.Nr. 197117. 197166.

527 Ser.Nr. 197684. Zwar ist nur ein Klammerloch erhalten, jedoch liegt dieses seitlich, so dass in Analogie ein zweites zu ergänzen ist.

528 Für die Halbsäulen: Ser.Nr. 197757, für die Pilaster: Ser.Nr. 197684.

529 Die beiden größten Stücke befinden sich auf dem Gelände der Portikus: Ser.Nr. 197166. 197238, vier weitere Fragmente im Chiostro von S. Francesca Romana: Ser.Nr. 197100. 197122. 197130. 197268 und zwei kleine Bruchstücke im Bauermagazin: Ser.Nr. 197599. 197953.

530 Zu den Renaissancezeichnungen: Zampa 2005.

531 Die Höhe ließ sich durch die Kombination von drei Stücken errechnen, die sich von der Unterseite bis zum Echinus erhalten haben (Ser.Nr. 197100. 197122. 197238) und einem Fragment, das den Abakus in voller Höhe aufweist (Ser.Nr. 197130). Der ermittelte Wert stimmt mit dem von Giulliano da Sangallo angegebenen Höhenmaß überein: Hülsen 1920, 34 f. 75 f. Taf. 26. 71.

532 Aus der Rundung der Halbsäulenkapitelle lässt sich ein unterer Durchmesser von 70–90 cm bestimmen, was mit den erhaltenen Halbsäulen in Einklang steht. Vgl. die Halbsäulen: Ser.Nr. 197098. 198026. Sangallo gibt in einer Zeichnung für die Halbsäulenkapitelle einen Durchmesser von 80 quattrini = 77 cm an. Demnach würde sich die Halbsäule nach oben erwartungsgemäß etwas verjüngen, woraus sich ein Umfang von π x 77 cm : 2 = 1,21 m ergibt.

533 So auch von Sangallo wiedergegeben: Hülsen 1910, 34 f. 75 f. Taf. 26. 71.

534 Dies ergibt sich aus dem Verhältnis von ca. 10,8 cm breiten Eiern zu dem Umfang der Kapitelle, der an der Stelle des Eierstabs bereits ca. 1,33 m betragen hat, da das Kapitell bis zum Eierstab um etwa 4 cm vorkragt. Der Durchmesser beträgt folglich ca. 85 cm. 85 cm x π : 2 = 133 cm; 133 cm : 10,8

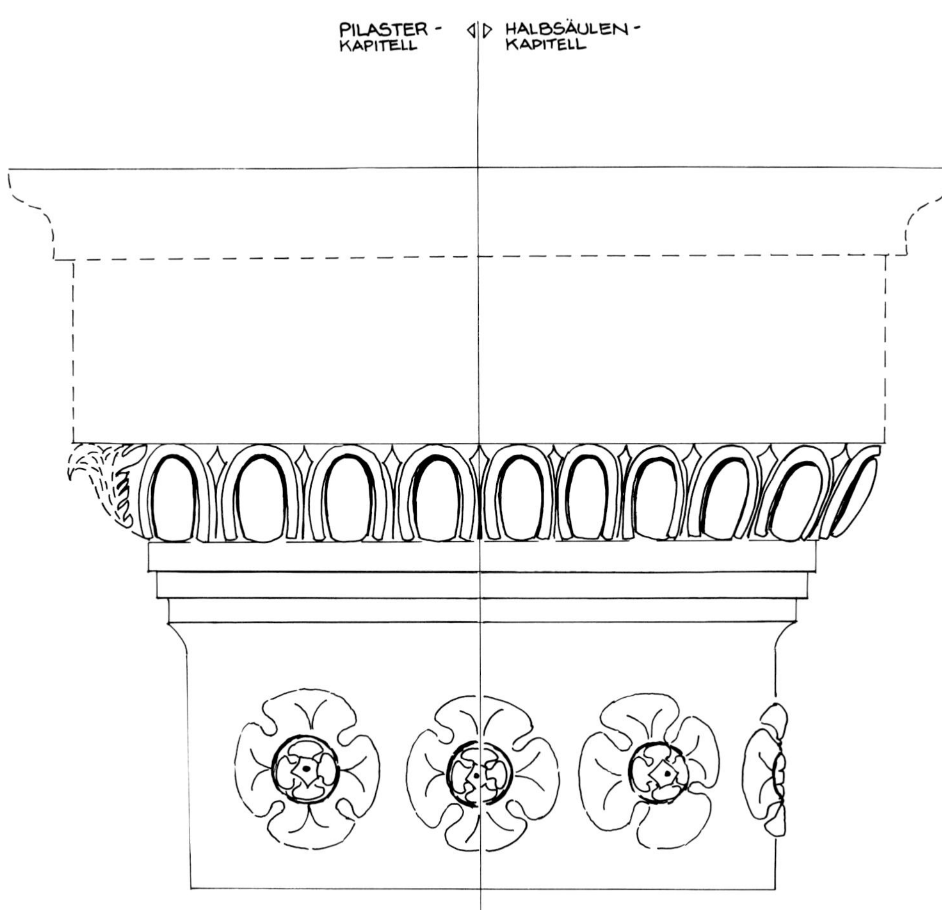

Abb. 66 Portikus, tuskanisches Kapitell, Rekonstruktionszeichnung, Gesamthöhe 92 cm

hat sich an keinem Exemplar vollständig erhalten. Es ist zu vermuten, dass das Kapitell über dem Echinus einen blockartigen Abakus besaß, der durch ein Kyma reversa und eine Leiste abgeschlossen wurde[535]. Die Kapitelle waren mit den Halbsäulen darunter verdübelt[536]. Ober- und Rückseiten sind nicht erhalten.

Innenraum

Die Breite der Pilasterkapitelle betrug 76–77,6 cm[537], was den Pilasterfragmenten entspricht[538]. Ein Pilasterkapitell ist Teil einer Wandverkleidung und 22 cm tief[539]. Die übrigen drei Pilasterkapitelle sind in einem Stück mit dem Pfeiler gearbeitet, wobei sich nur eines in ganzer Tiefe von 61,5 cm erhalten hat[540]. Die Rückseiten sind jeweils grob gepickt. Ihrer Größe nach und gemessen an dem zur Verfügung stehenden Platz befanden sich auf ihrem Hals je drei Rosetten[541]. An ihrem Echinus waren 7–8 Eier

= 12,3 Eier. Da die Eier in ihren Breitenmaßen durchaus variieren können, ist die genaue Anzahl nicht mehr festzustellen. Wären es 13 Eier, entspräche dies der Kanneluranzahl.

535 Diese Vermutung stützt sich zum einen auf die Zeichnung Sangallos und andere Renaissancezeichnungen, die das Kapitell in entsprechender Form wiedergeben; zum anderen ist auf die Halbsäulen- und Pilasterkapitelle der Portikus der Basilica Iulia zu verweisen (Lauter 1982, Taf. 142), die in allen Einzelformen denen der Portikus der Basilica Aemilia entsprechen und ebenfalls eine solche Abakusgestaltung aufweisen. Das Kymation am Abakus der Kapitelle der Portikus der Basilica Iulia ist nicht weiter dekoriert. Den Renaissancezeichnungen zufolge könnte hier an der Portikus der Basilica Aemilia ein Scherenkymation angebracht gewesen sein (Hülsen 1910, Taf. 71; Zampa 2005, 214–223). An den überlieferten Stücken lässt sich lediglich erkennen, dass der Abakus über dem Eierstab leicht vorkragt und in einem Bereich von mindestens 8,4 cm plan ist (Ser.Nr. 197130).

536 Ser.Nr. 197100.

537 Sie beträgt am Fragment Ser.Nr. 197238 76 cm, am Fragment Ser.Nr. 197166 ist sie bis zur Mitte erhalten und lässt sich dadurch auf ca. 77,6 cm berechnen.

538 Vgl. etwa die Pilasteranläufe an den Basen Ser.Nr. 197024. 198064–198065.

539 Ser.Nr. 197130.

540 Ser.Nr. 197166.

541 So auch von Sangallo wiedergegeben: Hülsen 1910, 34 f. 75 f. Taf. 26. 71.

angebracht. Vom Abakus sind ebenfalls keine Fragmente erhalten.

Die Kapitelle waren mit den Pfeilern darunter verdübelt[542]. Die Schmalseiten sind glatt[543]. Einzig Fragment Ser.Nr. 197130 weicht von den übrigen ab, da die Fuge hier schräg verläuft. Es ist an einer Ecksituation zu verorten[544]. Die Oberseiten sind glatt[545]. Zumindest manche Pilasterkapitelle bestanden ihrer Höhe nach aus zwei getrennt voneinander gearbeiteten Blöcken[546].

Ornamentik

Das Kapitell besteht aus einem Hals, Stufenprofilierung, Echinus mit Eierstab und Abakus (Abb. 66). Der Säulenhals ist 31,6–33,5 cm hoch und hat die Form eines Cavettos, der oben durch eine Rundung zu der dreistufigen Profilierung überleitet. Auf dem Halsmantel der Kapitelle waren Rosetten angebracht (Abb. 67. 70–71)[547]. Die Rosetten setzen in einer Höhe zwischen 4 und 9,5 cm von der Unterseite aus an und haben einen Durchmesser zwischen 16 und 19 cm. Sie bestehen in ihrer Grundform aus einem Stempel, der von vier Blättern umgeben ist. Die einzelnen Stufen der Profilierung kragen nach oben hin vor und gewinnen an Höhe. Die Gesamthöhe der Stufenprofilierung variiert an den einzelnen Stücken zwischen 8,25 und 12,75 cm.

Abb. 67 Portikus, tuskanisches Pilasterkapitell, Ser.Nr. 197122

Abb. 68 Portikus, tuskanisches Halbsäulenkapitell, Ser.Nr. 197268

Abb. 69 Portikus, tuskanisches Pilasterkapitell, Ser.Nr. 197130

Der Echinus ist ungewöhnlicherweise mit einem auf den Kopf gestellten Eierstab geschmückt[548]. Die Gestaltung der Eier erinnert an archaische Formen[549]. Die Eier sind lang und laufen an den Enden hufeisenförmig

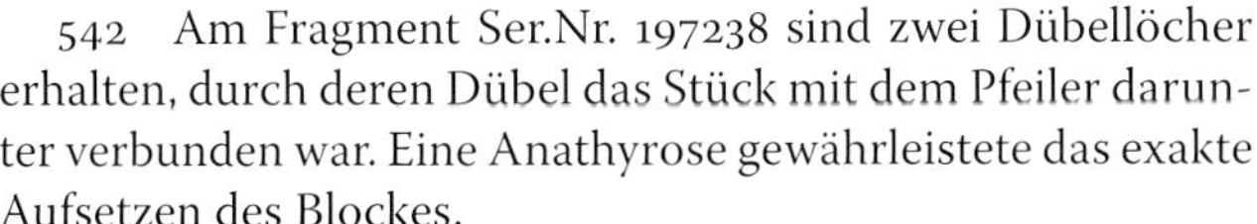

542 Am Fragment Ser.Nr. 197238 sind zwei Dübellöcher erhalten, durch deren Dübel das Stück mit dem Pfeiler darunter verbunden war. Eine Anathyrose gewährleistete das exakte Aufsetzen des Blockes.

543 Ser.Nr. 197130. 197166. 197238. Mit Anathyrose Ser. Nr. 197130. 197166. An Ser.Nr. 197122 befindet sich an der Schmalseite hingegen eine Leiste. An diesen Stellen dürfte der Bogen angesetzt haben.

544 Da der Winkel der Schrägfuge 130° hat, müsste die Ecke – vorausgesetzt das anschließende Stück verhält sich ähnlich – einen stumpfen Winkel aufgewiesen haben, wie er an der Westseite der Portikus entstanden sein könnte.

545 Ser.Nr. 197100. 197130. 197166.

546 Ser.Nr. 197166 wird oberhalb des Cavettos geschnitten; Ser.Nr. 197130 endet oberhalb des Echinus. Möglicherweise gehören diese Blöcke den Stirnseiten der Tabernentrennwände an, für welche wegen der hier vorgenommenen Planänderung (Kap. VI.2.c.) keine maßgenauen Blöcke zur Verfügung standen.

547 Ser.Nr. 197100. 197122. 197166. 197238. 197599. 197953.

548 Vgl. bspw.: Serapaion in Milet: Strocka 2002, 91 f. Abb. 8, ein Pasticcio einer Vase im Palazzo Altemps: De Angelis d'Ossat 2002, 82 und die Archivolten der Iwane des Heiligtums von Hatra: Sommer 2003, 66 Abb. 86; 72 Abb. 100. 101. Ferner den unteren Torus der Säulenbasis des Innenraums des Mars-Ultor-Tempels. Er trägt einen Eierstab mit Zwischenblättern oben, so dass er auf den Kopf gestellt scheint: Ganzert 1996a, 219 Taf. 84,7. 85,3.

549 Vgl. Weickert 1913, Taf. 1c und 2a; Gruben 1972, 13 Abb. 9; Gruben 1982, 225 Abb. 14; Gruben 1997, 359 Abb. 50.

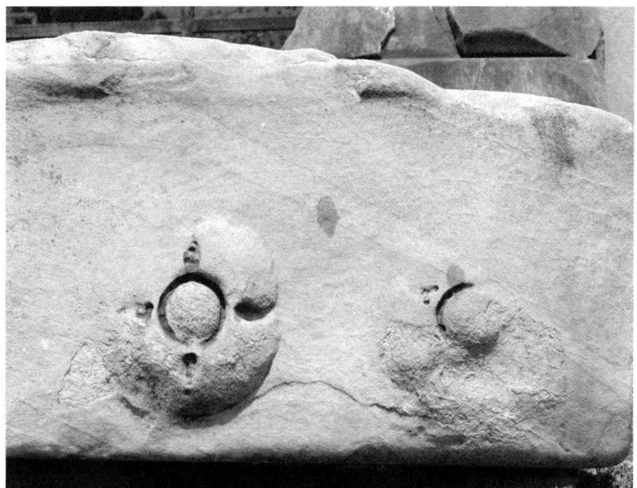

Abb. 70 Portikus, tuskanisches Pilasterkapitell, Ser.Nr. 197238

Abb. 71 Portikus, tuskanisches Halbsäulenkapitell, Ser.Nr. 197100

zusammen (Abb. 68–69). Die mit breiten Stegen versehenen Hüllblätter nehmen die Form der Eier auf. Die Zwischenblätter enden in Form einer schmalen Pfeilspitze, ohne die Hüllblätter zu berühren. An den Ecken des Echinus der Pilasterkapitelle waren Akanthusblätter mit breiten Blattfingern angebracht (Abb. 69)[550].

Die Ausführung der Rosettenblüten ist sehr unterschiedlich. Am detailreichsten ist die Blüte am Kapitellfragment Ser.Nr. 197122 ausgeführt (Abb. 67). Der Blütenstempel wird durch zwei Kreise vierblättriger Blüten gebildet. Die einzelnen Blätter sind durch Punktbohrungen voneinander getrennt, der gesamte Stempel ist tief aus dem Relief gearbeitet. Die vier großen Blätter, die den Blattkranz um die Blütenmitte bilden, sind in je zwei nebeneinanderliegende Blattteile gegliedert, die jeweils eine feine Mittelrille aufweisen. Die Blätter entwachsen um die Blütenmitte fast senkrecht dem Reliefhintergrund.

Andere Fragmente zeigen, dass man sich nicht immer dieselbe Mühe in der Ausarbeitung der Blüten gemacht hat. An der Blüte von Fragment Ser.Nr. 197238 ist die beschriebene Binnendifferenzierung im Stempel nicht ausgeführt worden (Abb. 70). Am Fragment Ser.Nr. 197100 sind die Blütenkranzblätter weitaus weniger hinterbohrt und einzelne Blätter nicht bis auf den Reliefgrund getrennt (Abb. 71). Dieselbe Zurückhaltung beim Einsatz des Bohrers zeigt sich auch an der Rille, die den Blütenstempel umgibt.

Die Eier des Echinus sind mit einer breiten, gut ausgearbeiteten, aber nicht sehr tiefen Rille umbohrt (Abb. 69)[551]. Der Reliefhintergrund liegt neben den Zwischenblättern deutlich höher. So hebt sich das Zwischenblatt nur wenig vom Reliefhintergrund ab.

Die Oberfläche der Eier vom Kapitell Ser.Nr. 197130 ist zu stark verwittert, als dass man darüber Aussagen treffen könnte. Gleiches gilt für das Zwischenblatt. Die Hüllblätter sind kantig gearbeitet. Das Fragment Ser.Nr. 197268 trägt auf den Eiern waagrechte Streifen, die wohl von der Bearbeitung herrühren und nicht entfernt wurden (Abb. 68).

2.f. Bögen

Zwischen den Pfeilern der Portikusfront sowie über den Eingängen der Tabernen und Durchgängen zur Basilica waren Bögen gespannt. Sie bestanden zum Großteil aus Marmor, einige Bereiche der Portikusfront waren anstelle des Marmors in Travertin gebaut und lediglich mit Marmor verkleidet. Die Archivolten sind zweifach fasziert und werden durch ein lesbisches Kymation abgeschlossen (Abb. 72). Das Soffittenfeld wird von einem Pfeifenstab gesäumt (Abb. 73). In der Mitte des Soffittenfeldes verläuft eine Kordel. Belegt wird die Rekonstruktion durch eine große Zahl an Bogenfragmenten[552]. Ihre Zuweisung an die Portikus ergibt sich aus dem den Stücken zu entnehmenden Durchmesser für die Bögen von knapp 5,00 m (Abb. 74), womit sie in die Interkolumnien der Portikusfront, aber auch zwischen die Tabernentrennwände und Basilicadurchgänge passen. Ferner ist an einem der Bogenblöcke ein geringer Rest des Ansatzes von Halbsäu-

550 Ser.Nr. 197130. Vgl. weiter die Zeichnungen Sangallos, Hülsen 1910, Taf. 71, die ebenfalls ein solches Blatt an den Ecken des Pilasterkapitells aufweisen.

551 Ser.Nr. 197130. 197268.

552 Einige größere Stücke befinden sich auf dem Gelände der Portikus. Sie zeigen teilweise den Ansatz der gekrümmten Soffitte oder sind durch ihre polygonale Zurichtung dem Zwickelbereich von Bögen zuzuweisen. Viele weitere Fragmente von Archivolten und Bogensoffitten liegen im Bauermagazin.

Abb. 72 Portikus, Bogenfragment, Ser.Nr. 197347

le und Pilaster erhalten[553]. Lediglich von den Impostenprofilen sind keine Fragmente überliefert.

Rekonstruktion
Die zu den Bögen gehörenden Fragmente lassen sich in unterschiedliche Gruppen einteilen, wobei die erste 90–100 cm tief[554], die zweite ca. 60 cm tief ist[555]. Ihre Zuweisung an die jeweilige Position innerhalb der Portikus ergibt sich aus den differierenden Tiefenmaßen der Pfeiler, die durch die *in situ* stehende und die sicher rekonstruierbare Basis für die Portikus- und die Tabernenfront vorgegeben sind (Tab. 14)[556].

Bögen der Portikusfassade
Keines der erhaltenen Fragmente weist die volle Höhe oder Breite des Bauglieds auf. Es gibt Bogenkeilsteine aus Marmor, denen der Dekor angearbeitet ist und solche aus Travertin, die mit reliefierten Marmorplatten verkleidet waren[557]. Dies legen 15 Soffitten und Archivoltenfragmente einer Verkleidung nahe, die dieselbe Ornamentik wie

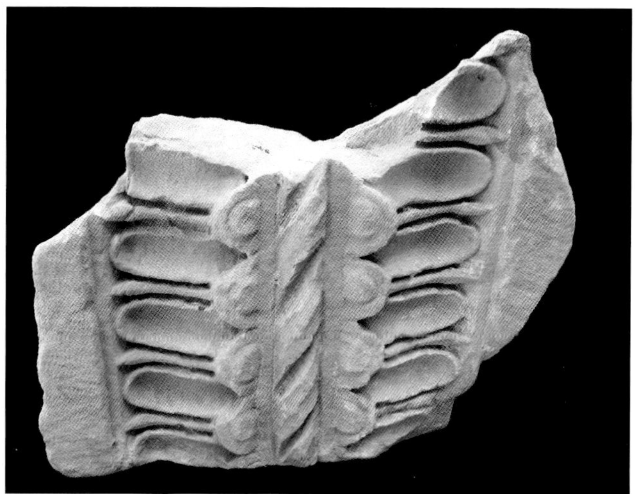
Abb. 73 Portikus, Bogenfragment, Verkleidung, Ser.Nr. 197226

die vollplastischen Bauglieder aufweisen[558]. Ihre Tiefen variieren zwischen 8 und 16 cm. Einige Rückseiten sind

553 Ser.Nr. 197096.

554 Ser.Nr. 197068. 197096. 197436. 198028. 198030–198031.

555 Ser.Nr. 197063. 197066–197067. 197124. 197192. 197201. 197588. 198024.

556 Vgl. bes. Ser.Nr. 197024. 198064 in Kap. VI.2.c.

557 Aus Travertin bestehen die Stücke Ser.Nr. 198028. 198030–198031.

558 Ser.Nr. 197196. 197226. 197307. 197353. 197364. 197370. 197531. 197571. 197690. 197715. 197866. 197902. 197949. 197973. 198018. Zwei Soffittenfragmente sind deutlich konkav (Ser.Nr. 197196. 197370). Eine vergleichbare Situation, dass Bögen an ihrer Unterseite verkleidet wurden, begegnet im Eingangsbereich und der Grabkammer des Hadriansmausoleums, wie dort entsprechende Löcher beweisen und an der Porticus Octaviae. Im Gartenstadion auf dem Palatin wurden Halbsäulen mit exakt zugeschnittenen Marmorplatten verkleidet: Iara 2007.

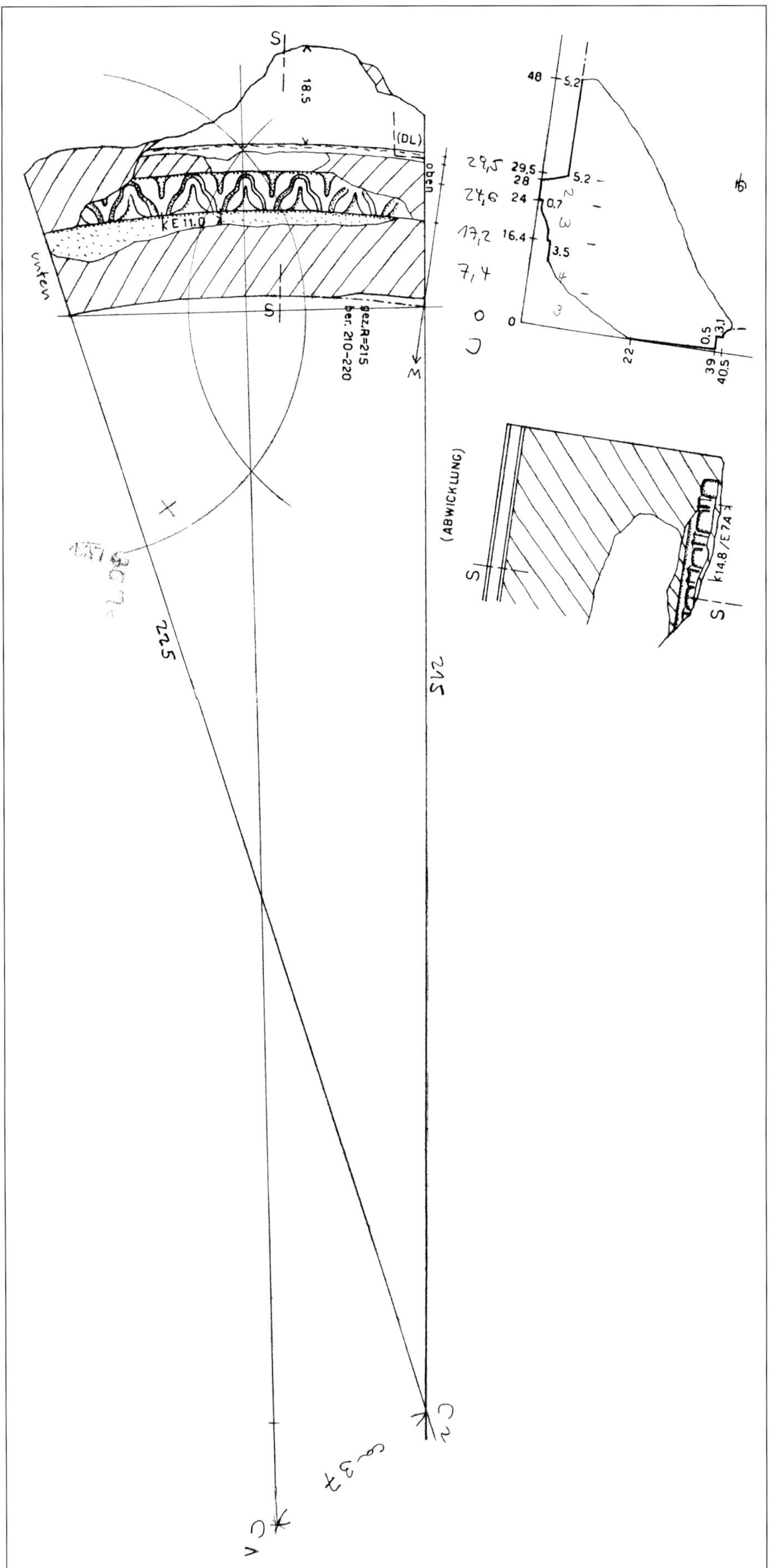

Abb. 74 Portikus, Bogenfragment, Zeichnung, Ser.Nr. 197068

Abb. 75 Portikus, Bogenfragment, Ser.Nr. 197446

Abb. 76 Portikus, Bogenfragment, Ser.Nr. 197700

glatt, andere grob gepickt[559]. Spuren der Verklammerung sind an keinem Fragment vorhanden.

Bögen an der Tabernenfront

Auch von diesen Stücken hat sich keines in kompletter Höhe oder Breite erhalten. Sie bestehen alle aus Marmor. Die Ornamente gleichen in ihren Maßen denen der Portikusfront.

Ornamentik

Das Soffittenfeld ist etwa 30 cm breit[560]. Es wird durch eine schmale, leicht abgesetzte Leiste und einen Pfeifenstab gerahmt (Abb. 73). Die konkaven Pfeifen liegen auf einem s-förmigen Untergrund. Sie sind zwischen 4,5 und 7,5 cm breit und 7 9,5 cm lang. An vier Fragmenten liegen die Pfeifen schräg zum Rand[561]. Zwischen den Pfeifen befinden sich schmale Lanzettblätter, von denen einige pfeilspitzenartige Köpfe besitzen (Abb. 73). An der Fußzone der Pfeifen verläuft ein Band aus Halbkreisen, wobei die Scheitelpunkte der Kreise ungefähr zwischen den Pfeifen sitzen (Abb. 73). Die Oberseite der Halbkreise stellt das Negativ zu den Pfeifen dar, insofern als der Randbereich hier etwas tiefer gelegt ist[562]. In den Ecken der Soffitten liegen Palmetten mit sieben breiten Fingern, die sich über die benachbarten Pfeifen legen[563]. In der Mitte des Soffittenfeldes befindet sich, durch den Pfeifenstab gerahmt, eine 3,5–4,5 cm breite Kordel (Abb. 73).

Die Archivolte ist 29,5 cm hoch und wird durch zwei Faszien, ein lesbisches Kymation und eine Leiste geschmückt. Bei dem lesbischen Kymation handelt es sich weder um ein Scheren- noch um ein Bügelkymation, sondern um eine in der Forschung als Bindekymation bezeichnete Zwischenform (Abb. 72)[564]. Der obere Ornamentumriss entspricht dem des Scherenkymations, der untere hingegen demjenigen des Bügelkymations. Als Bügelfüllung dienen zwei nach unten hängende Blätter, die durch einen runden, in seiner Form der Öse entsprechenden Steg miteinander verbunden sind. Eine Ornamenteinheit ist zwischen 10 und 11 cm breit und 6,5–9 cm hoch.

Die Pfeifenstäbe der Soffitte liegen meist relativ flach auf dem Reliefhintergrund auf. Sie wurden hauptsächlich mit dem Meißel angelegt und nur vereinzelt tauchen Bohrungen auf, des Öfteren in Punktform zwischen den Überlappungen. An manchen Stücken wurden die Pfeifen aber auch deutlich höher aus dem Relief gearbeitet. Die Lanzettblätter werden mittig durch einen Grat verziert. Die einzelnen Elemente der Kordel wurden an manchen Stellen durch scharfkantig gezogene Rillen stark voneinander abgesetzt (Abb. 73), andernorts sind diese Rillen in die Wulstoberfläche nur leicht eingeritzt (Abb. 75). Darüber hinaus ist die Kordel unterschiedlich eingebettet. Entweder liegt sie lediglich dem flachen Untergrund auf (Abb. 75) oder sie wird durch eine sie umgebende Rille

559 Glatt: Ser.Nr. 197196. 197307. 197353. 197364. 197370. 197571. 197866. 197902. 197973. 198018. Grob gepickt: Ser.Nr. 197226. 197690. 197715. 197949. An der Rückseite von Fragment Ser.Nr. 197973 ist darüber hinaus eine Rille zu sehen, bei Fragment Ser.Nr. 197307 eine Stufe.

560 Ser.Nr. 197096.

561 Ser.Nr. 197307. 197384. 197784. 197814.

562 Eine entsprechende Gestaltung begegnet an archaischen Pfeifenstäben. Vgl. bspw. die Pfeifen des Kapitells von San Omobono aus dem 6. Jh. v. Chr.: Pisani Sartorio 1995, 281–285; Pisani 1982; Prayon 1984, 158 Abb. 1. 2; Boethius – Ward-Perkins 1970, Taf. 17.

563 Ser.Nr. 197096.

564 Ser.Nr. 197068. 197229. 197338. 197347. 197415. 197436. 197564. 197587. 197648. Zur Bezeichnung als Bindekymations: Ganzert 1988, 120 f.; Ganzert 1996a, 219.

Abb. 77 Portikus, Bogenfragment, Ser.Nr. 197338

Abb. 78 Portikus, Bogenfragment, Ser.Nr. 197690

tief aus dem Relief gearbeitet (Abb. 76). Die Kordel weist an manchen Stücken eine Binnenzeichnung in Form eines feinen Grates auf, was aber auf wenige Fragmente beschränkt bleibt (Abb. 73).

Die Faszien der Archivolten wurden mit dem Zahneisen geglättet und weisen oben einen mit dem Flacheisen gearbeiteten Randschlag auf. Die Oberfläche der Blätter des lesbischen Kymations der Archivolte ist meist durch Wülste differenziert, in einigen Fällen aber auch plan belassen (Abb. 77–78). Die einzelnen Einheiten sind an manchen Stellen kaum voneinander getrennt[565], andernorts durch eine tiefe Bohrrille separiert[566]. Bei letzteren sind die Ornamente hoch im Relief und von ihrem Hintergrund klar abgesetzt. Der Bohrer kam vielfach zum Einsatz, wodurch schmale und tiefe Rillen entstanden. An einem Fragment ist das Kymation nicht voll ausgearbeitet (Abb. 78)[567]. Die Ornamente nehmen weder an den Soffitten noch an den Archivolten Rücksicht auf den Fugenschnitt.

Ein einziges Fragment fällt, was die Anordnung der Ornamente angeht, aus der Reihe[568]. Zu erkennen ist der mittlere Bereich der Soffitte. Im Unterschied zu den übrigen Stücken fehlt hier aber die Fußzone mit dem Halbkreisband der Pfeifenstäbe und die Kordel ist nicht in der Mitte zwischen den Pfeifenstäben angebracht, sondern befindet sich zur Seite verschoben direkt an einem der beiden Pfeifenstäbe.

565 Ser.Nr. 197690.
566 Ser.Nr. 197648.
567 Ser.Nr. 197690.
568 Ser.Nr. 197657.

2.g. Fenster und Türen

Es haben sich mehrere Fragmente auf dem Gelände der Portikus und im Bauermagazin erhalten, die zu Türen und Fenstern gehören[569]. Als Orte der Anbringung bieten sich unter anderem die Schmalseiten der Portikus an[570]. Erwähnung soll hier nur eine Türlaibung finden, die sich heute an der westlichen Schmalseite der Portikus befindet und für das Verständnis dieses Bereichs der Portikus von Bedeutung ist (Abb. 79)[571]. Der Türrahmen ist 1,125 m tief. Seine Gesamtbreite beträgt 26,5 cm. An der zum Durchgang zeigenden Seite beginnt analog zu den Pfeilern in 37 cm Höhe ein 66,8 cm breites, von einem glatten Kymaprofil umrahmtes, vertieftes Rechteck. Die Laibungen waren wie die Archivolten der Bögen geschmückt. Die Innenseite – also die ins Portikusinnere weisende Schmalseite – weist zwei Faszien auf. Die erste ist ca. 8 cm, die zweite ca. 9 cm breit. Die Profilierung, die sich ursprünglich darüber befunden haben muss, ist abgeschlagen. Hier dürfte ein lesbisches Kymation die Faszien abgeschlossen haben[572]. Die Außenseite ist nicht erhalten, dürfte aber gleich gestaltet gewesen sein. Manche Fragmente der oben erwähnten Verkleidung sind gerade[573]. Sie könnten neben den noch relativ geraden Bogenansätzen auch zu Fenstern oder Türen gehört haben.

569 Sie werden von C. Ertel bearbeitet.

570 Fenster und Türen werden zumindest für die westliche Schmalseite von den Renaissancezeichnungen beschrieben: Zampa 2005.

571 Ser.Nr. 197692. Das Stück steht nicht *in situ* und wurde um 180 Grad um die eigene Vertikalachse gedreht.

572 Die Gesamtbreite, aber auch die Zahl und Detailmaße der Faszien der Türlaibung entsprechen nämlich genau denen der Archivolten der Bögen zwischen den Pfeilern zu den Bögen vgl. Kap. VI.2.f.

573 Vgl. Kap. VI.2.f.

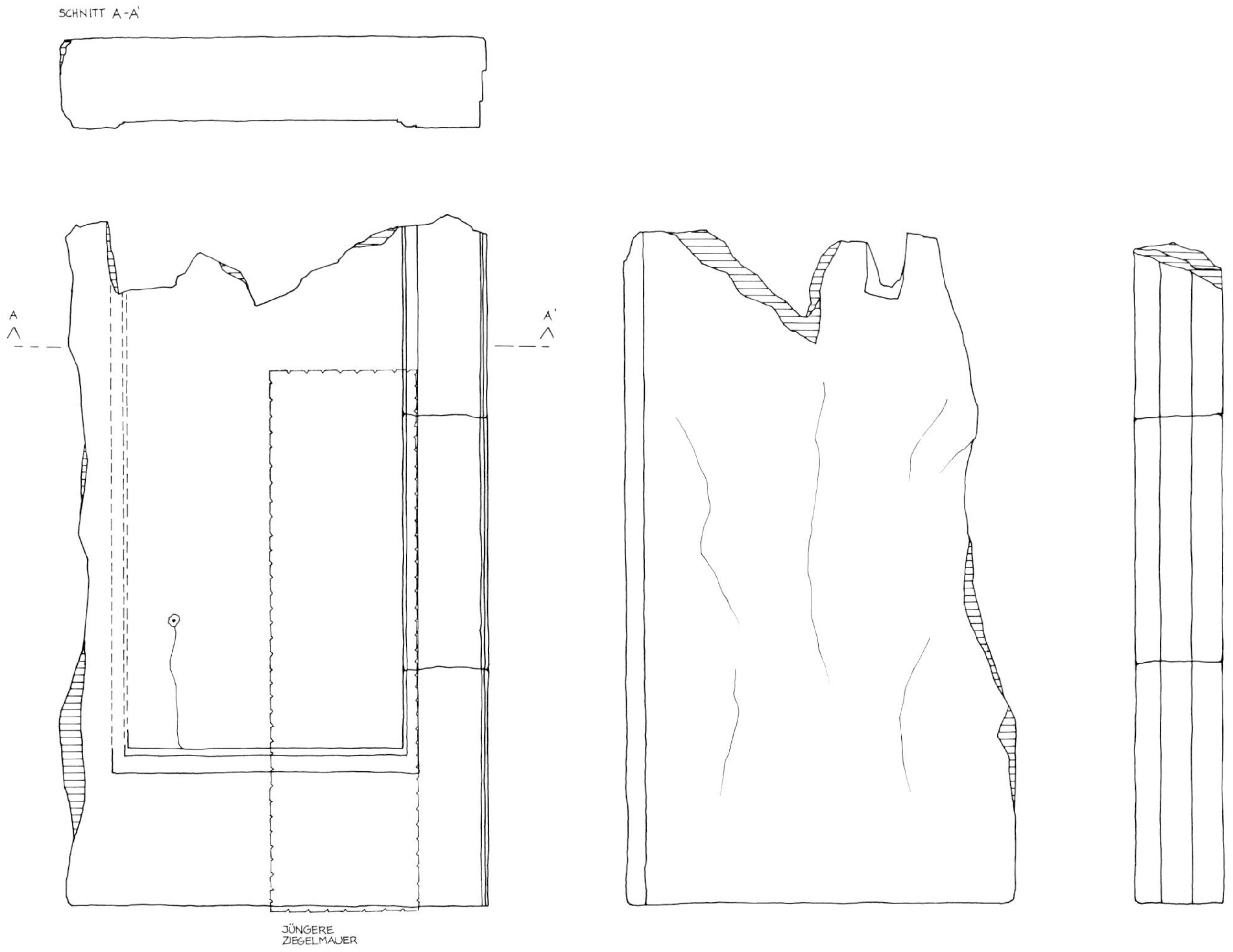

SCHNITT A-A'

A A'

JÜNGERE ZIEGELMAUER

Abb. 79a und b
Portikus, Tür,
Zeichnung und Photo,
erhaltene Höhe ca. 193 cm,
Ser.Nr. 197692

Abb. 80 Portikus, dorisierender Architrav, Außenfassade, Ser.Nr. 198103

2.h. Der Architrav

Über den tuskanischen Kapitellen und Bögen ist ein Architrav zu rekonstruieren, der eine Mischform dorischer und ionischer Elemente darstellt. Grundsätzlich gehört er einem Bau von dorischer Ordnung an. So trägt er eine Taenia, Regulae und Guttae. Andererseits ist er mit Faszien geschmückt, einem Element der ionischen Architektur (Abb. 80).

Belegt wird die Rekonstruktion durch 19 Architravfragmente aus weißem Marmor[574]. Die Tiefe des besterhaltenen Blocks Ser.Nr. 198103 entspricht den durch die Pfeiler, Kapitelle und Bögen der Portikus vorgegebenen Maßen und beweist die Zugehörigkeit der Stücke zur Portikus der Basilica Aemilia[575].

Rekonstruktion

Die Architravblöcke lassen sich in zwei Gruppen einteilen. Die Stücke der südlichen Außenfassade und vielleicht der Schmalseiten waren vollplastisch gearbeitet, 53,3–60 cm hoch und haben zwei Faszien. Die Architravfragmente des Portikusinnenraums sind hingegen nur ca. 48 cm hoch und tragen stets drei Faszien. Hierzu zählen vollplastische 56,5–60,5 cm hohe Blöcke, die an der Frontseite zum Innenraum gerichtet zu rekonstruieren sind und Werkstücke einer Wandverkleidung. Letztere gehören vermutlich dem Bereich über der Tabernenfrontseite und vielleicht auch den Schmalseiten an (Tab. 15). Drei Argumente sprechen für die beschriebene Platzierung der verschiedenen Gruppen:

1. Der niedrigere Architrav steht üblicherweise im Innenraum, der im Gegensatz zur Außenfassade mit einem Gewölbe überdeckt war[576].
2. Die marmorne Wandverkleidung bietet sich eher für den Innenraum der Portikus an, wo sie Wände aus anderem Material verkleiden konnte.
3. Die Renaissancezeichnungen zeigen die Portikusaußenfassade mit zwei Faszien[577].

Außenfassade

Der Portikusfassade lassen sich sieben vollplastische Architravblöcke zuweisen. Ihre Höhe beträgt zwischen 53,5 und 60 cm[578]. Ihre untere Tiefe liegt bei 1,32 m[579], die obere Tiefe ist nicht erhalten. An manchen Stellen bestand der Architrav aus zwei hintereinandergelegten Blöcken[580]. Die ursprüngliche Breite der Architravblöcke ist nicht mehr zu bestimmen. Da die Schmalfugen die Triglyphen nicht in der Mitte schneiden, überspannten die Architravblöcke nicht das gesamte Interkolumnium, sondern bestanden aus kürzeren Blöcken, die auf den Bögen aufsaßen[581]. Am Architravblock Ser.Nr. 198103 haben

574 Sieben größere Blöcke befinden sich auf dem Gelände der Portikus: Ser.Nr. 197155. 197170. 198086. 198103. 198105. 198670. 198672, die übrigen werden im Bauermagazin aufbewahrt: Ser.Nr. 197274. 197292. 197294–197295. 197551. 197613. 197744. 197772. 198120. 198123. 198668–198669.

575 Ferner ist auf die Renaissancezeichnungen zu verweisen, die die Portikus mit diesem Architrav zeigen.

576 Vgl. bspw. die Portikus am Forum Holitorium: De Angelis d'Ossat 1934.

577 Zampa 2005.

578 Ser.Nr. 197155. 198103. 198670. Da der Architravblock Ser.Nr. 198103 bei einer Breite von 2,545 m in der Höhe um mehr als 3 cm variiert, dürften alle Stücke derselben Ordnung angehören.

579 Ser.Nr. 198103.

580 So ist das Stück Ser.Nr. 198670 88,5 cm tief und der Block Ser.Nr. 198086 weist eine Tiefe von 59,5 cm auf.

581 Vgl. das Tabularium (Delbrueck 1979, 35 Abb. 31), das zeitgleiche Marcellustheater (Fidenzoni 1970, 61 Abb. 33) und

Abb. 81 Portikus, dorisierender Architrav, Verkleidung, Innenraum, Ser.Nr. 198120

Abb. 82 Portikus, dorisierender Architrav, Verkleidung, Innenraum, Ser.Nr. 198123

sich zwei Regulae mit Guttae und der Platz dazwischen erhalten, woraus man eine Längeneinheit für Metope mit Triglyphe von ca. 1,20 m erschließen kann (Abb. 80). Auf die Triglyphe entfallen davon 56–57,5 cm[582].

Die Unterseiten sind geglättet[583] und mit den Pfeilern durch Dübel verbunden[584]. Ein Streifen von 40 cm Tiefe im vorderen Bereich des Architravs unter der Zweifaszienseite ist leicht erhöht. An dieser Stelle kragen die Stücke auf die Kapitelle und über die Bögen vor[585]. Sie wurden anhand von Hebelöchern versetzt[586] und durch Klammern untereinander verbunden[587]. An mehreren Fragmenten erhaltene Stemmlöcher zeugen vom Versatz der Friesblöcke über dem Architrav[588]. Nur manche Friesblöcke wurden mit dem Architrav verdübelt[589]. Die Oberseiten sind zum Großteil grob gepickt und bilden nur stellenweise ein glattes Auflager; sie haben einen glatten Randschlag[590].

Innenraum

Dem Portikusinnenraum lassen sich 13 Architravfragmente zuweisen. Dazu gehören drei vollplastische Stücke, die an der Portikusfassade zum Innenraum gerichtet zu rekonstruieren sind und dieselbe Höhe wie die zum Forum gerichteten Blöcke haben[591]. Sie weisen drei gegenüber den beiden der Portikusaußenfassade kleinere Faszien auf. Darüber muss am selben Block der Fries angesetzt haben. Den beschriebenen Stücken entsprechen in ihren Maßen zehn Architravfragmente einer Wandverkleidung. Zwei haben sich in kompletter Höhe von 47,9 bzw. 48,1 cm erhalten (Abb. 81)[592]. Ihre Tiefen betragen zwischen 13 und 18 cm. Die Breite lässt sich nur an einem Stück vermutungsweise mit 1,74 m berechnen[593]. Ihre Regulae waren mit 46,5–48 cm schmaler als an den Zweifaszienseiten der vollplastischen Architravblöcke[594]. Die

die Portikus am Forum Holitorium (De Angelis d'Ossat 1934, 68 f. Abb. 2 f.).

582 Hierzu ausführlich bei der Besprechung des Frieses im folgenden Kap.

583 Ser.Nr. 198103. 198670.

584 Ser.Nr. 198103.

585 Ser.Nr. 198103.

586 Ser.Nr. 198103.

587 Ser.Nr. 198103. Die Schmalseiten weisen Anathyrosen auf: Ser.Nr. 198103. 198670.

588 An Ser.Nr. 198103 lässt sich dadurch eine Breite von 1,20 m für den darauffolgenden Friesblock ablesen.

589 Ser.Nr. 198103. Vgl. dazu Kap. VI.2.i.

590 Ser.Nr. 198103.

591 Ser.Nr. 198086. 198105 und die Rückseite des Architravblocks Ser.Nr. 198103.

592 Ser.Nr. 198120. 198123 (Tab. 15).

593 Ser.Nr. 198120. An diesem Fragment haben sich ein Hebeloch auf der Oberseite und eine Schmalseite erhalten.

594 Erhalten bzw. zu errechnen an Ser.Nr. 197292. 197295.

Abb. 83
Portikus, dorischer Fries, Außenfassade, Ser.Nr. 198029

Metopenbreite ist nicht mehr zu bestimmen[595]. Die Unterseiten und Nebenseiten der Verkleidungsplatten sind geglättet[596]. An manchen Stücken verlaufen die Stoßfugen nicht vertikal, sondern leicht schräg[597]. Die Rückseiten sind grob gepickt, glatt oder zeigen Vorsprünge[598]. Die Oberseiten sind fein geglättet; die Platten waren durch Klammern mit der Wand verbunden[599].

Eine Besonderheit stellt das Stück Ser.Nr. 198123 dar. Es ist gewinkelt (90°) und trägt eine Regula mit Guttae an der Ecke (Abb. 82). Es dürfte von einer Verkröpfung oder einem umbiegenden Bereich an den Schmalseiten der Portikus stammen.

Von besonderem Interesse ist ferner das Architravfragment Ser.Nr. 197551. Auf seiner Rückseite ist ein Pilaster angelegt. Das Stück wurde also nacheinander für zwei unterschiedliche Bauzusammenhänge ausgearbeitet, wobei nicht zu entscheiden ist, welche Seite zuerst bearbeitet wurde. Möglicherweise war bei der ersten Ausarbeitung ein Fehler unterlaufen, so dass das Stück für die ursprünglich vorgesehene Verwendung nicht mehr in Frage kam[600].

An den Architravfragmenten der Wandverkleidung lässt sich außerdem eine Zweitverwendung der Portikus verfolgen. Als die Portikus schon aufgegeben worden war, wurde eine große Zahl an Stücken einheitlich um ca. 11 cm in ihrer Höhe gekürzt[601]. Dies kann sich nur dadurch

595 Sie betrug an dem Fragment Ser.Nr. 198120 mindestens 62 cm.

596 Ser.Nr. 197613. 198120. 198123.

597 Ser.Nr. 197744. 198120.

598 Grob gepickt: Ser.Nr. 197274. 197292. 197294. 197613. 198123. Glatt: Ser.Nr. 197772. 198669. Vorsprünge: Ser.Nr. 197744. 198120.

599 Ser.Nr. 197292. 197294. 197772. 198120.

600 Derartiges ist des Öfteren belegbar. So zeigten mir Lucrezia Ungaro und Marina Milella dankenswerterweise in den Magazinen des Augustusforums ein Fragment, welches auf einer Seite als Architrav, auf der anderen als Fries ausgearbeitet wurde. Beide entsprechen den jeweils übrigen Stücken des Forums und sind augusteisch zu datieren.

601 Ser.Nr. 197274. 197292. 197294–197295. Bauer (DAInst Nachlass 205 f.) wies die Stücke einem oberen Stockwerk zu. Tatsächlich sind sie sekundär um etwas mehr als die unterste Faszie gekürzt worden, ursprünglich aber gehörten sie der Gruppe mit ca. 48 cm Höhe an (Tab. 15). Das wird zum einen dadurch deutlich, dass die verbliebenen Faszienhöhen und auch alle Detailmaße der Taenia und Regula den Maßen an den 48 cm hohen Architravplatten entsprechen. Zum anderen findet die Vermutung, sie seien nachträglich unten abgearbeitet worden, ihren sicheren Nachweis im Zustand der Unterseiten. Sind diese an den noch erhaltenen 48 cm hohen Plattenarchitraven nämlich übereinstimmend fein geglättet, zeigen die später abgearbeiteten Stücke sehr unterschiedliche Unterseiten, die teilweise gerundet, grob behauen oder mit einer Anathyrose versehen wurden: Glatt Ser.Nr. 197274; gerundet Ser.Nr. 197294–197295. 197551; mit Anathyrose Ser.Nr. 197292. Der Zeitpunkt des Eingriffs ist nicht zu bestimmen.

Abb. 84
Portikus, dorischer Fries, Außenfassade, Ser.Nr. 198032

erklären, dass sie in einen neuen Bauzusammenhang eingefügt wurden, der sich ungefähr an der Stelle der ursprünglichen Portikus befunden haben muss. Schließlich wurden die Stücke hier gefunden. An dem Fragment Ser. Nr. 197294 lässt sich außerdem noch eine Drittnutzung erkennen. Es wurde nämlich zu einer Türschwelle umfunktioniert.

Ornamentik

Auf der Vorderseite des Architravs der Portikusaußenfassade sind zwei Faszien angebracht, wobei die untere ca. 15–19 cm, die obere ca. 25–29 cm hoch ist (Abb. 80)[602]. An der ca. 6 cm hohen Regula befinden sich je sechs Guttae. Oben wird der Architrav durch eine ca. 8 cm hohe Taenia abgeschlossen. Auf der Vorderseite des Architravs des Innenraums sind drei Faszien angebracht, wobei die untere 9–11 cm, die mittlere 14–16 und die obere 17–20 cm hoch ist (Abb. 81)[603]. Die Taenia ist etwa 5 cm hoch, die mit sechs Guttae versehene Regula nur 1 cm.

Die Ornamentierung ist abgesehen von den unterschiedlichen Maßen an der Portikusfront und im Portikusinnenraum gleich. Die Faszien sind an manchen Stücken vertikal, an anderen hängen sie hingegen leicht über, wodurch der Architrav insgesamt weniger vorkragt[604]. Die Guttae haben die Form von kurzen Kegelstümpfen, die sich nach oben stark verjüngen. Die Taenia kröpft über der Regula leicht vor. Die Faszien wurden stets mit dem Zahneisen geglättet. Die Bereiche, an denen die Faszien vorspringen, und das Gebiet um die Guttae herum sind mit dem Flacheisen gearbeitet.

2.i. Der Fries

Auf den Architrav folgte ein dorischer Fries aus weißem Marmor. Die Metopen der Außenseite waren mit Bukranien und Paterae versehen (Abb. 83–84). Im Portikusinnenraum wurden die Metopen scheinbar zumindest teilweise nicht geschmückt (Abb. 85). Belegt wird die Rekonstruktion durch 17 Stücke[605]. Die untere Tiefe der voll-

602 Vgl. Tab. 15.
603 Vgl. Tab. 15.

604 Ser.Nr. 197155. 197294–197295. 197551. 198103. 198123 haben vertikal angelegte Faszien, die zweite Faszie von Ser.Nr. 198105 sowie die Faszien von Ser.Nr. 197274. 197292. 197613. 198120 hängen hingegen leicht über.

605 Acht größere Blöcke befinden sich auf dem Gelände der Portikus: Ser.Nr. 197069. 197118. 197222. 197256. 198029. 198032. 198052. 198054, eines im Lapidario Forense: Ser.Nr. 197633, die übrigen werden im Bauermagazin aufbewahrt: Ser.Nr. 197119. 197331. 197534. 197617. 197619. 197628. 197637. 197948. Für zusätzliche sieben Fragmente ist eine Zuweisung

Abb. 85 Portikus, dorischer Fries, Verkleidung, Innenraum, Ser.Nr. 198052

plastischen Friesblöcke von 1,42 bzw. 1,48 m[606] entspricht dem Tiefenmaß an der Oberseite des Architravs. Auch die einzelnen Detailmaße der Ornamentik korrespondieren mit denen der Architravblöcke[607] und beweisen die Zugehörigkeit des dorischen Frieses zur Portikus.

Rekonstruktion

Die zur Außenfassade der Portikus gehörigen Friesstücke sind 82–90 cm hoch. Hierbei handelt es sich um vollplastische Bauglieder und solche einer Verkleidung. Letztere sind an den Schmalseiten der Portikus zu rekonstruieren[608]. Der Fries der Portikusfront bestand demnach an manchen Stellen aus anderem Material und wurde mit Marmor verkleidet. Für den Innenraum sind ausschließlich vorgeblendete Friesplatten erhalten, die 69,7–71 cm hoch sind (Tab. 16). Die Platzierung der zwei Gruppen ergibt sich aus der oben dargelegten Positionierung der verschiedenen Architravgruppen[609].

Außenfassade

Die vollplastischen Friesblöcke haben eine Höhe von 82,3 bzw. 90 cm[610]. Die untere Tiefe beträgt 1,42 bzw. 1,48 m[611]. Die Fragmente der Verkleidung sind 10–17,6 cm tief[612]. Da die vollplastischen Stücke Teil eines scheitrechten Bogens waren (s. u.) und ihre Metopenbreite variiert, waren sie unterschiedlich breit[613]. Die Breite der Triglyphen beträgt ca. 60 cm, womit sie exakt über die Regulae der Außenseiten der vollplastischen Architravblöcke passen[614].

Die Triglyphen kamen mittig über den Pfeilerachsen zu liegen und hatten ein leicht erhöhtes und fein geglättetes unteres Auflager[615]. Nur in diesem Bereich waren die Friesblöcke mit dem Architrav verdübelt[616]. Die übrigen Unterseiten der vollplastischen Blöcke sind grob gepickt, stellten aber kein tatsächliches Unterlager dar[617], da der Fries als scheitrechter Bogen konstruiert war[618], wodurch das gesamte Gewicht des Gebälks direkt auf den Stützen ruhte, ohne den Architrav zu belasten[619]. Die Nebenseiten der Friesblöcke haben Anathyrosen und wurden untereinander verdübelt[620]. Die Rückseiten sind stark verwittert, so dass nicht zu entscheiden ist, ob hier der zum Innenraum gerichtete Fries angearbeitet war. Die Friesblöcke wurden anhand von Hebelöchern an ihrer Oberseite versetzt und anschließend mit dem darüber aufliegenden Geison verdübelt[621]. Anhand der unterschiedlichen Oberflächengestaltung lässt sich für das folgende Geison eine Tiefe des Auflagers von ca. 79 cm ablesen[622]. Unter- und

zum Fries der Portikus möglich, aber nicht sicher. Ser.Nr. 197351. 197456. 197601. 197707. 197712–197713. 197909.

606 Ser.Nr. 198029. 198032.

607 Vgl. Kap. VI.2.h.

608 Dies geht aus den Metopenbreiten der Friesplatten von ca. 80 cm hervor: s. u.

609 Vgl. Kap. VI.2.h.

610 Ser.Nr. 198029. 198032.

611 Ser.Nr. 198029. 198032.

612 Ser.Nr. 197119. 197256.

613 Die gesamte Breite eines Blockes hat sich nur an dem Friesblock Ser.Nr. 198032 erhalten und beträgt 1,10 m. Der Friesblock Ser.Nr. 198029 ist zwar nicht in ganzer Breite erhalten, doch dürfte er ursprünglich ca. 2,45 m breit gewesen sein.

614 Ser.Nr. 198029. 198032. Die entsprechenden Regulae der Architravstücke darunter waren 56,5–57 cm breit. Vgl. Kap. VI.2.h.

615 Ser.Nr. 198029. Durch die erhöhten Unterlager erklären sich zum Teil auch die starken Maßschwankungen in der Höhe der Blöcke.

616 Ser.Nr. 198029.

617 Ser.Nr. 197222. 198029. 198032.

618 Dies belegen die schrägen Schmalseiten von Ser.Nr. 198029. 198032.

619 Vgl. z. B. scheitrechte Bögen am Architrav des Tabulariums (Delbrueck 1979, 35 Abb. 31) oder an einem Gebälk am Augustusforum (Ganzert 1996a, 195 f.).

620 Ser.Nr. 197069. 198029. 198032.

621 Ser.Nr. 197069. 198029. 198032.

622 Zu erkennen an der Oberseite des Friesblockes Ser. Nr. 198032. Der vordere Bereich, auf dem das Geison zu liegen kam, ist feiner geglättet. Das Geison wurde zuerst ver-

Abb. 86 Portikus, dorischer Fries, Ser.Nr. 198029

Abb. 87 Portikus, dorischer Fries, Ser.Nr. 198032

Oberseiten der Friesplatten sind geglättet[623]. Ihre Rückseiten sind grob gepickt, bzw. weisen eine Stufe auf[624].

Alle Triglyphen der Außenfassade der Portikus sind gleich breit. Für die Metopen lassen sich hingegen drei verschiedene Breitenmaße belegen. So existieren Metopen mit einer Breite von ca. 1,00 m und solche mit einer Breite von ca. 80 cm (Tab. 16)[625]. An einem Architravblock ließ sich ferner eine Metopenbreite von ca. 60 cm abnehmen[626]. So ergeben sich für die Außenseite der Portikus der Basilica Aemilia insgesamt drei verschiedene Breitenmaße für die Einheit von Triglyphe und Metope: ca. 1,20 m, 1,40 m und 1,60 m. Dies erklärt sich aus dem polygonalen Grundriss des Gebäudes, bei dem unterschiedlich breite Jochweiten auftreten. Diesen musste mit unterschiedlich breiten Metopen begegnet werden, damit über den Pfeilern jeweils eine Triglyphe stehen konnte[627].

Vier Metopen-Triglypheneinheiten der Breite von 1,60 m sind an der Südfront der Portikus zu rekonstruieren[628], die Stücke mit 80 cm breiten Metopen waren hingegen an den Schmalseiten des Baus angebracht[629]. Der Architravblock mit der schmalsten Metope von ca. 60 cm Breite stand im Gebälk des zum Caesartempel vorspringenden Bereiches im Südosten[630].

An den Friesoberseiten lassen sich Unstimmigkeiten im Bauvorgang feststellen. So könnten zum einen zwei direkt benachbarte Dübellöcher auf Fehler im Bauvorgang hinweisen (Abb. 86–87)[631]. Zum anderen ist auf Ausar-

setzt, bevor der rückwärtige Bereich bedeckt wurde, wie die Gusskanäle der darunter befindlichen Dübellöcher belegen.

623 Ser.Nr. 197119. 197256.

624 Grob gepickt: Ser.Nr. 197119; mit wohl sekundär angebrachter Stufe: Ser.Nr. 197256.

625 80 cm breit sind die Metopen von Ser.Nr. 197119. 197222. 198032. 1,00 m breit hingegen die von Ser.Nr. 198029.

626 Ser.Nr. 198103. Vgl. Kap. VI.2.h.

627 Während der dorische Eckkonflikt in der griechischen Tempelarchitektur vielfach Thema wissenschaftlicher Abhandlungen war (zuletzt: Osthues 2005), ist der Umgang mit dem dieser Ordnung immanentem Konflikt in der römischen Architektur bislang kaum zur Sprache gekommen, obwohl es hier gerade an Bauwerken mit polygonalem Grundriss mit unterschiedlich breiten Jochweiten besonderer Lösungen bedurfte. So lässt sich zu den Lösungen, die an der Portikus der Basilica Aemilia Verwendung fanden, zum Vergleich beispielsweise der so genannte Herkulestempel in Cori anfügen, an dem drei verschiedene Metopengrößen zum Einsatz kamen. Zum einen weisen die Metopen der Längsseiten eine andere Breite auf als die der Front. Zum anderen differieren die einzelnen Frontmetopen in der Breite, da die mittleren Säulen ein abweichendes Interkolumnium aufweisen: Delbrueck 1979, 32–36 Abb. 30.

628 Sie entsprechen mit einer Gesamtbreite von ca. 6,4 m der Jochweite der Südfront der Portikus.

629 Diese Breiteneinheit ist auch in den Renaissancezeichnungen für die Schmalseite angegeben: Zampa 2005, 217 Kat. II. 5. 1.

630 Diese Positionierung wird durch ein hier mit Sicherheit zu rekonstruierendes Konsolengeison (Ser.Nr. 198057) belegt, dessen Kassettenmaße mit den Maßen der Metopen korrespondieren. Vgl. Kap. VI.2.j.

631 An den Unterseiten der Geisonblöcke müssen vor ihrem Versetzten zuerst die Dübellöcher angebracht worden sein. Als man sie an gleicher Stelle an den Oberseiten der Friesblöcke anbringen wollte und die entsprechenden Maße an den Unterseiten der Geisonblöcke abnahm, vertauschte man wohl Innen- und Außenkante. So arbeitete man eine Reihe an Dübellöchern aus, die sich als falsch platziert erwiesen. Daher war es notwendig, in einem zweiten Schritt jeweils ein zweites Dübelloch direkt neben dem ersten anzubringen. Nur so erklären sich die direkt nebeneinanderliegenden Dübel-

beitungen quadratischen Querschnitts zu verweisen, in die einst Zuganker eingelassen waren, die die Friesblöcke untereinander zusätzlich verbanden.

Die Zugstangen wurden sekundär angelegt, da sie über Dübellöcher laufen. Es ist nicht mit letzter Sicherheit zu entscheiden, wann sie angebracht wurden[632]. Da – wie später zu zeigen sein wird – das Gewicht des Portikusgewölbes auf dem Fries lastete, bestand die Gefahr, dass sich etwa beim Absinken eines Pfeilers Fugen öffneten. So belegen die Zugstangen, dass man Bedenken hinsichtlich der Statik hatte.

Dasselbe Phänomen lässt sich auch an den Pfeilern der Tabernenstirnseiten der Portikus beobachten, die nachträglich, aber in derselben Bauphase nach vorne versetzt wurden, wodurch der Portikusinnenraum und das Gewölbe an Tiefe verloren[633]. Vor diesem Hintergrund ist es denkbar, dass auch die Zugstangen der ursprünglichen Bauphase des Gebäudes angehören[634]. Da sie an allen Friesblöcken sowohl mit einer Metopenbreite von 80 cm als auch an solchen mit einer Metopenbreite von 1,00 m belegt sind, scheinen sie an der gesamten Außenfassade eingelassen worden zu sein und nicht etwa nur in einem bestimmten Bereich, der zerstört worden war und wieder errichtet werden musste. Sollte es sich bei diesen Zugstangen hingegen um Überreste einer Reparaturphase handeln, ist davon auszugehen, dass die gesamte Portikus eingestürzt war oder komplett abgebaut wurde, um anschließend mit denselben Blöcken wieder aufgebaut zu werden, was mir weniger wahrscheinlich erscheint.

Innenraum

Der Innenraum hat einen Fries in Form von Verkleidungsplatten mit einer Höhe von 69,7–71 cm (Abb. 85)[635]. Die Breite der Triglyphen beträgt ca. 44 cm, womit sie genau über die Regulae des Architravs des Portikusinnenraums passen[636]. Die Breite der Metopen der niedrigeren Verkleidungsplatten des Innenraums lässt sich nicht mehr feststellen. So bleibt die Anzahl der Metopen-Triglyphen-Einheiten, die über einem Joch im Portikusinnenraum standen, ungewiss[637].

Die Tiefen der Platten variieren zwischen 10,5 und 15,5 cm. Die Rückseiten sind an manchen Stücken glatt, an anderen grob gepickt[638]. Die gesamte Breite hat sich an keiner Platte erhalten. Die Unterseiten der Friesplatten sind geglättet[639]. Die Nebenseiten sind glatt und verlaufen vertikal[640]. Auch die Oberseiten sind fein geglättet und weisen teilweise noch Zahneisenspuren auf[641]. Die einzelnen Platten waren an ihren Oberseiten mit der rückwärtigen Wand verklammert[642].

Ornamentik

Die Metopen sind mit Bukranien oder Paterae geschmückt. Eine alternierende Anordnung der beiden Motive, wie sie von Bauer vorgeschlagen wurde, erscheint plausibel, lässt sich am Befund aber nicht nachweisen[643].

löcher. Vgl. dazu eine analoge Situation am Augustusforum: Ganzert 1996b, 198. Einer Reparatur können sie nicht entstammen. Sollten die Geisonblöcke nämlich zwischenzeitlich von den Friesblöcken abgenommen und neu befestigt worden sein, macht ein zweites benachbartes Dübelloch keinen Sinn, zumal dann das Verhältnis von Kassette zu Triglyphe gestört worden wäre, da sich an den Unterseiten der Geisonblöcke keine benachbarten Dübellöcher befinden.

632 Vorgeschlagen wurde ihre Zuweisung an eine Reparaturphase nach dem Carinischen und Numerianischen Brandt nach 283 oder 284 n. Chr.: Freyberger – Ertel 2007, 509.

633 Vgl. Kap. VI.2.c.

634 Entsprechende Bereiche mit Zugastangen zu verstärken, findet sich auch an anderen Gebäuden, bspw. in der Villa Hadriana. Vgl. Hoffmann 1991; Lancaster 2005, 116, die die Stangen der Portikus auch der augusteischen Bauphase zurechnen. Weitere Überlegungen zu dieser Bauweise bei Olivier 1983; Amici 1991, 137–142; Lancaster 2005, 113–129; Giuliani 2006, 101–103; Scappin 2007, 301–305. Entsprechende Einlassungen an Kapitellen gibt es am Kolosseum: Bianchi – Bruno – Coletta 2003, 45 Abb. 16 (hier einer Restaurierungsmaßnahme zugeschrieben). Bauers Rekonstruktion der quer durch die Tiefe des Portikusinnenraums verlaufenden Zuganker (Abb. 3. 111) basiert hingegen nur auf einer schlecht erhaltenen Abarbeitung, die wahrscheinlich nachträglich ist. Die Annahme von entsprechenden durch das Gewölbe laufenden Eisenstangen ist also eher abzulehnen. Entsprechende Rekonstruktionsüberlegungen wurden auch für die Horrea Agrippiana (Bauer – Pronti 1978, 128–131 Abb. 15; Bauer 1978, 141–143 Abb. 3) und die Basilica Ulpia (Amici 1982, 32 Abb. 50–53) vorgelegt.

635 Ser.Nr. 197118. 198052. 198054.

636 Am Architrav betrug die Breite der Regulae ca. 44 cm. Vgl. Kap. VI.2.h.

637 Da der Fries im Portikusinnenraum niedriger als der an der Außenseite ist, dürften hier mehr Metopen-Triglyphen-Einheiten über einem Joch gestanden haben, um eine gewisse Proportion zu wahren. Zu vermuten wären an den Längsseiten vielleicht fünf (vgl. Bauer 1988a, 208 Abb. 97) oder sogar sechs Einheiten. Da sich die unterschiedlich weiten Joche des polygonalen Baus auch im Innenraum abzeichnen, ist davon auszugehen, dass auch in der Portikus an den Schmalseiten eine andere Einheit zum Einsatz kam.

638 Glatt: Ser.Nr. 198054. Grob: Ser.Nr. 197118. 198052.

639 Ser.Nr. 198052. 198054.

640 Ser.Nr. 197118. 198052. 198054.

641 Glatt: Ser.Nr. 197118. 198054. Mit Zahneisenspuren: Ser.Nr. 198052.

642 Ser.Nr. 198052.

643 Bauer 1988a, 204–208 Abb. 91–93. 96. 97. Die Renaissancezeichnungen geben den Fries ebenfalls mit alternierend angebrachten Bukranien und Paterae wieder.

Da die Metopenfelder unterschiedliche Breiten haben (s.o.), gibt es die Motive in unterschiedlich gedrungenen Formen[644]. Die Reliefhöhe variiert zwischen 1,5 und 5,75 cm.

Das Bukranion entspricht nach Christoph Börker dem jüngeren Typus, wie er auch an der Ara Pacis vorkommt[645]. Es zeichnet sich durch eine besonders detaillierte Darstellung des Knochenbaus des Stierschädels einschließlich der Nähte und kleinen Höhlungen aus (Abb. 83). Als besonderes Merkmal gilt weiter der untere Abschluss in Form zweier gerundeter, löffelartiger Mulden, dem Zwischenkieferknochen des Tieres (Abb. 83. 88). Über die Stirn des Schädels ist eine Perlschnur gelegt, die sich um die Hörner windet und senkrecht herabfallend den Tierschädel zu beiden Seiten rahmt. Die Zahl der angebrachten Perlen ist an allen Stücken gleich. Unten endet das Band je mit einer Perle, die sich in drei Wülste auffächert[646]. Der Wangenknochen hat eine konvexe Form. Die Augenhöhlen liegen an den Außenseiten und die sie umgebenden Knochen wölben sich aus dem Schädel seitlich hervor.

Von Metopen mit dem Dekorationsmotiv der Paterae sind vergleichsweise wenige Fragmente erhalten (Abb. 84). Auf den durch eine tiefe Kerbe umgebenen Omphalos in der Mitte der Patera folgt ein Wulst. Der äußere Rand wird durch sechs nach außen gerichtete Eier verziert, die allseitig von einer Schale umgeben werden. Aus dieser Schale entwachsen zu beiden Seiten im unteren Bereich kleine rankenartige Bänder, die sich zwischen zwei benachbarten Eiern treffen und deren Enden sich gegeneinander einrollen. Die Patera wird außen durch eine Lippe eingefasst, an der sich zur Innenseite ein Steg abzeichnet.

Die Bukranien zeigen sich in ihrer Ausführung sehr unterschiedlich, wie an einem Vergleich der Stücke Ser. Nr. 197119 und 198029 zu veranschaulichen ist (Abb. 83. 88)[647]. Das betrifft vor allem den Einsatz des Bohrers und die Plastizität der Oberflächengestaltung. So sind zwei blattförmige Lappen neben den Augenhöhlen der Bukranien am Fragment Ser.Nr. 198029 plastisch ausgearbeitet und hervorgehoben (Abb. 83), am Fragment Ser.Nr. 197119 lediglich durch Ritzlinien angedeutet (Abb. 88). Desweiteren sind die Bohrungen um die Augenhöhlen, am Ansatz der Hörner und oben am Kopf beim Stück Ser.

Abb. 88 Portikus, dorischer Fries, Verkleidung, Außenfassade, Ser.Nr. 197119

Nr. 198029 groß und bilden teilweise kurze Rillen, während beim Stück Ser.Nr. 197119 nur kleine Punktbohrungen vorgenommen wurden. Auch das Kopfprofil zeigt Unterschiede. Am Fragment Ser.Nr. 198029 tritt die Wange seitlich deutlich vor und schneidet zum unteren Ende hin etwas in den Schädel ein, wodurch sich eine S-Form ergibt. An dem Stück Ser.Nr. 197119 baucht die Wange lediglich leicht aus[648].

Auch an den übrigen Stücken sind die Wangenknochen mal bauchiger, mal straffer und ziehen sich über dem unteren Abschluss und unter der Augenhöhle mal mehr, mal weniger ein. Die Hörner sind mal länger, mal kürzer, verlaufen an einem Stück eher waagrecht, an einem anderen diagonal nach oben[649]. Ferner sind gewisse Asymmetrien zu bemerken. So liegen die beiden Augenhöhlen des Bukranions Ser.Nr. 198029 in unterschiedlicher Höhe (Abb. 83).

644 Es gibt sowohl Bukranien als auch Paterae in beiden Metopenbreiten.

645 Börker 1975, 247–250. Vgl. auch Toebelmann 1923, 8–11.

646 Ser.Nr. 197119. 198029.

647 Vgl. Rodenwaldt 1925, 19: „Es ist merkwürdig, dass fast alle Bukranien frühkaiserzeitlicher Denkmäler untereinander verschieden sind."

648 Letzteres mag sich allerdings auch daraus erklären, dass das Fragment Ser.Nr. 198029 zu den breiteren Metopenfeldern gehört, das Stück Ser.Nr. 197119 aufgrund der Rahmenbedingungen bereits schmaler angelegt werden musste.

649 Vgl. Ser.Nr. 197069 mit 197256.

Abb. 89 Portikus, dorischer Fries, Verkleidung, Ser.Nr. 197331

Abb. 90 Portikus, dorischer Fries, Verkleidung, Ser.Nr. 197633

Das Relief der Paterae ist grundsätzlich sehr flach. Die Eier, ihre Schalen und die verschiedenen Stege erwecken den Anschein, als seien sie auf den Hintergrund aufgelegt. Ein großer Teil der Patera ist nicht verziert, sondern zeigt den Reliefgrund, also den Schalenboden. Stimmen die verschiedenen Fragmente in diesen Punkten grundsätzlich miteinander überein, so sind sie im Detail sehr verschieden gestaltet. Am deutlichsten wird das an den Eiern und ihren Schalen. Zwischen den Eiern und ihren Schalen entsteht an dem Block Ser.Nr. 198032 ein großer Zwischenraum (Abb. 84), während die Eier von dem Fragment Ser.Nr. 197331 lediglich in einer flachen Rille umbohrt wurden, ohne dass die Bohrrille geglättet worden wäre (Abb. 89). Auch zeigen sich an dem Stück Ser. Nr. 198032 die Eierschalen mit sehr kleinen, feinen und gerundeten Formen, während dieselben an dem Fragment Ser.Nr. 197331 deutlich breiter und wulstiger ausfallen. Die Fragmente Ser.Nr. 197617, 197628 und 197633 unterscheiden sich von den vorher genannten dadurch, dass ihre Eierschalen an den Unterseiten nur durch eine Rille vom angrenzenden Wulst abgesetzt wurden (Abb. 90). Den Omphalos des Fragmentes Ser.Nr. 197331 hatte der Steinmetz begonnen zu hinterbohren, wie einzelne Bohrlöcher zeigen; die Fertigstellung blieb jedoch aus (Abb. 89). Die Verschiedenheit der Stücke ist folglich teilweise auch durch unterschiedliche Stadien der Ausarbeitung begründet, wie besonders an Ser.Nr. 197633 zu sehen ist (Abb. 90). Der Fugenschnitt nimmt an den Friesen generell keine Rücksicht auf Ornamente.

2.j. Das Geison

Das Gebälk der Portikus wird an ihrer Außenfassade von einem Konsolengeison mit flachen Konsolenplatten abgeschlossen (Abb. 91–92). Die Konsolen lagen über den Triglyphen, die Kassetten über den Metopen. Das Geison bestand zum größten Teil aus weißem Marmor. Nur ein erhaltener Block ist aus Aniene-Tuff gearbeitet. Die Rekonstruktion wird durch 16 Stücke belegt[650]. Ihre Zuweisung über den dorischen Fries der Portikus begründet sich in den passenden Breitenmaßen von Konsolen und Kassetten, die denen der Triglyphen und Metopen der vollplastischen Friesblöcke entsprechen. Im Portikusinnenraum müssen über dem Fries ca. 29 cm hohe Geisonprofile angebracht gewesen sein, denen sich aber keine Stücke mit Sicherheit zuweisen lassen[651].

Rekonstruktion

Die Höhen der einzelnen Geisonblöcke variieren zwischen 67 und 71,6 cm[652]. Ihre untere Tiefe beträgt 88,5–92 cm[653]. Sie lagen folglich nur im vorderen Bereich der Friesoberseite auf (Abb. 3). Die Tiefe des vorkragenden Bereiches lässt sich durch die Kombination verschiedener Stücke berechnen und beträgt ca. 99 cm[654]. Das ergibt eine

650 13 größere Blöcke befinden sich auf dem Gelände der Portikus: Ser.Nr. 197142. 197181. 197334. 198051. 198053. 198058. 198110. 198057. 197148. 197545. 197556. 197580, die übrigen drei Fragmente werden im Bauermagazin aufbewahrt: Ser.Nr. 197555. 197653. 197663.

651 Im Unterschied zu Architrav und Fries sind keine Geisonplatten sicher dem Portikusinnenraum zuzuweisen. Da die Innenraumverkleidung in ihrer Höhe hinter den vollplastischen Stücken der Außenfassade zurückbleibt und da die Tiefe der vollplastischen Geisonblöcke geringer ist als die der vollplastischen Friesblöcke, ist davon auszugehen, dass das Gewölbe im rückwärtigen Bereich der Friesoberseite aufsaß und die Innenraumverkleiung deswegen niedriger war, damit sie das Gebälk bereits in der Höhe des Frieses der Außenseite komplett abschloss. Demnach war das Geison des Innenraums ca. 29 cm hoch. Vermutlich handelte es sich um ein einfach profiliertes Hängeplattengeison. Eine vergleichbare Konstruktion findet sich an der etwa zeitgleichen Portikus am Forum Holitorium: De Angelis d'Ossat 1934.

652 Ser.Nr. 198051. 198053. 198057.

653 Ser.Nr. 198051. 198057. Vgl. dazu die Friesoberseite von Ser.Nr. 198032.

654 Das Maß vom Unterlager bis zum Ansatz der Konsole liegt an dem Geisonblock Ser.Nr. 198051 bei 15 cm. Die Konso-

Abb. 91
Portikus, Konsolengeison,
Ser.Nr. 198051

ursprüngliche obere Gesamttiefe der Stücke von etwa 1,9 m. Die Gesamtbreite eines einzelnen Geisonblocks ist keinem Stück mehr abzunehmen.

Die Konsolen weisen untereinander in ihrer Breite Unterschiede von nur wenigen Zentimetern auf. So wie am Fries unterschiedliche Metopenbreiten zu beobachten waren, sind an den Geisonblöcken verschiedene Breiten zwischen den Konsolen von 1,037 m bis 66,5 cm vorhanden (Tab. 17)[655]. Welchem Gebäudebereich ein Stück angehört, definiert sich über die Breite der glatten Fläche, die zwischen Konsolen und Kassetten angebracht ist[656].

Die Ecke der Portikusfassade weist eine Kassette auf[657]. Da hier keine Konsole folgt, musste sie etwas breiter gestaltet werden als die übrigen (Abb. 92).

Die Unterseiten der Blöcke sind mit dem Zahneisen geglättet, im vorderen Bereich sind sie vollkommen glatt[658]. Sie waren mit den Friesblöcken darunter verübelt[659]. Direkt an der Kante zu den Rückseiten hin sind weitere Löcher angebracht, welche der Fixierung auf dem Fries gedient haben[660]. Die Nebenseiten sind fein geglättet und weisen eine grob gepickte Anathyrose auf[661]. Untereinander waren die Blöcke durch große Klammern an der Oberseite verbunden, wie sie auch an dem Geison der Ba-

le hat sich in voller Länge an dem Stück Ser.Nr. 197181 erhalten und beträgt dort inklusive dem dieselbe rahmenden Kymation 65,7 cm. Die Tiefe des darüber vorkragenden Scherenkymations und der Sima lässt sich an dem Block Ser.Nr. 197142 mit 19 cm abnehmen. Das ergibt insgesamt 99,7 cm. Die Detailmaße schwanken innerhalb der erhaltenen Stücke leicht, so dass das Maß nur als Richtwert gelten kann. Auch ist die tatsächliche Tiefe minimal geringer als der errechnete Wert, da sich die Kassetten und Konsolen leicht nach unten neigen.

655 Zur Rekonstruktion vgl. den Fries Kap. VI.2.i. Das Geison Ser.Nr. 198057 mit einer Kassettenbreite von 66,5 cm wurde in Sturzlage gefunden und lässt sich an dem zum Caesartempel vorspringenden Bereich der Portikus rekonstruieren.

656 Hier zeichnen sich Gruppen mit unterschiedlichen Werten ab (Tab. 17). Nimmt man an, dass die Kassetten jeweils mittig zwischen den Konsolen lagen, so ergeben sich als erhaltene Breitenmaße für die Einheit von Konsole und Kassette 1,62 m, 1,58 m, 1,28 m und 1,21 m. An den Fries- und Architravblöcken konnten Maße von ca. 1,60 m, 1,40 m und 1,20 m für eine Einheit von Triglyphe und Metope eruiert werden.

657 Ser.Nr. 197142.

658 Ser.Nr. 198051. 198057.

659 An zwei Stücken sind noch je ein Dübelloch erhalten, welche beide Male etwa im gleichen Abstand, nämlich 25,5 bzw. 28 cm, von der Schmalseite entfernt liegen: Ser.Nr. 198051. 198057.

660 Ser.Nr. 198051. 198057.

661 Ser.Nr. 197148. 197334. 198051. 198053. 198110. 198057. In Form eines Rechtecks: eine Seite von Ser.Nr. 198057, oder sich nach unten verjüngend bspw.: Ser.Nr. 198051.

Abb. 92 und 93 Portikus, Konsolengeison, Ser.Nr. 197142

silica zu beobachten waren[662]. Die Fugen verlaufen stets in dem Bereich zwischen Konsole und Kassetteninnenseite an im Detail verschiedenen Stellen[663]. Die Rückseiten der Geisonblöcke sind unterschiedlich fein geglättet[664].

An der Vorderkante der Geisonoberseite verläuft eine ca. 20 cm tiefe und 6 cm hohe Leiste (Abb. 93)[665]. Dahinter liegt eine tiefer gelegene und grob gespitzte Fläche, in der sich das Regenwasser, welches durch die Löwenkopfwasserspeier abfließen konnte, sammelte. Diese ein-

662 Ser.Nr. 198051. 198057. Die Stücke von Ser.Nr. 198057 zeigen daneben noch ein zweites flacheres Klammerloch. Zu dem Geison des unteren Stockwerks der Basilica: Kap. VI.1.f.

663 Die Blöcke kamen folglich nicht genau mittig über einem Joch zu liegen.

664 Ser.Nr. 198051 und die beiden Blöcke von Ser.Nr. 198057. Da die Blöcke sehr schwer sind und heute auf ihren Rückseiten liegen, konnten sie nicht am Original untersucht werden. Für ihre Beurteilung musste auf die Zeichnungen Bauers zurückgegriffen werden. An der Rückseite von Ser.Nr. 198057 haben sich drei rechteckige Löcher von beachtlicher Tiefe erhalten, wie sie bereits an den Rückseiten mancher Geisonblöcke der Basilica beobachtet wurden: vgl. Kap. VI.1.f.

665 Ser.Nr. 197142. 198110.

getiefte Fläche endet kurz vor der Geisonunterkante[666]. Versetzt wurden die Geisonblöcke unter Benutzung großer Hebelöcher, die sich ein kleines Stück hinter der Geisonunterkante befinden[667]. Sie belegen mit ihrer Position zum einen, dass die Geisonblöcke beim Versatz schon teilweise ausgearbeitet sein mussten[668], zum anderen finden sich auf dem Block Ser.Nr. 198057 drei Hebelöcher in unterschiedlichen Positionen, die zeigen, dass es im Bauprozess zu Fehlern kam[669]. Eine Vielzahl von Stemm- und Dübellöchern belegt den Versatz und die Verbindung mit dem Lehrabakus über dem Geison[670].

Zuletzt sollen noch drei Einzelbeobachtungen angeführt werden; zum einen am Geisonblock Ser.Nr. 197142, einem Eckstück, auf welchem man ein erhöhtes rechteckiges Feld erkennen kann (Abb. 93). Hier wird eine Statue oder anderer Schmuck gestanden haben. Weiter ist auf ein Dübelloch an der Oberseite des Stückes Ser. Nr. 198051 hinzuweisen, welches im eingetieften, für das Regenwasser bestimmten Bereich liegt. Ein ähnliches Dübelloch begegnet an der Oberseite des Blockes Ser.Nr. 197142. Hier mag ebenfalls ein dekorativer Gegenstand oder beispielsweise eine Fackel etc. montiert gewesen sein.

Hinzuweisen ist letztlich noch auf eine Konsole, die sich heute am östlichen Ende der Portikus befindet[671]. Im Unterschied zu allen übrigen Geisonblöcken ist sie nicht aus Marmor, sondern aus Aniene-Tuff gearbeitet (Abb. 94). In ihren Maßen und ihrer Ikonographie stimmt sie aber mit den übrigen überein. Am ehesten wird man sich

Abb. 94 Portikus, Konsolengeison, Ser.Nr. 197148

das Stück am Ostende der Portikus vorzustellen haben, wo eine Reihe weiterer, quaderförmiger Blöcke aus demselben Material erhalten sind[672].

Ornamentik

Ein Cavetto und ein Eierstab leiten vom Fries zu den Kassetten und Konsolen über (Abb. 91). Die Konsolen mit flacher Konsolenplatte haben Soffitten mit Schuppenmuster, die Kassetten sind mit Rosetten verziert. Auf eine glatte Geisonstirn folgt ein Scherenkymation, über dem die Sima entspringt, auf der zumindest über einigen Konsolen Löwenkopfwasserspeier liegen (Abb. 92). Die Ikonographie und die Detailmaße der einzelnen Ornamente sind an allen Geisonblöcken gleich.

Das Cavetto ist bei einer Höhe von 5,6–5,8 cm mit einer Ausladung von 4,5–5 cm relativ gestaucht. Das io-

666 Ser.Nr. 198051. 198053. 198057–198058. An einem Beispiel ist an dieser Stelle auch ein flacher Graben eingearbeitet, ähnlich wie die, die an den Geisonblöcken des unteren Stockwerks der Basilica zu beobachten sind: vgl. Kap. VI.3.d.

667 Ser.Nr. 198051. 198057–198058.

668 Die Hebelöcher liegen nicht mittig auf der Oberseite, sondern so versetzt, dass sie das Bauglied nur dann in Balance gehalten haben konnten, wenn der Stein unter den Konsolen bereits teilweise abgearbeitet war.

669 Das erste Hebeloch erwies sich als an der falschen Stelle gelegen, so dass man zwei weitere ausarbeiten musste. Alle drei Hebelöcher sind exakt gleich gestaltet. Das mittlere ist in seiner Tiefe versetzt zu zwei äußeren, die denselben Abstand zum mittleren haben. Es ist zu vermuten, dass zuerst das mittlere Hebeloch eingearbeitet wurde. Als man bemerkte, dass es in seiner Tiefe falsch positioniert war, konnte man nicht direkt darüber ebenfalls mittig ein zweites ausarbeiten, da es Gefahr gelaufen wäre, direkt neben dem ersten, zu brechen. Deshalb entschied man sich dafür, zwei zu den Seiten versetzte Hebelöcher anzubringen. Zu Fehlern und Ungenauigkeiten im technischen Bereich vgl. auch die Dübellöcher der Oberseiten der Friesblöcke Ser.Nr. 198029. 198032 in Kap. VI.2.i.

670 Vgl. Kap. VI.2.k. Zur Verdübelung: Ser.Nr. 198051. 198057–198058.

671 Ser.Nr. 197148.

672 Die gleichen Maße und Ikonographie der Ornamente sprechen m. E. dafür, die Konsole der augusteischen Phase zuzurechnen. Der zeitgleiche Einsatz unterschiedlichen Materials ist an augusteischen Gebäuden vielfach belegt (Kap. X) und konnte auch für die Bögen der Portikus bereits aufgezeigt werden (Kap. VI.2.f). Ein Alternativvorschlag bestünde darin, dieses Stück einer republikanischen Vorgängerphase der Portikus zuzuweisen: Freyberger – Ertel 2007, 501. Das würde bedeuten, dass man in Maßstab und Ikonographie ein älteres Gebäude aus der späten Republik detailgetreu in augusteischer Zeit in Marmor nachbaute.

Abb. 95 Portikus, Konsolengeison, Ser.Nr. 197334

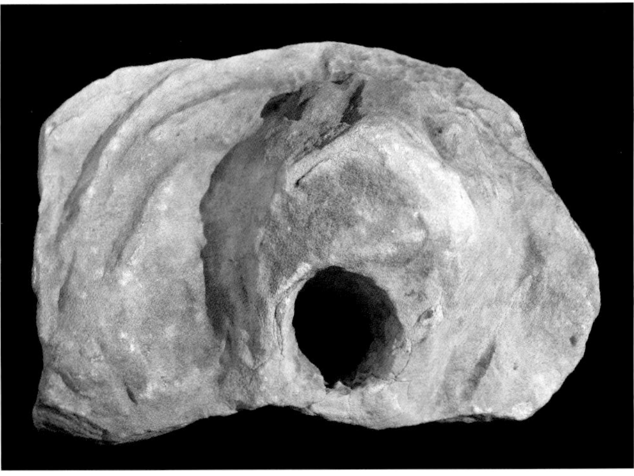

Abb. 96 Portikus, Konsolengeison, Ser.Nr. 197653

nische Kymation ist mit einem Eierstab verziert[673]. Das Zwischenblatt ist lanzettförmig. Zwei Blöcke zeigen einen Fugenschnitt, der durch das Ei selbst führt, bei zwei anderen müsste der Schnitt durch das Zwischenblatt verlaufen sein[674].

Die Konsolen und Kassetten neigen sich an ihrer Vorderseite um etwa 4° nach unten[675]. Die flachen, fast quadratischen Konsolenplatten werden durch ein Kyma Reversum gerahmt, welches sie umzieht und hinten miteinander verbindet. Neben- und Frontseite der Konsole sind glatt. Die Unterseite trägt eine Soffitte mit Schuppenmuster[676]. Dieses ist leicht eingetieft und trägt alternierend zwei Blätter bzw. ein Blatt und zwei halbe Blätter (Abb. 91–92).

Die Kassetten zwischen den Konsolen sind eingetieft und werden durch ein weiteres Kyma Reversum begrenzt. Die, von dem Eckstück abgesehen, einzige erhaltene Kassette wird durch eine Rosette geschmückt, um die zwei konzentrische Blattkränze gelegt sind (Abb. 95). Der äußere Blattkranz dürfte acht Blätter aufgewiesen haben. Der innere Blattkranz könnte aus nur sieben Blättern bestanden haben. An der Ecke bietet sich ein anderes Bild (Abb. 92)[677]. Hier stand mehr Platz zur Verfügung als bei den übrigen Kassetten. Man zog eine Raute in die quadratische Kassette ein, die von den üblichen lesbischen Kymatien beidseitig gerahmt wurde[678]. In der Mitte der Raute wurde eine Rosette angebracht, von der zwei Blätter, wohl ein Schilfblatt und ein Akanthusblatt, erhalten sind. In den Dreiecken, die an den vier Seiten der Kassette durch das Einziehen der Raute entstehen, befinden sich weitere Rosetten[679].

Es folgt eine glatte Geisonstirn. Darüber leiten ein Scherenkymation und eine Leiste zur Sima über. Die Füllung der recht einheitlichen Scherenkymatien besteht aus einem Spornblatt. An der Ecke weist das Scherenkymation an Ser.Nr. 197142 über den beiden jeweils zur Ecke weisenden Scherenwangen ein kleines Blatt auf. Die Sima ist undekoriert. An ihr sind zumindest über einigen Konsolen Löwenkopfwasserspeier platziert[680]. Die Stücke sind alle sehr stark verwittert. Erkennen lässt sich allerdings noch, dass der Löwe große, kugelförmige Augen besaß (Abb. 96) und seine Mähne zu beiden Seiten in glatten, sich kaum überschneidenden Strähnen sichelförmig aus dem Kopf wuchs (Abb. 97).

Der auf das Cavetto folgende Eierstab ist relativ breit angelegt. Die Schalen der Eier werden nach unten schmaler und flacher (Abb. 91). Sie sind an ihrer Oberseite glatt gearbeitet, wodurch Kanten zu den seitlichen Bereichen entstehen. Zwischen Schalen und Eiern ist ein großer Zwischenraum gelassen. Die Eier sind gedrungen. Ihre Oberseiten zeigen eine fein geglättete Rundung. Das lanzettförmige Zwischenblatt wird an einigen Stücken durch die Hüllblätter überschnitten, an anderen nicht (Abb. 91.

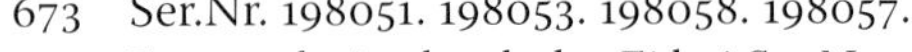

673 Ser.Nr. 198051. 198053. 198058. 198057.

674 Fugenschnitt durch das Ei bei Ser.Nr. 198051. 198058; durch das Zwischenblatt bei den Blöcken Ser.Nr. 198057.

675 Ser.Nr. 197142. 197181. 197334. 198051. 198053. 198057–198058.

676 Ser.Nr. 197142. 197181. 197556. 198051. 198053. 198058. 198110.

677 Ser.Nr. 197142.

678 Auch andere Beispiele zeigen, dass herkömmliche Rosetten und durch eingezogene Rauten gegliederte Kassetten nebeneinander am selben Bau angebracht wurden: Mattern 2001a, 23 Anm. 74.

679 Eine ist erhalten und zeigt fünf Blätter, die sich um eine Blüte legen.

680 Ser.Nr. 197142. 197545. 197555. 197653. 197663. Der Bezug zwischen Konsole und Löwenkopfwasserspeier geht aus dem Stück Ser.Nr. 197142 hervor. Vielleicht war auch nur über jeder zweiten Konsole ein Wasserspeier angebracht.

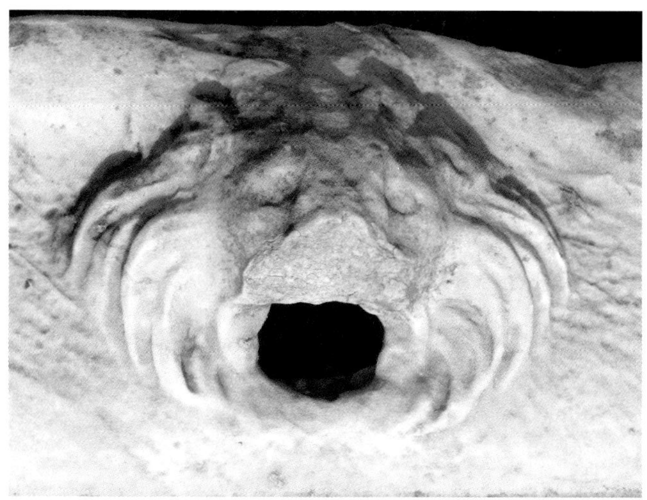

Abb. 97 Portikus, Konsolengeison, Ser.Nr. 197142

Abb. 98 Portikus, Konsolengeison, Ser.Nr. 198053

98)[681]. Es trägt eine erhabene Mittelrippe, auf deren beiden Seiten das Relief abfällt. In manchen Fällen wurde der Eierstab tiefer aus dem Relief präpariert und es wurde eine einheitliche Hintergrundfläche gebildet (Abb. 91), in anderen Fällen wurden sie nur wenig aus dem ionischen Kymation herausgearbeitet (Abb. 98).

Das Schuppenmuster der Konsole ist leicht in die Unterseite eingetieft und flach am Reliefgrund gehalten. Manche Blätter weisen eine erhabene Mittelrippe auf. Ihre Oberflächengestaltung ist unterschiedlich differenziert. Die Blätter sind an manchen Stücken länger, an anderen kürzer[682]. Das Stück Ser.Nr. 198053, das schon an dem Eierstab nicht bis auf einen einheitlichen Reliefhintergrund ausgearbeitet wurde, zeigt auch an dem Schuppenmuster der Konsolensoffitte eine sehr flache, nur im Ansatz vorgenommene Ausarbeitung (Abb. 98).

Die Rosetten der Kassetten sind schwer zu beurteilen, da nur zwei stark zerstörte Exemplare erhalten sind. Diese sind recht gründliche ausgearbeitet (Abb. 95). An den erhaltenen Blättern von Ser.Nr. 197142 lässt sich eine große Differenziertheit in der Oberflächengestaltung erkennen (Abb. 92).

Das Scherenkymation zeigt sich in seiner Gestaltung einheitlich. Nur die unteren Blattenden zweier verschiedener Ornamenteinheiten berühren sich. Sonst sind sie durch eine einfache Bohrrille getrennt. Auch die Scherenfüllung ist großflächig umbohrt und deutlich von den Scheren abgesetzt. Das Spornblatt beginnt oben mit einem erhabenen Punkt, der sich in einem Mittelgrat nach unten fortsetzt, von dem aus das Relief abfällt. Die Bohrungen wurden nicht immer fein abgearbeitet und führen

Abb. 99 Portikus, Konsolengeison, Ser.Nr. 197555

auf kein einheitliches Niveau (Abb. 92), sondern lassen – wie beim Eierstab – das Kymation durchscheinen. Die Blattoberseiten sind stark verwittert. Scheinbar wölbten sich die Scheren zu ihren Außenseiten etwas nach oben.

Die fünf erhaltenen Löwenkopfwasserspeier der Sima sind in ihrer Ausarbeitung ebenfalls sehr verschieden. Am besten vergleichen lassen sich die Löwenmähnen. Diese zeigen beispielsweise Strähnen mit einer spitzen Kante auf der Haaroberseite (Abb. 99). Andere haben sehr breite Haarsträhnen, die durch dicke Bohrrillen voneinander getrennt sind (Abb. 97).

681 An Ser.Nr. 198051 werden die Zwischenblätter überschnitten, an Ser.Nr. 198058. 198057 teilweise, an dem Block Ser.Nr. 198053 hingegen nicht.

682 Vgl. etwa Ser.Nr. 198051. 198058.

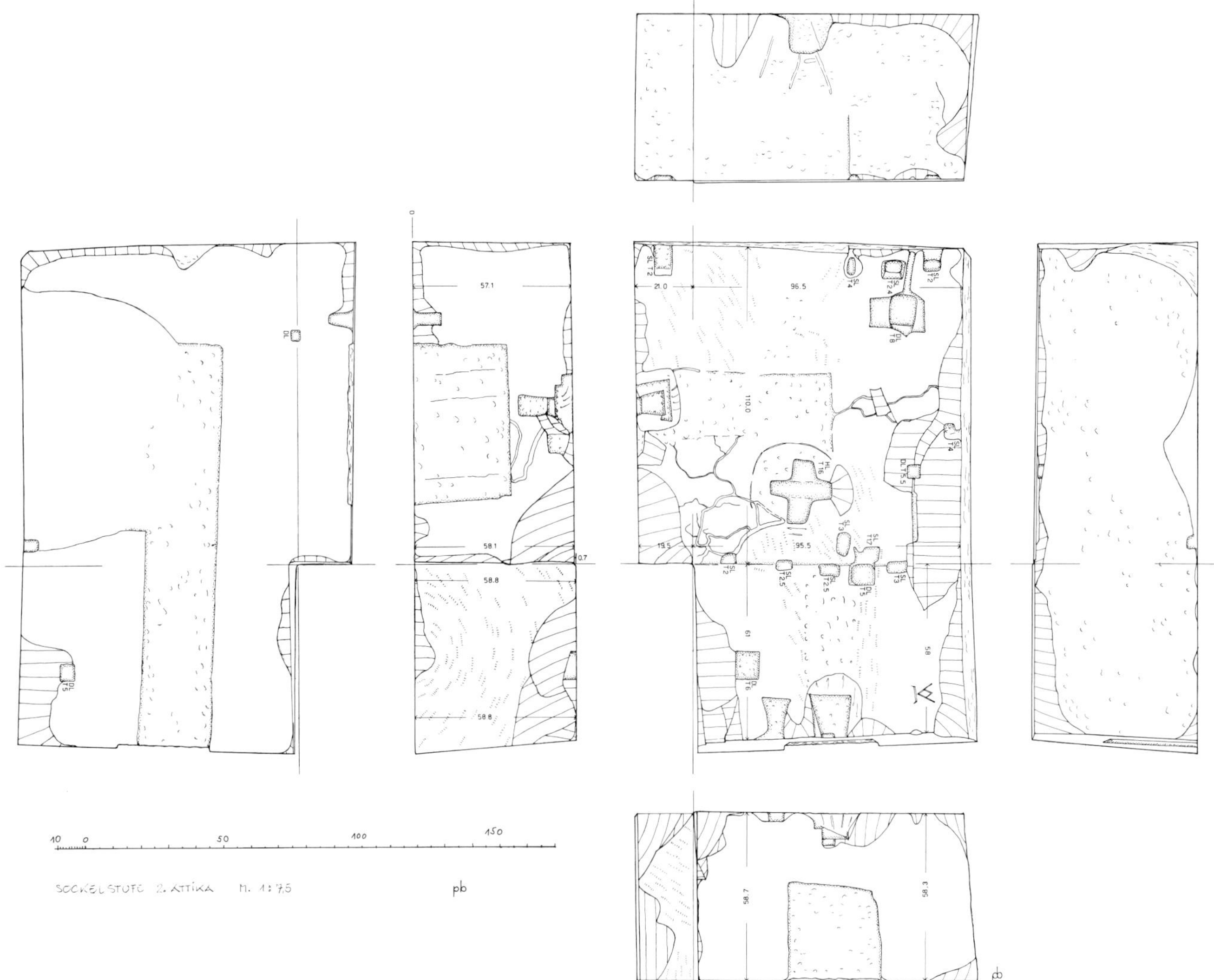

Abb. 100 Portikus, Attika, Lehrabakus, Ser.Nr. 198098

2.k. Die Attika und die Frage nach dem oberen Abschluss der Portikus

Über dem Geison der Portikusaußenfassade ist eine Attika zu rekonstruieren[683]. Vor dem 16. Pfeiler wurde ein Trümmerhaufen in Sturzlage gefunden, dessen Elemente aus weißem Marmor zur Attikazone gehören. Die Bauglieder passen übereinander und spiegeln den Attikaaufbau wider[684].

Demnach war die Attika insgesamt etwa 4,30 m hoch (Abb. 2 obere Attikazone). Sie kröpfte regelmäßig über den Pfeilern der Portikus in voller Höhe auf einer den Pfeilern entsprechenden Breite um etwa 10–15 cm vor. Über dem Geison der Portikus folgten ein Lehrabakus und ein Fußprofil. Hierauf standen Orthostaten, in welche jeweils ein rechteckiges, durch ein lesbisches Kymation

683 Den erhaltenen Architekturgliedern des Innenraums zufolge setzte das Gewölbe erst über dem Fries der Außenordnung an. Daher war eine Attika notwendig. Belegt wird sie auch durch eine Vielzahl von Stemm- und Dübellöchern, die sich auf der Geisonoberseite erhalten hat: vgl. Kap. VI.2.j. Ferner ist auf die Renaissancezeichnungen zu verweisen, die auf dem Geison der Portikus eine Attika zeigen.

684 Dies ist der einzige Befund der gesamten Basilica Aemilia, wo sich Bauglieder in Sturzlage befanden und auch dokumentiert wurden: Chioffi 1996, Taf. 10 Abb. 23 und Taf. 11 Abb. 25. Dass sie sich so erhalten haben, begründet sich wohl darin, dass der 16. Eckpfeiler noch verhältnismäßig lange aufrecht stand und erst spät umstürzte. Die aufeinander folgenden Blöcke sind Ser.Nr. 198098 (Lehrabakus). 198139 (Fußprofil). 198154 (Attikafeld) und 198100 (Konsolengeison). Viele der Bauglieder der Attika sind sehr schwer und konnten nicht gewendet werden. In den folgenden Beschreibungen wird daher vielfach auf Bauers Zeichnungen zurückgegriffen, der die Blöcke abgesehen von Ser.Nr. 198154, der heute noch in seiner Sturzlage liegt, von allen Seiten gesehen und gezeichnet hat.

Abb. 101
Portikus, Attika, Fußprofil,
Ser.Nr. 198142

gerahmtes Feld eingebracht war. Im Interkolumnium war es entsprechend breiter als an den Verkröpfungen. Über den Orthostaten schloss ein Konsolengeison die Attikazone ab. Es gab Langgeison- und Verkröpfungsblöcke[685]. Hinter den Attikabaugliedern setzt das Opus Caementicium des Portikusgewölbes an. Wie der Aufbau über dem Geison aussah, ist weitgehend unklar. Bescheidene Reste auf der Geisonoberseite legen hier die Aufstellung verschiedener, vielleicht schmückender Elemente nahe.

Der Lehrabakus

Der vor dem 16. Pfeiler gefundene Lehrabakus Ser.Nr. 198098 hat eine Höhe von 58–59 cm (Abb. 100). Es handelt sich um ein Eckstück, das direkt über dem 16. Pfeiler zu rekonstruieren ist. Die Tiefe des Blocks liegt bei ca. 95,5 cm. An der Ecke der Südfront befindet sich eine ca. 15 cm vorspringende Verkröpfung[686]. Aus der Analyse der Stemmlöcher und Gusskanäle auf der unter dem Lehrabakus gelegenen Geisonoberseite geht hervor, dass die Lehrabaki 15–23 cm über die Geisonunterkante vorkragten[687]. In einigen Fällen bestanden sie wohl aus zwei getrennten und hintereinandergelegten Blöcken, in anderen aus einem Block[688]. Der Lehrabakus war sowohl mit dem Geison darunter als auch mit den Fußprofilen darüber verdübelt. Untereinander waren die Blöcke verklammert. Die Rückseiten, an denen das Gewölbe angesessen hat, sind grob gepickt. Nur der nach außen sichtbare Bereich war mit dem Zahneisen geglättet. Auf der Oberseite des Lehrabakus Ser.Nr. 198098 ist ein alpha, wohl ein Steinmetzzeichen, eingeritzt[689]. Auch findet sich auf der Oberseite des Blockes der Abdruck einer Pflanze, die sich, als dieser Teil der Portikus noch aufrecht stand, zwischen die Blöcke gelegt hat. Auf dem Gelände der Portikus liegen

685 Vgl. das Geison des unteren Stockwerks der Basilica (Kap. VI.1.f.).

686 Daher ist der Block hier 1,10 m tief.

687 Vgl. die Stemmlöcher auf Ser.Nr. 198051. 198057–198058.

688 Der Lehrabakus über den Geisonblöcken Ser.Nr. 198051. 198058 könnte anhand ihrer Stemmlöcher und verschiedener Auflagerflächen eher aus einem vorderen ca. 40 cm tiefen Block und einem zweiten hinteren Stück bestanden haben, während am Geison Ser.Nr. 198057 keine Indizien für eine Zweischichtigkeit des folgenden Lehrabakusblockes vorliegen.

689 Seine genaue Bedeutung ist unklar. Es ist jedoch zu beachten, dass der Stein mit dem alpha ein Eckblock ist, von dem aus offenbar gezählt wurde. Vgl. zu Steinmetzzeichen allgemein: Herrmann 1991.

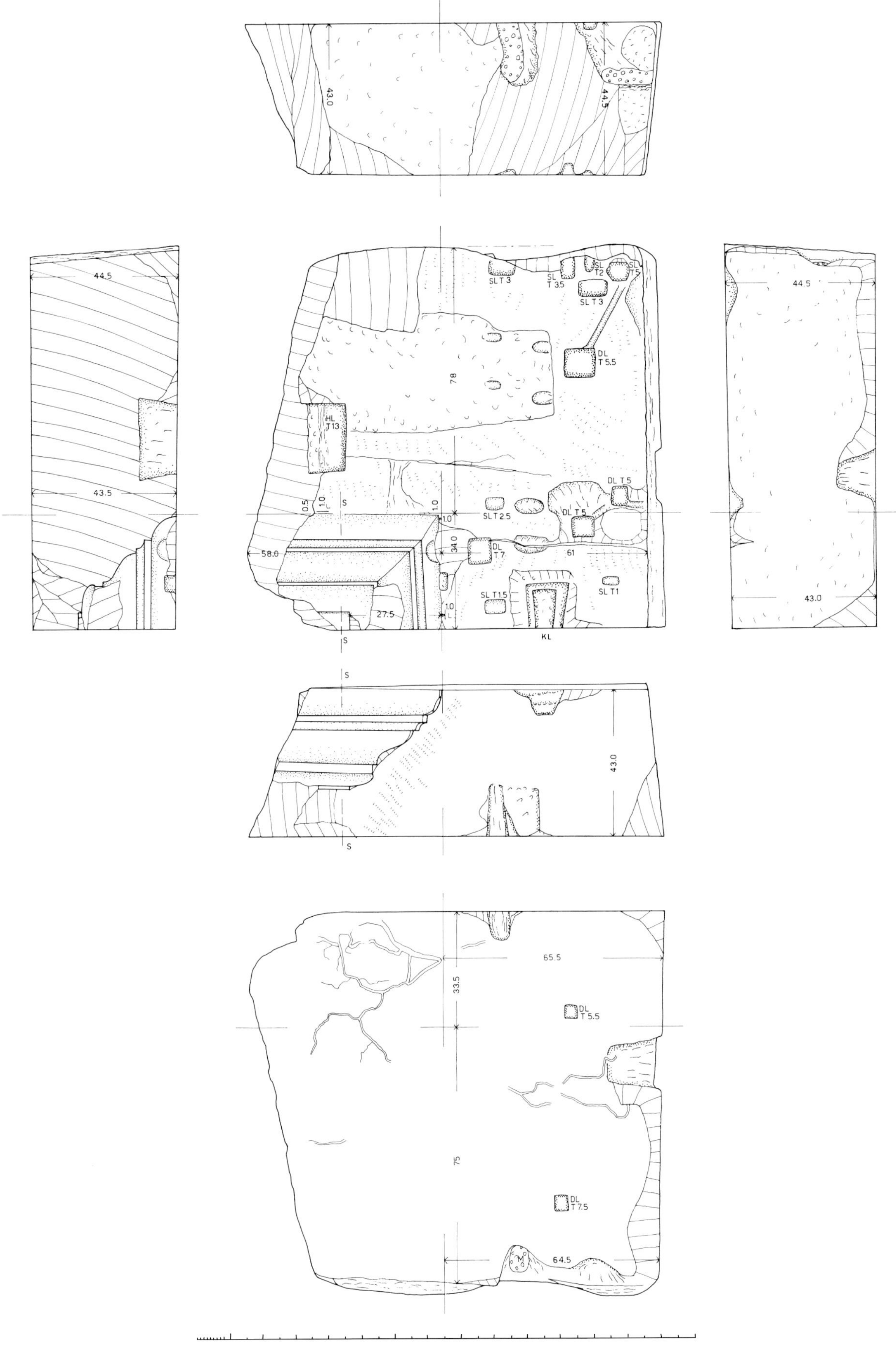

Abb. 102 Portikus, Attika, Fußprofil, Ser.Nr. 198139

insgesamt sieben weitere Blöcke, die ihren Maßen nach dem Lehrabakus angehören könnten (Tab. 18)[690].

Das Fußprofil

Auf dem Lehrabakus Ser.Nr. 198098 ist das Fußprofil Ser. Nr. 198139 zu rekonstruieren (Abb. 102)[691]. Der Block ist ca. 43 cm hoch. Die Tiefe des Auflagers für den Orthostat beträgt ca. 61 cm, an der Ecke der Südfront springt eine Verkröpfung um ca. 17 cm vor, so dass das Fußprofil um die Ecke führt. Der Block mit Fußprofil war sowohl mit dem Lehrabakus darunter als auch mit dem Orthostaten darüber verdübelt[692]. Untereinander waren die Blöcke verklammert[693]. Die Rückseite des Blocks ist grob gepickt und weist Mörtelreste auf[694].

Das Fußprofil besteht aus einem Torus, einer durch zwei Leisten gerahmten, ansteigenden Kehle, darüber einem Kyma Reversum, einem Rundstab, wieder einer Leiste und als oberem Abschluss einer Kehle (Abb. 101–102). Diesem Fußprofil lassen sich mit Sicherheit acht weitere Stücke zuweisen, von denen zwei in der Nähe des ersten gefunden wurden, ein weiteres sich heute – wohl verschleppt – beim Vestatempel befindet und fünf im Bauermagazin liegen[695]. Durch sie lässt sich das Bauglied in seinen Dimensionen und seiner Ikonographie genau rekonstruieren (Tab. 18). Von besonderer Bedeutung für das Verständnis der Attikazone ist der Profilblock Ser. Nr. 198142, welcher eine Verkröpfung von 11,4 cm belegt (Abb. 101)[696].

Abb. 103 Portikus, Attika, Orthostat, Ser.Nr. 198027

Der Orthostat

Auf den Block mit Fußprofil Ser.Nr. 198139 ist der Orthostat Ser.Nr. 198154 zu rekonstruieren (Abb. 104)[697]. Der Block weist die Höhe des gesamten Attikafeldes von ca. 2,40 m auf. Er ist 77,5 cm tief und 1,55 m breit. Auch hier springt die Verkröpfung ca. 15–17 cm vor. Sie ist vollständig erhalten, ca. 75 cm breit und fein geglättet. Im unteren Bereich verläuft eine Inschrift: ...]EPSOM[..., die auf dem Block links daneben begonnen haben muss[698].

Der Block war sowohl mit dem Fußprofil darunter als auch mit dem Geison darüber verdübelt. Mit den benachbarten Orthostaten war er verklammert. Die beiden Rückseiten sind in einigen Bereichen glatt, hauptsächlich aber grob gepickt und weisen im oberen Bereich eine Stufe auf.

690 Drei davon sind allerdings um 10 cm höher: Ser.Nr. 198046. 198048. 198050. Für vier der Stücke ist eine Zuweisung zum Lehrabakus hingegen als sehr wahrscheinlich zu betrachten: Ser.Nr. 197158. 198087. 198093. 198101. Die Oberflächenbearbeitung und die Klammer-, Dübel- und Stemmlöcher der Blöcke stimmen mit denen des Lehrabakus Ser. Nr. 198098 genau überein. An einem dieser Stücke ist auch der charakteristische Pflanzenabdruck festzustellen: Ser.Nr. 198048.

691 Die Spuren der Pflanze auf der Unterseite des Blockes entsprechen denen auf der Oberseite des Lehrabakus Ser.Nr. 198098. Auch stimmen die Stemm- und Dübellöcher auf der Oberseite des Blockes Ser.Nr. 198098 mit den Maßen bzw. Löchern der Unterseite des Fußprofils Ser.Nr. 198139 überein.

692 Eines der beiden Dübellöcher ist an dem Lehrabakus Ser.Nr. 198098 deutlich größer als das Gegenstück an der Unterseite des Profilblocks Ser.Nr. 198139. So war ein Spielraum von einigen Zentimetern gegeben. Das Bauglied wurde vor dem nach Süden angrenzenden Block verlegt, wie die Gusskanäle belegen.

693 Vorhanden ist nur ein Klammerloch zum südlichen Nachbarblock. Nach Westen, wo ein zweites Klammerloch anzunehmen ist, ist der Stein gebrochen.

694 Da der Block in Sturzlage gefunden wurde und wohl keine Zweitverwendung erfahren haben dürfte, müssen diese Caementiciumreste vom Gewölbe über der Portikus herrühren.

695 Auf dem Portikusgelände: Ser.Nr. 198136. 198142; beim Vestatempel: Ser.Nr. 198129; im Bauermagazin: Ser.Nr. 197440 und vier kleine, nur summarisch erfasste Fragmente. Sie stimmen in ihren Maßen, ihrer Profilfolge und auch bezüglich ihrer Bearbeitung und der technischen Aspekte mit dem Block Ser.Nr. 198139 überein.

696 Die Stemmlöcher der Oberseite des Blocks Ser.Nr. 198142 zeigen, dass die Fuge der folgenden Blöcke an der Stelle der Verkröpfung lag.

697 Mit seinen Maßen und Dübellöchern an der Unterseite passt der Block exakt auf. Er befindet sich in Sturzlage. Eine Erdschicht zwischen ihm und den spätantiken Umbauten darunter zeigt, dass die Ostecke der Portikus frühestens im Mittelalter umgestürzt sein kann.

698 Chioffi 1996, 64 f. Nr. 13 Taf. 12, Abb. 27. 28; Heinemann 2007, 67 Anm. 108. Vgl Anm. 1136.

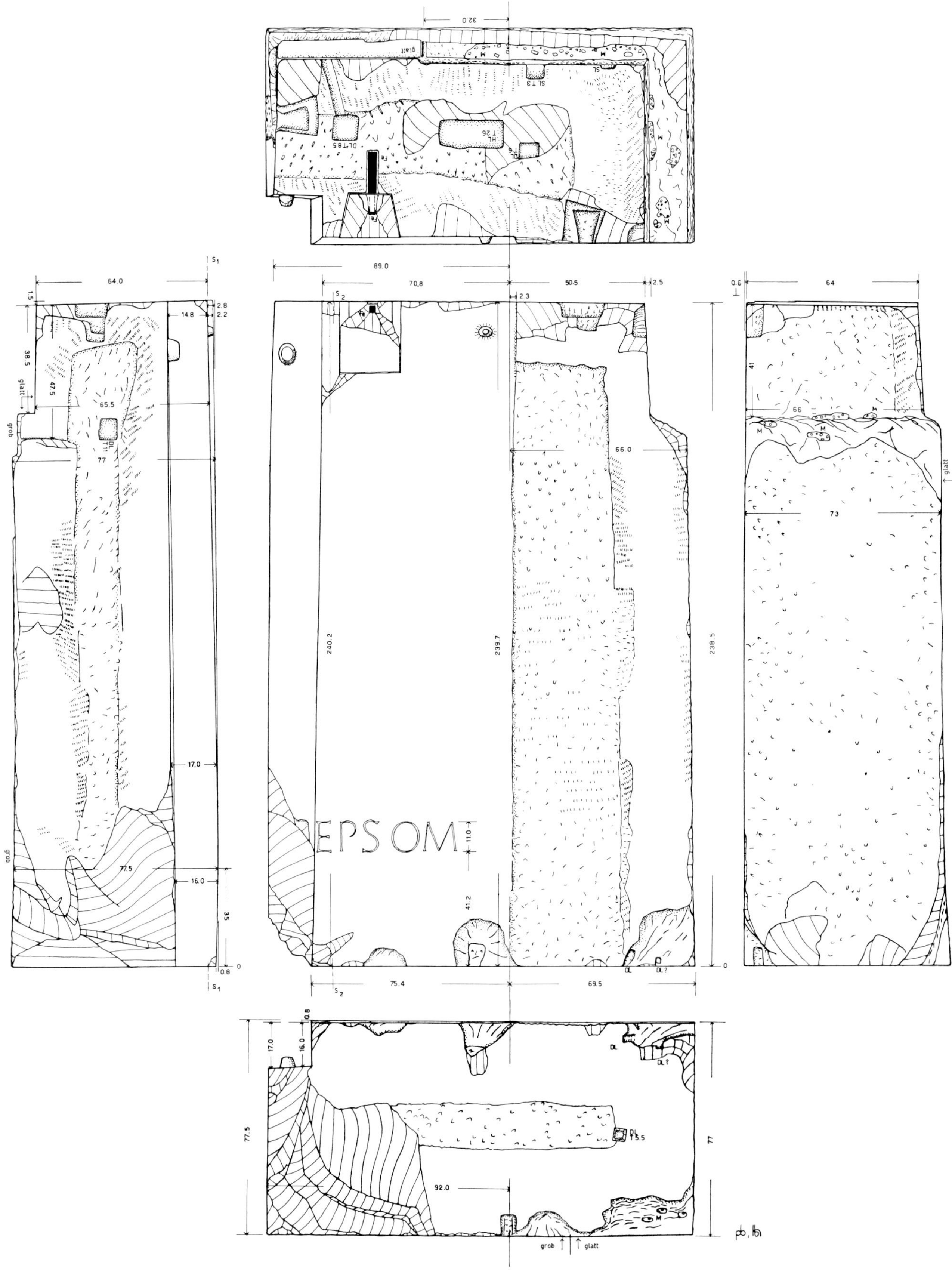

Abb. 104 Portikus, Attika, Orthostat, Ser.Nr. 198154

Abb. 105 Portikus, Attika, Orthostat, Ser.Nr. 198158

Ein zweiter Orthostatenblock der Attikazone ist über einem Pfeiler zu rekonstruieren. Er ist quaderförmig und zeigt Reste eines durch ein lesbisches Kyma gerahmten, eingetieften Feldes an der Vorderseite (Abb. 103)[699]. Es verläuft ca. 40 cm von der Unterkante und etwa je 21 cm von den Seitenkanten entfernt[700].

In ein Interkolumnium zwischen zwei Verkröpfungen gehört eine Ehreninschrift für Lucius Caesar, deren Blöcke sich ebenfalls in dem Bereich vor dem 16. Pfeiler in Sturzlage gefunden haben (Abb. 105)[701]. Sie lässt sich exakt in dem Joch zwischen dem 16. Pfeiler und dem nächsten in Richtung Caesartempel rekonstruieren[702].

Die Inschrift verläuft über drei Blöcke. Sie ist in einem eingetieften Feld angebracht, das – wie bei den Verkröp-

699 Ser.Nr. 198027. Der obere Teil des Stückes ist weggebrochen. Seine Zugehörigkeit zu den Orthostaten der Attika ergibt sich aus seiner Breite von 1,46 m. Dies passt zu der Breite der Pfeiler der Portikus, über denen die Attika verkröpft haben dürfte. Dieses Breitenmaß weist sonst kein anderes Bauglied der Portikus auf, das eine Dekoration mit einem durch ein lesbisches Kymation gerahmten Feld zeigt. Die Zuweisung wird weiter durch die Beobachtung gesichert, dass die Nebenseite ca. 12 cm von der Vorderseite entfernt eine seichte Stufe aufweist, was mit dem Maß der Verkröpfung am Profil von Ser.Nr. 198142 übereinstimmt. Auch bestätigt der Block die aus der Beobachtung auf der Oberseite des Profilblocks Ser.Nr. 198142 gezogene Folgerung, dass mit der Grenze zur Verkröpfung ein neuer Block ansetzte. Die Tiefe des Stückes stimmt mit 77 cm sowohl mit dem Orthostaten Ser.Nr. 198154 als auch mit dem auf der Oberseite der Fußprofile verfügbaren Platz überein.

700 Auf eine entsprechende Ausarbeitung wurde an dem Orthostat Ser.Nr. 198154 wahrscheinlich aufgrund seiner Ecksituation verzichtet.

701 Ser.Nr. 198158. CIL 6, 36908. Ausführlich dazu in Kap. VIII.2 und Anm. 1136. Sie erfüllt mit ihren Maßen und in der Anzahl und Anordnung ihrer Blöcke alle Bedingungen, die durch die Verkröpfung der Orthostaten vorgegeben sind: Die Tiefe muss zwischen 60 und 70 cm liegen (vorgegeben durch die Fußprofilblöcke). Die Höhe erreichte insgesamt ca. 2,40 m, wobei die Orthostatenzone in der Höhe dreigeteilt war (vorgegeben durch die Schmalseitengestaltung von Orthostat Ser.Nr. 198154). So muss ein unterer Block mit einer Höhe von ca. 49 cm existiert haben (vgl. das Klammerloch an der Schmalseite von Ser.Nr. 198027), ein darauf aufsitzender Block müsste etwa die Höhe von 1,41 m gehabt haben und darüber folgte ein Block von ca. 50 cm Höhe (vgl. die Stufe an der Schmalseite von Ser.Nr. 198154). Die Gesamtbreite des Feldes zwischen zwei Verkröpfungen müsste die Breite einer Jochweite des Portikus abzüglich der Breite einer Verkröpfung, also etwa 6,30 - 1,46 = 4,84 m betragen haben.

702 Da sie in Sturzlage zwischen den übrigen Baugliedern vor dem 16. Pfeiler gefunden wurde, die sich zum Großteil exakt über dem Eckpfeiler positionieren lassen, liegt es nahe, sie über einem der anschließenden Joche zu rekonstruieren. Die eine Möglichkeit, die Inschrift in dem Joch zwischen dem 15. und 16. Pfeiler zu platzieren, scheidet aus zwei Gründen aus. Zum einen stimmt die Stufe im oberen Bereich der Schmalseite von Ser.Nr. 198154 in ihrer Lage nicht mit der Höhe überein, die die Blöcke Ser.Nr. 198128. 198158 ergeben. Zum anderen müsste hier ein Orthostat stehen, der die Inschrift vom Block Ser.Nr. 198154 fortführte. Die Schmalseite des Inschriftenblocks lässt sich den Maßen nach dagegen gut an die rechte Vorderseite von Ser.Nr. 198154 ansetzen und auch die Anathyrosen der beiden Blöcke entsprechen sich auf den Zentimeter.

Abb. 106 Portikus, Attika, Konsolengeison, Ser.Nr. 198100

fungen – an den beiden äußeren Blöcken im Abstand von ca. 37 cm zur Schmalseite von einem lesbischen Kymation gerahmt wird.

Der dazugehörige Basisblock, der unter der Inschrift zu rekonstruieren ist, hat sich teilweise erhalten[703]. Die sichtbare Vorderseite ist glatt und die obere Zone von ca. 4 cm trägt das die untere Rahmung der Inschrift bildende lesbische Kymation. Über der Inschrift folgte ein Deckblock derselben Höhe wie der Sockel, der ein Kymaprofil im unteren Bereich seiner Vorderseite aufgewiesen haben muss. Dieser Block ist nicht mehr erhalten. Ebenfalls dem zurückspringenden Feld der Attika dürfte ein anderer Block angehört haben, der heute im Westen der Portikus liegt[704]. Die eingetiefte Fläche selbst weist keine Spuren einer Inschrift auf, sondern ist glatt belassen[705].

Das Geison

Rekonstruktion

Auf den Orthostat Ser.Nr. 198154 über dem Eckpfeiler Nr. 16 ist das Konsolengeison rhodischen Typs Ser.Nr. 198100 zu rekonstruieren (Abb. 106)[706]. Ihm lassen sich 17 weitere Geisonfragmente anschließen[707].

Ihre Höhen variieren zwischen 57,5 und 63 cm[708]. Die Tiefen der Auflager betragen zwischen 49 und 67 cm, wobei sich die großen Maßschwankungen damit erklären lassen, dass die tieferen Fragmente den Verkröpfungen angehören (Abb. 107)[709]. Die Tiefe des vorkragenden Bereichs beträgt

703 Ser.Nr. 198128. Zwei teilweise stark zerstörte Blöcke, die heute im Bereich des Risalites der Portikus liegen, gehören aneinander. Ihre Höhe beträgt 45–45,9 cm, ihre Tiefe 66 cm und sie sind in einer Breite von 3,61 m erhalten, wobei die Basis aus zwei Blöcken besteht, von denen einer seitlich wegbricht. Entsprechen ihre Maße dem, was durch die Maße der anderen Baugliedern vorgegeben ist, wird ihre Zugehörigkeit zu der Portikus weiter durch Stemm- und Dübellöcher gesichert, die genau zu denen der Blöcke mit der Inschrift passen. Die große Zahl an Stemmlöchern belegt dabei, dass der Inschriftenblock mehrfach verschoben werden musste, bis er in der gewünschten Position lag, was auch für den Orthostaten Ser.Nr. 198154 gilt. Vgl. bereits Lanciani 1899, Taf. 14, 1.

704 Ser.Nr. 198060. In einem Abstand von 38,5 cm zur Schmalseite verläuft hier auf der Vorderseite das lesbische Kymation entsprechend dem Inschriftenblock.

705 Denkbar wäre eine Bemalung bzw. eine aufgemalte Inschrift. Vgl. hierzu z. B. Vessberg 1941, 39 f.

706 Es weist passende Maße auf und hat ebenfalls eine 73,5 cm breite und 15 cm tiefe Verkröpfung.

707 Auf dem Gelände der Portikus liegen neben Ser.Nr. 198100 noch 197259. 197299. 197369. 197392. 197431. 197499. 197559. 197879. 198063. 198084. 198090. 198092. 198097. Im Bauermagazin werden Ser.Nr. 197593. 197620. 197739. 197924 aufbewahrt.

708 Ser.Nr. 198063. 198084. 198090. 198092. 198097. 198100.

709 Ser.Nr. 198063. 198090. 198092. 198097. 198100.

Abb. 107
Portikus, Attika,
Konsolengeison,
Ser.Nr. 198097

ca. 50 cm[710]. Das ergibt eine ursprüngliche Gesamttiefe der Stücke von etwa 99 bzw. 117 cm. Die Gesamtbreite eines Geisonblocks hat sich nur an dem Eckstück Ser.Nr. 198100 mit ca. 1,39 x 1,955 m vollständig erhalten.

Eine aus Kassette und Konsole bestehende Einheit hat eine Breite von 45 cm. 14 dieser Einheiten entsprechen der durchschnittlichen Jochweite der Portikussüdfront von ca. 6,30 m. Es ist also davon auszugehen, dass je fünf Konsolen und vier Kassetten über einer Verkröpfung zu liegen kamen, während neun Konsolen und zehn Kassetten über den zurückspringenden Feldern angebracht waren. Diese Einteilung entspricht einer Breite an den Verkröpfungen von 1,95 m und einer Breite im Interkolumnium von 4,35 m[711].

Die Geisonblöcke wurden unter Benutzung von Hebelöchern versetzt[712] und waren mit den Orthostaten darunter verdübelt[713]. Durch Klammern an ihren Oberseiten wurden sie untereinander verbunden[714]. Die Fugen verlaufen stets in dem Bereich zwischen Konsole und Kassette, der Zahnschnitt wird stets zwischen Zahn und Zwischenraum unterbrochen[715].

Ornamentik

Vom Fries zu den Kassetten und Konsolen leiten ein Kyma Reversum, ein durch zwei Leisten gerahmter Zahnschnitt und ein weiteres Kyma Reversum über (Abb. 107). Der Zahnschnitt hat eine abgeschrägte Via-Füllung. An Ecksituationen treffen sich zwei Zähne[716]. Eine breite Taenia trennt den unteren Bereich von den Konsolen.

Nach einem Rücksprung setzen darüber rhodische Konsolen an. Sie tragen eine nicht weiter dekorierte Soffitte. Um die Konsolen läuft eine Leiste. Die Kassetten sind eingetieft und werden durch ein Kyma Reversum gerahmt[717]. An der Ecke des Geisons Ser.Nr. 198100 stoßen

710 Ser.Nr. 198097. 198100.

711 Die Verkröpfung an der Geisonoberseite ist gegenüber der Unterseite um knapp je eine Kassette größer. Vgl. Ser.Nr. 198097.

712 Ser.Nr. 198090. 198100.

713 Ser.Nr. 198063. 198090. 198097. 198100. Die Unterseiten sind stets fein geglättet: Ser.Nr. 197620. 197879. 198084. 198092. Zwei Stücke haben einen Randschlag: Ser.Nr. 198090. 198092.

714 Ser.Nr. 198063. 198097. 198100. Die Schmalseiten sind glatt gearbeitet und zeigen Anathyrosen: Ser.Nr. 197499. 197879. 198092. 198063. 198090. 198097. 198100.

715 Ser.Nr. 197499. 197559. 198063. 198090. 198097. 198100.

716 Ser.Nr. 198097. 198100.

717 An einer Kassette von Ser.Nr. 198100 fehlt der vordere Überhang der Kassette. Vgl. von Hesberg 1980a, 187. Dabei handelt es sich allerdings um ein Einzelstück.

Abb. 108 Portikus, Attika, Konsolengeison, Ser.Nr. 197431

zwei Konsolen zusammen und überschneiden sich zum Teil, so dass nur Platz für eine kleine Kassette mit einfachem Kyma und ohne Leiste bleibt. Am Übergang zur Verkröpfung sind Konsolen im Profil zur Seite hin ausgeführt (Abb. 107).

Die Kassettenfüllungen bestehen aus Rosetten, bei denen sich entweder zwei (Abb. 108) oder ein Blattkranz um die Blüte legen (Abb. 109). Im Mittelpunkt wurde eine drei- oder viereckige Kontur angebracht oder aber der Stempel wurde durch Punktbohrungen differenziert (Abb. 108–110)[718]. An ein und demselben Stück tritt stets die gleiche Art der Gestaltung auf. Eine Variante findet sich in der kleineren Kassette in der Ecksituation von Ser. Nr. 198100. Hier war nur Platz für einen Kranz mit vier Blättern, dessen Blüte nicht weiter differenziert wurde. Die Corona besteht aus einer Kehle mit Leiste darüber, worauf die Sima in Form eines nicht weiter geschmückten Kyma Rectum folgt.

Das Geison ist sehr einfach gestaltet. Die Oberflächen sind an manchen Stellen sorgfältig geglättet, an anderen – wie an der Sima – sind Reste des Zahneisens nicht abgearbeitet. Keines der Kymatien wurde ornamental verziert. Bei den wenigen ausgearbeiteten Elementen handelt es sich um relativ einfache Ornamente, wie den nicht detaillierter ausgearbeiteten Stabsoffitten der Konsolen. Eine Ausnahme bilden die Kassettenblüten, deren Gestaltung verhältnismäßig aufwändig war.

Abgesehen von den beschriebenen Varianten der Rosetten sind die Ornamente einheitlich und sorgfältig ausgearbeitet. Die Kranzblätter wachsen senkrecht, hoch aus dem Reliefhintergrund empor, bevor sie im oberen Blattbereich auf denselben zurückfallen. Ihre Oberflächen sind stark differenziert. Sie tragen eine Mittelrille, von der aus sich die beiden Blatthälften wölben, deren Außenkanten durch Punktbohrungen in einzelne Blattfinger unterschieden werden (Abb. 108). Auch das Blüteninnere ist mit dem Bohrer deutlich aus dem Hintergrund herausgearbeitet. An einer Kassette fällt auf, dass die Blüte nicht – wie gewöhnlich – mittig in der Kassette angebracht ist, sondern asymmetrisch in einer Ecke liegt[719].

Abb. 109 Portikus, Attika, Konsolengeison, Ser.Nr. 197392

Überlegungen zum Bereich über der Attika

Wie der Bereich über dem Geison der Attika und dem Gewölbe der Portikus gestaltet war, lässt sich aus dem archäologischen Befund nicht mehr erschließen. Einige wenige Hinweise sind den meist grob gepickten Rückseiten und vor allem den Oberseiten des Attikageisons zu entnehmen. So ist an der Rückseite des Geisons Ser.Nr. 198100, die zum gegen den Caesartempel vorspringenden Bereich hinwies, ein oberer Streifen von 11–12 cm glatt gearbeitet, was der Höhe des Portikuspflasters entspricht und auch hier die Existenz eines Pflasters über dem Gewölbe vermuten lässt. Die Oberseiten der Geisonblöcke sind zum Großteil relativ grob gepickt[720]. Sie tragen keine Dübellöcher. Daher ist davon auszugehen, dass kein weiterer architektonischer Aufbau großen Maßstabs auf sie folgte. Vereinzelt sind jedoch Stemmlöcher, Einlassungen und Kerben zu erkennen[721]. Denkbar wären eine Gelän-

718 Mit Punktbohrungen Ser.Nr. 197559.

719 Ser.Nr. 198100.

720 Ser.Nr. 198097 ist glatt und im Bereich der Verkröpfung gepickt, Ser.Nr. 198063 zeigt das umgekehrte Bild, Ser. Nr. 197024. 197431. 197559. 198090. 198092 sind gepickt, Ser. Nr. 197369 ist glatt.

721 Ser.Nr. 198063. 198090. 198092. 198097. 198100.

derkonstruktion sowie die Aufstellung verschiedener anderer, vielleicht schmückender, Elemente.

2.l. Rekonstruktion der Portikus

Die Analyse aller Bauglieder der Portikus und der Tabernen führt zu folgender Rekonstruktion: Im Grundriss weist die Portikus mit den Tabernen etwa die Form eines langgestreckten Rechtecks auf, dessen eine Schmalseite allerdings nicht im rechten Winkel, sondern spitzwinklig ansetzt (Abb. 1). Im Osten springt die Portikus im rechten Winkel in Richtung Caesartempel um und bildete entweder einen Risalit oder überspannte die Via Sacra in Form eines Bogens bis zum Caesartempel. Der Portikus sind im Süden und im Westen Treppen vorgelagert. Zwischen der Portikus und der Basilica befindet sich eine Reihe von 15 Räumen. Die Trennwände zwischen den einzelnen Räumen bestehen aus – vermutlich ursprünglich mit Marmor verkleidetem – Anio-Tuff. Sie werden von einem Travertingesims bekrönt, das zu einem Gewölbe überleitet. Die Trennwände fluchten mit der Pfeilerstellung der Portikusfront. Von den 15 Räumen sind zehn als Tabernen anzusprechen. Der jeweils letzte Raum im Osten bzw. Westen beherbergt ein Treppenhaus und diejenigen hinter dem 5., 9. und 13. Joch der Portikus dienen als Durchgänge zur Basilica. Zum Forum war die Portikus geöffnet. An der westlichen und vielleicht auch östlichen Schmalseite war sie hingegen geschlossen und durch zwei Türen zugänglich (Abb. 79). Das Fußbodenpflaster besteht aus weißem Marmor.

Der einstöckige Bau weist eine hybride, dorisierende Architektur auf[722] und ist von einer Attika bekrönt. Alle vom Forum aus sichtbaren Bauglieder bestehen aus weißem Marmor. Die Portikus besitzt zum Forumsplatz eine Fassade aus durch Bögen überspannten Pfeilern mit vorgeblendeten Halbsäulen[723]. Die Basen lassen sich dem attischen Typ zuweisen (Abb. 57). Darauf folgt der Halbsäulenschaft mit einer Stegkannelur (Abb. 64). An den Gebäudeecken sind Viertel- bzw. vermutlich Dreiviertelsäulen positioniert. Bekrönt werden die Säulenschäfte durch tuskanische Kapitelle. Der Hals ist mit Blüten verziert und über einer dreifachen Abtreppung folgt am Echinus ein auf den Kopf gestellter Eierstab (Abb. 66–68. 71).

722 Attische Basen, kannelierte Säulen, tuskanische Kapitelle, faszierter Architrav, dorischer Fries und ein Konsolengeison. Im Folgenden als dorisierend bezeichnet.

723 Dass neben Bögen auch Pfeilerstellungen mit Architrav angebracht gewesen sein könnten wie bei einer Portikus in Minturnae (von Hesberg 1992, 133; Nünnerich Asmus 1994, 179 f. mit weiterer Literatur), ist nicht auszuschließen. Da es dafür aber keine Hinweise gibt, wird hier eine einheitlich mit Bögen versehene Fassade vorgeschlagen.

Abb. 110 Portikus, Attika, Konsolengeison, Ser.Nr. 197559

Die Pfeiler sind an ihren einander zugewandten Nebenseiten durch ein mit einem lesbischen Kymation gerahmtes Feld verziert (Abb. 57). Die Archivolten der Bögen sind in zwei Faszien unterteilt, die durch ein lesbisches Kymation bekränzt werden (Abb. 72. 77–78). Dieses Kymation stellt eine Zwischenstufe zwischen einem Bügel- und einem Scherenkymation dar. Die Archivoltensoffitten durchläuft in Längsrichtung ein Kordelband, das von Pfeifenstäben gerahmt wird (Abb. 73. 75–76). Einzig das Impostenprofil und der Schlussstein der Bogenkonstruktionen sind nicht mehr erhalten[724].

Über den Kapitellen liegt ein dorisierender Architrav mit zwei Faszien (Abb. 80), der einen Triglyphen-Metopenfries trägt (Abb. 83–84. 88–90). Je vier Metopen nehmen die Breite eines Interkolumniums ein, wobei die Metopen an der Südfront breiter als an den Schmalseiten und an dem zum Caesartempel umbiegenden Teil sind, da dort die Interkolumnien kleiner ausfallen. Als Metopenschmuck sind Paterae und Bukranien sicher belegt. Eine alternierende Verwendung, wie sie auf den Renaissancezeichnungen zu sehen ist und von Bauer angenommen wurde, ist wahrscheinlich, obgleich allein aus dem Befund nicht herzuleiten. Abgeschlossen wird das Gebälk durch ein Konsolengeison, wobei die Position der Konsolen jeweils der der Triglyphen entspricht (Abb. 91–99). Ein Cavetto und ein Eierstab leiten zu den Konsolen über. Letztere haben eine Blockform und sind mit Blattfriessoffitten verziert. Gerahmt werden sie durch ein nicht weiter dekoriertes lesbisches Kymation. Die Kassetten sind mit je einer Rosette versehen. Ein Scherenkymation leitet zur Sima über, an der sich mindestens über einigen Konsolen Löwenkopfwasserspeier befinden.

724 Vgl. Bauer 1988a, 202.

Abb. 111 Portikus, Rekonstruktion Portikusinnenraum (Heinrich Bauer)

Der Übergang vom Geison zur Attika wird durch einen Lehrabakus vollzogen (Abb. 100). Die Attika weist wahrscheinlich regelmäßig über den Pfeilern ca. 15 cm tiefe Verkröpfungen auf. Sie besteht aus einem Fußprofil (Abb. 101–102), Orthostaten (Abb. 103–105) und einem abschließenden Konsolengeison (Abb. 106–110). Die Orthostaten tragen durch ein lesbisches Kymation gerahmte Felder. Auf einem der Orthostatenblöcke ist eine Inschrift für Lucius Caesar angebracht[725]. Sie ist über dem Interkolumnium des zum Caesartempel vorspringenden und zum Forum gerichteten Bereichs zu rekonstruieren. Am folgenden Konsolengeison leitet ein durch zwei Leisten gerahmter, nicht weiter dekorierter Zahnschnitt zu den Konsolen über. Diese gehören dem rhodischen Typ an und tragen eine unverzierte Soffitte. In den Kassetten befindet sich je eine Rosette. Eine Kehle, eine Leiste und die Sima schließen das Geison ab.

Die Gestaltung des Portikusinnenraums entspricht der Außenfassade, nur dass hier anstelle der Halbsäulen an den Pfeilerinnenseiten und den Stirnseiten der Tabernentrennwände Pilaster stehen (Abb. 59–63. 65–66. 69–70). Die einzelnen Bauglieder des Gebälkes sind etwas niedriger, so dass die Oberkante des Geisons des Innenraums mit der Oberkante des Frieses der Außenordnung korrespondiert. Der Architrav des Portikusinneren trägt drei statt zwei Faszien (Abb. 81–82). Die Metopen des dorischen Frieses sind vermutlich zumindest an manchen Stücken nicht mit Dekor versehen und auch weniger breit, so dass im Innenraum wahrscheinlich fünf Metopen auf einem Interkolumnium zu liegen kamen (Abb. 85). Dass hierauf folgende Geison konnte nicht mit Sicherheit identifiziert werden. Die Portikus ist mit einem Caementiciumgewölbe, vermutlich einem Tonnengewölbe (s. u.), überdacht gewesen. Der weitere Aufbau über der Attika ist unklar. Gut vorstellbar wäre hier eine Terrasse[726].

Die Rekonstruktion Heinrich Bauers ist an folgenden Stellen zu korrigieren bzw. wegen fehlender Nachweismöglichkeiten in Frage zu stellen (Abb. 2–3. 111):

1. Anstatt der von Bauer rekonstruierten zwei Stockwerke gab es nur eines[727].
2. Bauer rekonstruierte über beide Stockwerke jeweils eine Attika. Diejenige, die er dem ersten Stockwerk zuwies, existiert nicht; diejenige, die er dem zweiten Stockwerk zuwies, gehört zum unteren, nach der jetzigen Rekonstruktion einzigen Stockwerk.
3. Bauglieder, die über der Attika rekonstruiert werden könnten, sind nicht erhalten.
4. Kämpferblöcke der Bögen und Bogenschlusssteine sind nicht erhalten und bei Bauer frei rekonstruiert.
5. Entgegen der Darstellung Bauers waren die Metopen des Portikusinnenraums vermutlich zumindest teilweise nicht dekoriert.
6. Das Kreuzgratgewölbe mit den Zugankern, welches Bauer über der Portikus annahm, konnte nicht bestätigt werden. Gleiches gilt für die von Bauer angenommenen Bögen, die den Innenraum der Portikus überspannt haben sollen[728]. Obgleich die Art des Gewölbes nicht mit letzter Sicherheit zu bestimmen ist, ist m. E. eher von einem Tonnengewölbe auszugehen. Ein Kreuzgratgewölbe würde man eher über den Kapitellen ansetzen. Über dem Gebälk lässt sich dagegen besser eine Tonne platzieren[729]. Ähnlich wie an der Portikus des Forum Holitorium versteht sich so auch, warum das Gebälk des Innenraumes niedriger ist, so dass die Tonne in ganzer Breite im rückwärtigen Bereich der Oberseite der vollplastischen Friesblöcke an der Frontseite der Portikus aufsitzen konnte[730]. Ein Tonnengewölbe erklärt auch die statischen Bedenken, die mit dem Bau der Anlage verbunden waren[731].

725 Vgl. Kap. VIII.2 und Anm. 1136.

726 Antiken Schriftstellern zufolge müssen obere Stockwerke von Portiken am Forum begehbar gewesen sein: Plutarch Galba 26, 3 f. Zu den oft erwähnten Maeniana, die hier zu lokalisieren sein könnten: Welin 1953, 144; Coarelli 1985, 143–146. 178 f.; Freyberger – Ertel 2007, 512 f.

727 Bauer argumentierte für das zweite Stockwerk mit Baugliedern in zwei verschiedenen Größenordnungen, wobei er sich allerdings geirrt hat, was aus der vergleichenden Betrachtung seiner Unterlagen und des Befundes deutlich wird. So handelt es sich bei den wenigen Stücken, die Bauer der zweiten Ordnung zuwies, um sekundär abgearbeitete Bauglieder. Die Fragmente gehören vielmehr alle derselben Größenordnung an. Theoretisch wäre ein zweites Stockwerk der Portikus mit Baugliedern derselben Größenordnung und derselben Ikonographie möglich, worauf allerdings nichts am Befund hindeutet.

728 Bauer 1988a, 208 Abb. 97. Die von Bauer hier rekonstruierten Zuganker sind am Befund nicht nachvollziehbar.

729 Vgl. etwa das untere Stockwerk im Marcellustheater (Fidenzoni 1970, 60 Abb. 32).

730 Zur Portikus am Forum Holitorium: De Angelis d'Ossat 1934.

731 Zu den statischen Unsicherheiten vgl. die Basen und eventuell den Fries Kap. VI.2.c und VI.2.i.

Abb. 112 Basilica Aemilia, schmaler Rankenpfeiler, Zeichnung, Gesamthöhe 283 cm, Ser.Nr. 198153

3. Bauglieder unsicherer Positionierung

3.a. Rankenpfeiler

Auf dem Areal der Basilica Aemilia wurde eine große Zahl an mit Wellenranken und Kandelabern geschmückten Pfeilern aus weißem Marmor gefunden (Abb. 112). Ihre einheitliche Gestaltung, ihre große Anzahl und ihr Fundort[732] machen ihre Zuweisung an den Baukomplex der Basilica Aemilia wahrscheinlich[733].

Rekonstruktion

Die Rankenpfeiler lassen sich ihren Maßen nach in zwei Gruppen, breite und schmale Rankenpfeiler, gliedern. Die Höhe kann nur an den schmalen Rankenpfeilern berechnet werden und beträgt dort ca. 3,30 m[734]. Für die breiten Rankenpfeiler ist sie nicht mit Sicherheit zu bestimmen, sie dürfte aber wahrscheinlich derjenigen der schmalen Rankenpfeiler entsprochen haben[735]. Die Tiefe aller Rankenpfeiler ist unabhängig von ihren sonstigen Dimensionen gleich und beträgt durchschnittlich 60 cm (Tab. 19). Die zur Gruppe der schmalen Rankenpfeiler gehörigen Stücke sind ca. 24,5 cm breit, die anderen 83–86 cm. Unter den breiten Rankenpfeilern befinden sich zwei Eckstücke, die bei gleicher Tiefe nur ca. 60 cm breit sind und an einer Nebenseite anstatt einer Ranke eine Anathyrose aufweisen[736]. Ein Einzelstück fällt aus den beiden Gruppen heraus. Es weist eine erhaltene Breite von 95 cm auf, dürfte ursprünglich aber ca. 1,32 m breit gewesen sein[737]. Die Pfeiler verjüngen sich leicht nach oben[738].

Die breiten Rankenpfeiler bestanden aus mehreren übereinandergesetzten Blöcken[739]. Die verschiedenen Stücke wurden unter Benutzung von Hebelöchern versetzt. Letztere unterscheiden sich in ihren Maßen und ihrer Gestaltung von allen übrigen Hebelöchern an Baugliedern der Basilica oder Portikus. Vor allem sind sie deutlich schmaler[740]. Anathyrosen gewährleisteten, dass die Blöcke exakt aufeinander zu liegen kamen. Anschließend wurden sie zweifach verdübelt[741]. Die schmalen Rankenpfeiler bestehen jeweils aus zwei Stücken: einem unteren in der Höhe von ca. 30–60 cm und einem oberen Stück, welches eine Höhe von 2,70–3,00 m aufweist[742]. Sie wurden miteinander durch zwei Dübel verbunden[743].

An den Unterseiten waren die einzelnen Blöcke in unterschiedlichem Ausmaß geglättet. Während die breiten Rankenpfeiler mit ihrem Untergrund verdübelt waren, scheint dies für die schmalen Rankenpfeiler nicht der Fall gewesen zu sein[744]. Die Pfeileroberseiten sind stets fein geglättet. Sowohl die breiten als auch die schmalen Pfeiler waren durch zwei Dübel mit den Kapitellen darüber verbunden[745].

732 Photos zur Fundsituation: Nr. 561. 563. 762. 673. 687.

733 Die Fragmente Ser.Nr. 197099. 197103. 197125. 197191 befinden sich auf dem Gelände des Templum Pacis. Im Bauermagazin liegen Ser.Nr. 197378. 197596. 197654. 197661. 197668. 197675. 197755. 197761. 197815. 197858. 197861. 197891. In der Kryptoportikus des Venus und Romatempels: Ser.Nr. 197064. 197101. 197120–197121. 197137. 197145. 197150–197151. 197159. 197163. 197172. 197175. 197178. 197186. 197194. 197206. 197212–197213. 197218–197219. 197224. 197227. 197248. 197267. 197269. 197282. 197304–197305. 197313. 197344–197346. 197355. 197357. 197361. 197382. 197385. 197399. 197404. 197413. 197416. 197432. 197434. 197439. 197442. 197444. 197447. 197465–197466. 197469–197470. 197473. 197494. 197502. 197518. 197543. 197659. 197577. 197585. 197646. 197679. 197706. 197726. 197736. 197785. 197813. 197828. 197848 197851. 197884. 197916–197917. 197920. 197928. 197980. 198004. Im Chiostro befinden sich Ser.Nr. 197031–197032. 197131. 198153. 197160. 197184. 197749. 197808–197809. 197876. 197878. 198159. Die übrigen Fragmente liegen in der Basilica oder den Tabernen. Die von Moormann 1991 der Basilica Aemilia zugewiesenen Pfeiler aus Amsterdam gehören ihren Maßen nach und aufgrund abweichender Ornamentik (zumindest an Pfeiler 2 und 3) nicht zum Bau.

734 Ser.Nr. 197809 hat sich vom unteren Geländeransatz bis zur Oberseite mit ca. 2,30 m erhalten. Andere Stücke haben sich vom Geländeransatz bis zur Unterseite mit ca. 99–100 cm erhalten. Zum Beispiel Ser.Nr. 198160.

735 So stimmen die Detailmaße und der Reliefdekor der Nebenseiten der breiten Rankenpfeiler mit denen der schmalen Rankenpfeiler überein.

736 Ser.Nr. 197029. 197123.

737 Ser.Nr. 197030. Zu errechnen auf der Grundlage des erhaltenen Reliefdekors.

738 Ser.Nr. 197071.

739 Drei Blöcke sind in ihrer ursprünglichen Höhe erhalten; diese beträgt 46–47 cm, 80 cm und 1,30 m. Der Block von 80 cm Höhe und der von 1,30 m Höhe gehören demselben Bereich des jeweiligen Pfeilers an. Die Pfeiler wurden folglich vor Ort aus einzelnen Blöcken von Fall zu Fall unterschiedlich zusammengesetzt.

740 Vgl. Ser.Nr. 197029. Daraus lassen sich Schlüsse zum Bauvorgang ziehen, vgl. Kap. X.1.

741 Entsprechende Vorrichtungen erhalten an: Ser.Nr. 197029. 198124.

742 Das untere Stück ist in Ser.Nr. 197127 erhalten. Das obere ist an Ser.Nr. 198153 erhalten.

743 u. a. Ser.Nr. 197072. 197172. 197355.

744 Der Grad der Glättung reicht von grob gepickt über mit dem Zahneisen bearbeitet zu gänzlich glatt. Unterseiten sind erhalten an den breiten Rankenpfeilern: Ser.Nr. 198124. 198160. Beide Stücke waren an entsprechender Stelle nicht einsehbar, so dass für ihre Beurteilung auf die Zeichnungen Bauers zurückgegriffen werden musste. An den schmalen Rankenpfeilern ist die Unterseite nur an Ser.Nr. 197127 erhalten, die, soweit es sich absehen lässt, ohne Dübellöcher gearbeitet ist.

745 Die Dübellöcher sind nur an den schmalen Rankenpfeilern erhalten: Ser.Nr. 197224. 197227. 197385. 197399.

Abb. 113 Basilica Aemilia, schmaler Rankenpfeiler, Ser.Nr. 197878

Abb. 114 Basilica Aemilia, schmaler Rankenpfeiler, Ser.Nr. 197876

Umbauphase – Geländer

War ursprünglich vorgesehen gewesen, die Rankenpfeiler an ihren Nebenseiten in ganzer Höhe mit einem Rankendekor zu versehen, so wurden während des Bauvorgangs Entwurf oder Ausführung geändert und ein Geländer angesetzt. Die Pfeiler waren zu diesem Zeitpunkt im unteren Bereich bereits ansatzweise mit Rankendekor geschmückt worden (Abb. 113)[746]. Anschließend wurde diese Ornamentierung zugunsten der Geländer wieder weitgehend abgetragen bzw. an nicht einsehbaren Stellen belassen. Die Ranken dieses Bereiches entsprechen den übrigen augusteischen Schmuckformen. Es handelt sich also nicht um einen zeitlich deutlich späteren Eingriff, sondern um eine Änderung innerhalb desselben Bauvorgangs.

Das Geländer war mit oberem Abdeckprofil ca. 1,00 m hoch und 10–12 cm tief, wie die entsprechenden Bearbeitungsspuren an den Oberflächen der Pfeilernebenseiten zeigen (Abb. 112–113). Es war mit den Pfeilern verdübelt[747]. Ein weiterer Teil der Planänderungen bestand darin, hinter dem Geländer einen Gegenstand, vielleicht eine Sitzbank, in die Pfeiler einzulassen. Das geht aus einer wenige Zentimeter tiefen und 10 cm hohen Einar-

197432. 197469–197470. 197473. 197659. 197668. 197749. 197815. 197861. Für die breiten Rankenpfeiler lässt sich das Vorhandensein von zwei Dübellöchern über die Unterseiten der dazugehörigen breiten Rankenkapitelle erschließen (s. u.). Die Oberseiten der schmalen Rankenpfeiler sind an manchen Stücken glatt, an anderen mit dem Zahneisen geglättet. Ser. Nr. 197227 weist darüber hinaus einen Randschlag auf.

746 Ser.Nr. 197878. 198153.

747 An allen Pfeilernebenseiten ist mittig ein vertikaler Streifen von ca. 10–12 cm Breite im Unterschied zu den benachbarten Flächen mit dem Zahneisen bearbeitet. Hier setzte das Geländer an. In der Höhe von ca. 90 cm befindet sich ein Dübelloch, durch dessen Dübel Geländer und Pfeiler miteinander verbunden waren. Ca. 10 cm darüber ist ein zweites kleineres Loch für einen Dübel angebracht, mit dem das Abdeckprofil des Geländers befestigt worden sein dürfte: Ser.Nr. 197031. 197072. 197101. 197137. 197150. 197171–197172. 197184. 197218. 197267. 197269. 197282. 197345. 197442. 197808–197809. 197876. 197878. 197913. 197980. 198153. 198160.

Dem Bereich zwischen den Pfeilern wies Heinrich Bauer 1988a, 209 Abb. 100 eine Serie von sechs einheitlich gestalteten Geländerfragmenten aus Bardiglio zu (Abb. 132). Ihre Positionierung zwischen den Rankenpfeilern ist zwar möglich, aber im höchsten Maße spekulativ, denn zum einen stammen sie von anderen Fundorten (zwei der Fragmente wurden in der Basilica Iulia gefunden (Inv. 1025. 1171), eines hinter der Curia (Inv. 1026) und drei auf einem Haufen von modern zusammengestellten Baugliedern am Romulustempel gemeinsam mit anderen Baugliedern, die teilweise vom Gelände der Basilica Aemilia kommen (Inv. 1170. 18760–18761): Bauer DAInst Nachlass, 420–422. Zum Umgang mit dislozierten Funden am Forum: Kap. V.2. Die Geländer Inv. 1025. 1026. 1170–1171 befinden sich heute im Bauermagazin. Die Fragmente Inv. 18760 und 18761 liegen im Chiostro von S. Francesca Romana). Zum anderen sind die ursprünglichen Höhen- und Breitendimensionen nicht erhalten, so dass als einziges Argument für ihre Zuweisung die Tiefe von 10–13,5 cm herangezogen werden kann. Da diese Tiefe ein gängiges Maß für Geländer ist, ist das Argument nicht aussagekräftig. An dem Geländerfragment Inv. 18761 hat sich zudem an der mit dem Zahneisen bearbeiteten Nebenseite ein Dübelloch erhalten, welches mit den Dübellöchern der Pfeilernebenseiten nicht in Verbindung gebracht werden kann.

beitung an den rückwärtigen Bereichen der Nebenseiten und den Rückseiten aller schmalen Rankenpfeiler in einer Höhe von 60–70 cm hervor (Abb. 112–114)[748]. Hierfür beschnitt man den bereits angelegten Dekor der Rückseiten der schmalen Rankenpfeiler[749]. An diesen zog sich der Gegenstand entlang und verband sie so miteinander, während an den Rückseiten der breiten Rankenpfeiler ein Wandansatz zu erkennen ist und sich der Gegenstand somit nicht fortsetzte[750]. Durch die Bank wurde der untere rückwärtige Bereich der Nebenseiten aller Pfeiler sowie der Rückseiten der schmalen Rankenpfeiler verdeckt. So erklärt es sich, dass in diesem unteren Bereich diesseits des Geländers vielfach Ranken- oder Bossereste stehengelassen wurden, während der Bereich jenseits des Geländers fein geglättet wurde[751]. Vielleicht liegt die Tatsache, dass an den schmalen Rankenpfeilern jeweils ein unterer Block von 30–60 cm Höhe separat von dem sonst monolithen Pfeiler gearbeitet wurde, in den genannten Planänderungen begründet[752].

Ornamentik

An den Pfeilervorderseiten und dem Bereich der Nebenseiten bis zum Geländeransatz weisen die Pfeiler unten ein Sockelprofil auf (Abb. 115)[753]. An der Vorderseite der breiten Rankenpfeiler kröpft das Profil im mittleren Bereich leicht vor und folgt damit dem Vorsprung des mit Ranken ornamentierten Bereichs darüber (Abb. 116)[754].

Abb. 115 Basilica Aemilia, schmaler Rankenpfeiler, Ser.Nr. 197127

748 Ser.Nr. 197808–197809. 197876. 197878. 198153. Die Abarbeitungen sind sehr grob und dienten sicherlich nicht als Auflager, sondern lediglich dazu, hier etwas einzulassen. In diesem Zusammenhang sind wahrscheinlich auch die vielen Dübellöcher zu verstehen, die unterhalb dieser Einlassspuren an den Rückseiten der schmalen Rankenpfeiler angebracht sind: Ser.Nr. 197172. 197184. 197267. 197282. 197808. 197876. 197878. 198153. Der Gedanke, hier eine Bank zu rekonstruieren, stammt von Bauer DAInst Nachlass, 407 f.

749 Der Dekor an den Rückseiten der schmalen Rankenpfeiler war vor der Planänderung bereits vollkommen ausgearbeitet, an den Nebenseiten war mit der Ornamentausarbeitung gerade begonnen worden.

750 Dieser Wandansatz hatte die Form unterschiedlich weit hervorstehender, nicht weiter ausgearbeiteter Vorsprünge, s. z. B. Ser.Nr. 197877. 198124. 198160 und vielleicht 197123.

751 s. bspw. Ser.Nr. 197172. 197878. 198153.

752 Da die Pfeilernebenseiten von unten nach oben ausgearbeitet wurden, musste dieser Bereich schon zum Großteil fertiggestellt gewesen sein. Wahrscheinlich waren die schmalen Rankenpfeiler ursprünglich monolith und wurden nach der Planänderung an dem ausgearbeiteten Bereich abgeschnitten und durch andere Blöcke ergänzt. Dies belegt auch der einzige erhaltene Fuß der schmalen Rankenpfeiler Ser.Nr. 197127, der an beiden Seiten vollkommen glatt ist und nicht den umgearbeiteten Partien an den oberen Stücken entspricht.

753 Von diesen Sockeln haben sich nur noch geringe Reste erhalten: Ser.Nr. 197127 (schmal). 198160. 198124 (breit; nur in Zeichnung von Bauer überliefert, da Ser.Nr. 198160 an den entsprechenden Stellen heute zerstört ist, es vor 30 Jahren offenbar aber nicht war). Während die Fußprofile der Pfeiler an den Vorderseiten am Pfeilerblock angearbeitet waren, wurden sie an den Nebenseiten bis zum Geländer getrennt angesetzt. Vgl. die Nebenseitengestaltung im unteren Bereich von Ser.Nr. 198124. 198160. Wahrscheinlich entsprechend Ser. Nr. 197127.

754 Ser.Nr. 198124.

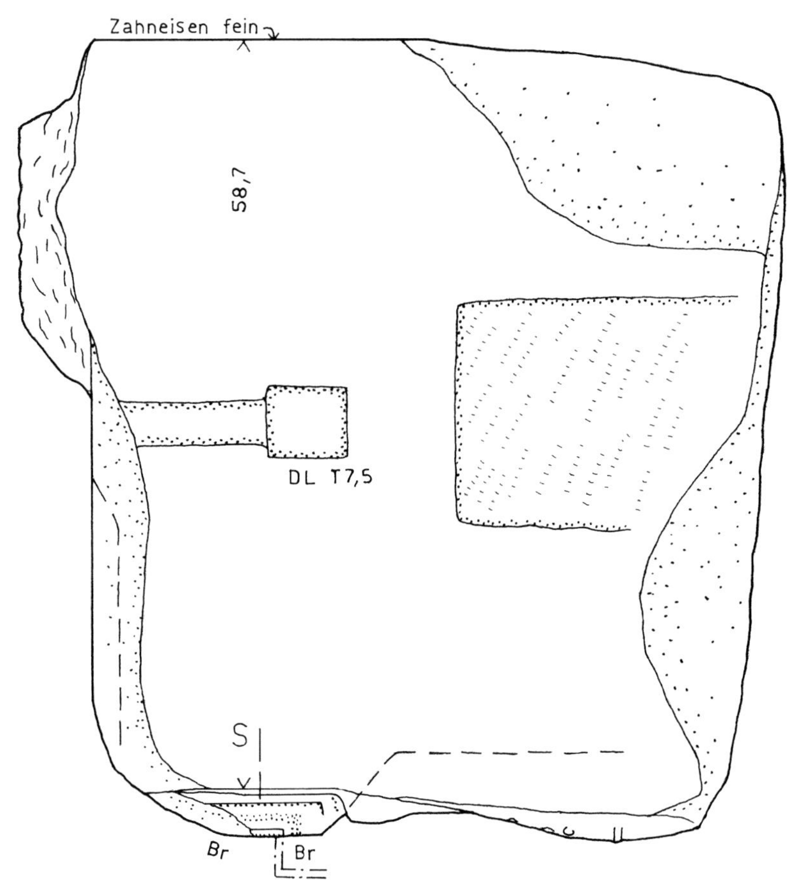

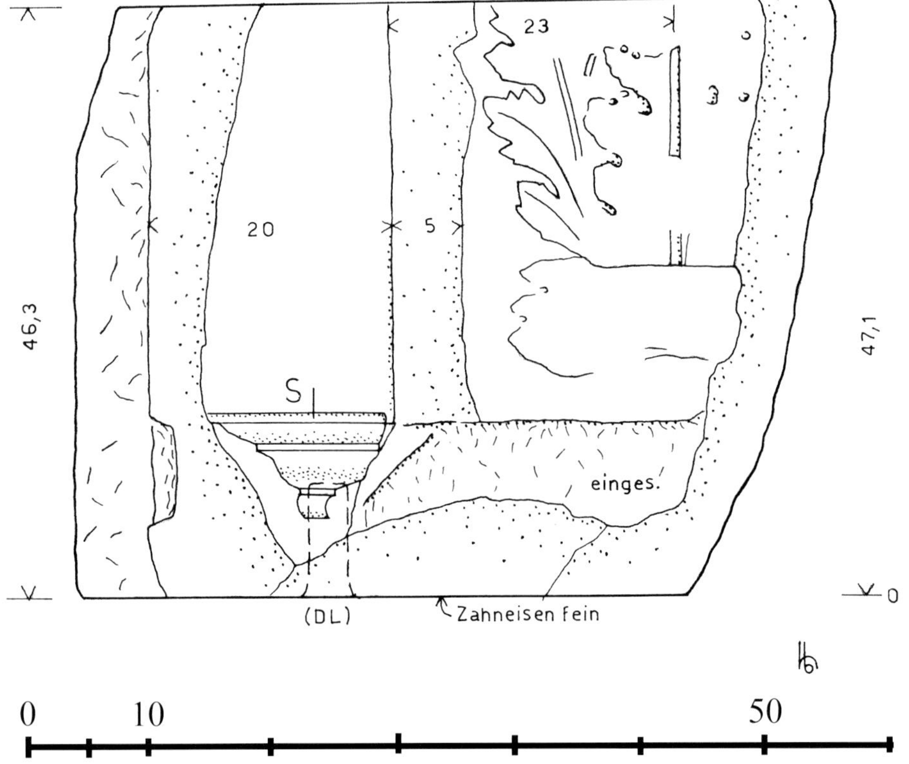

Abb. 116
Basilica Aemilia,
breiter Rankenpfeiler,
Zeichnung, Ser.Nr. 198124

Die Rückseiten der schmalen Rankenpfeiler und der hinter dem Geländer liegende Bereich der Nebenseiten waren nach der Planänderung nicht mehr zu sehen und trugen folglich kein Profil[755]. Das Profil besteht aus einer Leiste, gefolgt von zwei glatten lesbischen Kymatien. Das obere lesbische Kymation dient, begleitet von einer schmalen Leiste, gleichzeitig den Rankenfeldern als Rahmung und umgibt sie auf allen vier Seiten.

An den Vorderseiten der breiten Rankenpfeiler befinden sich zu beiden Seiten des Ornamentfeldes etwa 20 cm breite, undekorierte Streifen (Abb. 117)[756]. Ein zentrierter, ca. 43,5 cm breiter Bereich, auf dem die Ranken angebracht sind, kröpft leicht vor. Hiervon sind 10 cm Rahmung, die restlichen 33,5 cm entfallen auf die rankengeschmückte Fläche. Unten befindet sich ein Blattkelch aus drei Akanthusblättern, die von drei Basisblättern unterfangen werden (Abb. 116)[757]. Dem Blattkelch entwächst eine einfache Wellenranke (Abb. 117)[758]. Den Detailmaßen zufolge hat sie sich ursprünglich insgesamt achtmal eingerollt[759]. Die Nebenstränge rollen sich volutensprössig ein. Im Detail sind die wenigen erhaltenen Ranken der Vorderseiten der breiten Rankenpfeiler sehr unterschiedlich gestaltet. Grundsätzlich lässt sich sagen, dass Akanthus- oder Lanzettblätter als Hüllblätter dienen. Unterhalb von diesen, an der Stelle eines Wachstumsknotens, sind stets kleine Blätter entweder in Form von drei Basisblättern oder eines kleinen Lanzettblattkelches angebracht. Die Voluten rollen sich zu unterschiedlich gestalteten Blüten ein, denen Früchte wie Weintrauben, Knospen oder andere vegetabile Schmuckelemente entwachsen[760]. Auch die Zwickelsprösslinge und Nebenschösslinge sind sehr unterschiedlich. So bestehen die ihrerseits variierenden Nebenschösslinge an Ser.Nr. 197877 aus unterschiedlich gestalteten Lanzettblättern, die direkt am Hüllblatt entspringen. An der Stelle der Zwickelsprösslinge sind von der Ranke gänzlich losgelöste Korymben angebracht. Das Stück Ser.Nr. 197913 zeigt an dieser Stelle stattdessen eine von zwei Blättern umfangene Blüte, die durch einen Stängel mit dem Hauptstamm verbunden ist.

Die nur ca. 24,5 cm breiten Vorder- und Rückseiten der schmalen Rankenpfeiler sind mit einer Kandelaberkomposition geschmückt, die durch ein Ablaufprofil in Form

Abb. 117 Basilica Aemilia, breiter Rankenpfeiler, Ser.Nr. 197877

eines lesbischen Kymations und einer Leiste gerahmt wird (Abb. 112). Die Kandelaber zeichnen sich durchweg durch eine stabförmige Mittelvertikale aus. Als Basismotiv, dem der Stängel entwächst, dient ein Blattkelch (Abb. 115)[761]. Darüber folgt eine dichte Reihe verschiedener pflanzlicher Elemente[762]. Als Gemeinsamkeit weisen sie Lanzettblätter auf. Das Kompositionsschema variiert darüber hinaus stark. So sind zwischen zwei und fünf Blätter nebeneinander ausgeführt, die in verschiedenen Formen zusammengestellt werden können. Das Schema ist in einem Fall kelchförmig, in einem anderen tulpenförmig oder auch schalenförmig etc. Mitunter werden sie durch drei Basisblätter unterschiedlicher Ausmaße unterfangen. Gelegentlich wachsen aus ihnen seitlich kleine Stängel mit Weintrauben oder geschlossenen Blüten heraus. Auch der Stängel ist mal fein, klein und durchgehend, mal wird er in das Blattspiel eingebunden und verbreitert sich. Weder ein- und dasselbe Element noch ein

755 Ser.Nr. 198160.

756 Ob diese an den Seiten durch ein Kymation eingefasst waren, lässt sich nicht mehr sagen.

757 Ser.Nr. 198160.

758 Ser.Nr. 197029–197030. 197071. 197123. 198160. 197167. 197171. 197191. 197215. 197486. 197489. 197877. 197913.

759 So auch Bauer 1988a, 209, Abb. 100. (Abb. 132).

760 Nach der Typologie Schörner 1995, Taf. II variieren die Blüten am ehesten zwischen Glockenblüten, Kelchblüten und Blattbukett: Ser.Nr. 197167. 197171. 197877.

761 Ser.Nr. 197127.

762 Nach Mathea-Förtsch 1999, 14 dem „Grundmuster IIc: Einfache Kandelaber" zugehörig.

Abb. 118 Basilica Aemilia, schmaler Rankenpfeiler, Ser.Nr. 197809

Abb. 119 Basilica Aemilia, schmaler Rankenpfeiler, Ser.Nr. 197878

Kompositionsschema wiederholen sich. Das gilt auch für den oberen Abschluss der Kandelaber, der an allen Stücken unterschiedlich gestaltet wird. Mal endet der Kandelaber mit einem Kelch, mal mit kleinen Blüten oder mit Weintrauben. Auch wenn jedes Element verschieden ist, zeichnen sich alle Stücke dennoch durch einen gemeinsamen Grundstock an Dekorelementen aus, die immer wieder neu variiert werden.

Lediglich ein Stück fällt aus dem Rahmen[763]. Hier haben Mittelachse und Seitentriebe eine Gleichwertigkeit erlangt und es ist eine Reihe an Darstellungen zu sehen, die sonst nicht auftauchen. So wird der Pfeiler zusätzlich durch Ranken, die den Mittelsteg umspielen, und Palmetten bereichert (Abb. 118).

Die Nebenseiten weisen an den breiten und schmalen Rankenpfeilern den gleichen Dekor auf. Wegen des Geländers setzt der Dekor erst in der Höhe von ca. 1,00–1,10 m ein. Zu sehen ist ein Blattkelch, bestehend aus drei Akanthusblättern, denen drei Basisblätter unterlegt sind (Abb. 119). Das mittlere Akanthusblatt überlagert stets die seitlichen. Die Akanthusblätter bestehen aus sieben Blattlappen. Die einzelnen Blattfinger variieren in Anzahl und Form. Hinter den seitlichen Akanthusblättern wachsen des Öfteren Caules mit unterschiedlichen Blüten[764]. Hinter dem Mittelblatt entwächst eine Wellenranke mit vier Voluten, deren Ranken sich in großflächigen Schwüngen

763 Ser.Nr. 197809. Vgl. dazu auch Mathea-Förtsch 1999, 13: „Grundmuster IIa: Kandelaber mit häufig wechselnden Motiven" und 143 Kat. 123.

764 Ser.Nr. 197808–197809. 197878.

winden (Abb. 112). Die Nebenstränge rollen sich volutensprössig ein[765] und haben als Hüllblätter Akanthus- oder Lanzettblätter[766]. Unterhalb von diesen, an der Stelle eines Wachstumsknotens, sind kleine Blätter entweder in Form von drei winzigen Basisblättern oder eines kleinen Lanzettblattkelches angebracht. Die Voluten rollen sich zu unterschiedlich gestalteten Blüten ein, denen Früchte wie beispielsweise Weintrauben oder Knospen entwachsen. Aber auch die Zwickelsprösslinge und Nebenschösslinge sind sehr verschieden. Sie enden in unterschiedlich gestalteten Lanzettblättern oder Korymben. Ihre Stängel winden sich teilweise um den Haupt- bzw. Nebentrieb der Ranke. An manchen Stücken werden Haupt- und Nebentriebe bevor sie sich trennen durch Bänder lose verbunden[767]. Der Variationsreichtum ist groß. Verbindlich scheint die Anzahl an Voluten und ein bestimmtes Repertoire an Ornamentformen gewesen zu sein. Darüber hinaus wurden die einzelnen Ranken in ihrer Gestalt beliebig variiert.

In ihrer Ausarbeitung ist die Ornamentik der Rankenpfeiler sehr einheitlich. Das betrifft zunächst die Reliefhöhe, die nur wenige Zentimeter beträgt sowie das Verhältnis von Ornament zu Hintergrund. Die einzelnen Ornamente werden flach aus dem Stein gemeißelt, wobei viel vom Hintergrund sichtbar bleibt, so dass sie wie appliziert wirken. Die Unterschiede in der Reliefhöhe innerhalb des Ornaments sind fließend. Die Ornamentoberflächen werden durch Kerbungen, Wölbungen und den gelegentlichen Einsatz des Bohrers sehr stark differenziert. Nur an manchen Stellen, etwa an den Akanthusblättern, wird das Ornament hinterarbeitet. Der Akanthus hat mal weichere, mal zackigere Formen. Gerade an den Weintrauben werden die Bohrstege gelegentlich stehen gelassen. Die Ornamente sind sehr sorgfältig ausgearbeitet und nur selten sparte man sich die Mühe, alle Details auszuführen.

765 Sie sind weder stängelparallel noch entwächst der Nebentrieb erst in der Windung. Die Nebentriebe entspringen vielmehr im mittleren Bereich, wobei ihr Ansatz in der Position variieren kann. Vgl. Sauron 1978, 715 Abb. c. Für Rankenfriese ist diese Mischform gerade im 1. Jh. v. Chr. verbreitet (Schörner 1995, 5), an Rankenpfeilern ist sie bislang nicht beobachten worden (Mathea-Förtsch 1999, 7).

766 Die Haupthüllblätter sind bis auf die oberste Volute als Akanthus gestaltet. Die Nebenhüllblätter haben oft die Form eines Lanzettblattes – teilweise mit Nebenblättern –, können aber auch mit Akanthus gebildet sein. Die Hüllblätter sind meist geschlossen, nur Ser.Nr. 197304 zeigt ein geöffnetes Blatt.

767 z. B. Ser.Nr. 197502.

3.b. Rankenkapitelle

Auf dem Areal der Basilica Aemilia wurde eine große Zahl an korinthisierenden Rankenkapitellen aus weißem Marmor gefunden, die genau auf die zuvor besprochenen Rankenpfeiler passen (Abb. 120). Ihre einheitliche Gestaltung, ihre große Anzahl und ihr Fundort[768] machen die Zuweisung der Bauglieder an den Komplex der Basilica Aemilia – in Kombination mit den Rankenpfeilern – wahrscheinlich[769].

Rekonstruktion

Die Rankenkapitelle lassen sich entsprechend den Rankenpfeilern ihren Maßen nach in zwei Gruppen gliedern, breite und schmale Rankenkapitelle. Ihre Höhe beträgt zwischen 42 und 48 cm (Tab. 20)[770]. Die untere Tiefe aller Rankenkapitelle ist unabhängig von ihren sonstigen Dimensionen gleich und entspricht mit 58–60 cm der Tiefe der Rankenpfeiler. Die schmalen Rankenkapitelle haben eine untere Breite von 22–26 cm, die breiten Rankenkapitelle von 82–88,4 cm[771]. Zu den Oberseiten hin nehmen die Tiefen- und Breitenmaße der Kapitelle jeweils um bis zu 15 cm zu[772]. Ein Einzelstück fällt aus den beiden Gruppen heraus. Es weist bei der üblichen Tiefe von 60 cm eine erhaltene Breite von 97 cm auf[773]. Ein zweites Einzelstück ist dagegen tiefer als alle übrigen Exemplare[774].

Die Kapitellunterseiten sind mit dem Zahneisen unterschiedlich fein geglättet und tragen zwei Dübellöcher, durch deren Dübel die Kapitelle mit den Pfeilern darun-

768 Photos zur Fundsituation: Nr. 561. 563. 762.

769 Die Fragmente Ser.Nr. 197414. 197423. 197487. 197765. 198126–198127 befinden sich in den Tabernen. Im Bauermagazin liegen Ser.Nr. 197033. 197035. 197038. 197043–197044. 197053. 197055. 197090. 197108. 197110. 197115. 197133. 197169. 197359. 197362. 197503. 197632. 197660. 197665. 197702. 197727. 197763. 197796. 197824. 197839. 197842. 197856. 197859. 197864–197865. 197889. 197894. 197899. 197914–197915. 197930. 197932. 197942. 197951. 197956. 197960–197961. 197970. 197978. 197981. 197985. 197989. 197993–197994. 197997–197998. 198002–198003. 198005–198007. 198019. Im Chiostro von S. Francesca Romana: Ser.Nr. 198118. 198122. 198130–198131. 198134. Die übrigen Stücke liegen im Magazin in den Substruktionen des Venus- und Romatempels.

770 Die gewöhnlich den Pfeiler nach oben abschließende Profilierung ist bei dem Kapitell Ser.Nr. 198118 mit an den Block des Kapitells angearbeitet. Seine Höhe beträgt 50 cm und übertrifft diejenige der anderen um wenige Zentimeter.

771 Für die breiten Kapitelle lediglich rechnerisch zu rekonstruieren an Ser.Nr. 198118. 198126.

772 Ser.Nr. 198118. 198126. 198130.

773 Ser.Nr. 198127. Seine ursprüngliche Breite lässt sich nicht mit Sicherheit rekonstruieren. Vielleicht gehört das Kapitell zu dem besonders breiten Pfeiler Ser.Nr. 197030.

774 Ser.Nr. 198126.

Abb. 120
Basilica Aemilia,
schmales Rankenkapitell,
Ser.Nr. 198130

ter verbunden waren[775]. Die schmalen Kapitelle sind – wie auch die schmalen Pfeiler – an allen vier Seiten ornamentiert. Die breiten Kapitelle zeigen hingegen eine nur zum Teil ornamentierte Rückseite: an den Seiten ist auf einer Breite von etwa 14 cm Dekor ausgeführt, der übrige, mittlere Bereich von ca. 54 cm Breite ist lediglich mit dem Zahneisen geglättet und dient als Wandanschluss[776]. Die schmalen Rankenkapitelle waren an ihren Oberseiten unterschiedlich fein geglättet und mit dem darauffolgenden Bauglied nicht verdübelt[777]. Die breiten Rankenkapitelle weisen an ihren Oberseiten hingegen Dübellöcher mit Gusskanälen und Stemmlöcher auf[778]. Die Anordnung der Stemmlöcher lässt vermuten, dass zumindest nicht über allen Kapitellen direkt ein die Pfeiler überspannender Architrav zu liegen kam (Abb. 121). Vielmehr saßen hier entweder quaderförmige Blöcke mit den Maßen 60 x 63–65 cm auf oder aber ein rechteckiger Block von ca. 60 cm Tiefe, der sich über das Kapitell legte und weiter nach hinten über die an der Pfeiler- bzw. Kapitellrückseite ansetzende Mauer verlief.

775 z. B. Ser.Nr. 197492. 198127. 198131.

776 Ser.Nr. 197460. 198118. 198126–198127. An Ser.Nr. 198118 lässt sich noch die Breite des Wandanschlusses berechnen.

777 Der Großteil der Oberseiten der schmalen Rankenkapitelle ist mit dem Zahneisen geglättet. Manche Stücke sind gänzlich glatt. An der Oberseite von Ser.Nr. 197632 sind Reste von Ritzlinien zu erkennen, die vom Herstellungsprozess zeugen.

778 Ser.Nr. 198118. 198126–198127. An Ser.Nr. 198126 befindet sich an der Rückseite der Oberseite ein ausgebrochenes Loch, das einer Verklammerung mit der Wand dahinter gedient haben könnte.

Ornamentik

Die Basis aller Kapitelle wird von einem Rundstab umgeben. Die unteren Kapitellecken umschließt jeweils ein Akanthusblatt. Es weist sieben Blattlappen auf, wobei der zweite und dritte Blattlappen je vier Finger hat (Abb. 120)[779]. Die äußersten Blattfinger zweier benachbarter Blattlappen überlagern sich leicht. Der Abakus aller Kapitelle besteht aus Kehle, Plättchen und Wulst (Abb. 120).

An der Vorderseite des breiten Rankenkapitells befindet sich in Entsprechung zu den breiten Rankenpfeilern eine zentrierte Verkröpfung von ca. 42 cm Breite[780]. Zu beiden Seiten der Verkröpfung ist jeweils eine S-förmige Volute[781] ausgeführt, die sich immer am oberen Ende über dem Akanthusblatt der Kapitellecke, an manchen Stücken

779 Zum Beispiel Ser.Nr. 198118. 198130.

780 Ser.Nr. 198118. 198126.

781 Zur Terminologie: Gans 1992, 159.

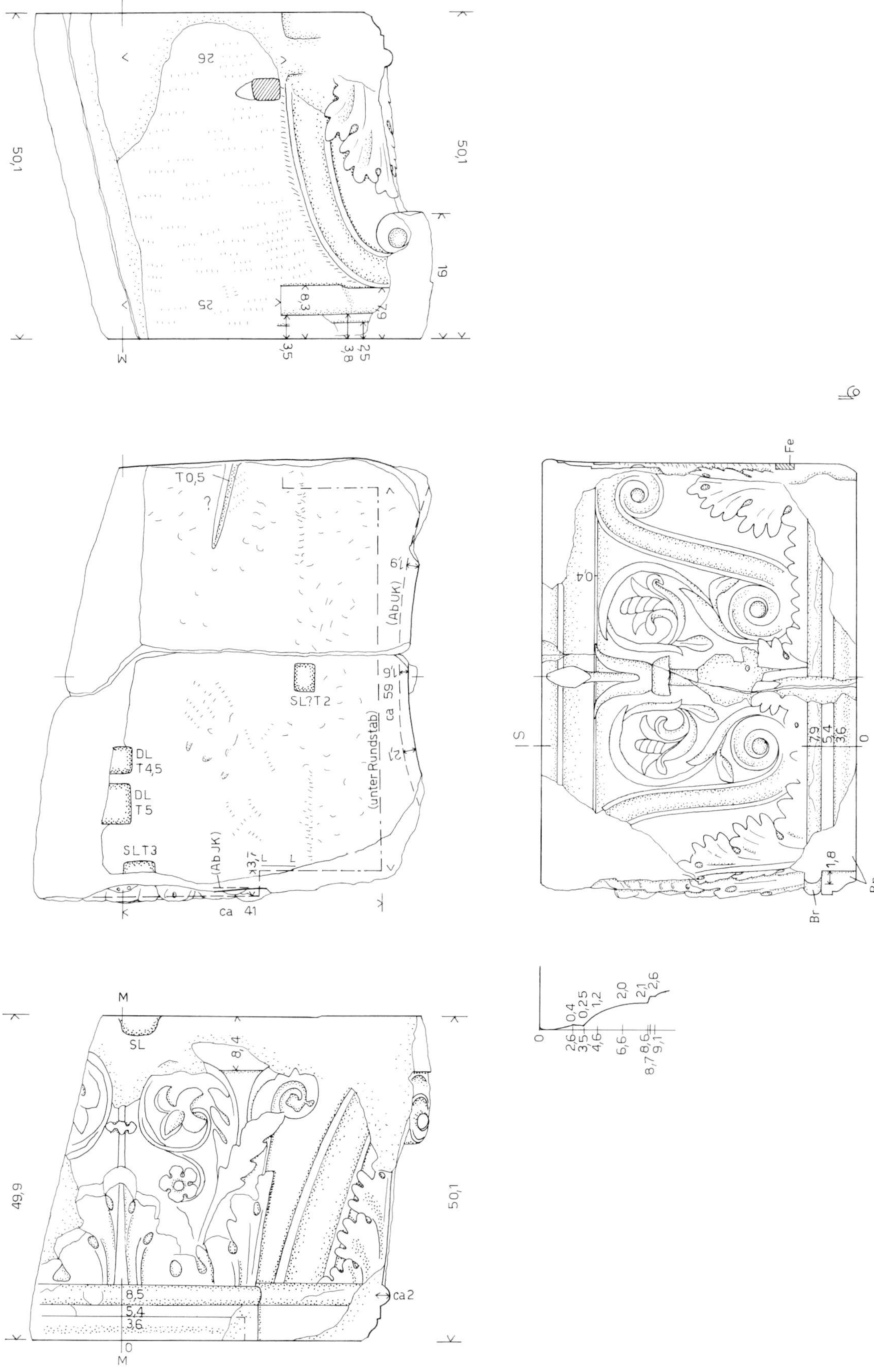

Abb. 121 Basilica Aemilia, breites Rankenkapitell, Ser.Nr. 198118

Abb. 122
Basilica Aemilia,
breites Rankenkapitell,
Ser.Nr. 198126

oben und unten gegenläufig einrollt (Abb. 121–122)[782]. Eine S-förmige Volute ziert auch die Rückseite des Kapitells, wohingegen der Bereich, an welchem an der Vorderseite die Verkröpfung ansetzt, hier glatt gelassen ist[783].

Die Verkröpfung ist gestaltet wie ein Pilasterkapitell (Abb. 122). Mittig befindet sich ein Akanthusblatt, das aus fünf oder sieben Lappen besteht. Zu beiden Seiten ist ein halbes Akanthusblatt ausgearbeitet. Zwischen den einzelnen Akanthusblättern entspringt jeweils eine Ranke anstelle eines Caulisstamms, die sich in von Hüllblättern unterfangene Helices und rankenförmige Voluten aufspaltet. Die Helix endet in einer Blüte mit länglichen Blütenblättern und weist darüber hinaus noch einen weiter nach unten führenden Nebenschössling mit einer Korymbenblüte auf[784]. Voluten- und Helixranken überschneiden den Abakus an Ser.Nr. 198118 leicht, an Ser.Nr. 198126 rollen sie sich darunter ein. An Ser.Nr. 198118 ist über dem mittleren Akanthusblatt ein Stützblatt in der Form dreier kleiner Blätter angebracht. An Ser.Nr. 198126 wurde auf das Stützblatt verzichtet. Die Abakusblüte besteht aus drei Blättern, die sich zu einer geschlossenen Kelchform verbreitern[785].

Bei den schmalen Rankenkapitellen sind Vorder- und Rückseite gleich gestaltet. Die Eckakanthusblätter sind durch kleine Akanthusfinger, die über dem Rundstab an der Kapitellbasis verlaufen, miteinander verbunden. Zwischen ihnen liegt mittig eine Palmette mit sieben oder neun Fingern (Abb. 123–124)[786]. Hinter dem oberen Palmettenblatt steigt meist ein mit einer vertikalen Mittelrille versehenes Band empor[787], welches einem Polster darüber als Balteus dient. Dieses Polster zeigt vom Balteus zur Volute übereinander gelegte Blattreihen, wobei manchmal die Blätter direkt übereinander gelegt sind

782 Die Volute von Ser.Nr. 198118 rollt sich nur oben ein, die von Ser.Nr. 197503. 198126 oben und unten.

783 Ser.Nr. 198118.

784 Am besten erhalten an Ser.Nr. 198118. Teilweise erhalten und diesen Aufbau bestätigend: Ser.Nr. 197503. 198126–198127. An dem besonders breiten Kapitell Ser.Nr. 198127 ist an der Verkröpfung mehr Fläche für Dekor vorhanden und es scheint eine besonders aufwändige Rankenkomposition aufgelegt gewesen zu sein, die sich aber im Detail aufgrund des schlechten Erhaltungszustandes nicht mehr nachvollziehen lässt.

785 Einzig an Ser.Nr. 198126 ansatzweise erhalten.

786 Sieben Finger an Ser.Nr. 197184. 197328. 197665. 197721. 198134. Neun Finger an Ser.Nr. 197359. 197420. 198121. 198130.

787 An Ser.Nr. 197328. 197420. 197508 fehlt es und ist erst am Polster darüber als Balteus angebracht. An Ser.Nr. 198130 ist unterhalb des Polsters auf die Mittelrille an dem Band verzichtet worden.

Abb. 123 Basilica Aemilia, schmales Rankenkapitell, Ser.Nr. 198121

Abb. 124 Basilica Aemilia, schmales Rankenkapitell, Ser.Nr. 198134

und manchmal alternieren. Auch die Anzahl der übereinander angelegten Blattreihen auf dem Balteus variiert zwischen zwei, zweieinhalb und drei[788]. Zwischen den äußeren Blättern ist noch ein kleines Zwickelblatt eingefügt.

Die Nebenseiten der breiten und schmalen Rankenkapitelle sind gleich gestaltet, wie es auch bei den Rankenpfeilern der Fall ist. Über dem Rundstab an der Kapitellbasis wachsen entlang der gesamten Kapitellseite einzelne Akanthusfinger, die das Kapitell nach unten rahmen (Abb. 120). An beiden Ecken befinden sich neben dem Akanthuseckblatt S-förmige Voluten, die sich oben wie unten gegenläufig einrollen. Aus oder neben der unteren Volute erwächst eine S-förmige Wellenranke, die in Blüten endet[789]. Zwischen den beiden unteren Volutenenden steht mittig ein Akanthusblatt mit fünf oder sieben Blattlappen. Darüber entspringt ein zur Abakusblüte laufender Stützstängel. Als Stützblatt dient ein durch unterschiedlich gestaltete Basisblätter unterfangener Kelch (Abb. 120).

Die Abakusblüte ist nur an zwei Stücken ansatzweise erhalten. An einem breiten Rankenkapitell ist lediglich der rautenförmige Blütenuntergrund vorhanden, an einem schmalen Rankenkapitell entfaltet sich eine sechsblättrige Blüte mit einem Stempel (Abb. 120)[790].

In ihrer Ausführung gleichen sich die einzelnen Ornamente der breiten und schmalen Rankenkapitelle[791]. Die Ornamente sind durchweg relativ flach am Reliefhintergrund gehalten. Zwischen dem aufgelegten Dekor und dem Hintergrund ist vergleichsweise viel freie Fläche sichtbar. Der Akanthus zeigt mal breitere, mal schmalere Finger, die manchmal mit einer Mittelrille versehen, mal gemuldet sind, manchmal plan gelassen wurden. Die Stege zu den kleinen, leicht tropfenförmigen Ösen haben eine gewölbte Oberfläche und verbreitern sich zur Öse hin. Die einzelnen Blätter sind kaum hinterbohrt. Die S-förmigen Voluten sind zumeist tief gemuldet und werden von Stegen gesäumt (Abb. 120)[792]. In ihrem Zentrum befindet sich ein erhabenes Volutenauge. Besonders variantenreich sind die Palmetten an den Vorderseiten

788 Vgl. Ser.Nr. 197328. 197359. 197414. 197632. 197770. 197899. 198121. 198134.

789 Den wenigen erhaltenen Fragmenten nach zu urteilen, entspringen die Ranken bei den schmalen Kapitellen in der Volute, bei den breiten Stücken daneben und verlaufen folglich spiegelsymmetrisch.

790 Ser.Nr. 198118. 198130.

791 Anders Gans 1992, 164 f.

792 Auch hier zeigen sich jedoch Differenzen unter den Stücken. So ist die Volute bei Ser.Nr. 197503 vollkommen plan.

Abb. 125 Basilica Aemilia, schmales Rankenkapitell, Ser.Nr. 197173

der schmalen Rankenkapitelle. Die einzelnen Finger sind hier mal schmal, deutlich voneinander getrennt und erhaben, mal großflächig, kaum voneinander geschieden und wenig vom Hintergrund abgehoben ausgeführt (Abb. 123–124). Genauso unterschiedlich zeigt sich das Polster. Hier sind die einzelnen Blätter an einigen Stücken sehr flach und heben sich kaum von ihrem Hintergrund ab, an anderen Stücken sind sie scharfkantig aus dem Hintergrund herausgeschnitten. Manche entbehren, abgesehen von einfachen Rillen, einer Binnenzeichnung, andere sind in ihrer Oberflächengestaltung sehr stark differenziert (Abb. 123–125). Die Differenzierung und die Unterschiedlichkeit in der Gestaltung der Ranken zwischen Voluten und Mittelsteg entsprechen derjenigen Gestaltungsweise, die auch an den Rankenpfeilern begegnet.

3.c. Orientalenbasen

Abgesehen von den Rankenpfeilern und -kapitellen wurden auf dem Gebiet der Basilica Aemilia auch viele Fragmente von Basen aus weißem Marmor gefunden. Sie sind mit Wellenranken und Kandelabern derselben Ikonographie und Machart wie die Rankenpfeiler geschmückt (Abb. 126–128). Ihre einheitliche Gestaltung, ihre große Anzahl und ihr Fundort[793] machen die Zuweisung der Bauglieder an den Komplex der Basilica Aemilia wahrscheinlich[794].

Rekonstruktion

Die Basen sind 72–76 cm hoch, 64–66 cm tief und 84–94 cm breit (Tab. 21). Ihre Unterseiten sind glatt oder mit dem Zahneisen fein gepickt. Einige Stücke weisen hier eine Anathyrose auf. Dübellöcher sind hingegen bei keiner der Basen vorhanden[795]. Die Rückseite, die nach einem geglätteten Randschlag als Anathyrose leicht eingetieft und grob gepickt ist, zeigt, dass die Basen direkt vor einer Wand standen[796]. Die drei anderen Seiten sind dagegen aufwändig dekoriert. Die Oberseiten bieten nach einem geglätteten Randstreifen ein oft eingetieftes, an manchen Stücken aber auch erhöhtes Auflager von 75–78 mal 59 cm[797]. Auf den Basen standen die Orientalenstatuen. Dafür spricht ihr gemeinsamer Fundkontext sowie die Plinthenmaße der Orientalenstatuen, die der Auflagerfläche der Basen entsprechen[798]. Versetzt wurden die Orientalenbasen anhand mittig auf der Oberseite positionierter Hebelöcher, die in ihren Maßen und ihrer Ausarbeitung dem Hebeloch an den Rankenpfeilern entsprechen[799].

793 Photo von der Fundsituation: Nr. 762. Bitterer 2007a, 537 Abb. 48. 49.

794 Diese Fragmente befinden sich auf dem Areal: Ser. Nr. 197174. 197260. 197277. 197329. 197349. 197371. 197656. 198043–198044. 198047. 198049. Im Bauermagazin liegen: Ser.Nr. 197036. 197056–197057. 197059–197060. 197062. 197074–197075. 197078. 197083. 197086. 197091. 197106–197107. 197112–197113. 197116. 197454. 197622. 197627. 197724. 197728. 197737. 197748. 197767. 197776–197777. 197783. 197786. 197789. 197797. 197799. 197830–197831. 197836. 197863. 197875. 197897. 197910. 197912. 197919. 197926–197927. 197933. 197944. 197947. 197962. 197971. 197974–197975. 197984. 197986–197988. 197806. 198013. 198020. Im Chiostro von S. Francesca Romana: Ser.Nr. 197173. 198045.

795 Ser.Nr. 197173. 197737.

796 Ser.Nr. 197174. 197260. 197622. 197728. 197786. 198045.

797 Eingetieft an Ser.Nr. 197062. 197091. 197113. 197371. 197777. 197786. 197806. 197830–197831. 197944. 197962. 197974–197975. 198013. 198045. 198047. Ein erhöhtes Auflager findet sich an Ser.Nr. 197277. 197875. Andere Stücke sind weder eingetieft noch tragen sie ein erhöhtes Auflager. Ihre grobe Oberflächengestaltung unterscheidet sich aber dennoch vom glatteren Randschlag. Dieses genau angepasste Auflager lässt vermuten, dass die Basen mit den zugehörigen Orientalenstatuen (s. u.) in einem Architekturverband zu rekonstruieren sind. Bei einer freien Aufstellung wäre ein Höhenunterschied von 1–3 cm zu vernachlässigen. Offenbar mussten die Statuen aber eine genau vorgegebene Höhe erreichen.

798 Vgl. vorerst Bitterer 2007a, 542.

799 Ser.Nr. 197371. 198043. 198045. 198047. 198049. An den breiten Rankenpfeilern: Ser.Nr. 197029.

Abb. 126
Basilica Aemilia,
Orientalenbasis,
Ser.Nr. 198045

Zwei etwas schmalere Basen sind als Eckstücke zu betrachten (eine linke und eine rechte Eckbasis), da an ihnen je eine Nebenseite nicht ornamental ausgearbeitet, sondern grob gepickt bzw. mit dem Zahneisen geglättet ist[800]. Der Dekor, den die ornamentierten Seiten tragen, entspricht an beiden Seiten demjenigen der Vorderseiten der übrigen Basen (s. u.)[801]. An Ser.Nr. 198130 laufen die beiden verzierten Seiten nicht orthogonal, sondern leicht spitzwinklig zueinander[802].

Ornamentik

Die Basis ist an drei Seiten ornamentiert. Sie setzt sich aus Fußprofil, Hauptfeld und Abschlussprofil zusammen. Fuß- und Abschlussprofil bestehen aus einer Leiste und einem nach unten gerichteten, mit Blättern ausgestalteten lesbischen Kymation (Abb. 126)[803]. Zwischen den einzelnen Blättern liegen Spornblätter (Abb. 127). Die Blätter sind an ihren Rändern durch eine feine Profilierung abgegrenzt. An den Ecken kommt ein Blatt zu liegen[804]. An den Basisnebenseiten, zu den Rückseiten hin, werden die Kymatien an unterschiedlichen Stellen beschnitten[805].

Das eingetiefte mit Ranken versehene Hauptfeld wird an allen drei Seiten durch eine schmale Leiste und ein glattes Kymaprofil gerahmt (Abb. 126). An der Vorderseite der Basen steht mittig unten ein Blattkelch, bestehend aus drei Akanthusblättern, denen Basisblätter unterlegt sind (Abb. 127). Die beiden seitlichen Akanthusblätter sind im Profil wie Hüllblätter dargestellt und überschneiden das mittlere Blatt. Hinter letzterem entspringt zu beiden Seiten je ein Caulisfruchtzweig. Mittig erstreckt sich von diesem Blatt ausgehend ein vertikal verlaufender Stängel, der bis knapp über die halbe Basishöhe reicht und mit Lanzettblättern verziert ist (Abb. 126–127). Aus den seitlichen Akanthusblättern des Kelchblattes entwächst je eine Wellenranke, die mit Akanthus- und Lanzettblättern geschmückt ist. Die Ranken entwickeln mehrere Nebentriebe, seitlich und oberhalb des Kelchblattes, bevor sie sich gegenständig über dem Kelchblatt einrollen (Abb. 126–127).

Die Verzierung der Wellenranke entspricht sehr genau derjenigen der Rankenpfeiler und -kapitelle. Das gilt ge-

800 Grob gepickt: Ser.Nr. 197174. Mit dem Zahneisen fein geglättet: Ser.Nr. 197173.

801 Zu erschließen aus Ser.Nr. 197173.

802 Für Ser.Nr. 197174 lässt sich dies nicht mehr überprüfen.

803 Vgl. Ganzert 1988, 117 f. Kat. 3. Hier als Blattkymation bezeichnet.

804 Ser.Nr. 197748. 198045.

805 An Ser.Nr. 198043 zwischen zwei Blättern, an Ser.Nr. 197173. 198044 mittig und an Ser.Nr. 197260 dazwischen.

Abb. 127
Basilica Aemilia,
Orientalenbasis,
Ser.Nr. 197173

Abb. 128
Basilica Aemilia,
Orientalenbasis,
Ser.Nr. 198045

Abb. 129 Basilica Aemilia, Orientalenbasis, Ser.Nr. 197783

Abb. 130 Basilica Aemilia, Orientalenbasis, Ser.Nr. 197091

nauso für die Hüllblätter und die diese unterfangenden drei Basisblätter wie für die unterschiedlichen Blüten in den Voluten. Den wenigen erhaltenen Stücken von Ranken an der Vorderseite der Basen nach zu urteilen, bestanden die Blüten zu den Seiten des Blattkelches tendenziell aus Lanzettblättern, während die oberen Blüten korymbenförmig waren[806].

An den beiden Nebenseiten befindet sich der durch Basisblätter unterfangene Blattkelch nicht mittig, sondern in der hinteren, unteren Ecke (Abb. 128). Er besteht aus zwei Akanthusblättern: einem Hochblatt an der Ecke und einem zur Seite ausschwingendem Blatt davor. Aus dem seitlichen Akanthusblatt entspringt neben einem Caules eine Wellenranke, die der der Vorderseite entspricht, nur etwas großzügiger im Platz angelegt ist (Abb. 128). Links neben dem Akanthusblatt an der Kante wächst ein vertikaler Kandelaber mit Lanzettblättern[807].

Die Ausarbeitung des Akanthus, der Rankenornamente und des Kandelabers entspricht genau derjenigen der Rankenpfeiler und -kapitelle. Die nur an den Basen verwendeten Blattkymatien stimmen in ihrer Ikonographie zwar miteinander überein, sind in ihrer Ausführung aber unterschiedlich. So sind einige Kymatien scharf aus dem Reliefhintergrund gestochen und kantig gestaltet, während andere rundere Formen aufweisen (Abb. 127. 129). Auch sind die Blätter an manchen Exemplaren einfach gerundet, an anderen zeigen sie einen S-Schwung (Abb. 127. 129. 130)[808]. Insgesamt ist die große Differenziertheit der Blattoberflächen hervorzuheben, die durch Wülste in unterschiedlichen Niveaus erzeugt wird. An einer Basis ist das Kymation immer auf die gleiche Weise gestaltet.

806 Ser.Nr. 197173–197174. 198043. 198045.

807 Ser. 197454. 198043.

808 Ser.Nr. 197912. 197987. 198043.

3.d. Zu den unterschiedlichen Rekonstruktionsvorschlägen

In der vorliegenden Arbeit ließen sich bisher eine zweistöckige Basilica und eine einstöckige Portikus nachweisen[809]. Im vorangegangenen Kapitel wurden darüber hinaus Bauglieder der Basilica Aemilia vorgestellt, deren Lokalisierung nicht endgültig geklärt werden kann.

Dies betrifft die Positionierung der Rankenpfeiler, Rankenkapitelle, Orientalenbasen und somit auch der Orientalenstatuen. Da sich am Boden der Basilica und der Portikus keine Hinweise auf die Aufstellung dieser Bauglieder finden[810], dürften sich die Stücke im oberen Stockwerk der Basilica Aemilia befunden haben. Zwei Vorschläge wurden hierzu in der Forschungsliteratur gemacht: Heinrich Bauer rekonstruierte ein Pfeilergeschoss zwischen den Stockwerken der Basilica, in dem er auch die Orientalenstatuen platzierte[811]. Als Alternative wurde von Klaus Stefan Freyberger und Christine Ertel vorgeschlagen, eine Pergolaarchitektur aus den Rankenpfeilern auf der Terrasse der Portikus zu positionieren und die Orientalen auf der zum Forum gewandten Portikus aufzustellen[812]. Argumente für und gegen diese beiden Rekonstruktionsvorschläge sollen im Folgenden dargelegt werden[813].

809 Kap. VI.1. und VI.2.

810 Vgl. die Fußbodenuntersuchung der Basilica durch Freyberger – Ertel 2007, 509–512. 514 Tab. 1.

811 Bauer 1988a, Abb. 98–100; Bauer 1993, 185 f. Abb. 104–107. Zu den Statuen auch Bitterer 2007a.

812 Freyberger – Ertel 2007, 512–518; Ertel – Freyberger 2007, 134 f.

813 Ein grundsätzliches Problem antiker, mehrstöckiger Marmorarchitektur besteht heute darin, dass der Übergang vom unteren zum oberen Stockwerk selten exakt nachzuvollziehen ist. Das gilt für stadtrömische Gebäude – wie die Basilica Ulpia (Packer 1997, 238 f. 270 f. Abb. 151; 435 Taf. 108) – genauso wie für viele andere Häuser der antiken Welt (Wolf 2003, 34). Erhalten haben sich in der Regel das Geison des unteren Stockwerks und die Plinthen und Basen des darauf-

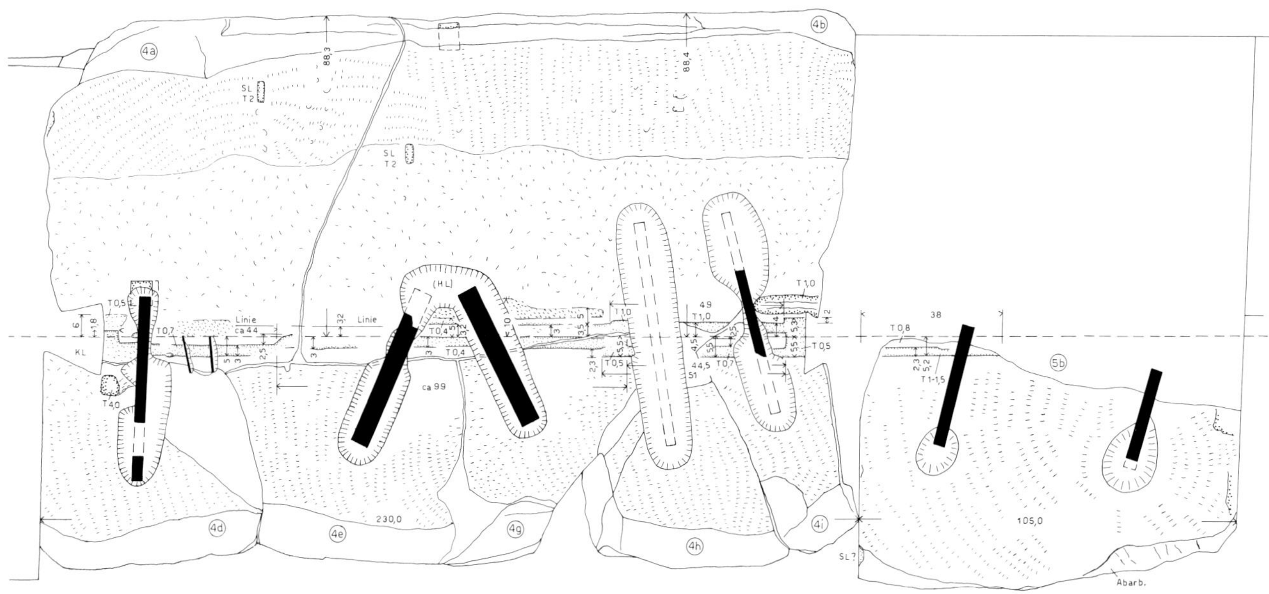

Abb. 131 Basilica Aemilia, unteres Stockwerk, Konsolengeison, Zeichnung der Oberseite, Ser.Nr. 198083

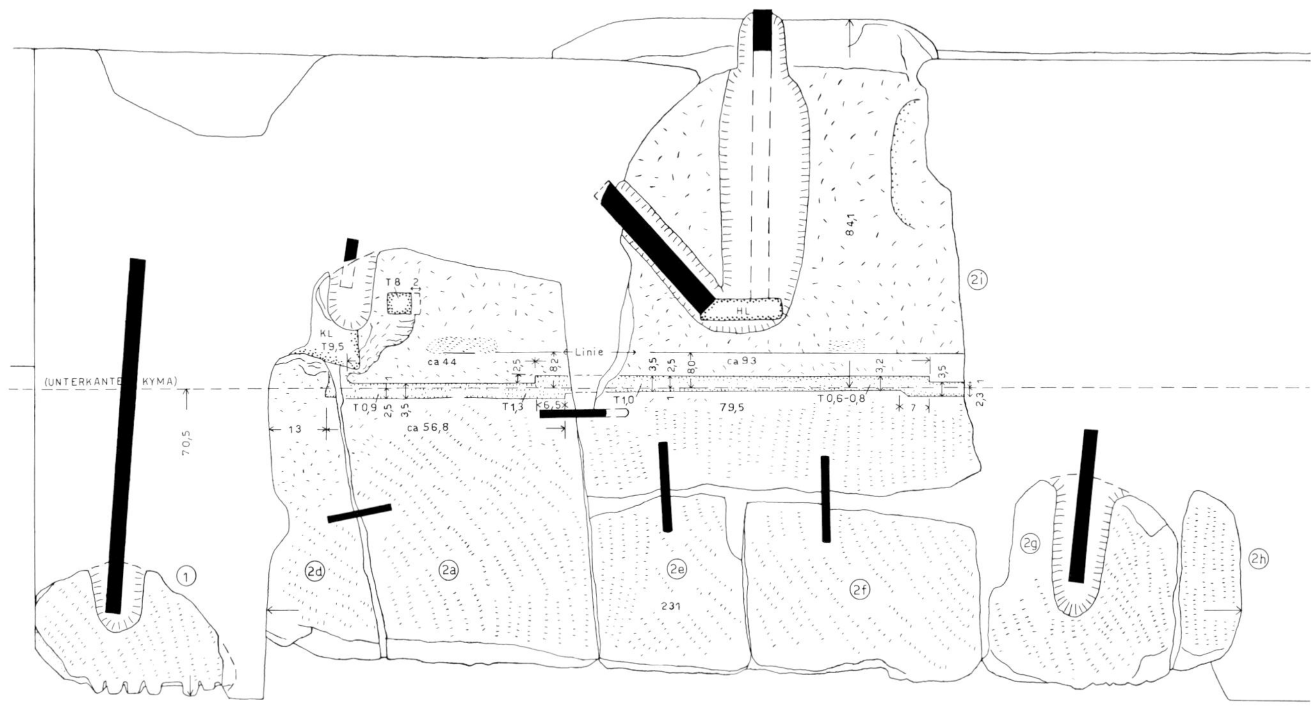

Abb. 131 Basilica Aemilia, unteres Stockwerk, Konsolengeison, Zeichnung der Oberseite, Ser.Nr. 198081– 198082

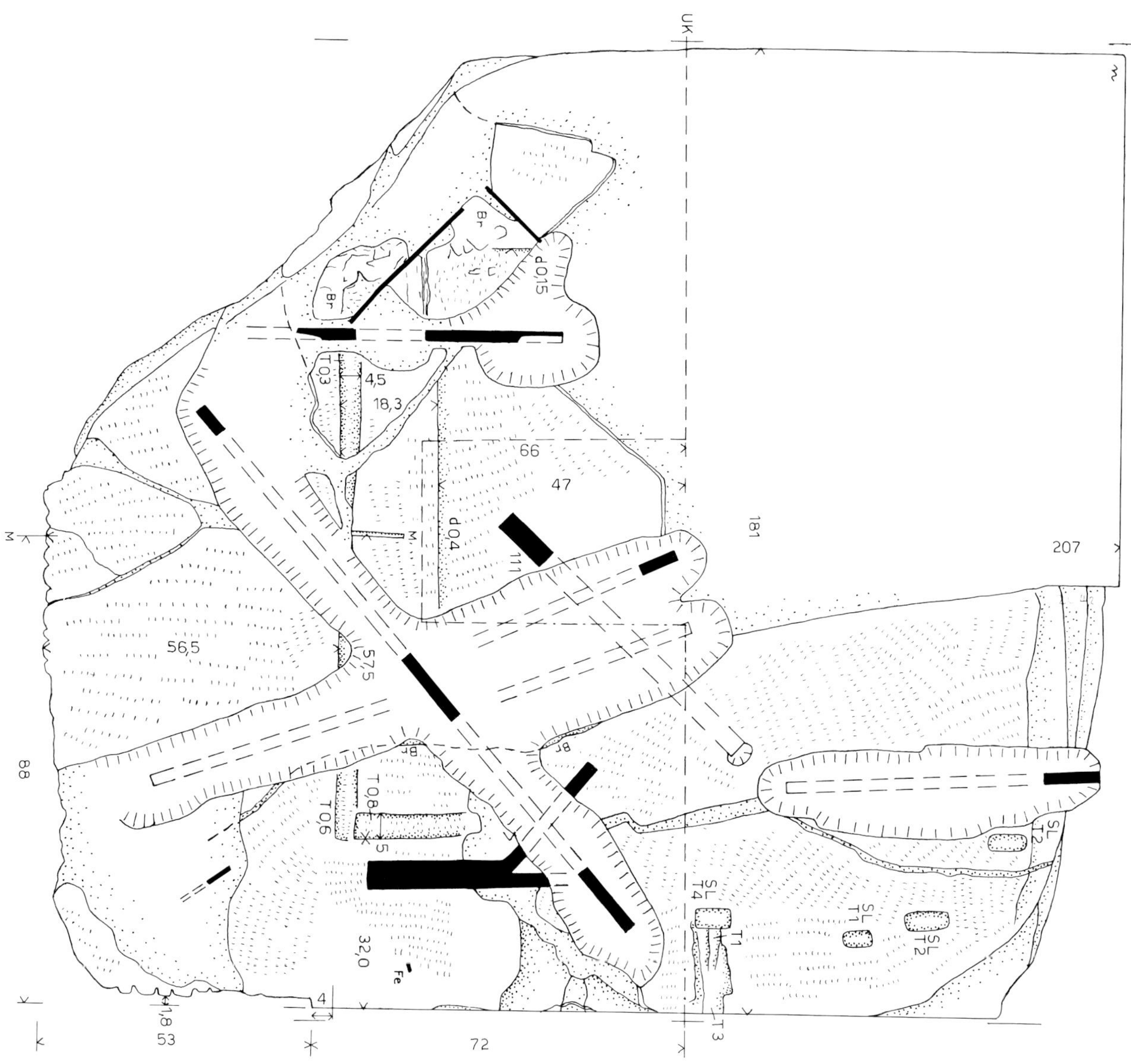

Abb. 131 Basilica Aemilia, unteres Stockwerk, Konsolengeison, Zeichnung der Oberseite, Ser.Nr. 198080

Argumente für die Rekonstruktion Bauers (Abb. 3–4)

Dem Pfeilergeschoss, bestehend aus den Rankenpfeilern, -kapitellen und den Orientalenbasen mit Statuen, wie es Bauer rekonstruiert hat, entsprechen die Spuren auf den Oberseiten des Geisons des unteren Stockwerks der Basilica. Über alle Blöcke verläuft hier eine ca. 3,5 cm breite und 0,6–1,0 cm tiefe Einarbeitung (Abb. 131). Bei den Langgeisonblöcken über dem Interkolumnium der unteren Ordnung bildet diese Einarbeitung zwei kleine Verkröpfungen, die jeweils wenige Zentimeter tief und etwa 56 cm breit sind. Sie liegen ca. 80 cm voneinander entfernt[814]. Diese entsprechen, nach der Rekonstruktion Bauers, den Standspuren der schmalen Rankenpfeiler. Über den Verkröpfungsblöcken des Geisons springt die Einar-

folgenden, jedoch ohne dass man sie unmittelbar aufeinander rekonstruieren könnte. Analysieren lässt sich lediglich die Oberseite des Geisons, die auf die Anbringung eines Lehrabakus verweist, der sich jedoch meist nicht erhalten hat und in den meisten Rekonstruktionszeichnungen frei ergänzt ist. Das trifft auch für die Basilica Aemilia zu.

814 Vgl. Kap. VI.1.f. Am besten ist das bei den in ganzer Breite erhaltenen Langgeisonblöcken Ser.Nr. 198082–198083 zu sehen. Aber auch auf anderen Fragmenten von Langgeisonblöcken sind Reste von Vorsprüngen erhalten: Ser. Nr. 197193. 197228. 197298. 197303. 197401. 198025. 198077–198078. 198081.

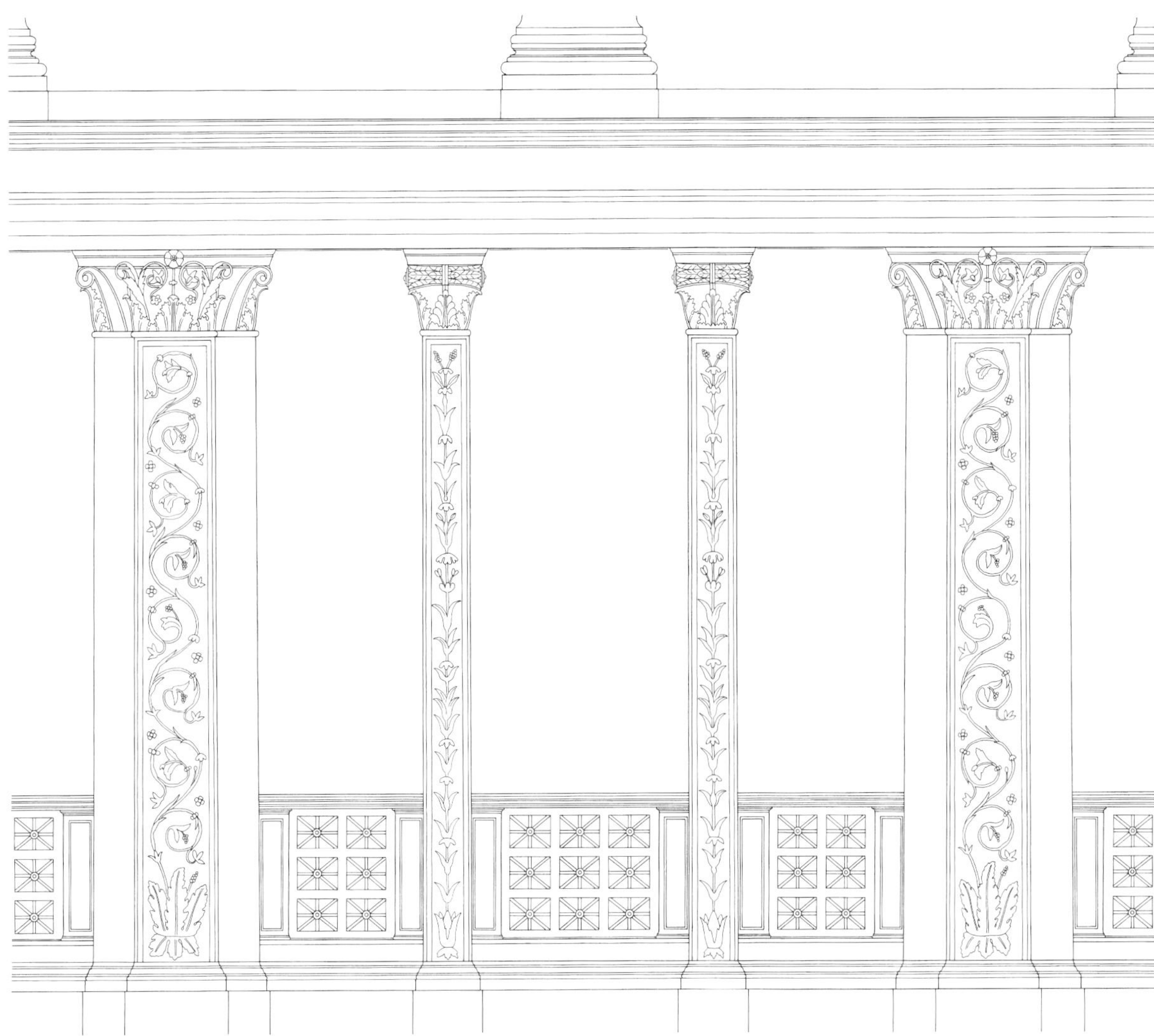

Abb. 132 Basilica Aemilia, Pfeilergeschoss, Rekonstruktion (Heinrich Bauer)

beitung auf einer Breite von 1,13 m ca. 60 cm vor und folgt darin dem Verköpfungsmuster des Geisons[815]. Der dadurch entstehende Grundriss entspricht der durch Bauer angenommenen Pfeilerstellung mit Orientalen (Abb. 3–4. 132). Der Bereich hinter der Einarbeitung weist verschiedene Oberflächengestaltungen, Dübel- und Stemmlöcher auf, aus denen sich die Schicht des Lehrabakus aber nicht eindeutig rekonstruieren lässt[816]. Auf dem vorkröpfenden

815 Ser.Nr. 198080.

816 Der Bereich ist bei den Langgeisonblöcken in der Regel etwas gröber gestaltet (glatt sind in diesem Bereich nur die Oberseiten der Ser.Nr. 198062. 198077) und kann in seiner Höhe zum vorkragenden Bereich variieren (so ist Ser.Nr. 198083 hier etwas eingetieft). Während manche Langgeisonblöcke ihre Oberseitengestaltung bis zu ihrer Rückseite nicht mehr ändern (Ser.Nr. 198081–198082), zeigen andere Stücke im rückwärtigen Bereich eine Veränderung der Oberflächenbearbeitung. Hier kann die Oberfläche wieder glatter, gröber, höher oder leicht tiefer sein (glatter bei Ser.Nr. 198078. 198083; gröber bei Ser.Nr. 198062. 198077; höher an Ser.Nr. 198062 und tiefer bei Ser.Nr. 198078). Gemeinsam haben sie alle, dass diese Veränderung der Oberflächengestaltung jeweils für die hinteren 30–35 cm der Oberseite festzustellen ist.

Auf die Langgeisonblöcke begrenzt scheinen schräg verlaufende, 10 cm tiefe Dübellöcher ohne Gusskanal von etwa 6 x 6 cm zu sein. Sie verlaufen jeweils schräg über die Fugen in Richtung des Nachbargeisons (Heinrich Bauer rekonstruierte hier ein provisorisches Holzdach, für welches die Löcher sich aber kaum eignen: Bauer 1988a, 207; Bauer 1993a, 185). Es ist nicht mit Sicherheit zu sagen, wofür die Löcher dienten. Möglicherweise handelt es sich bei ihnen um Dübellöcher, die auf einen darüberliegenden Block mit schräger Schmalseite Rücksicht nehmen. Blöcke eines scheitrechten Bogens mit schrägen Schmalseiten sind für die Portikus belegt (Vgl. Kap. VI.2.i.).

Weitere, vertikal verlaufende Dübellöcher verbanden das Geison mit einem Lehrabakus darüber, vgl. Ser.Nr. 198069–198070. 198077.

Bereich des Geisons über den Säulen lassen sich ihren Maßen nach die Basen der Orientalenstatuen platzieren. Die Verkröpfungen tragen das Gewicht der Orientalen problemlos[817]. Auch die relativ große Anzahl an erhaltenen Orientalenstatuen passt zu der Rekonstruktion Bauers[818].

Diese Beobachtungen, nach denen die Bauglieder der Pfeiler und Basen in ihren Maßen mit den auf dem Geison vorgegebenen Spuren korrespondieren, sind das stärkste Argument für Bauers Rekonstruktion. Eine Reihe weiterer Beobachtungen passen sich nahtlos daran an. Das trifft zunächst auf die Eckblöcke unter den Pfeilern und Orientalenbasen zu, die sich in Bauers Rekonstruktion problemlos unterbringen lassen[819]. Auch die Dübellöcher im Rücken der Orientalenstatuen ließen sich mit dahinter stehenden breiten Rankenpfeilern verbinden[820]. Die Geländer zwischen den Pfeilern hätten hier im Gegensatz zur alternativen Rekonstruktion eine schützende Funktion (s. u.).

Auch weitere Details an den erhaltenen Baugliedern wurden von Bauer in seiner Rekonstruktion berücksichtigt: so der Wandansatz an den Rückseiten der breiten Rankenpfeiler, die Tatsache, dass deutlich mehr schmale Rankenpfeiler als breite Rankenpfeiler erhalten sind und auch die anzunehmenden Gegenstände vor den Geländern zwischen den Pfeilern[821].

Architekturglieder mit solchen Rankenelementen wurden tendenziell eher in Innenräumen eingesetzt[822]. Die Erwähnung der Statuen durch Plinius kann auch so verstanden werden, dass die Orientalen in der Basilica und nicht im Bereich der Portikus gestanden haben[823]. Außerdem ist darauf hinzuweisen, dass die Fragmente von Pfeilern, Rankenkapitellen, Orientalenbasen und Orientalen – soweit nachvollziehbar – im Bereich der Basilica gefunden wurden[824].

Bauers Rekonstruktion ist folglich unter Berücksichtigung aller aus den Baugliedern zu gewinnenden Hinweise konsequent vollzogen. Auch die drei Fragmente von Pfeilern und Kapitellen, die ihren Maßen nach alle übrigen übertreffen, wurden von Bauer – freilich hypothetisch – in seiner Rekonstruktion berücksichtigt (Abb. 4).

Argumente gegen die Rekonstruktion Bauers

Das größte Problem an Bauers Rekonstruktion ist das Fehlen jeglichen sicher zuweisbaren Gebälkes. Zudem deuten die Stemmlöcher auf der Oberseite eines entsprechend gut erhaltenen breiten Rankenkapitells nicht auf einen direkt darüber folgenden Architrav hin[825]. Die von Bauer vorgeschlagene Schmalseitengestaltung allein durch schmale Rankenpfeiler ist außerdem aus statischen Gründen zweifelhaft[826].

Argumente für die alternative Rekonstruktion Freybergers – Ertels

Eine Alternative zu Bauers Pfeilergeschoss besteht darin, die Pfeiler in eine Art Pergolaarchitektur auf der Terrasse der Portikus einzubeziehen (Abb. 133–134)[827]. Dabei kämen die breiten Rankenpfeiler über den massiven Stirnseiten der Tabernentrennwände zu stehen, die schmalen Rankenpfeiler stünden über den Bögen, die den Eingang zu den Tabernen überspannten. Unter statischen Aspekten ist dieser Vorschlag problemlos. Unter funktionalen Gesichtspunkten ist er reizvoll, da die Pergola an der Südseite des Komplexes Schatten spenden würde. Die Orientalen könnten vor der Attika der Portikus zum Forumsplatz gerichtet gestanden haben. Hier wären sie eingebunden in eine Attikaarchitektur, mit deren Höhe Basis und Statuen übereinstimmen und wofür die Attikazone der Portiken des Augustusforums zum Vergleich herangezogen werden kann[828].

Argumente gegen die Rekonstruktion Freybergers – Ertels

Was die Pfeilerstellung auf der Terrasse anbelangt, so lässt sich ihre Rekonstruktion über den Tabernen grundsätzlich weder veri- noch falsifizieren. Der Fundort der Stücke spricht zwar tendenziell gegen diese Position, doch kann dieser alleine nicht als ausschlaggebender Beleg für ihren ursprünglichen Anbringungsort gelten[829]. Daneben

817 Grundmann DAInst Gutachten, 2.

818 Die 718 erhaltenen Fragmente von Orientalenstatuen belegen eine Mindestanzahl von 18, wahrscheinlich deutlich mehr Statuen: Bitterer 2007a, 542.

819 Vgl. Kap. VI.3.a. und VI.3.c.

820 Die entsprechende Partie der Pfeiler hat sich nicht erhalten, weshalb sich die Stellung der Orientalen vor den Pfeilern an diesem Detail weder beweisen noch widerlegen lässt. Zu den Dübellöchern: Bitterer 2007a, 545.

821 Vgl. Kap. VI.3.a.

822 Gans 1992, 194–199.

823 Plin. nat. 36, 102. Zur Lesung dieser Passage: Schneider 1985, 120–124. Hier wird ausdrücklich die Basilica Pauli und nicht eine Porticus – mit welchem Namen auch immer – genannt. Vgl. Anm. 6.

824 Photos Nr. 561. 563. 762. 673. 687.

825 Vgl. die Oberseite des breiten Pfeilerkapitells Ser.Nr. 198118 in Kap. VI.3.b.

826 Grundmann DAInst Gutachten, 2.

827 Freyberger – Ertel 2007, 512–518; Ertel – Freyberger 2007, 134 f. Ein solcher Vorschlag war bereits von G. De Angelis D'Ossat 1933 formuliert worden: Bauer, DAInst Nachlass, 4. Mit Bauers falscher Rekonstruktion eines zweiten Stockwerks der Portikus war diese Möglichkeit aus dem Blickfeld geraten. Eine vergleichbare Pergolaarchitektur aus Pfeilern findet sich im Garten der Julia Felix in Pompei: Eschebach 1978, 303 Abb. 176.

828 Zu den Portiken des Augustusforums: Bauer 1988b, 184–189.

829 Vgl. Kap. V.

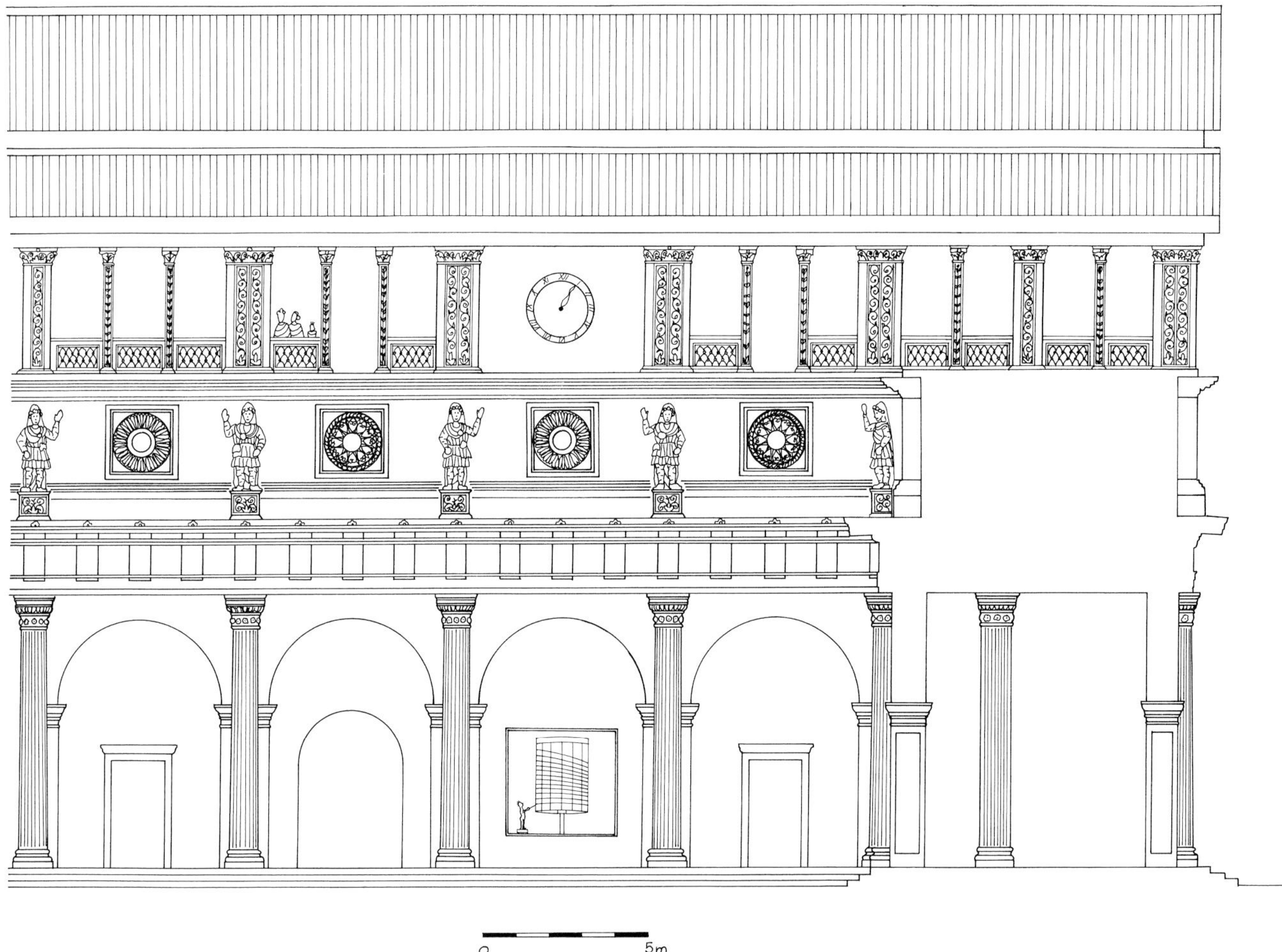

Abb. 133 Portikus, Fassade, Rekonstruktion (Christine Ertel)

gibt es jedoch einige Aspekte, die bei der Rekonstruktion von Freyberger und Ertel keine Beachtung gefunden haben. So bleibt das Problem, dass kein Gebälk vorhanden ist und dass den Spuren auf den Kapitelloberseiten zufolge nicht direkt ein quer gelegter Architrav darauf rekonstruiert werden kann, bestehen. Auch nimmt diese Rekonstruktion keine Rücksicht auf die Wandanschlüsse an den Rückseiten der breiten Rankenpfeiler. Des Weiteren sind die Eckstücke nicht bedacht. Die Geländer hätten bei dieser Variante keine schützende, sondern mehr eine raumtrennende Funktion.

Ein weiteres Problem stellt die Tatsache dar, dass das Interkolumnium der oberen Säulenordnung der Basilica dem der unteren nicht entspricht, so dass der Oberseitenbefund des Geisons nicht mit der verringerten Säulenstellung in Verbindung zu bringen ist.

Was die Aufstellung der Orientalenbasen und -statuen betrifft, so besteht die größte Schwierigkeit bei Freybergers und Ertels Rekonstruktion darin, dass sich für die Orientalenbasen auf dem Geison der Portikus keine Spuren der Standfläche finden. Es sind keine Stücke einer Verkröpfung vorhanden und die erhaltenen Blöcke legen die Platzierung eines Lehrabakus direkt über dem Geison nahe, auf welchem sich nahtlos der weitere Aufbau der Attika rekonstruieren lässt[830]. Die Dübellöcher im Rücken der Orientalenstatuen finden an dem einzigen in ausreichender Höhe erhaltenen Attikablock, der über den Pfeilern rekonstruiert werden kann und sich hinter den Statuen befände, keine Entsprechung[831]. Tendenziell spricht außerdem die große Zahl an erhaltenen Statuen gegen ihre Aufstellung allein an der Portikusfront[832].

Resümee

Unbestreitbar ist, dass die breiten und schmalen Rankenpfeiler im architektonischen Verbund standen. Das geht eindeutig aus den Geländeranschlüssen hervor. Zu ihnen gehören die korinthisierenden Kapitelle. An den Rückseiten der breiten Rankenpfeiler schließt eine Mauer an.

830 Vgl. Kap. VI.2.k.
831 Ser.Nr. 198154.
832 Vgl. Anm. 818.

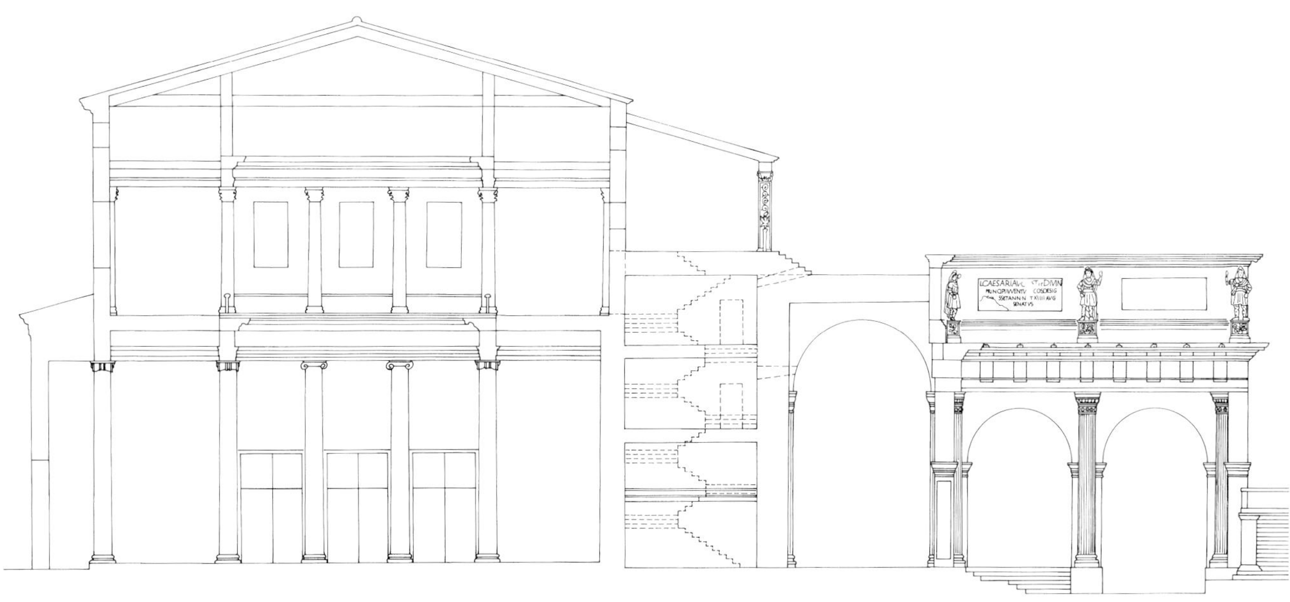

Abb. 134 Basilica Aemilia, Querschnitt, Rekonstruktion (Christine Ertel)

Zwischen den Pfeilern an den Geländern waren Gegenstände, möglicherweise Bänke, eingelassen. Über den Kapitellen folgte scheinbar nicht direkt ein Architrav, sondern zunächst ein weiterer Block, der die gleiche Breite der Kapitelle aufwies. Der untere Bereich der Vorderseite der Pfeiler war sichtbar, derjenige der Rückseite war in den Boden eingebunden. Auch sind Ecksituationen an Pfeilern belegt und es gab neben den genannten auch besonders breite Exemplare.

Unklar ist die genaue Positionierung dieser Pfeilerkonstruktion. Dieses Problem ergibt sich vor allem aus dem Fehlen eines Gebälkes. Im Erdgeschoss ist kein Platz für die Pfeiler, und über der zweiten Ordnung der Basilica können sie nicht gestanden haben, da die breiten Rankenpfeiler in ihren Breitenmaßen den Durchmesser der Säulen des oberen Stockwerks übertreffen.

Für die Orientalenstatuen und ihre Basen gilt – wie für die Rankenpfeiler –, dass sie nur im oberen Stockwerk verortet werden können. Ihre Platzierung an der Attika der Portikus erscheint eher unwahrscheinlich, wobei das schlagende Gegenargument die fehlende Standfläche ist. Die in ihren Maßen passenden Verkröpfungen in der Basilica sprechen gemeinsam mit den übrigen oben angeführten Beobachtungen eher für ihre Aufstellung im Mittelschiff, was mir somit auch für die Rankenpfeiler plausibler scheint[833].

Ein weiteres Indiz für Bauers Rekonstruktion wird aus dem unten dargelegten Einsatz der Architektur und Ornamentik deutlich[834]. Laut den sicher im Gebäudekomplex positionierbaren Baugliedern wurden Buntmarmor und detailliert ausgearbeitete Ornamentformen nämlich ausschließlich in der Basilica, nicht aber an der Portikus verwendet (s. u.).

833 Aufgrund der einheitlichen Ornamentik und Hebelöcher der Rankenpfeiler, -kapitelle und Orientalenbasen wird man geneigt sein, diese Bauglieder im Verbund anzunehmen. Ferner können die Orientalen nicht frei gestanden haben, da das Dübelloch in ihrem Rücken anders nicht zu erklären wäre. Sollten die Pfeiler nicht in der Basilica platziert gewesen sein, ist eine andersartige Attikakonstruktion an dieser Stelle zu vermuten, da die obere Säulenstellung der Basilica ein verringertes Säulenjoch aufweist und ihre Säulen folglich nicht regelmäßig hinter den Orientalenstatuen zu stehen gekommen wären.

834 Vgl. Kap. XII.1.

Abb. 135 Rom, Pilasterfragment, Ser.Nr. 197611

4. Bauglieder unsicherer Zugehörigkeit

4.a. Pilaster des oberen Stockwerks der Basilica

Im Bauermagazin befindet sich eine einheitliche Serie von ionischen Pilasterfragmenten aus weißem Marmor, die mit Segementstabkanneluren versehen sind (Abb. 135). Bauer hat sie in einem Baulieddepot beim Romulustempel, in dem sich viele Bauglieder der Basilica Aemilia befanden, aufgelesen und in ein Magazin unter der Maxentiusbasilica gebracht[835]. Es könnte sich bei ihnen um die Pilaster des oberen Stockwerks der Basilica handeln[836]. Die Dimensionen für die fraglichen Pilaster werden durch die erhaltenen Pilasterbasen und Pilasterkapitelle vorgegeben. Demnach müssen zugehörige Pilaster 10–15 cm tief und 58–59 cm breit gewesen sein[837]. An ihren Oberseiten dürften keine Dübellöcher vorhanden gewesen sein, an ihren Unterseiten könnten hingegen Dübellöcher angebracht gewesen sein; allerdings nicht in allen Fällen. So sind in den Unterseiten der Pilasterkapitelle keine Dübellöcher erhalten, in den Oberseiten der Pilasterbasen finden sich in einigen Fällen Dübellöcher, bei anderen fehlen Befestigungsspuren[838]. Nach diesen Kriterien könnten die segmentstabkannelierten Pilaster aus dem Bauermagazin in Frage kommen. Von ihnen sind 97 Fragmente erhalten[839].

Rekonstruktion

Die Höhe der Pilaster ist unbekannt. Die größte erhaltene Breitendimension beträgt 46 cm und umfasst dabei vier Kanneluren, so dass für die errechnete Breite der Pilaster im oberen Stockwerk der Basilica (58–59 cm) fünf Kanneluren rekonstruiert werden müssten[840]. Die Tiefe der Fragmente liegt zwischen 9 und 13 cm[841].

Die Pilaster bestanden sicher aus mehreren Stücken. Ihre Auflagerflächen waren glatt[842]. Manche Platten waren untereinander verdübelt[843]. Die Rückseiten sind meist glatt, in manchen Fällen aber auch grob gepickt[844]. Ähnlich verhält es sich mit den Nebenseiten[845]. Die erhaltenen Pilasteroberseiten bzw. -unterseiten[846] sind glatt und haben keine Dübellöcher[847]. Außerdem lässt sich ein Fragment, an dessen Ecke sich eine halbe, zur Nebenseite überleitende Kannelur befindet, neben einem Durchgang oder ähnlichem rekonstruieren[848]. Ein Pilaster mit nicht ausgearbeiteter seitlicher Kannelur könnte dagegen zu einer Ecksituation von 90° gehört haben[849].

835 Photo Nr. 1151–1152.

836 Vom oberen Stockwerk haben sich Basen, Kapitelle, sowie das Blendgebälk einer Wandverkleidung erhalten. Folglich müssen auch Pilaster existiert haben, vgl. Kap. VI.1.g.; VI.1.i.–k. Zu verweisen ist ferner auf eine Renaissancezeichnung, die sich heute in Berlin befindet (Kunstbibliothek O Z 109 6 Vi Fi A I, 23 a) und neben Plinthe und Basis, die den in Kap. VI.1.g. beschriebenen Stücken der Pilasterbasen genau entsprechen, auch zwei Kanneluren mit einem Segmentstab dazwischen zeigt.

837 Zur Breite: Ser.Nr. 198141. Ser.Nr. 123021. Zur Tiefe, die durchaus um einige Zentimeter variieren kann: die Pilasterbasen und -kapitelle in Kap. VI.1.g. und VI.1.i.

838 Vgl. Kap. VI.1.i. und VI.1.g.

839 19 der 97 Stücke im Bauermagazin, die zu größeren Teilen erhalten sind oder an denen sich technische Eigenheiten wie z. B. die Löcher fassen lassen, wurden genau vermessen, photografiert und in den Katalog aufgenommen: Ser.Nr. 197147. 197198. 197211. 197289. 197291. 197352. 197387. 197430. 197479. 197511–197513. 197552–197553. 197570. 197610–197611. 197716. 197745. Die übrigen Stücke wurden lediglich summarisch erfasst.

840 Ser.Nr. 197289. Die Kannelurbreite variiert bei den einzelnen Stücken geringfügig, ohne dass sich ein einheitliches System erkennen lässt.

841 Lediglich an der vorkragenden Oberseite gewinnt der Pilaster im Falle von Ser.Nr. 197387 mit 17 cm an Tiefe.

842 Auflagerflächen sind an insgesamt acht Fragmenten erhalten und stets fein geglättet, allerdings sind an zwei Stücken noch Zahneisenspuren zu erkennen.

843 Ser.Nr. 197211. 197512. 197553.

844 In 42 Fällen sind die Rückseiten mit dem Zahneisen geglättet, in 17 Fällen vollkommen glatt und in zwölf Fällen grob gepickt. Ser.Nr. 197553 weist auf der Rückseite eine vertikal verlaufende Rille auf.

845 Diese sind in sieben Fällen mit dem Zahneisen geglättet, in zehn Fällen glatt und in drei Fällen grob gepickt. Eine Schmalseite weist eine Anathyrose auf: Ser.Nr. 197570.

846 Säulenfuß und -hals sind an Stützen mit Segmentstabkanneluren oftmals gleich gebildet, wie Mattern 1995, 58 an Säulen aufgezeigt hat.

847 Ser.Nr. 197387. 197479. 197611.

848 Ser.Nr. 197552.

849 Ser.Nr. 197147.

Ornamentik

Die Pilaster wurden durch auf den Stria-Stegen entlanglaufende Segmentstäbe geschmückt (Abb. 135). Diese Segmentstäbe teilen sich an den Kannelurenden und schwingen zu den Nachbarstegen um[850]. Der sich an der Kannelurendung ergebende Zwickel wird durch ein spitzes Blatt gefüllt. Es ist durch einen Wulst gerahmt und weist einen erhabenen Mittelgrat auf, zu dessen Seiten das Relief abfällt. Die Spitze endet auf der Apophyge. Die Blattrahmung entspringt an den Segmentstäben, ist nur etwas schmaler als diese, ihnen aber in der Machart ähnlich. In ihrer Ausführung vermitteln die Stücke ein recht einheitliches Bild. Lediglich die Breite und Tiefe der Kanneluren variiert um bis zu 4 cm.

Abb. 136 Rom, Clipeusfragment, Ser.Nr. 197190

4.b. Clipei

Auf dem Areal der Basilica Aemilia sollen den Angaben auf den Karteikarten der Soprintendenz zufolge mehrere Fragmente von Clipei aus weißem Marmor gefunden worden sein, die sich heute im Chiostro und Lapidario von S. Francesca Romana befinden[851]. Sie sind in einen quadratischen Rahmen, bestehend aus einer Leiste und einem Bügelkymation, eingelassen. Die kreisrunden Clipei sind außen durch ein Flechtband begrenzt[852]. Hierauf folgen nach innen unterschiedlich gestaltete Eierstäbe, auf deren Grundlage sich die Stücke in drei Serien gliedern lassen. Diese drei Serien entsprechen in ihren Maßen, ihrer Ikonographie und ihrer Machart exakt denen, die auch vom Augustusforum bekannt sind und dort zwischen den Karyatiden des Attikageschosses der Portikus rekonstruiert werden[853]. Innerhalb der Basilica Aemilia lassen sich die Clipei aber nicht sicher positionieren. Ausgewertet werden 71 Fragmente[854].

Rekonstruktion

Kein Stück hat sich vollständig erhalten. Die Clipei mussten also aus den verschiedenen Fragmenten rekonstruiert werden[855]. Demnach beträgt die Seitenlänge eines Clipeus zwischen 2,30 und 2,40 m[856]. Ihre Tiefe liegt an der Randleiste der quadratischen Einfassung bei 13–17 cm. In der durchweg ausgebrochenen Mitte der Clipei waren vielleicht frei gearbeitete oder gemalte Köpfe eingefügt, von denen keinerlei Reste gefunden wurden[857]. Die quadrati-

850 Nach Mattern 1995, 58: Typ a.

851 Hierbei ist zu bemerken, dass sich kein solches Fragment mehr auf dem Areal der Basilica Aemilia befindet und die Stücke auch nicht auf den erhaltenen Grabungsphotos zu sehen sind.

852 Vgl. die Rekonstruktionen bei Ungaro 2004, 24 Abb. 6.

853 Ungaro 2002b; Ungaro 2004, 24 Abb. 6. Die erhaltenen Clipeusfragmente des Augustusforums sind zwar dokumentiert (Casari 1998, 391 Anm. 2), die Untersuchungen zum Großteil aber nicht publiziert.

854 Ser.Nr. 197979 steht im Chiostro von S. Francesca Romana. Die übrigen Fragmente liegen im Lapidario. Zwei Stücke, die vor mehreren Jahren von der Soprintendenz noch dokumentiert werden konnten, waren nicht mehr auffindbar. Die Fragmente sind durchweg kleinformatig.

855 Zum Vergleich wurden die entsprechenden Stücke vom Augustusforum herangezogen. Von hervorragender Bedeutung für die Rekonstruktion der Maße ist das Fragment Ser.Nr. 197979, an welchem sich der Durchmesser des runden, mittleren Ornamentes inklusive Eierstab ungefähr abnehmen lässt. Eine Reihe anderer Fragmente zeigen den Eierstab mit Flechtband: Ser.Nr. 197367. 197428. 197496. 197606 bzw. das Flechtband mit Bügelkymation und Randleiste: Ser.Nr. 197290. 197309. 197332. 197429. 197478.

856 Die Maße sind nicht auf den Zentimeter genau zu bestimmen, da die Detailmaße der einzelnen Stücke untereinander etwas abweichen und auch der Durchmesser von Ser. Nr. 197979 nicht genau errechnet werden kann. Die Maße entsprechen aber denen der Clipei des Augustusforums: Ungaro 2004, 23 Abb. 5. C. Ertel (Freyberger – Ertel 2007, 517 f. Abb. 23; Ertel – Freyberger 2007, 136 Abb. 47. 48) kommt für den Typ C1 zu einer Seitenlänge von nur 2,17 m, indem sie das Flechtband nicht mit einbezieht. Die gegenüber den Clipei des Augustusforums kleineren Maße dienen als Argument, für die Basilica Aemilia eine eigene Serie von Clipei zu rekonstruieren. Tatsächlich ist kein Fragment der Serie C1 vom Übergang des Eierstabs zum Rand des Clipeus hin erhalten. Die Rekonstruktion ohne Flechtband lässt sich somit weder belegen noch ausschließen. In Analogie zu den anderen beiden sicher mit einem Flechtband versehenen Serien C2 und C3 und aufgrund entsprechender Detailmaße ist m. E. aber eher davon auszugehen, dass auch C1 mit einem Flechtband versehen war und entsprechend größer rekonstruiert werden muss.

857 Vgl. dazu das System der Einsatzköpfe durch Verdübelung am Augustusforum: Casari 1998, 391 mit Anm. 3. Andere Clipei – etwa im Hafen von Aquileia – waren innen undekoriert.

Abb. 137 Rom, Clipeusfragment, Ser.Nr. 197747

Abb. 138 Rom, Clipeusfragment, Serie C2, Ser.Nr. 197368

schen Platten bestanden aus mehreren Stücken und waren in eine Wand eingelassen, was die geglätteten Nebenseiten der Stücke belegen. Die Rückseiten sind meist glatt, selten etwas gröber gepickt und manchmal mit einer Anathyrose versehen[858]. Nach dem Versatz wurden die Stücke mit der Wand, in die sie eingelassen waren, verdübelt[859].

Ornamentik

Auf die Randleiste des quadratischen Rahmens folgt ein Bügelkymation, das an den vier Ecken ein Akanthusblatt aufweist (Abb. 136)[860]. Als Bügelfüllung dient ein Spornblatt, als Zwischenblatt eine Tulpe mit geknickten Hüllblättern. Es folgt ein kreisförmig angelegtes, durch zwei Leisten gerahmtes Flechtband (Abb. 137)[861]. Vom Flechtband an wölbt sich der Tondo konvex auf. Bezüglich der Gestaltung der Schilde lassen sich dabei drei Serien mit verschiedenen Mustern voneinander unterscheiden. Die Stücke der Serie C1 haben einen länglichen, die der Serie C2 einen kürzeren und die der Serie C3 einen aufwändig gestalteten Eierstab mit breiten, spitz zulaufenden Eiern.

Bei Serie C1 ist der Übergang von Flechtband zum Einsatzkopf durch einen Eierstab gestaltet, dessen Eier zur Mitte hin schmaler werden und sehr langgestreckt sind, wobei sich zwei Eier an der Tondoinnenseite durch eine Schleife miteinander verbinden und ein drittes Ei zwischen sich einschließen (Abb. 139)[862]. Der Eierstab erinnert an archaische Vorbilder[863]. Die Schalen sind breit und kantig. Zwischen den Dreiergruppen von Eiern ist zum Tondoinneren jeweils eine aus drei Blättern gebildete Zwickelblüte platziert, wobei die beiden seitlichen Blätter das mittlere überlagern[864]. Der von ihnen entspringende Steg verliert sich zwischen den Eierschalen. Die Mitte der Clipei ist nur in Ansätzen als glatter Schild erhalten (Abb. 139).

Die Randwölbung der Schilde der Serie C2 wird von einem Eierstab mit geschlossenen Schalen bedeckt (Abb. 138)[865]. Das Ei ist langgestreckt, aber deutlich kürzer als bei den Eierstäben der Serie C1. Die Schalen sind flach und kantig, archaischen Formen verhaftet. Zwischen den Hüllblättern der Eier verlaufen Stege, die sich außen in drei Blätter aufteilen, innen spitz zusammenlaufen. Zur Mitte hin dürfte eine Schuppung aus Blättern gefolgt sein.

Bei den Stücken der Serie C3 besteht die innere, aufgewölbte Schildrahmung aus großen zur Mitte spitz zulaufenden Eiern (Abb. 140–141)[866]. Der Umriss des Eis wird durch zwei Stege gebildet. Der innere, tiefer gelegene Steg trennt sich an der Eiunterseite von der äußeren Schale; die beiden Enden rollen sich gegenläufig volutenförmig ein. Von den Voluten aus wächst eine spitz zulaufende, kerzenförmige und mittig ausgestanzte Blüte empor. Die Eier werden durch Zwischenstege voneinander getrennt, die sich zur Mitte hin zu drei Blättern entfalten (Abb.

858 Mit Anathyrose: Ser.Nr. 197189. 197477.

859 An zwei Schmalseiten haben sich Dübellöcher erhalten: Ser.Nr. 197332. 197635.

860 Ser.Nr. 197190. 197452. 197497. 197517.

861 Die dabei entstehenden Zwickel waren glatt, aber ohne zusätzliche Ornamentierung: Ser.Nr. 197190.

862 Diese Serie entspricht dem Clipeus des Augustusforums, wie er in den Mercati Traiani ausgestellt ist. Ungaro 2004, 23 Abb. 5 rechts.

863 Vgl. Weickert 1913, Taf. 1c; 2a; Gruben 1972, 13 Abb. 9; Gruben 1982, 225 Abb. 14; Gruben 1997, 359 Abb. 50.

864 Ser.Nr. 197500.

865 Ser.Nr. 197368. Vgl. das Stück des Augustusforums, welches in der Casa dei cavalieri di Rodi ausgestellt ist: Ungaro 2004, 23 Abb. 5 links.

866 Den Detailmaßen nach zu urteilen, dürften auf einem Schild zwölf solcher Eier angebracht gewesen sein. Die Stücke entsprechen denen des Augustusforums: Ungaro 2004, 24 Abb. 6 Mitte.

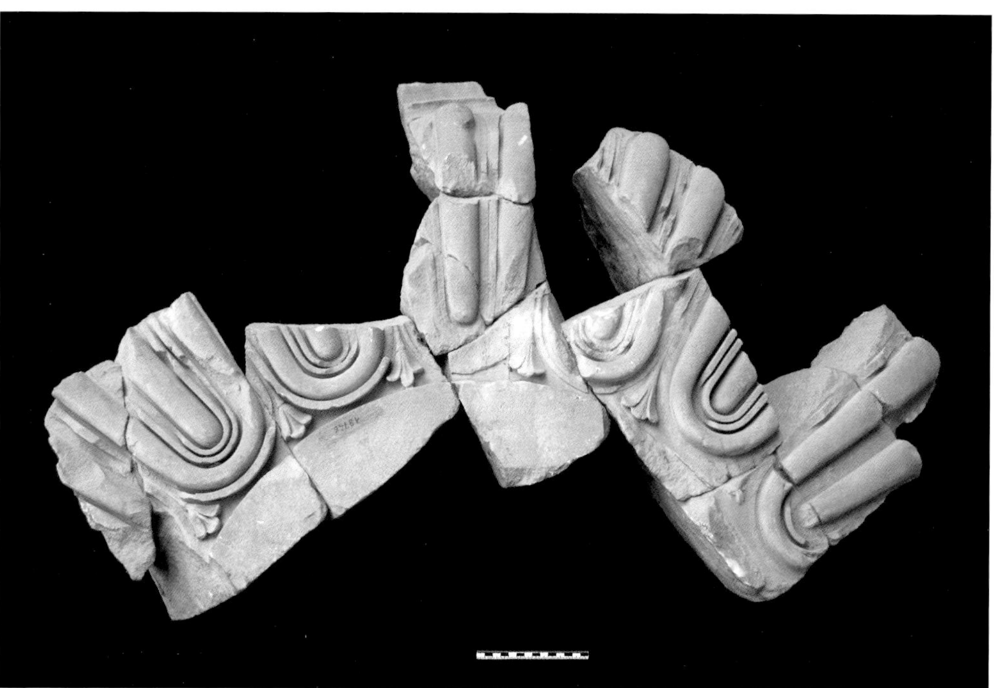

Abb. 139 Rom, Clipeusfragment, Serie C1, Ser.Nr. 197979

140). Nach außen zum Flechtband gerichtet ist ein kleines Akanthusblatt angebracht (Abb. 141).

Die Ausarbeitung der Clipei ist allgemein sehr einheitlich. Die Randleiste wurde mit dem Zahneisen fein geglättet (Abb. 136). Das Bügelkymation liegt auf einem gegenüber den Zwickeln des inneren Feldes leicht erhabenen Hintergrund. Das Zwischenblatt des Bügelkymations – insbesondere sein Blattkelch – ist leicht unterschiedlich gestaltet, aber in seiner Oberfläche stets stark modelliert (Abb. 136. 142). Die Spornblätter sind unterschiedlich breit, aber immer durch eine vertikal verlaufende Mittelrippe in zwei Hälften geteilt. Die Bögen der Bügel sind tief gerillt. Das Relief ist tief und sauber unter relativ starkem Bohreinsatz ausgeführt. Der Zwickelbereich der Clipei ist mit dem Zahneisen fein geglättet, unterhalb des Bügelkymations wurde mit dem Flacheisen ein feiner Randschlag angelegt. Das Flechtband ist konkav und biegt sich zu recht breiten, flachen Randstreifen auf (Abb. 137). Die Augen sind stark und tief umbohrt.

Die Eierstäbe auf den Schilden sind sehr präzise und sauber ausgeführt. Die Eier wurden deutlich aus dem Reliefhintergrund gearbeitet. Gleichzeitig wurden aber die Bohrrillen wie auch alle Oberflächen fein geglättet (Abb. 138–141). Die Zwickel und Zwischenblüten sind weich modelliert und leicht hinterarbeitet. An den Stücken der Serie C3 sind relativ große Partien des Reliefhintergrundes frei sichtbar. Die einzelnen Elemente liegen diesem flach auf, heben sich jedoch scharf von ihm ab. Die Oberseiten der Dekorelemente wurden mitunter aufwändig in verschiedene Ebenen differenziert. Die Übereinstimmun-

Abb. 140 Rom, Clipeusfragment, Serie C3, Ser.Nr. 197342

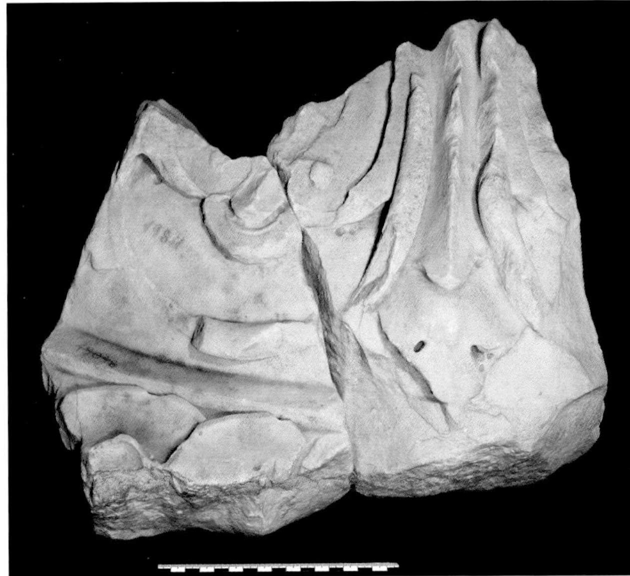

Abb. 141 Rom, Clipeusfragment, Serie C3, Ser.Nr. 197225

Abb. 142 Rom, Clipeusfragment, Ser.Nr. 197480

gen, auch in der Machart, mit den Stücken des Augustusforums sind so groß, dass davon auszugehen ist, dass hier dieselben Handwerker beschäftigt waren[867].

4.c. Kassettendecken

Im Folgenden ist eine Serie von Baugliedern aus weißem Marmor zu besprechen, die zu rechteckigen Platten von Kassettendecken gehören (Abb. 143). Auf dem Gelände der Basilica Aemilia wurden den Angaben auf den Karteikarten der Soprintendenz zufolge mehrere Fragmente von Deckenkassetten gefunden, die sich in manchen Fällen zu größeren Platten zusammensetzen ließen. Keines dieser Stücke befindet sich heute noch auf dem Areal oder im Umfeld der Basilica Aemilia[868].

Rekonstruktion

Die einzelnen Platten der Kassettendecken lassen sich ihrer Größe nach in zwei Serien einteilen. Die Platten der einen Serie waren ursprünglich ca. 2,20 m lang und 63–67 cm breit, die der anderen hingegen etwa 2,74 m lang und 77 cm breit[869]. Die Rück- bzw. Oberseiten und die Schmalseiten der Platten sind meist glatt, mitunter auch grob gepickt. Die Platten lagen vermutlich auf den Unterseiten nahe den Schmalseiten auf, an denen sich eine geglättete, undekorierte Fläche erhalten hat[870].

Ornamentik

In der Ikonographie und Machart ihres Dekors sind die Stücke der beiden Serien gleich. Eine Platte besteht aus insgesamt 13 Feldern. In der Mitte befindet sich eine größere, die ganze Breite der Platte einnehmende Kassette. Zu beiden Seiten sind je sechs Kassetten in zwei Reihen zu 2 x 3 Stück angeordnet (Abb. 143).

Die einzelnen Kassetten werden durch eine Leiste und ein lesbisches Kymation gerahmt. In ihrer Mitte befinden sich Rosetten, die sich in der Anzahl und der Form ihrer Blätter stark voneinander unterscheiden. Auch können zusätzlich kleine Früchte an den Rosetten angebracht gewesen sein. Jeweils die zweite Kassette von außen weist die Variante auf, dass die Rosette von einem Kreis oder

867 Dies ist bereits verschiedentlich vermutet worden: Leon 1971, 81 Anm. 54; 206.

868 Vier größere Platten sind heute im Chiostro von S. Francesca Romana: Ser.Nr. 197638. 197718. 198155–198156. Eine dieser Platten (Ser.Nr. 198156) ist auf einem alten Photo (Nr. 763 f.) etwa in dem Bereich zwischen Basilica Aemilia, Caesartempel und dem Tempel des Antoninus Pius und der Faustina zu erkennen. Diesen Stücken lassen sich 24 Fragmente hinzufügen, die Heinrich Bauer aufgesammelt und ins Bauermagazin gebracht hat.

869 Zur ersten Serie gehören die Stücke Ser.Nr. 197718. 198155–198156. Der zweiten Serie gehört das Fragment der Kassettendecke Ser.Nr. 197638 an. Die Länge dieses Stückes ist nicht vollkommen erhalten, kann aber anhand des Dekors errechnet werden.

870 Ser.Nr. 197532. 197638. 197718. 198155. Zur Konstruktion von Kassettendecken grundsätzlich: Hoepfner 1991. Vgl. weiter zum Rundtempel am Tiber: Heilmeyer – Rakob 1973, Taf. 37. 38. Beil. 15 und zum Trajansforum: Milella 2004, 68 Abb. 16.

einer Raute umrahmt wird (Abb. 143–144)[871]. Zwei von der Schmalseite ausgehend nebeneinanderliegende Kassetten zeigen stets die gleiche Blüte[872]. Ferner ist das Mittelornament der breiten Mittelkassette in einigen Fällen durch eine Raute, in anderen Fällen durch einen Kreis, mit oder ohne Raute mit eingezogenen Seiten, gerahmt, wobei die Zwickelbereiche durch Kandelabermotive oder einzelne Blüten geschmückt sind[873].

In der Ausarbeitung ist die Rahmung aller Kassetten gleich. Die Rosetten und Zwickelornamente liegen relativ flach auf dem Reliefhintergrund auf. Ihre Oberflächen sind in ihrer Höhe durch Kerben und Wülste differenziert. Die verschiedenen Rosetten sind mal stärker, mal weniger stark hinterbohrt.

4.d. Wahrscheinlichkeit der Zuweisung und mögliche Rekonstruktionen

Die Zugehörigkeit der vorgestellten Bauglieder zur Basilica Aemilia ist möglich, aber unsicher. Bei ihnen handelt es sich um größere Serien, die sich in den Magazinen befinden und angeblich vom Areal der Basilica Aemilia stammen sollen. Bis auf einen allerdings nicht in Fundlage dokumentierten Fall lässt sich dies anhand der Grabungsphotos allerdings nicht mehr verifizieren. Des Weiteren lassen die Bauglieder in ihrer Ausarbeitung und Ornamentierung keinen eindeutigen Bezug zu anderen, sicher der Basilica Aemilia zugeordneten Stücken erkennen und ihre Positionierung innerhalb des Gebäudes ist unklar. Ferner haben sich ausschließlich kleine Fragmente erhalten, die zur Kalkgewinnung zerschlagen wurden und später auf das Gelände der Basilica gelangt sein könnten[874].

Im oberen Stockwerk der Basilica muss es Pilaster gegeben haben. Die technischen Details, die Maße und Dübellöcher machen die Zuweisung der hier vorgestellten Serie von Pilasterfragmenten an diese Stelle grundsätzlich möglich. Der Erhaltungszustand der Stücke ist jedoch zu schlecht, um sicher zu stellen, dass die Maße genau passen.

Die Clipei stimmen in ihren Maßen, in der Ikonographie und Ausführung exakt mit den Stücken vom Augustusforum überein. Sie dürften folglich zeitgleich und von denselben Handwerkern gefertigt worden sein. Da die Stücke so zerkleinert worden sind, dass sie von einer Person alleine getragen werden können, und keine Hinweise auf ihre Anbringung am Bauwerk existieren, könnten sie

Abb. 143 Rom, Kassettenfragment, Ser.Nr. 197638

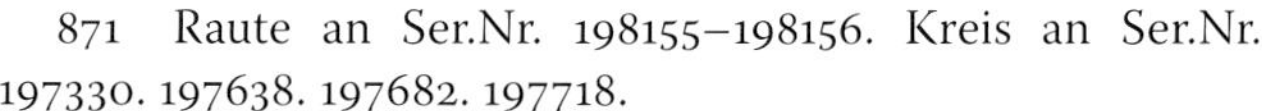

871 Raute an Ser.Nr. 198155–198156. Kreis an Ser.Nr. 197330. 197638. 197682. 197718.

872 Daher ist davon auszugehen, dass das obere an Ser. Nr. 198156 angebrachte Fragment falsch rekonstruiert ist.

873 Mit Raute etwa Ser.Nr. 197252. 197566. 197718. Mit Kreis und Raute: Ser.Nr. 197638. 198155–198156.

874 Vgl. Kap. V.

Abb. 144 Rom, Kassettenfragment, Ser.Nr. 198155

ebenso vom Augustusforum stammen[875]. Sollten sie dennoch zum Komplex der Basilica Aemilia gehört haben, hat jede Rekonstruktion einen spekulativen Charakter, da dem Befund dazu keine Anhaltspunkte zu entnehmen sind[876].

Gleichfalls unsicher ist die Zugehörigkeit der Kassettendecken an den Bau, auch wenn hiervon ein Exemplar anhand eines alten Grabungsphotos nahe dem Areal der Basilica Aemilia identifiziert werden kann[877]. Ihre Rekonstruktion am Gebäude hat rein spekulativen Charakter. An der mit Bogenkonstruktionen versehenen Portikus wird man sie schwerlich positionieren können. Denkbar wären sie als Decken über den Seitenschiffen der Basilica. Die Maße der Kassettendecken passen allerdings lediglich zu dem schmalen Seitenschiff im Norden des Baus. Auch könnten sie im Obergeschoss oder im Verbund mit den Rankenpfeilern etc. verbaut gewesen sein. In diesem Fall bliebe aber unklar, warum es zwei verschiedene Größenordnungen gibt[878].

875 Heinrich Bauer (von Sydow 1973, 544. 546 f. Abb. 12) rekonstruierte bereits vor 1973 eine Fassade der Portikus, bei welcher an der Attika die Clipei angebracht waren. Während Bauer später von dieser Rekonstruktion absah und vermutete, die Clipei gehörten zum Augustusforum und seien lediglich verschleppt worden (Bauer 1977a, 89 Abb. 1 und Bauer DAInst Nachlass, 180), wurde dieser Gedanke jüngst von Freyberger – Ertel 2007 wieder aufgegriffen.

876 Der republikanische Denar (Kap. III) kann weder als Beleg für die Zugehörigkeit noch für ihre Rekonstruktion herangezogen werden, da er einen Vorgängerbau wiedergibt.

877 Photo Nr. 763. 764.

878 Kassettendecken stellen für die Forumsarchäologie eine der am schlechtesten erforschten Materialgattungen dar. Da sich diese Bauglieder zur Kalkgewinnung leicht in viele einzelne Fragmente zerbrechen lassen, sind zum einen verhältnismäßig wenige solcher Stücke erhalten, zum anderen konnten diese leicht bewegt werden. Grundsätzlich ist davon auszugehen, dass marmorne Kassettendecken an fast allen Bauwerken des Forumsplatzes angebracht waren. Bis heute konnte aber – abgesehen von den Ehrenbögen – keinem Gebäude eine Serie solcher Fragmente mit Sicherheit zugewiesen werden.

VII. Rekonstruktion: Spätere Eingriffe

1. Basilica, unteres Stockwerk

1.a. Basen

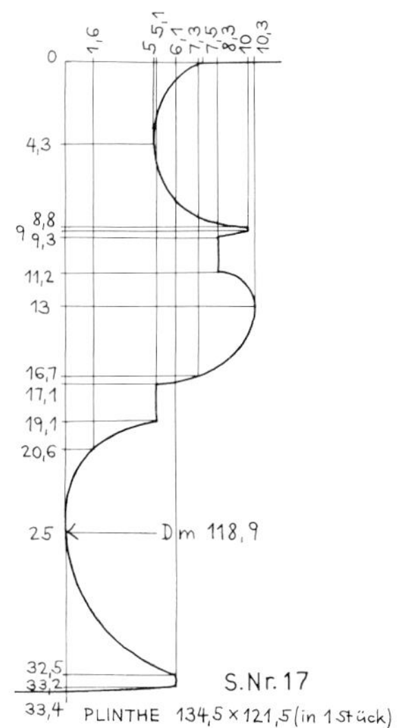

Abb. 145a Basilica, unteres Stockwerk, nördliche Säulenlängsreihe, attische Säulenbasis, nachträglich, Profilzeichnung, Ser.Nr. 197022

Abb. 145b Basilica, unteres Stockwerk, nördliche Säulenlängsreihe, attische Säulenbasis, nachträglich, Ser.Nr. 197022

Die beiden attischen Basen Ser.Nr. 197023 und 197022, die sich im unteren Stockwerk der Basilica im östlichen Bereich der nördlichen Säulenlängsreihe *in situ* befinden, gehören zu einem späteren Eingriff (Abb. 1)[879]. Sie unterscheiden sich von den übrigen Basen sowohl in technischer Hinsicht als auch in ihrer Ausführung[880]. Vor allem sind ihre Plinthen und Basen im Gegensatz zu den Stücken des augusteischen Baus aus einem Block gearbeitet[881].

Die Höhe der in das Pflaster eingelassenen Plinthe konnte nicht gemessen werden. Die Höhe der Basen entspricht mit 33–34 cm den Basen des augusteischen Baus.

Die Plinthen sind nicht quadratisch, sondern trapezförmig mit Seitenlängen von 1,32 x 1,27 m bzw. 1,345 x 1,215 m[882]. Der maximale Durchmesser am unteren Torus, der bei den augusteischen Basen etwa den Plinthentiefen bzw. -breiten entspricht, ist mit 1,255 m bzw. 1,19 m deutlich geringer[883]. Da die maximale Ausladung der Basen am unteren Torus 11 cm, wie bei den augusteischen Stücken, bzw. 7,5 cm beträgt[884], ist der obere Durchmesser mit 1,04 m etwas geringer als bei der benachbarten augusteischen Basis unter der nördlichen Säulenlängsreihe aus Cipollino[885]. Die Blöcke mit Plinthe und Basis wurden mittels Hebelöcher versetzt und mit den Säulen darüber verdübelt (Abb. 145)[886].

Im Profil entsprechen die beiden späteren Stücke grundsätzlich den übrigen. Auch sie weisen die charakteristische Kerbe zwischen Kehle und oberem Torus auf. Im Falle der Basis Ser.Nr. 197022 mit einer maximalen

879 Zur Vorgehensweise bei der Zuweisung von Baugliedern späterer Umbauten an die Basilica Aemilia vgl. Kap. V.2.

880 Vgl. Kap. VI.1.b.

881 Vgl. das Nervaforum, wo ebenfalls eine nachträgliche Phase des Bauwerks an den Basen abzulesen ist, die ähnlich den hier besprochenen Stücken der Basilica und im Gegensatz zu ihren Vorgängern mit einer hohen Plinthe in einem Block gefertigt und in das Pflaster eingelassen worden sind. Diese Beobachtungen stellte Alessandro Viscogliosi am 25.10.2007 bei der Giornata di studio: Lo scavo dei Fori Imperiali (2004–2007) vor.

882 Ser.Nr. 197022 bzw. Ser.Nr. 197023.

883 Ser.Nr. 197022 bzw. Ser.Nr. 197023.

884 Ser.Nr. 197022 bzw. Ser.Nr. 197023.

885 Ser.Nr. 198151.

886 Ser.Nr. 197022.

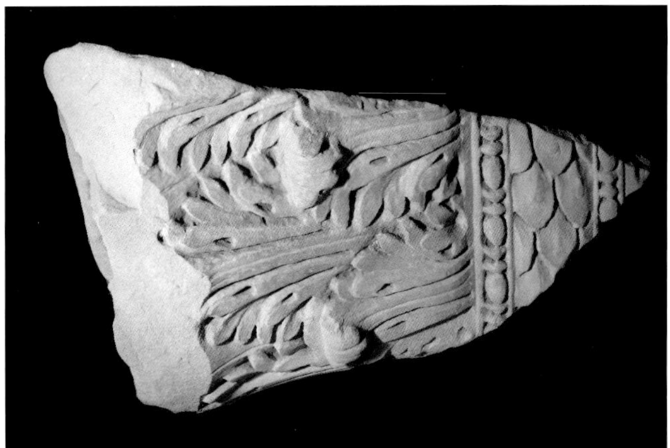

Abb. 146 Basilica, unteres Stockwerk, ionisches Kapitell, neronisch-vespasianisch, Ser.Nr. 123001

Abb. 148 Basilica, unteres Stockwerk, ionisches Kapitell, neronisch-vespasianisch, Ser.Nr. 123523

Abb. 147 Basilica, unteres Stockwerk, ionisches Kapitell, neronisch-vespasianisch, Ser.Nr. 123409

Abb. 149 Basilica, unteres Stockwerk, ionischer Architrav, fortgeschrittenes 1. Jh. n. Chr., Ser.Nr. 198073

Ausladung am unteren Torus von nur 7,5 cm ist das Profil aber deutlich gedrungener.

In der Ausführung unterscheiden sich die Basen Ser. Nr. 197023 und 197022 von denen des augusteischen Baus dadurch, dass der Trochilus von den Tori durch eine deutlich höhere Stufe abgesetzt ist und ihr Profil die Krümmung des unteren Torus bei der Basis Ser.Nr. 197023 nur schwach, bei der Basis Ser.Nr. 197022 gar nicht aufnimmt. Auch ist der untere Torus gerade bei Ser.Nr. 197022 deutlich weiter unterhöhlt und hat seine größte Ausladung weiter oben.

1.b. Kapitelle

Einer nachträglichen Baumaßnahme gehören auch 17 Fragmente von ionischen Kapitellen des unteren Stockwerks der Basilica an (Tab. 1)[887]. Sie stimmen in ihren Maßen sowie in der Wahl und Anordnung ihrer Ornamentik mit den augusteischen Kapitellen überein[888]. Nur der Perlstab des Balteus liegt nicht auf einem Band auf, sondern ist durch zwei Leisten gerahmt. Weil der Perlstab dadurch an Breite zunimmt, wird am Balteus in der Breite ein Blatt des dort angebrachten Blattfrieses eingespart (Abb. 146–148). Des Weiteren unterscheiden sich die Voluten, die bei den hier besprochenen Exemplaren im Unterschied zu den augusteischen einen Segmentstab

887 Auf dem Gelände des Templum Pacis befinden sich: Ser.Nr. 123523. 123524. 123526, bei den Tabernen: Ser.Nr. 197636, im Chiostro di S. Francesca Romana: Ser.Nr. 123001 und im Bauermagazin: Ser.Nr. 123408. 123409. 123417. 123419. 123421. 123426. 123433. 123436. 123437. 123441. 123454. 123461.

888 Vgl. Kap. VI.1.d.

Abb. 150 Basilica, unteres Stockwerk, ionischer Architrav, fortgeschrittenes 1. Jh. n. Chr., Ser.Nr. 198059

auf den Stegen tragen. In seiner Ikonographie und Ausarbeitung präsentiert sich der Akanthus einheitlich. So beträgt z. B. die Anzahl der Blattlappen immer fünf, wobei sowohl beim Kranzblatt als auch beim Hochblatt der unterste Lappen drei, der folgende vier Akanthusfinger aufweist. Eine Rücksichtnahme auf den Ansichtswinkel des Betrachters von unten, wie das bei dem Akanthus der augusteischen Kapitelle der Fall war, lässt sich bei diesen Stücken nicht beobachten.

1.c. Architrav

Eine in sich einheitliche Serie von sechs Architravfragmenten des unteren Stockwerks der Basilica gehört ebenfalls einer nachträglichen Baumaßnahme an[889]. In ihren Maßen und der Ikonographie der Ornamentik entsprechen sie den übrigen Exemplaren des augusteischen Neubaus[890]. Was die Ausführung ihrer Ornamente angeht, unterscheiden sie sich hingegen stark von ihnen.

Ein tief hinterbohrter, in die Unterseite eingetiefter Perlstab mit langovalen Perlen und kalottenförmigen Wirteln umschließt die Soffitte (Abb. 150). Auf eine Leiste folgt ein Scherenkymation. Dieses weist, im Vergleich zu denen der Serie A3b, ein deutlich tieferes Relief auf. Das Zwischenblatt ist schmaler und höher und die Scheren zweier benachbarter Ornamente liegen dicht beieinander und werden bis auf ihre Enden durch eine Bohrrille voneinander getrennt.

Die Soffitte ist durch S-förmige Schleifen, einen Mittelsteg mit Kelchen sowie Palmetten und Halbpalmetten verziert (Abb. 150). Das Relief ist sehr hoch. Teilweise sind Bohrstege stehengelassen.

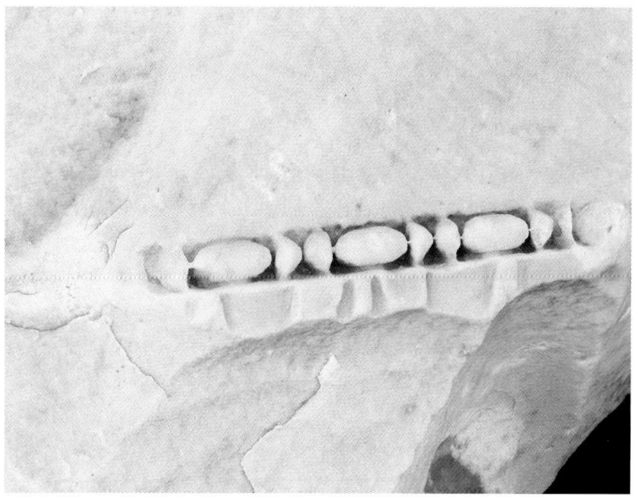

Abb. 151 Basilica, unteres Stockwerk, ionischer Architrav, fortgeschrittenes 1. Jh. n. Chr., Ser.Nr. 198073

889 Zwei Architravblöcke befinden sich auf dem Gelände des Templum Pacis zwischen den Stücken der Basilica: Ser. Nr. 198059. 198073. Ihnen lassen sich weitere vier Fragmente aus dem Bauermagazin anschließen: Ser.Nr. 197467. 197621. 197794. 197959.

890 Vgl. Kap. VI.1.e.

Abb. 152 Portikus, Dorischer Fries, Verkleidung, Claudisch-Flavisch, Ser.Nr. 197168

Die Architravblöcke haben zwei Faszien, die als Trennornamente tief in den Block eingearbeitete Perlstäbe aufweisen (Abb. 151). Sie haben lang gestreckte Perlen und kalottenförmige Wirtel. Das nur noch in Ansätzen erhaltene Bügelkymation darüber weist die gleiche Ikonographie auf wie an den übrigen Architravblöcken der Basilica. Die nur noch ansatzweise erkennbare Oberfläche der Bügel scheint im Vergleich zu den übrigen aber weniger differenziert[891].

Da die vorliegenden Architravfragmente in ihrer Ikonographie Bezug auf die Serien A2/A3b nehmen, ist die mit ihnen verbundene Baumaßnahme in der nördlichen Säulenlängsreihe zu lokalisieren[892].

2. Portikus, eine Metope des dorischen Frieses

Ein Friesfragment einer Wandverkleidung[893] unterscheidet sich in Einzelheiten seiner Ikonographie und vor allem in seiner Machart so maßgeblich von den übrigen Metopen der Portikus, dass es einem nachträglichen Eingriff in das Bauwerk zuzuweisen ist[894].

Dargestellt ist ein Bukranion (Abb. 152). Schon seine Reliefhöhe von 14 cm unterscheidet es deutlich von allen augusteischen Stücken. Das seitliche Schädelprofil steigt in einer leicht geschwungenen S-Linie steil empor. Die Augenhöhle wölbt sich seitlich nur wenig aus. Seine Knochen sind sehr hoch und breit und durch einzelne unpräzise gearbeitete Rillen in verschiedene Bereiche separiert. Die Oberfläche wird durch tief gebohrte Linien differenziert, in denen einige Bohrstege nicht abgearbeitet wurden. Die Elemente der Perlschnur werden durch Zwischenglieder in Form eines Wirtels voneinander getrennt.

Der mit der Metope verbundene nachträgliche Eingriff ist an der zum Forum gerichteten Südfassade der Portikus zu lokalisieren, da die Metope eine Breite von ca. 1,00 aufgewiesen hat (Tab. 16). Diese Breite steht im Verhältnis zu der dortigen Jochweite[895].

891 Zu erkennen ist das an einem T-förmigen Stück Ser. Nr. 198073, das vermutlich an das Ende einer Säulenlängsreihe zu rekonstruieren ist.

892 Vgl. Kap. VI.1.e.

893 Ser.Nr. 197168. Es befindet sich im Bauermagazin.

894 Vgl. Kap. V.2.b.

895 Vgl. Kap. VI.2.i.

VIII. Zur Datierung des augusteischen Baus

Anhand von typologischen und stilistischen Vergleichen lässt sich das gesamte in Kapitel VI vorgestellte Material der frühen Kaiserzeit zuweisen. Entsprechende Untersuchungen liegen zu den meisten Baugliedern der Basilica, den Geisa der Portikus und den Rankenpfeilern, -kapitellen und Orientalenbasen bereits vor[896]. Auch die übrigen Stücke lassen sich aufgrund der stilistischen Beschaffenheit ihrer Einzelornamente in die gleiche Zeit datieren.

So finden die Pfeifenstäbe der Bogensoffitten und die lesbischen Kymatien der Archivolten der Portikus ihre engsten Vergleiche an der Ara Pacis und am Augustusforum[897]. Mit den tuskanischen Kapitellen lassen sich in Hinsicht auf die Profilfolge exakt die der Portikus der Basilica Iulia und die des Marcellustheaters vergleichen[898]. Ein gemeinsames Charakteristikum dieser Kapitelle ist der Säulenhals in Form eines Cavettos, der typisch für die spätrepublikanisch-frühkaiserzeitliche Gestaltungsweise ist[899]. Mit dem Eierstab des Echinus sind die Eierstäbe der Karyatiden des Augustusforums und diejenigen des Kapitells des Partherbogens zu vergleichen[900], und auch die voluminösen Blüten auf dem Säulenhals finden enge Parallelen in augusteischer Zeit[901]. Die dorisierenden Architravblöcke mit ihren kegelförmigen Guttae passen sich ebenfalls gut in die Gestaltungsweise der spätrepublikanisch-frühkaiserzeitlichen Zeit ein[902]. Dasselbe gilt für den dorischen Fries, dessen Bukranion unten löffelartig abschließt, wie es erst ab der augusteischen Zeit zu belegen und von republikanischen Beispielen zu unterscheiden ist[903]. In der späten Republik und frühen Kaiserzeit ist das Motiv des Bukranions als Dekorationselement sehr

896 Unteres Stockwerk: Zu den Kapitellen: Lipps 2007a. Zum Architrav: Chioffi 1996, 56 Taf. 6, 13; Bauer 1988a, 204 f.; Leon 1971, 173. 177. 245–249. 251. 270 f. Taf. 67, 2. 105, 3. Zu den Geisa: Mattern 2001a, 186; von Hesberg 1980a, 186 f. Oberes Stockwerk: Zu den Kapitellen: Lipps 2007a; Montagna Pasquinucci 1973, 276 f. Zu Architrav und Fries: Mattern 1997, 39 f. Taf. 4, 2; Cain 1992, 71–73 Anm. 4; Bauer 1988a, 212 Abb. 105; Ghisetti Giavarina 1983, 11 Abb. 2; Leon 1971, Taf. 69, 3. 72, 2. 111, 2. 139, 1. Zu den Geisa: Mattern 2001a, 186; von Hesberg 1980a, 159. Portikus: Zu den Geisa: Mattern 2001a, 144; von Hesberg 1980a, 144. 186 f. Zu den Rankenpfeilern: Mathea-Förtsch 1999, 6. 13 f. 18. 23 f. 45 f. 67–69. 75. 93. 103. 143 Anm. 1594 Kat. 123 Taf. 13, 1–3. Taf. 14, 1–2. 4–5. Taf. 68, 3–4; Schörner 1995, 50 f. 58. 66 Anm. 650; 74 Anm. 712; 81 Anm. 778; 91 Anm. 868; 111 Anm. 1089; Cain 1985, 171 mit Anm. 54. Zu den Rankenkapitellen: Gans 1991, 162–165 Kat. 309. 318; Ronczewski 1934, 47–50 Abb. 30. 31. Zu den Orientalenbasen: Mathea-Förtsch 1999, 143 Anm. 1595; Wegner 1987, 325 f. Taf. 142, 3.

897 Zu den Pfeifenstäben am Augustusforum: Ganzert 1996a, 220 f. Neben den angesprochenen Pfeifenstäben der Portikus lassen sich die attischen Basen der Portikus, des unteren Stockwerks der Basilica und der Serie B1 ihres oberen Stockwerks, die Kapitelle der Serie K1 des oberen Stockwerks sowie eine Vielzahl einzelner Ornamentbänder genau mit den Stücken des Augustusforums vergleichen (zur Debatte um die genaue Datierung der Tempelweihe: Simpson 1977). Dem in seiner Form singulären lesbischen Kymation der Archivolte der Basilica entspricht am ehesten ein Kymation der Ara Pacis: Ganzert 1988, 118 Nr. 10.

898 Rosada 1971/1972, 117 Taf. 5. Die Datierung eines Neubaus der Basilica Iulia wird gemeinhin in mittel- bis spätaugusteische Zeit angenommen: Cass. Dio. 56, 27, 5; Mon. Anc. 4, 13–16. Zum Marcellustheater: Ciancio Rossetto 1999, 31–35.

899 Außer an den genannten Stücken findet sich der Cavetto noch an den Kapitellen der Portikus in der Via di S. Maria dei Calderari (Rosada 1971/1972, 118 Taf. 6, 1), der Porta Tiburtina (Rosada 1971/1972, 118 Taf. 6, 2; Nash 1962, 232 f.; Pisani Sartorio 1996a, 312 f.) und am spätrepublikanischen Grabmal des G. Publicius Bibulus Parasta (Rosada 1971/1972, 116 Taf. 4, 2; Eisner 1986, 17–19 mit weiterführender Literatur). Bei zeitlich nachfolgenden Stücken wird die obere Krümmung des Cavettos durch eine Kante als eigene Ornamenteinheit in Form einer Kehle vom Hals abgesetzt. Frühere Exemplare zeigen hingegen einen vertikalen Hals.

900 Zum Augustusforum: Ganzert – Kockel 1988, 191 Abb. 85. Zum Kapitell des Partherbogens: Lauter 1976, 9; von Hesberg 1981/1982, 69 mit Anm. 137 f. Abb. 32; Needergaard 1988, 237 Kat. 104.

901 z. B. die Blüten in den Kassetten an einem Geison jeweils der Horrea Agrippiana (Mattern 2001a, Taf. 8, 2), der Grabrotunde neben Casal Rotondo (Mattern 2001a, Taf. 8,3) oder des Marcellustheaters (Mattern 2001a, Taf. 9, 2). Weiter Blüten an einem Geison jeweils des Magna Mater-Tempels (Mattern 2001a, Taf. 14, 2), im Antiquario Comunale (Mattern 2001a, Taf. 42, 2), der Aula Regia der Domus Flavia (Mattern 2001a, Taf. 43, 1), vom Diana-Heiligtum am Nemisee (von Hesberg 1980a, Taf. 12, 1–2), des Theaters in Cherchel (von Hesberg 1980a, Taf. 15, 2) oder des Minervatempels in Assisi (von Hesberg 1980a, Taf. 29, 2).

902 Von Hesberg – Panciera 1994, 41–43 mit weiteren Beispielen.

903 Entgegen Börker 1975, 247–250, der die Ausbildung dieses Bukraniontyps zum ersten Mal an der Ara Pacis belegt sah, ist darauf hinzuweisen, dass die charakteristischen Formen auch schon am Fries des Apollon-Sosianus-Tempels (Viscogliosi 1996, 48 Abb. 45. 46 und 48) und am Grabmal der Caecilia Metella (Eisner 1986, 36–41 Taf. 9, 2–3) auftreten. Ein weiteres Bukranion dieser Art spätrepublikanischer-frühaugusteischer Zeit ist abgebildet bei: von Hesberg 1981b, 218 Taf. 78, 1.

beliebt[904]. Die besten Vergleichsbeispiele für die Bukranien der Basilica bieten diejenigen der Ara Pacis und des Grabmals der Caecilia Metella[905]. Dem Stil augusteischer Zeit entspricht auch die Gestaltung der Paterae. Das betrifft die Reliefhöhe ebenso wie das Verhältnis von Ornament zum sichtbaren Hintergrund mit den feinen, fast appliziert wirkenden Eierschalen und den wenigen Ornamenten, durch welche der Reliefhintergrund großflächig sichtbar bleibt[906].

Was die genaue Zeitstellung des Neubaus der Basilica Aemilia innerhalb der frühen Kaiserzeit anbelangt, so gibt es in der Forschung voneinander abweichende Meinungen, die von einer Einordung in die spätrepublikanische bis zur tiberischen Zeit reichen. Grund hierfür sind die unterschiedlich gestalteten Baugliedserien, die in dem Gebäude eingesetzt wurden. Diese wurden auf der Grundlage stilkritischer Analysen um wenige Jahre oder Jahrzehnte unterschiedlich datiert. Vor allem die beiden Stockwerke der Basilica wurden verschiedenen Zeiträumen zugewiesen[907].

Im folgenden Kapitel wird dargelegt, dass die bisher in der Forschung vertretenen, unterschiedlichen Datierungen nicht zutreffen. Vielmehr sind Basilica und Portikus nach einem gemeinsamen Entwurf in mittel- bis spätaugusteischer Zeit entstanden.

1. Zum Verhältnis von Basilica und Portikus

Für die Klärung des zeitlichen Verhältnisses von Basilica und Portikus ist ein von Tognetti dokumentiertes Caementiciumfundament unter dem östlichen Treppenhaus der Tabernen von vorrangiger Bedeutung, welches sowohl unter der Tabernenrückwand als auch unter der südlichen Basilicawand liegt und der augusteischen Portikusfundamentierung angehören dürfte (Abb. 153)[908]. Die Basilica kann also nicht vor der Portikus entstanden sein.

Eine weitere Beobachtung betrifft die drei großen Durchgänge von der Portikus in die Basilica, die von Beginn an an entsprechender Stelle vorgesehen waren (Abb. 1). Die Durchgänge in der Tabernenrückwand sind innerhalb der einzelnen Tabernenräume nicht mittig, sondern versetzt angebracht und berücksichtigen somit die Säulenstellung der Basilica und deren verbreiterte Interkolumnien an den Durchgängen zur Portikus. Somit nehmen die Portikus und die Tabernen ihrerseits Bezug auf die Gestalt der Basilica, die in dem Moment, als die Tabernenrückwand gebaut wurde, in dieser Form bereits geplant gewesen sein muss[909]. Der Entwurf des gesamten Gebäudekomplexes wurde folglich zeitgleich vorgenom-

904 Verwendet wird das Bukranion vor allem im sepulkralen Bereich an Grabaltären, Graburnen, Sarkophagen oder Grabbauten, teilweise findet es aber auch an öffentlichen Gebäuden Verwendung. Dabei tritt es besonders in augusteischer und tiberischer Zeit auf, wird im fortschreitenden 1. Jh. immer seltener, um dann am Beginn des 2. Jhs. noch einmal eine kurze Blüte zu erleben. Zu den Grabaltären: Boschung 1987, 53 f. Zu den Graburnen: Sinn 1987, 23 f. 33. 38. 42. 58 Tab. 3. Zu den Sarkophagen: Rodenwaldt 1925; Brandenburg 1978, 305–314; Herdejürgen 1996, 24. Zu Grabbauten: Torelli 1968; Eisner 1986, 36–41 Taf. 9; 123 f. Taf. 49, 6–9; Schwarz 2002, 59. Ein Beispiel in der öffentlichen Architektur stellt der Sergierbogen von Pola dar: Fischer 1996, 58–62 Taf. 11 c. Weitere Beispiele von Bukranien und Beurteilungen relativchronologischer Abfolgen anhand stilistischer Kriterien finden sich bei Napp 1933; Honroth 1971.

905 Zur Ara Pacis: Torelli 1999a. Zum Grabmal der Caecilia Metella: Eisner 1986, 36–41 Taf. 9. Die Vergleichbarkeit erstreckt sich auf die folgenden Kriterien: Reliefhöhe; die die Augenhöhlen begrenzenden Knochen, die in der gleichen Weise seitlich aus dem Schädel hervortreten und rund sind; Binnengestaltung der Wangen durch geritzte Zickzacklinien.

906 Vgl. eine Vielzahl an Rankendekorationen funktional verschiedener Bauglieder der augusteischen Zeit: Mathea-Förtsch 1999, 44–49; Schörner 1995, Kap. II und III.

907 Diese unterschiedlichen Datierungen wurden unter Bezugnahme auf literarische Quellen vorgenommen, wonach das Gebäude bzw. einzelne seiner Bauglieder entweder in die Zeit vor 34 v. Chr. (Cass. Dio. 49, 42, 2), nach 14 v. Chr. (Cass. Dio. 54, 24, 2–3) oder nach 22 n. Chr. (Tac. ann. 3, 72) gesetzt wurden (vgl. Kap. III). Bauer vertrat die Theorie, dass das untere Stockwerk der Basilica mit allen seinen Baugliedern in die Zeit vor 34 v. Chr. zu datieren sei, alle übrigen Gebäudeteile hingegen nach 14 v. Chr. ausgeführt worden wären (zuletzt Bauer 1993). Mattern datierte die gesamte Basilica in mittelaugusteische Zeit, postulierte aber eine Bauunterbrechung von einigen Jahren zwischen der Ausführung des unteren und des oberen Stockwerks (Mattern 1997). Mehrere Autoren datierten die Bauglieder der Rankenpfeiler und des oberen Stockwerks in tiberische Zeit: Gütschow 1921, 76; Kraus 1953, 82 Anm. 139; Bastet 1960, 14; Byvanck-Quarles van Ufford 1960; Strong – Ward-Perkins 1962, 5; Heilmeyer 1970, 126; Leon 1971, 159 f.; Heilmeyer – Rakob 1973, 22; Pensabene 1982a, 165 f.; Pensabene 1982b, 21; Gans 1992, 165; De Nuccio 2004, 44.

908 Bauer DAInst Nachlass, 27. Die Art des Fundamentes findet Vergleiche an augusteischen Bauten des Forums, doch kann sie nicht genau datiert werden. Da die Fundamentierungsarbeiten exakt Bezug nehmen auf die aufgehende Architektur augusteischer Zeit, ist jedoch davon auszugehen, dass sie auch für dieses Bauwerk gefertigt wurden. Eine Bestätigung der augusteischen Datierung könnte am Fundmaterial aus den Fundamenten erschlossen werden. Angeblich fand sich im Fundament der Portikus arretinische Keramik augusteischer Zeit (Bauer 1988a, 204; Bauer DAInst Nachlass, 25). Das entsprechende Material konnte bislang aber nicht ausfindig gemacht werden, so dass die Aussage Bauers nicht überprüft werden kann.

909 Da Tabernen und Säulenstellung der Basilica nicht genau in Bezug zueinander stehen, ist zu vermuten, dass man

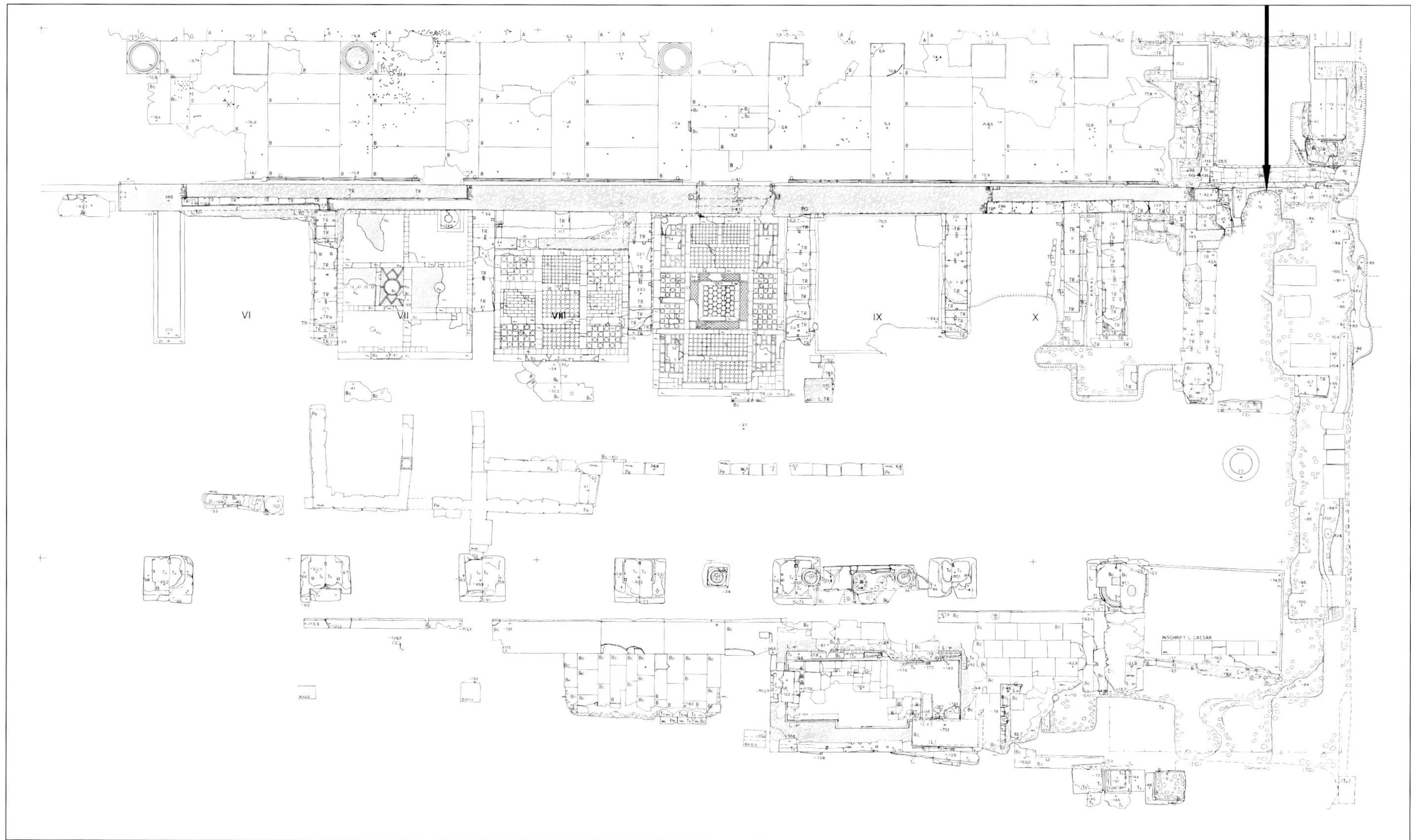

Abb. 153 Basilica Aemilia, Grundriss mit Markierung des Caementiciumfundamentes

men. In welcher Reihenfolge die einzelnen Gebäudeabschnitte errichtet wurden, lässt sich nicht sagen.

2. Die Inschrift CIL 6, 36908

Einen von der Architektur und ihrer Ornamentik unabhängigen Anhaltspunkt für eine Datierung des Baukomplexes liefert eine Inschrift an der Attika der Portikus (Abb. 105)[910]. Diese nennt den Augustusenkel und Adoptivsohn Lucius Caesar als designierten Konsul im Alter von 14 Jahren während seiner Amtszeit als Augur; also im Jahr 3/2 v. Chr.[911]. In jüngerer Zeit gibt es Tendenzen, die Inschrift und das damit verbundene Monument als posthume Weihung an die Augustusenkel zu verstehen und somit wenige Jahre später zu datieren[912]. Mit Sicherheit ist sie aber noch zu Augustus Lebzeiten vor 14 n. Chr. entstanden[913]. In jedem Fall belegt die Inschrift, dass die Errichtung der Portikus in augusteischer Zeit vollendet wurde. Es ist durchaus möglich, als Ursache für den Neubau eine literarisch überlieferte Zerstörung des Komplexes im Jahr 14 v. Chr. zu sehen[914].

3. Grenzen bei der Datierung anhand von Bauornamentik

Das untere und obere Stockwerk der Basilica wurden in der Forschung bisher unterschiedlich datiert. Grund hierfür ist unter anderem ein von Bauer rekonstruiertes Notdach über dem Geison des unteren Stockwerks, welches durch einen Baustopp bedingt gewesen sein soll[915]. Folglich wurde die Ornamentik des oberen Stockwerks später datiert[916]. Wie oben dargelegt, hat das von Bauer rekonstruierte Notdach jedoch nicht existiert[917], weshalb kein Grund für eine unterschiedliche Datierungen besteht.

Darüber hinaus ist es auch nicht möglich, die Stockwerke anhand der Ornamentik chronologisch zu differenzieren, sobald die einzelnen Bauglieder nicht mehr isoliert voneinander betrachtet werden. Am eindrücklichsten ist das an den Kapitellserien zu demonstrieren, für die im oberen Stockwerk eine gleichzeitige Entstehungszeit anhand außerstilistischer Kriterien bewiesen werden konnte (Abb. 37–47)[918]. In der Forschung wurden sie hingegen anhand stilistischer Kriterien in frühaugusteische Zeit (Pilasterkapitelle), die Zeit nach 14 v. Chr. (Serie K 2) bzw. in tiberische Zeit (Serie K 1) gesetzt[919]. Diese Datierungen scheinen stilistisch prinzipiell möglich. Die Kapitelle zeigen hier eindrucksvoll, welche Variationsbreite in Ikonographie und Machart gleichzeitig möglich ist. Diesem Beispiel ließen sich weitere zur Seite stellen. Verwiesen sei etwa auf die Akanthusgestaltung der ionischen Kapitelle des unteren Stockwerks, die zeitgleich und an einem Stück jeweils durch denselben Steinmetz ausgeführt wurden. Dennoch variieren Ikonographie und Machart an ein- und demselben Stück sehr stark. Einige Partien erinnern an die 2 v. Chr. fertiggestellten Kapitelle des Mars-Ultor-Tempels. Andere weisen hingegen scheinbar hellenistisches Formengut auf (Abb. 11–14)[920]. Da die Ornamentik sich nicht nur zwischen den Stockwerken, sondern auch innerhalb derselben stark voneinander unterscheidet, kann sie für eine chronologische Differenzierung nicht herangezogen werden.

Das Beispiel der Basilica Aemilia zeigt somit die Grenzen auf, die der Möglichkeit, anhand von Bauornamentik zu datieren, gegeben sind. Ikonographie und Machart von Baugliedern und ihrer Ornamente lassen sich in größeren zeitlichen Abständen recht klar scheiden und

sich aus Zeit- und/oder Kostengründen einer älteren Fundamentierung der Basilica bediente.

910 Ser.Nr. 198158. CIL 6, 36908. Zur Rekonstruktion der Inschrift vgl. Kap. VI.2.k.

911 Kienast 1996, 75.

912 Zur Forschungssituation: Heinemann 2007, 67 f. Anm. 110 mit weiterführender Literatur; Haselberger 2007, 213 Anm. 275 f. mit weiterführender Literatur: Van Deman 1913, 14–28; Chioffi 1996, 48–50 und 62–64; Roehmer 1998, 104–109; Spannagel 1999, 353 Anm. 634; Ackroys 2000, 569; Rose 2005, 58–61.

913 Dies geht aus der fehlenden Divinisierung Augustus' hervor.

914 Cass. Dio. 54, 24, 2–3. Vgl. Kap. III.

915 Bauer 1988a, 207.

916 Vgl. Anm. 907.

917 Vgl. die Oberseiten des Geisons des unteren Stockwerks der Basilica in Kap. VI.3.d. mit Anm. 816.

918 Vgl. Kap. VI.1.i. Die Gleichzeitigkeit von Serie K1 und Serie K2 ist über die Serie Kx belegt. Die in ihren Maßen den Säulenkapitellen entsprechenden Pilasterkapitelle müssen zur gleichen Bauphase gehören, zumal Architrav, Fries und Geison des oberen Stockwerks an vollplastischen Baugliedern und solchen einer Wandverkleidung nicht in unterschiedliche Serien aufgeteilt sind.

919 Zur tiberischen Datierung der Säulenkapitelle der Serie K1: z. B. Heilmeyer 1970, 126–128; Leon 1971, 159. Zur Datierung der Serie K2 in die Zeit nach 14 v. Chr.: Leon 1971, 160. Zu den Pilasterkapitellen: Montagna Pasquinucci 1973, 276 f., die sie vermutungsweise dem frühaugusteischen Caesartempel zuordnet.

920 Mit Ser.Nr. 123413 lassen sich weiter Akanthusformen vom Fortuna-Augusta-Tempel in Pompei aus mittelaugusteischer Zeit vergleichen: Heinrich 2002, K7a. Ser.Nr. 123442 lassen sich hingegen auch Beispiele aus der ersten Jahrhunderthälfte v. Chr. gegenüberstellen: Heilmeyer 1970, Taf. 3,1; von Hesberg 1981a, Abb. 2 f. oder 17 f.

chronologisch einordnen. Es ist hingegen nicht möglich, innerhalb der frühen Kaiserzeit auf wenige Jahre genau zu differenzieren. Vielmehr laufen Produktionen, die wir gewohnt sind chronologisch zu differenzieren, gleichzeitig nebeneinander her[921].

Aufschlussreich für chronologische Fragestellungen im Allgemeinen ist aber auch die typologische und stilistische Vielfalt, die an ein- und demselben Ornamentband der Basilica begegnet. Diese stellt die in der Forschung bislang vorgenommenen Typologisierungen von Ornamentik in Frage und widerlegt zumindest für die augusteische Zeit teilweise die daran erarbeiteten Datierungskriterien[922].

So sind – um einige Beispiele zu nennen – die Perlen der Perlstäbe manchmal längsoval, manchmal kugelförmig. Die Wirtel haben in einigen Fällen die Form von Scheibchen, in anderen sind sie kalottenförmig. Manchmal ist der Perlstab in den Reliefhintergrund eingetieft, in anderen Fällen liegt er auf demselben auf (z. B. Abb. 15. 24. 28–29)[923]. Die Hüllblätter der Eierstäbe können sich an derselben Ornamentreihe unten schließen oder offen bleiben. In manchen Fällen überschneiden sie die Zwischenblätter, in anderen nicht[924]. Die Zwischenblätter der Bügelkymatien an den Architravsoffitten im unteren Stockwerk der Basilica sind als Veilchen oder als Tulpe, mit und ohne Knoten im Stiel, mit und ohne Zwickelblatt gearbeitet (Abb. 23–26). Die Form der Bügelfüllung lässt sich grob in drei Arten gliedern, deren Übergänge zueinander aber fließend sind. Sie variieren von einem in seiner Oberfläche differenzierten Spornblatt über eine Art verbreitertes Spornblatt mit vier Punktbohrungen zu einem Blatt, das seine größte Breite erst am unteren Ende aufweist und durch einzelne Bohrungen ausgefranst ist[925]. Der Zahnschnitt des Geisons des oberen Stockwerks trägt als Via-Füllung in manchen Fällen einen Querbalken, der bis an die hintere Wand geführt wird, an anderen Stücken ist dieser Querbalken unterhöhlt[926]. Zwischen den Pfeifen des Pfeifenstabs der Bogensoffitte der Portikus befinden sich schmale Lanzettblätter, von denen einige sich an ihren Enden in der Form einer Lanzenspitze verbreitern, andere nicht[927].

Ein erstaunlich großer Variationsreichtum lässt sich darüber hinaus in der Ausführung der Ornamente beobachten. Das betrifft – um nur einige Beispiele zu nennen – den Akanthus auf den Polstern der ionischen Kapitelle des unteren Basilicastockwerks, der an ein und demselben Stück und von derselben Hand mal breit und flach, ohne Binnendifferenzierung angelegt wurde und an anderer Stelle tief hinterbohrt wurde und enge, mit einer tiefen Mittelkerbe versehene Finger aufweist (Abb. 11–14)[928]. Bemerkenswert sind auch die Stützblätter der korinthischen Kapitelle der Serie K1 des oberen Stockwerks, die stets etwas unterschiedlich ausgeführt sind (Abb. 37. 42–43)[929], oder die Eierstäbe auf dem Abakus der Kapitelle der Serie K2, die von Stück zu Stück unterschiedlich ausgeführt sind, mal tief aus dem Relief gearbeitet, klein und rund, mal flach, groß und kantig (Abb. 41. 45)[930]. Diese Vielfalt lässt sich gleichfalls bei der Oberseitengestaltung der verschiedenen Kymatien beobachten. Sie sind an derselben Ornamentreihe plastisch teilweise stark, voluminös differenziert und fein ausgearbeitet, teilweise plan und kantig unter starkem Bohreinsatz gestaltet. Besonders große Unterschiede fallen an dem dorischen Fries der Portikus ins Auge, wo die Bukranien und vor allem die Paterae derart unterschiedlich gebildet sind, dass man einzelne, kleinere Fragmente zunächst wohl kaum der gleichen Zeit zugewiesen hätte (Abb. 83–84. 88–90)[931].

4. Zur Datierung der nicht sicher zum Bau gehörigen Bauglieder

Im Rahmen der Rekonstruktion wurden drei Serien funktional verschiedener Bauglieder vorgestellt, deren Zugehörigkeit zur Basilica Aemilia nicht gesichert ist. Hierzu gehören Pilaster, für die als Anbringungsort das obere Stockwerk der Basilica vorgeschlagen wurde, Clipei und

921 Gleiches konnte in den vergangenen Jahren am Fortuna-Augusta-Tempel in Pompei (Heinrich 1991, 80; Heinrich 2002, 27–39) und am Apollon-Sosianus-Tempel in Rom beobachtet werden (Viscogliosi 1996, 169, der den Außenbereich und den Cellainnenraum zeitlich zu differenzieren versucht, was zu Recht kritisiert wurde: Gros 1999, 289; Reinholdt 2000, 199). In der Grabarchitektur lassen sich dazu viele weitere Vergleiche finden. So sind etwa zwei sehr unterschiedliche Akanthusformen an einem Rundgrab von der Via Praenestina zu nennen (Maschek 2008). Vor diesem Hintergrund erübrigen sich Diskussionen um Feindatierungen anhand von Ornamentik innerhalb der augusteischen Zeit.

922 Dadurch, dass immer nur einzelne Baugliedgattungen eines Bauwerks untersucht wurden und die dort beobachtete Ornamentik als repräsentativ für das gesamte Gebäude betrachtet wurde, sind recht exakte Typologien erarbeitetet worden, auf deren Basis anschließend chronologische Entwicklungsmodelle postuliert wurden. Vgl. zuletzt ausführlich Mattern 2001a, 39–78.

923 Vgl. Kap. VI.1.e.; VI.1.f.

924 Vgl. Kap. VI.1.f.; VI.1.i.; VI.1.k.; VI.2.j.

925 Vgl. Kap. VI.1.e.

926 Vgl. Kap. VI.1.k.

927 Vgl. Kap. VI.2.f.

928 Vgl. Kap. VI.1.d.

929 Vgl. Kap. VI.1.i.

930 Vgl. Kap. VI.1.i.

931 Vgl. Kap. VI.2.i.

Platten einer Kassettendecke[932]. Bedingung für ihre Zugehörigkeit zur Basilica ist ihre zeitgleiche Entstehung mit den anderen Baugliedern in augusteischer Zeit. Für die Clipei ist diese Datierung durch den Vergleich mit den Stücken vom Augustusforum gesichert[933]. Auch die Platten der Kassettendecke lassen sich aufgrund der Gestaltung ihrer Rosetten in die frühe Kaiserzeit datieren[934].

Pilaster mit Segmentstabkanneluren standen bisher kaum im Interesse der Forschung[935]. Da die einfachen Ornamentformen eine stilkritische, auf eine Datierung abzielende Untersuchung nicht zulassen, ist ihre zeitliche Einordnung nur über ihren architektonischen Kontext möglich. Auf der Grundlage von 45 Exemplaren hat Torsten Mattern die Entwicklung dieses Ornaments in der kaiserzeitlichen Architektur dargelegt und aus dem Befund gefolgert, dass die Segmentstabkannelur als Ornametierungsform von Stützen in der flavischen Zeit aufkommt und bis in die severische Zeit verwendet wird[936]. Dies widerspräche der Zuweisung der hier besprochenen Pilaster an das obere Stockwerk der Basilica.

Eine Zuweisung der Pilaster an den augusteischen Bau kann folglich nur postuliert werden, wenn sich andere Beispiele der Verwendung dieses Ornamentmotivs in augusteischer Zeit nachweisen lassen. Dies ist der Fall am Mars-Ultor-Tempel auf dem Augustusforum. Aus Renaissancezeichnungen von der Innendekoration des Tempels waren Segmentstabkanneluren schon lange bekannt[937], nur war die Zuverlässigkeit der Zeichnungen bislang umstritten[938]. Jüngst gelang es aber Lucrezia Ungaro, die archäologischen Belege zu den Renaissancezeichnungen aufzuzeigen[939]. Weiter ist darauf hinzuweisen, dass Segmentstabkanneluren an funktional anderen Baugliedern – wie etwa auf den Volutenstegen ionischer Kapitelle – ebenfalls in iulisch-claudischer Zeit nachweisbar sind[940]. Unter Berücksichtigung dieser Beispiele erscheint mir eine Entstehung der in Kap. VI.4.a. besprochenen Stücke in augusteischer Zeit und ihre Zuweisung zum oberen Stockwerk der Basilica Aemilia möglich.

932 Vgl. Kap. VI.4.

933 Vgl. Kap. VI.4.b.

934 Aus frühaugusteischer-tiberischer Zeit liegen viele, oftmals festdatierte Beispiele vor. Zu frühaugusteischen Gestaltungsweisen vgl. beispielsweise das Augustusmausoleum: von Hesberg – Panciera 1994, Taf. 11d; den Apollon-Sosianus-Tempel: Viscogliosi 1996, 51 Abb. 49; 71 Abb. 79; 72 Abb. 80; 97 Abb. 123; 104 Abb. 126 f.; 130 Abb. 159; 147 Abb. 174; 149 Abb. 176; das Geison des Augustusbogens: Nedergaard 1988, 232 Abb. 132. 133; die Regia: Mattern 2001a, Taf. 3, 3; den Divus-Iulius-Tempel: Mattern 2001a, Taf. 4, 1 und den Saturntempel: Mattern 2001a, Taf. 6, 3. Ferner das sogenannte Kenotaph des Agrippa: La Rocca 1984, Taf. 18, 2; das Grabmal des Eurysaces: Mattern 2001a, Taf. 7, 3; die Horrea Agrippiana: Mattern 2001a, Taf. 8, 2; die Grabrotunde neben Casal Rotondo: Mattern 2001a, Taf. 8, 3; das Marcellustheater: Mattern 2001a, Taf. 9, 3; den Magna-Mater-Tempel: Mattern 2001a, Taf. 14, 2; eine Geisonkassette im Antiquario Comunale: Mattern 2001a, Taf. 42, 2; ein Geisonfragment in der Aula Regia der Domus Flavia: Mattern 2001a, Taf. 43, 1 oder das Fragment einer Kassettendecke im Museo Nazionale Romano: Pettinau 1984a, 488 Abb. 15. 43. Beispiele ab tiberischer Zeit sind an Grabbauten zu finden: von Hesberg 1980b, 430–433; von Hesberg 2002c, 42 f. Vgl. weiter eine claudische Blütengestaltung an der Porta Aurea in Ravenna: Kähler 1935a, 195 Abb. 19.

935 Durm 1905, 388; Wurz 1906, 84 f.; Wegner 1993, 77 f.

936 Mattern 1995.

937 Die Zeichnungen stammen von Baldassare Peruzzi (1481–1536; Florenz, Uffizien A.632v; Ganzert 1985, Taf. 82), Antonio Labacco (A. Labacco, Appartenente a l'architettura nel qual si figurano alcune notabili antiquità di Roma (1557); Ganzert 1985, Taf. 87, 1), Andrea Palladio (A. Palladio, I quattro libri dell'architettura (1570); Ganzert 1985, Taf. 86, 2) und Sebastiano Serlio (S. Serlio, De Architectura Libri Quinque (1569); Ganzert 1985, Taf. 89).

938 Alle vier Zeichner bilden die Säulen mit Segmentstabkanneluren ähnlich den hier besprochenen ab. Während man für die übrigen Bauglieder wie Kapitelle und Basen, die sich bis heute erhalten haben, in den Renaissancezeichnungen eine große dokumentarische Genauigkeit nachweisen konnte (Storz 1988, 182), wurde den Zeichnungen in Bezug auf die Säulen teilweise geglaubt (von Hesberg 1981/1982, 81; Kockel 1983, 435), teilweise wurden sie aber in Zweifel gezogen und als Ergänzungen der Renaissancezeichner betrachtet (Ganzert 1985, 216–219; Mattern 1995, 60–62).

939 Ungaro 2007a, 138 f. Nr. 173.

940 Vgl. beispielsweise zwei Kapitelle aus Altinum: Scarfi – Tombolani 1985, 45 Abb. 26. Sperti – Tirelli 2007, 107 f. Taf. 15, c. d. oder Vandeput 1997, 50–54 Taf. 17, 1.

IX. Zur Datierung der späteren Eingriffe

Bei der Zusammenstellung und Analyse der verschiedenen Bauglieder der Basilica Aemilia konnten Bauglied-serien ausfindig gemacht werden, die aufgrund übereinstimmender Maße und ikonographischer Bezüge zwar der Basilica Aemilia zuzuweisen sind, sich in ihrer Ausführung aber so deutlich von den übrigen Baugliedern gleicher Funktion unterscheiden, dass sie nachträglichen Eingriffen am Gebäude zugerechnet werden müssen. Im Folgenden sollen diese Bauglieder aufgrund stilistischer Beobachtungen zeitlich eingeordnet und interpretiert werden.

1. Baumaßnahmen im unteren Stockwerk der Basilica

1.a. Basen

Im Osten der nördlichen Säulenreihe der Basilica stehen zwei attische Säulenbasen nebeneinander *in situ* (Abb. 1)[941]. Sie unterscheiden sich von den übrigen dadurch, dass sie mit der Marmorplinthe in einem Stück gearbeitet sind, ihre Maße von denjenigen der übrigen Stücke leicht abweichen und die Ausarbeitung ihrer Profile variiert (Abb. 145). Die Profile der Säulenbasen sind in der frühen Kaiserzeit sehr flach und ausgreifend (Abb. 6–7)[942] und werden im Laufe der Kaiserzeit zunehmend steiler. Darüber hinaus sind in der Republik und frühen Kaiserzeit Basis und Plinthe meist getrennt gearbeitet, wie es auch bei den augusteischen Stücken der Basilica der Fall ist, und werden erst in der Kaiserzeit zunehmend mit der Plinthe in einem Stück hergestellt[943]. Die Tori der hier besprochenen Stücke laden gegenüber dem augusteischen Basisprofil deutlich weniger aus. Auch hat der untere Torus im Unterschied zu den augusteischen Stücken seine weiteste Ausladung im oberen Bereich bzw. weist der Trochilus dort seine größte Einziehung auf. Eine solche Gestaltung ist beispielsweise an neronischen Basen vom Palatin zu finden[944]. Anhand der Profile ist eine genaue Datierung der Basen freilich nicht möglich[945], doch deutet das Profil tendenziell auf eine Entstehung der Stücke mindestens im fortgeschrittenen ersten Jh. n. Chr. hin.

1.b. Kapitelle

Auch unter den ionischen Kapitellen des unteren Stockwerks der Basilica hat sich eine Serie von Fragmenten späterer Zeitstellung erhalten (Abb. 146–148)[946]. Für ihre Datierung bieten sich besonders die Formen des Akanthus an. Dieser weist breite, plane Stege auf, in denen die Rillen schmal und tief eingebohrt sind, wodurch Licht-Schatten-Effekte entstehen. Die Blattlappen sind tief gemuldet, wobei der zweite Blattlappen besonders groß ist. Er besteht aus vier langen und breiten Fingern, die sich voneinander abspreizen und spitz zulaufen. Der oberste und zugleich kleinste Blattfinger verläuft vertikal nach oben. Seine Spitze überschneidet den darüberliegenden Blattlappen und liegt somit gegenüber den übrigen Blattfingern auf einem höheren Reliefniveau. An dem Akanthus werden zwei Reliefebenen, Stege und Blattlappen, klar getrennt. Dennoch erfährt beispielsweise das Kranzblatt in seiner Höhe eine Differenzierung, indem es in einer S-Form von unten nach oben bis zum Blattüberfall auf dem Reliefuntergrund aufliegt.

Die beschriebene Gestaltungsweise setzt sich deutlich von den vielen festdatierten augusteischen Akanthusformen Roms ab. Der grundlegende Unterschied besteht darin, dass hier das Blatt von einer oberen Fläche in die Tiefe gearbeitet wurde, wohingegen die augusteischen Kapitelle eine am Kalathos gelegene Grundfläche aufweisen, aus der Stege und Blattüberfall herausragen.

Die Akanthusformen, die sich auf den nachträglich eingebauten Kapitellen finden, sind für die flavische Zeit charakteristisch. Ihren Ursprung haben sie in claudischer Zeit[947]. In Rom selbst lassen sich aus tiberischer bis in flavische Zeit nur wenige festdatierte Akanthusblätter auf Kapitellen finden[948]. Die Entwicklung des Akanthusblattes scheint sich jedoch in ähnlicher Weise auch außerhalb

941 Vgl. Kap. VII.1.a.

942 Von Hesberg 2002a, 25 f.

943 Vgl. Anm. 187.

944 Von Hesberg 2004, 64 f. Abb. 95 mit weiteren Beispielen von Basen der 2. Hälfte des 1. Jhs. n. Chr.

945 Die fest datierten, gezeichneten und publizierten kaiserzeitlichen Basisprofile in Rom lassen kein klares Schema erkennen, nach denen sie relativchronologisch einzuordnen wären. Zu den Möglichkeiten, anhand von Profilen zu datieren, zusammenfassend: Ahrens 2005, 133.

946 Vgl. Kap. VII.1.b. Das einzige ionische Kapitell, das bisher publiziert wurde, – Ser.Nr. 123001 – gehört dieser Serie an. Es wurde von De Angelis d'Ossat 1943, 78 f. Taf. 11 kurz vorgestellt und in die frühe Kaiserzeit datiert. Bauer 1969, 303 Anm. 55 plädierte hingegen für eine flavische Entstehung des Stückes.

947 Von Hesberg 2004, 67–69.

948 Vgl. eine Zusammenstellung bei von Hesberg 2004, 67–69.

Roms vollzogen zu haben, wie eine Reihe iulisch-claudischer Akanthusformen aus Norditalien oder den nördlichen Provinzen nahelegt[949]. Akanthusformen anderer Gattungen von Marmorkunst helfen dabei, das Bild weiter zu vervollständigen[950]. Die frühen claudischen und neronischen Formen des Akanthus sind der augusteischen Gestaltungsweise noch deutlicher verhaftet.

Die vorliegenden Kapitelle sind m. E, am ehesten der neronisch-vespasianischen Zeit zuzuweisen. Dies legt der Vergleich mit zwei relativ sicher datierten Komplexen mit korinthischen Normalkapitellen nahe: die Kapitelle der Grabanlage des Tiberius Claudius Nicanor an der Via Nomentana, die wahrscheinlich neronisch zu datieren sind[951], und ein Kapitell, das dem Rundbau am Apollon-Sosianus-Tempel zugeordnet wurde und mit Sicherheit in vespasianischer Zeit, vermutlich im Jahr 71 n. Chr., entstand[952]. Die Gestaltung des Akanthus auf Kapitellen dieser beiden Komplexe stimmt mit derjenigen der nachträglich eingebauten ionischen Kapitelle der Basilica Aemilia in Hinblick auf die Anzahl der Blattlappen und Blattfinger genau überein, aber auch in der Variation der Reliefhöhe, der Bohrrillenführung oder der Gestaltung der Akanthusfinger sind sie gut vergleichbar. Verschiedene weitere, allerdings nicht festdatierte Kapitelle Roms und Umgebung ließen sich den Stücken zur Seite stellen[953].

Gegenüber den Stücken der ersten Hälfte des 1. Jh. n. Chr. sind die Oberflächen kantiger und härter, die Staffelung in verschiedene Reliefebenen und der damit einhergehende Licht-Schatten-Kontrast stärker ausgeprägt[954]. Im Vergleich zu den domitianischen Akanthusformen sind die Bohrungen aber noch weniger tief und schmal, die Blattlappen sind in ihren Oberflächen differenzierter und die einzelnen Blattfinger größer und individueller geformt[955].

Die Gestaltungsweise der übrigen an den Kapitellen erhaltenen Ornamente, neben dem Blattfries des Balteus vor allem Perlstab und Bügelkymation, ist vergleichbar mit den Ornamentformen des erwähnten Rundmonumentes vom Apollon-Sosianus-Tempel. Der Perlstab ist jeweils tief in den Reliefhintergrund eingebettet und hat in beiden Fällen ähnlich dimensionierte Perlen und Wirtel. Das Bügelkymation hat stets relativ schmale Einzelformen und lässt dadurch einen großen Bereich des Reliefhintergrundes sichtbar[956]. Die Oberflächen des Ornaments sind plan, das Zwischenblatt ist zwischen den Bügeln sehr schmal und entfaltet sich erst im oberen Bereich des Ornamentbandes.

1.c. Architravfragmente

Ebenfalls zu einer nachträglichen Baumaßnahme gehören einige Architravfragmente des unteren Stockwerks der Basilica (Abb. 149–151)[957]. Sie lassen sich anhand ihrer Ornamente – Scherenkymation, Perlstab, Bügelkymation und einer mit verschiedenen Dekorelementen versehenen Soffitte – beurteilen.

Das Scherenkymation weist eine plane Oberfläche auf, von der aus das Ornament durch Bohrungen ausgeführt wurde. Sowohl die einzelnen Ornamenteinheiten als auch die Scherenfüllungen werden auf diese Weise deutlich voneinander abgesetzt. Den besten Vergleich für die Ausführung der Scheren sowie ihr Verhältnis zur Scherenfüllung stellt ein Scherenkymation dar, das an den Konsolen eines Geisons der sogenannten Bagni di Livia umläuft und kurz vor 64 n. Chr. gefertigt worden sein dürfte[958]. Der Blattumriss, die Oberflächengestaltung und

949 Zu Norditalien (noch den augusteischen Stücken verhaftet): die Stadttore Veronas (Kähler 1935b; Tosi 1983, 43–60. 79–81), die Akanthusblätter des Grabcippus der Claudia Toreuma in Padua (Ghedini 1980; Lazzaro 1980) oder zahlreiche weitere ornamentierte Bauglieder: Cavalieri Manasse 1978. Es lässt sich weiter ein neronisches Kapitell aus Mainz (Bauchhenß 1981, 162 f. Taf. 31, 1) in die Betrachtung mit einbinden.

950 Vgl. z. B. Marmorbecken mit Akanthusformen: von Hesberg 2005b, 389–391 mit Anm. 83–86 Abb. 9.

951 Annibaldi 1941, passim Abb. 6. 7. Den Inschriften zufolge war der Erbauer der Grabanlage ein Freigelassener des Claudius. Zusammen mit dem Porträt eines auf einer Kline liegenden Jünglings, das ebenfalls im Grab aufgestellt war, wird die neronische Datierung wahrscheinlich, wenngleich eine Entstehung des Grabes in den letzten Regierungsjahren des Claudius oder zu Beginn der Regierungszeit Vespasians auch möglich ist.

952 La Rocca 1993; La Rocca 1995, 108–110; La Rocca 1999; Bertoletti 2008.

953 Einige Beispiele vorwiegend korinthisierender Kapitelle wurden von von Hesberg 2004, 67–69 mit Anm. 49–62 gesammelt. Vgl. ferner Kähler 1939, 13; Heilmeyer 1970, 133 f. Dem lassen sich weitere Stücke im Museo Nazionale Romano anfügen: Lupi 1984, 527 f. Nr. XXIII, 1; Pettinau 1984b, 531 Nr. XXIV, 1; Lupi 1991a, 2 f. Nr. 4; Gallottini 5 f. Nr. 9; Lupi 1991b, 52 f. Nr. 52.

954 Vgl. beispielsweise ein dem Claudiusbogen zugeschriebenes Kapitell aus der ersten Hälfte des 1. Jhs. n. Chr.: Kähler 1939, 13 Beil. 3,6; Heilmeyer 1970, 133 mit weiterer Literatur.

955 Zur Gestaltungsweise der Kapitelle in domitianischer Zeit: Freyberger 1990, 5–40.

956 Vgl. das Beispiel vom Rundbau am Apollon-Sosianus-Tempel: Anm. 952.

957 Vgl. Kap. VII.1.c.

958 Mattern 2001a, 150 Taf. 17, 2 mit Diskussion der Datierung. Zuletzt ausführlich zum Komplex: Manderscheid

das Verhältnis zum Reliefhintergrund beider Kymatien finden sich ähnlich bei domitianischen Ornamenten, was beispielsweise Scherenkymatien vom Architrav des Nervaforums[959] oder vom Geison des Vespasiantempels[960] zeigen. Diese späteren Beispiele haben allerdings noch schmalere Bohrlinien und meist gezackte Blattinnenseiten. Wenig früher wäre dagegen ein Scherenkymation eines Architravs aus Mantua, mit einer differenzierteren Oberfläche und größeren Variationen in der Reliefhöhe, zu datieren[961].

Der Perlstab lässt sich ebenfalls gut mit einem weiteren Perlstab vom bereits erwähnten Rundmonument am Apollon-Sosianus-Tempel vergleichen, in der Art, wie er tief in den Reliefhintergrund gelegt ist und wie die Perlen und Wirtel gestaltet sind[962]. Beide entsprechen dem Perlstab, der den Balteus der gerade besprochenen ionischen Kapitelle rahmt (Abb. 146).

Das nur noch in Ansätzen erhaltene Bügelkymation der Faszienseite mit seinem schmalen, sich nach unten verengendem Blatt der Bügelfüllung und den planen Oberflächen der Bügel entspricht der Ausführung des Bügelkymations vom Abakus der gerade besprochenen ionischen Kapitelle (Abb. 148. 151).

Schwieriger ist es, festdatierte Vergleichsbeispiele für die Gestaltung der Soffittenornamente zu finden. Das Relief ist hoch und füllt den Platz bis zur Randleiste aus (Abb. 150). Ihre einzelnen Bestandteile haben viel Volumen. Die Ornamente sind großzügig durch Bohrrillen voneinander getrennt, wobei vereinzelt Bohrstege stehengelassen wurden. Tendenziell entspricht das der Gestaltung flavischer Ornamente. Zwar fehlen Vergleichsbeispiele vespasianischer Zeit in Rom, doch hat sich eine recht große Anzahl domitianischer Exemplare erhalten, die teilweise gut aufgearbeitet sind[963]. Vergleicht man Palmetten von Bauteilen domitianischer Zeit vom Palatin[964], vom Vespasianstempel[965], vor allem aber vom benachbarten Nervaforum[966] mit denjenigen der vorliegenden Architravblöcke, so lassen sich in der Ausführung der Ornamente und ihrem Verhältnis zum Hintergrund, den sie vollkommen ausfüllen, sowie im starken Einsatz des Bohrers grundsätzlich Übereinstimmungen beobachten. An den Architravsoffitten des Nervaforum finden sich ähnlich gestaltete Palmetten, die durch ein Band eingefasst werden und deren Einzelformen sich aufzulösen beginnen[967]. Die Art der Halbpalmetten, die am oberen Ende ihrer einzelnen Finger überlappen und zur Seite, fast im rechten Winkel, auslaufen, findet sich vielfach in flavischer Zeit[968].

Ähnlich wie am Akanthus der ionischen Kapitelle und dem Scherenkymation der hier besprochenen Architravstücke unterscheidet sich die Soffittengestaltung von den domitianischen Beispielen jedoch dadurch, dass die Bohrrillen, durch die das Ornament entsteht, gegenüber den domitianischen Beispielen tendenziell breiter und weniger scharf und kantig angelegt sind. Der Bohrer wird weniger systematisch eingesetzt, wodurch ein weniger genormtes, eher verschwommenes Bild entsteht. Die Architravfragmente sind wahrscheinlich im fortgeschrittenen 1. Jh. n. Chr. entstanden.

2. Eine Reparatur an der Portikus

Auch eine mit einem Bukranion geschmückte Metopenplatte des dorischen Frieses der Portikus gehört einem nachträglichen Eingriff an (Abb. 152)[969]. Die Bukranien augusteischer Zeit weisen ungeachtet ihrer Variationsbreite eine Reihe von Gemeinsamkeiten in der Ausführung auf, die sie vom Fragment Ser.Nr. 197168 absetzen. Dazu zählen das flache Relief, die seitlich aus dem Kopf hervortretenden, fast frontal dargestellten Augen, vor allem aber die Behandlung der Oberfläche, die in ihrer Höhe vielfach variiert, wie beispielsweise an der Stirn oder den Wangen des Bukranions Ser.Nr. 197119 zu erkennen ist (Abb. 88). Meißel und Bohrer werden gezielt eingesetzt, um an einzelnen Stellen die Oberfläche weiter zu differenzieren und Akzente zu setzen. Das zeigt sich etwa an den sauber gesetzten und ausgeführten Punktbohrungen um die Augen oder am Ansatz der Hörner (Abb. 83. 88). Auch kleinste Details werden sorgfältig beachtet und ausgeführt. Die beschriebene Gestaltungsweise findet sich übereinstimmend an den augusteischen und tiberischen Bukranien Roms. Gerade in dieser Zeit kommen sie häufig vor[970]. Im fortschreitenden 1. Jh. treten sie im-

2004.

959 Von Blanckenhagen 1940, Taf. 12.

960 De Angeli 1992, 101 Abb. 105.

961 Papini 2008, 172 f.

962 La Rocca 1993, 23 Abb. 7. 8.

963 Beispielsweise in den Untersuchungen von: von Blanckenhagen 1940; Leon 1971, 87–141; Pfanner 1980; Freyberger 1990, 5–40; De Angeli 1992; Schörner 1995, 76–86; Mathea-Förtsch 1999, 54 f.; Iara 2007.

964 Leon 1971, 97–127; von Blanckenhagen 1940, 64–67.

965 Am oberen Abschluss der Architravvorderseite (De Angeli 1992, 96 Abb. 95) und an der Sima des Geisons (De Angeli 1992, 101 Abb. 106).

966 Von Blanckenhagen 1940, Taf. 12 f.

967 Von Blanckenhagen 1940, Taf. 12 f.

968 Vgl. beispielsweise ein Geisonfragment vom Palatin, Leon 1971, Taf. 39, 2.

969 Vgl. Kap. VII.2.

970 Für die augusteische Zeit sind die Ara Pacis (Settis 1988, 407 Abb. 183), das Metellagrab (Eisner 1986, 36–41 Taf. 9, 3), der Apollon-Sosianus-Tempel (Viscogliosi 1996, 48 f.

mer seltener auf und erlangen am Beginn des 2. Jhs. noch einmal für kurze Zeit größere Beliebtheit[971]. Dabei lassen sich einige Entwicklungstendenzen erkennen: Die Reliefhöhe ist in augusteischer Zeit sehr gering und nimmt im Laufe der Kaiserzeit zu. Die Augenhöhlen liegen an den frühen Exemplaren relativ flach auf dem Reliefgrund auf, sind öfter rund als eckig und befinden sich seitlich neben dem Schädel. Bereits im Verlauf des 1. Jhs. wachsen die Augenhöhlen in den Schädel hinein und sind markant aus dem Relief herausgearbeitet. Die dicken Augenknochen sind meist geometrisch recht- oder dreieckig und seltener rund oder oval. Die Form der Rinderschädel wird zunehmend verzerrt. Ab der Mitte des 1. Jhs. erscheinen im oberen Bereich des Kopfes und an den Hörnern über der Taenia vermehrt Pickungen und Ritzungen in unsystematischer Weise sowie einzelne Härchen. Zeigen sich die augusteischen und tiberischen Beispiele noch scharfkantig, knochig, geritzt und mit differenzierter Oberfläche, nehmen Reliefhöhe und eine durch unsystematische Bohrungen aufgerissene Oberfläche im Laufe der Kaiserzeit zu[972].

In dieses Bild bettet sich auch das Bukranion auf dem Metopenfragment Ser.Nr. 197168 ein (Abb. 152). Durch das hohe Relief, die Augenhöhlenknochen, die voluminösen Formen und den starken Bohreinsatz unterscheidet sich dieses Exemplar nicht nur von den übrigen Stücken der Portikus, sondern von allen anderen bekannten frühkaiserzeitlichen Bukranien. Vielmehr weist es mit der Reliefhöhe und den nicht zur Seite gelagerten Augenhöhlen, die durch voluminös gestaltete Knochen gerahmt werden, genau die Merkmale auf, die sich an den Bukranien der Grabaltäre, Urnen und Sarkophage des fortgeschrittenen 1. Jhs. in Rom beobachten lassen. Der Bohrer wird gegenüber den augusteischen Stücken grundlegend anders eingesetzt. So wird die Schädeloberfläche an diesem Stück nicht durch unterschiedliche Reliefhöhe differenziert, in die durch einzelne Bohrungen Akzente gesetzt werden, sondern eine im Niveau einheitliche Oberfläche wird durch einzelne Bohrrillen, die nicht bestimmte Stellen hervorheben, sondern scheinbar willkürlich gesetzt sind, aufgerissen. Ein entsprechender Bohrereinsatz begegnet neben der Augenhöhle des Bukranions am Fries des Vespasiantempels[973] und an einem dem Fries des Minervatempels am Nervaforum zugewiesenen Stück[974].

Abb. 45. 46. 48), Marmorurnen (Sinn 1987, Nr. 6–8. 10) und der Sarkophag aus Ostia (Herdejürgen 1996, Nr. 4) heranzuziehen. Tiberisch beispielsweise: Genienaltar in Neapel (Rodenwaldt 1925, 25 Abb. 17), Fries von der Oktaviaportikus im Kapitol (Hölscher 1988, 369 Abb. 166p), eine Schmuckplatte aus St. Petersburg (Rodenwaldt 1925, 13 Abb. 8), Grabaltäre (Boschung 1987, Nr. 638, 742–744), Marmorurnen (Sinn 1987, Nr. 25–28) und der Sarkophag Caffarelli (Herdejürgen 1996, Nr. 1); tiberisch-claudisch das Rundgrab von Vicovaro (Sinn 1991, 54–56 Abb. 71. 72).

971 Zu den Grabaltären vgl. Boschung 1987, 53 f. Während an tiberischen Grabaltären Girlanden hauptsächlich an Bukranien aufgehängt werden, sind es an deren Stelle ab claudischer Zeit zunehmend Ammonshäupter, Widderköpfe und Eroten. Nur ein Beispiel (Boschung Nr. 746) könnte frühflavischer Zeit entstammen. Vom Beginn des 2. Jhs. sind noch einmal zwei Beispiele der Verwendung von Bukranien an Grabaltären bekannt (Boschung Nr. 747 und 748). – Die Graburnen präsentieren ein ganz ähnliches Bild. In der frühen Kaiserzeit werden hier Girlanden oft an Bukranien aufgehängt, die im Laufe des 1. Jhs. immer mehr von Widderköpfen etc. abgelöst werden, bis die Bukranien gegen Ende des 1. Jh. fast nicht mehr vorkommen. Am Beginn des 2. Jhs. tauchen sie noch einmal verstärkt auf. Ein Beispiel stammt aus mittelantoninischer Zeit, vgl.: Sinn 1987, 23 f. 33. 38. 42. 58 und Tab. 3. – Zu den Sarkophagen mit Bukranien: Rodenwaldt 1925; Brandenburg 1978, 305–314; Herdejürgen 1996. An den Sarkophagen zeichnet sich eine anteilsmäßig große Verwendung von Bukranien im 1. Jh. ab, wobei die Zahl der Sarkophage zu klein ist, um noch Tendenzen erkennen zu lassen (Herdejürgen 1996, 24). In hadrianischer Zeit sind wiederum nur zwei Stücke bekannt, wobei die Bukranien nun auf den Nebenseiten abgebildet sind (Herdejürgen 1996, 34 Kat. 17–18). Während Bukranien an Sarkophagen in Rom fortan nicht mehr zu finden sind, tauchen sie gegen die Mitte des 2. Jhs. in Unteritalien verstärkt auf (Herdejürgen 1996, 74). – Zu Grabbauten, bei denen sich die Verwendung des kaiserzeitlichen Bukraniontypus ebenfalls hauptsächlich auf die frühe Kaiserzeit beschränkt: Schwarz 2002, 59; Eisner 1986, 36–41 Taf. 9; 123 f. Taf. 49, 6–9. Allgemein zu Grabbauten mit dorischem Fries auch Torelli 1968, passim. – Ein Beispiel an öffentlicher Architektur stellt der Sergierbogen von Pola dar: Fischer 1996, 58–62 Taf. 11 c. Ein Beispiel, allerdings eines Bukephalons, aus der ersten Hälfte des 2. Jhs. ist am Hadriansmausoleum zu sehen. Weitere Beispiele von Bukranien und Beurteilungen relativchronologischer Abfolgen anhand stilistischer Kriterien finden sich bei Napp 1933, passim; Honroth 1971, passim.

972 Claudisch sind die Grabaltäre: Boschung 1987, Nr. 745, 640 und 641 und die Graburnen: Sinn 1987, Nr. 51–57. Die neronische Zeit vertreten die Grabaltäre: Boschung 1987, Nr. 988, die Graburnen: Sinn 1987, Nr. 97–102. 117 und vermutlich die Sarkophage: Herdejürgen 1996, Nr. 8 und 11. Flavisch sind die Stücke des Vespasiantempels (De Angeli 1992, 94 Abb. 88), diejenigen vom Nervaforum (von Blanckenhagen 1940, Taf. 8), die Bukranien auf dem Grabaltar: Boschung 1987, Nr. 746, den Graburnen: Sinn 1987, Nr. 179. 180, 201, 246 und 247 und den Sarkophagen: Herdejürgen 1996, Nr. 3. 13 und 14. Die erste Hälfte des 2. Jhs. wird vertreten durch: Boschung 1987, Nr. 747. 749, Sinn 1987, Nr. 493. 499–502; Herdejürgen 1996, Nr. 17–18. In antoninische Zeit gehören wohl die Graburnen: Sinn 1987, Nr. 610–611 und die allerdings unteritalischen Sarkophage: Herdejürgen 1996, Nr. 161, 168, 169, 176, 179. 183.

973 De Angeli 1992, 94 Abb. 88; 104 Abb. 111; 106 Abb. 112.

974 Del Moro 2007, 184 Abb. 254. 255.

Die knochig hervortretenden Augenhöhlen, eine größere Reliefhöhe und eine durch kleine und unsystematisch angelegte Bohrrillen aufgerissene Stirnoberfläche lassen sich aber auch schon für die claudische Zeit beobachten, wie das Bukranion eines Grabaltars im Louvre verdeutlicht[975]. Da nur dieses eine Fragment an er Basilica Aemilia erhalten ist, noch dazu stark fragmentiert, und es nur wenige festdatierte Bukranien des 1. Jhs. – meist wesentlich kleinformatiger und mit einem Reliefträger anderer Funktion verbunden – gibt, soll von einer allzu genauen Datierung des Fragmentes Ser.Nr. 197168 Abstand genommen werden. Es dürfte allerdings der claudisch-flavischen Zeit angehören.

3. Resümee: Literarische Quellen und archäologischer Befund

Erhalten haben sich vier Serien funktional unterschiedlicher Bauglieder, die nachträglichen Eingriffen in den Gebäudekomplex der Basilica Aemilia angehören: Basen, Kapitelle und Architravfragmente des unteren Stockwerks der Basilica und eine Metope der Portikus.

Die sich *in situ* befindlichen Basen und die Architravfragmente des unteren Stockwerks der Basilica lassen sich genau positionieren. Sie gehören der nördlichen Säulenreihe der Basilica an, im Falle der Basen dem östlichen Bereich[976]. Die Baumaßnahme an der Portikus betraf die zum Forum gerichtete Außenfassade im Süden des Baus[977].

Abgesehen von den beschriebenen Stücken lassen sich keine kaiserzeitlichen Eingriffe am Gebäude feststellen. Erst ab tetrarchischer Zeit sind wieder großflächige Restaurierungen in Form von Ziegelmauern bezeugt[978], die möglicherweise zur Behebung der durch den Brand unter Carinus und Numerianus 283 oder 284 entstandenen Schäden errichtet worden sind[979].

Da sich die durch die beschriebenen Bauglieder belegten Eingriffe nur auf einzelne Bereiche des Gebäudekomplexes beschränken, muss eine Brandkatastrophe oder Ähnliches als Ursache für die Baumaßnahmen im fortgeschrittenen 1. Jh. ausgeschlossen werden. So lässt sich keiner der durch die antiken Autoren beschriebenen Brände, die das Forum Romanum betroffen haben sollen, am archäologischen Befund der Basilica Aemilia in Form einer darauffolgenden Reparaturmaßnahme nachweisen[980]. Stattdessen ist von geplanten Eingriffen am stehenden Bau auszugehen. Die Tatsache, dass die nachträglichen Basen im Unterschied zu den augusteischen mit einer Marmorplinthe in einem Stück gearbeitet und in das Fundament eingelassen waren, spricht für ein gesteigertes Bedürfnis nach statischer Sicherheit. Der Durchmesser der Basisoberseiten ist gemessen an den vorherigen Stücken etwas geringer. Es ist zu vermuten, dass man hier neue Säulen mit etwas kleinerem Durchmesser platziert hat[981].

Da eine Auswechslung der Basen, Säulen, Kapitelle und der Architravblöcke des unteren Stockwerks der Basilica belegt ist und sich für alle Bauglieder bis auf die Kapitelle auch zeigen lässt, dass der Eingriff in der nördlichen Säulenlängsreihe stattfand, kann von einer einzigen Intervention ausgegangen werden. Eine gleichzeitige Entstehung der Stücke ist – wie oben dargelegt – möglich. Der Eingriff muss im fortgeschrittenen 1. Jh. stattgefunden haben, am ehesten im dritten Viertel des 1. Jhs.

Die sichere Zuweisung dieser Baumaßnahme an ein konkretes historisches Ereignis ist nicht möglich. Ort und Zeitpunkt des Eingriffs weisen jedoch auf die Errichtung des Templum Pacis hin, das in den Jahren zwischen 71 und 75 im Nordosten der Basilica gebaut wurde und an diese direkt anschloss[982]. Ebenso ist denkbar, dass es durch die ursprünglich unter der Basilica Aemilia verlaufende Cloaca Maxima zu Senkungen kam und man gezwungen war, in die Konstruktion einzugreifen[983].

Klären könnte sich der Anlass für den Eingriff, wenn durch weitere Ausgrabungen am Templum Pacis signifikante Architekturteile mit Ornamentik gefunden würden, die sich zu den hier behandelten Stücken in Beziehung setzen ließen, oder wenn in künftigen Forschungen auch an anderen Bauwerken der Gegend verschiedene Reparaturstücke zum Vorschein kommen sollten, die eine zeitgleiche, groß angelegte Erneuerungsphase zu einem bestimmten Zeitpunkt am Forum belegten.

An der Portikus wurde allem Anschein nach kein schwerwiegender Eingriff in die Gebäudestruktur vorgenommen. Dies geht daraus hervor, dass von den 231

975 Boschung 1987, Nr. 646.

976 Vgl. Kap. VII.1.a.; VII.1.c.

977 Vgl. Kap. VII.2.

978 Bauer 1996, 32 Anm. 178; Steinby 1986, 160 f. Die von Bauer 1993a, 186 beobachteten und der tetrarchischen Zeit zugewiesenen Bauglieder (Bauer DAInst Nachlass, 499 f.) gehören der augusteischen Phase an.

979 Vgl. Kap. III.

980 Zu den antiken Schriftstellen vgl. Kap. III.

981 Zur Auswechslung von Säulen und weiteren Baugliedern am stehenden Gebäude: Adam 1994, 56 Abb. 41.

982 Bauer 1977b, 311; Morselli – Tortorici 1989, 237 f. Abb. 212. Zum Baubeginn des Templum Pacis: Ios. Bell. Iud. 7, 158. Zum Bauende: Cass. Dio 65, 15, 1. Beim Bau des Nervaforums wurde ca. 20 Jahre später der westliche Bereich der Basilicanordseite nachweislich ebenfalls tangiert: Morselli – Tortorici 1989, 237–248 Abb. 213.

983 Bauer 1989, 52.

erhaltenen und hier untersuchten Baugliedern nur ein einziges, die Metope mit dem Bukranion, einem späteren Eingriff angehört. Zudem handelt es sich dabei um ein Fragment einer Verkleidungsplatte, was der zum Forum gerichteten Portikusfront vorgeblendet werden konnte, ohne das Gebälk dafür abbauen zu müssen. Vielleicht ersetzte es ein beschädigtes Stück. Über die Frage, wie eine einzelne Metope zu Schaden kommt, lässt sich freilich nur spekulieren. Da sich der Eingriff ebenfalls etwa in die zweite Hälfte des 1. Jhs. datieren lässt, wäre es denkbar, dass er gleichzeitig mit den Arbeiten in der Basilica erfolgte.

X. Entwurf und Ausführung des augusteischen Baus und seiner Ornamentik

Die Rekonstruktion des Baukomplexes der Basilica Aemilia ergab, dass die zum Forum gelagerte Portikus eine tuskanisch-dorisierende Ordnung besaß, in der Basilica stand hingegen eine obere korinthische auf einer unteren ionischen Ordnung. Während die ornamentale Gestaltung der Portikus weitestgehend einheitlich war, wurden im Innenraum der Basilica ikonographisch unterschiedlich gestaltete Serien funktional gleicher Bauglieder derselben Ordnung in verschiedenen Raumeinheiten verwendet[984]. In der Forschung wurden diese verschiedenen Serien zunächst mit unterschiedlichen Bauphasen der Basilica erklärt[985]. Im Kapitel zur Chronologie konnte jedoch gezeigt werden, dass alle in Kap. VI. vorgestellten Bauglieder innerhalb desselben Bauvorgangs gefertigt wurden[986]. Auf der Suche nach anderen Erklärungen für die verschiedenen Serien muss zunächst eines der größten Probleme bei der Erforschung der augusteischen Baukunst, der Entwurfs- und Bauvorgang, behandelt werden[987]. Es stellen sich folgende Fragen: In welchem Maß entsprach die Ornamentierung des Bauwerks konkreten Vorgaben von Seiten der Bauleitung, d. h. Bauherren und Architekt, und wieweit wurde die Gestaltung des Dekors den ausführenden Steinmetzen überlassen? Erst die Beantwortung dieser Fragen ermöglicht eine Interpretation des Einsatzes und des Bedeutungsgehaltes der Architektur und ihres Schmuckes.

1. Entwurf und Ausführung

Im Jahr 14 v. Chr. ist die Basilica Aemilia abgebrannt[988]. Damit bot sich die Gelegenheit, den Baukomplex vollkommen neu zu entwerfen und auszuführen. Die Parzelle dürfte durch die Nachbarbebauung in ihren Dimensionen vorgegeben gewesen sein[989]. Als Bauherr der Basilica gilt nach Cassius Dio Marcus Aemilius Paullus[990]. Dies wird durch eine Bauinschrift mit den Buchstaben]PAVL[am Architrav des Mittelschiffs der Basilica bestätigt[991]. Möglicherweise waren mit dem Bauvorhaben auch Augustus und Freunde des Paullus befasst[992]. Nach den wenigen Informationen, die allgemein zum weiteren Planungsvorgang für antike Architektur überliefert sind, dürften sie den Entwurf mit einem leitenden Architekten besprochen haben[993]. Erörtert wurde das Projekt vermutlich auf der Basis von Skizzen und Modellen sowohl des gesamten Gebäudes als auch einzelner Bauglieder[994]. Eine Differenzierung zwischen den ausdrücklichen Wünschen der Bauherren und Vorschlägen des Architekten ist auf Grundlage der Quellen nicht möglich.

Wesentlich für jeden Entwurf ist das zugrundeliegende Maßsystem. Für den Entwurf der Basilica Aemilia diente als Maßeinheit der römische Fuß von ca. 29,5 cm[995]. Durch diese Grundeinheit lassen sich die meisten Maße ohne Rest teilen oder der Rest bzw. sie selbst stellen ei-

984 Vgl. die Kap. VI.1.e.; VI.1.g.; VI.1.i.

985 Bekannt waren bislang nur die beiden Kapitellserien K1 und K2 sowie die allerdings fälschlicherweise dem Caesartempel zugewiesenen Pilasterkapitelle: Kap. VI.1.i. Dazu: Leon 1971, 159 f.

986 Vgl. Kap. VIII.

987 Vgl. von Hesberg 1981c, 223–225.

988 Cass. Dio 54, 24, 2–3; vgl. Kap. VIII.

989 Vgl. Kap. II.

990 Cass. Dio 54, 24, 2–3; von Rohden 1893d, 580.

991 Ser.Nr. 198088. Vgl. weiter Chioffi 1996, 56 und die Kap. VI.1.e. Ferner Anm. 1136.

992 Nach Cass. Dio 54, 24, 3 war die Basilica Aemilia ein Projekt, zu dem Augustus und die Freunde des Paullus Gelder beigesteuert haben sollen. Möglicherweise hatte die Portikus auch einen anderen Bauherren als die Basilica, bei dem es sich um Augustus selbst gehandelt haben könnte (Vgl. Anm. 6). Da der Gebäudekomplex aus architektonischer Sicht eine Einheit darstellt, muss er aber auch übergreifend geplant worden sein.

993 Zu dem Verfahren und den Architekten: von Hesberg 2005a, 204 und 225–232 mit weiterführender Literatur. Besonders Donderer 1996 (mit Rezensionen Knell 1998; von Hesberg 1999); Wilson Jones 2000; Taylor 2003. Das Bauprojekt, das vermutlich bald nach 14 v. Chr. vorgenommen worden sein dürfte (Haselberger 2007, 167 Anm. 218), gehörte wohl zu den letzten Aktivitäten in Rom vor Einführung der *cura operum publicorum.* Hierzu: Eck 1992; Kolb 1993; Mattern 2001a, 107–109.

994 Zu Architekturskizzen und -modellen: von Hesberg 1983; Heisel 1993; Mattern 2001a, 85–92; Taylor 2003, 27–36. Zu Mustervorlagen von Ornamentik: Schmidt-Colinet 1992, bes. 88; Stückelberger 1994; Mattern 2001a, 40 mit Anm. 159; Al-Ascad – Schmidt-Colinet 2005, 56–62; Plattner 2007, 128–130. Fraglich erscheint hingegen die Ansprache eines von Gallazzi – Kramer 1998; Gallazzi – Kramer – Settis 2008 publizierten Papyrus als Skizzenbuch mit Tierdarstellungen für Mosaiken.

995 Zum römischen Fuß: Rakob 1983, 220–237; Zimmer 1983, 265–276. Diese Maßeinheit lässt sich regelmäßig in der augusteischen Architektur Roms und Latiums feststellen. So beispielsweise auch am Augustusmausoleum: von Hesberg – Panciera 1994, 37 f., am Mars-Ultor-Tenpel: Ganzert 1996a, 224–226 oder am Grabbau des Munacius Plancus in Gaeta: Fellmann 1957, 14.

nen Bruchteil dieser Grundeinheit dar[996]. Exemplarisch sei dies hier am unteren Stockwerk der Basilica erläutert: Die Basis ist 1 Fuß hoch, Architrav und Geison 2 Fuß und der Fries im Mittelschiff 2,5 Fuß[997]. Das Fußmaß wurde jedoch nicht genau angewandt, sondern diente als grober Richtwert für die Bestellung der Blöcke[998]. Die relativ großen Maßschwankungen der fertig ausgearbeiteten Bauglieder[999] lassen sich durch verschiedene Faktoren begründen. Mit unterschiedlichen Kapitellhöhen mussten z. B. die Maßdifferenzen an den gelieferten monolithen Säulen ausgeglichen werden[1000]. Oder die Gebälkblöcke weisen allein durch die erhöhten Auflagerflächen, die dazu dienten, das Gewicht des darüber folgenden Aufbaus direkt auf die Stützen überzuleiten, Höhenunterschiede von mehreren Zentimetern auf[1001].

Wahl und Bestellung des Baumaterials bedurften ferner einer genauen Planung im Rahmen des Entwurfs. Hierbei spielten offensichtlich auch ökonomische Gesichtspunkte eine Rolle[1002], denn nur im Sichtbereich wurde der teure Marmor eingesetzt und die Portikus war teilweise anstatt aus Marmorblöcken aus Tuff und Travertin erbaut und nur mit Marmor verkleidet[1003]. Nachdem man sich geeinigt hatte, wurde die Durchführung des Bauvorhabens einem oder mehreren Unternehmern übertragen.

Die Blöcke wurden anscheinend in Höhe und Breite entsprechend der Dimension der späteren Bauglieder auf das Forum Romanum geliefert. Denn die einzelnen Bauglieder inklusive ihres Dekors sind in der Höhe fast ausnahmslos aus jeweils einem Block angefertigt. Nur bei den Pfeilern an den Stirnseiten der Tabernentrennwände und den Rankenpfeilern treten durchlaufende horizontale Fugen an unterschiedlichen Stellen auf[1004]. Dies hängt aber mit einer Planänderung während des Baues zusammen (s. u.). Ferner waren die Blöcke der Gebälkteile in ihren Breitenmaßen relativ genau vorgefertigt. Die Schmalfugen der Geisonblöcke des unteren Stockwerks der Basilica und derjenigen der Attika der Portikus, die beide regelmäßig über der Stützenstellung vorkröpfen, verlaufen jeweils exakt zwischen den verkröpften Bereichen und solchen Blöcken, die nicht vorkröpfen. Für verkröpfte und unverkröpfte Geisonblöcke wurden folglich aller Wahrscheinlichkeit nach Blöcke in zwei unterschiedlichen Breiten bestellt, um so den anderenfalls an den nicht ausladenden Geisonblöcken anfallenden großen Materialabfall zu vermeiden[1005]. Auch für die übrigen Bauglieder des Gebälks der Basilica und für den Fries der Portikus waren die Breitenmaße bereits exakt festgelegt, denn nur so funktioniert das an ihnen beobachtete, auf die Interkolumnien abgestimmte Auf- bzw. Unterlager-System zur Ableitung des Gewichts der darüberliegenden Architektur[1006].

Während die Säulen aus Buntmarmor in nahezu fertigem Zustand geliefert wurden, gelangten die aus Luni gelieferten Blöcke – z. B. für Basen, Kapitelle und Gebälk – nicht vorgearbeitet, in Quaderform auf das Forum Romanum[1007]. Hierfür sprechen folgende Beobachtungen:

996 Zum Vorteil, Maßeinheiten auf der Basis von Detailmaßen zu eruieren: Bankel 1983, 67 f.

997 Vgl. die Kap. VI.1.b.; VI.1.e.; VI.1.f. Weitere Maße der verschiedenen Bauglieder sind in den Tabellen zu finden.

998 So ist zu beachten, dass die Interkolumnien des Bauwerks mitunter in ihren Maßen variierten (Vgl. Kap. VI.1.a). Die Bauglieder dürften nicht auf den Zentimeter genau geliefert worden sein, sondern waren in ihren Maßen stets etwas überdimensioniert, um vor Ort exakt angepasst zu werden.

999 Zu Maßschwankungen an anderen augusteischen Bauten: von Hesberg – Panciera 1994, 13; Ganzert 1996a, 224. Ein System, etwa eine Kurvatur oder ähnliche beabsichtigte optische Effekte, lassen sich hingegen nicht nachweisen. Zur Kurvatur: Vitr. 3, 4, 5; Hueber 1984; Hueber 1989 sowie die Beiträge in Haselberger 1999.

1000 Vgl. die korinthischen Kapitelle der Serien K1 und K2 (Tab. 9).

1001 Vgl. die Kap. VI.1.e.; VI.1.i.; VI.1.j.; VI.2.i. Solche Konstruktionen begegnen vielfach in augusteischer Zeit. Vgl. etwa die Oberseite des Frieses des Tempelinnenraums des Apollon-Sosianus-Tempels: Viscogliosi 1996, 75–81 Abb. 94 f. Taf. 9 a. Die scheitrechte, in augusteischer Zeit oft auftretende (von Hesberg 1981c, 224) Bogenkonstruktion am Fries der Portikus findet beispielsweise am Architrav des Tabulariums einen Vergleich: Delbrueck 1979, 35 Abb. 31.

1002 Zur Materialersparnis am Augustusmausoleum: von Hesberg – Panciera 1994, 24. Hier waren die Architravplatten aus Marmor im Gegensatz zu denen aus Travertin weniger tief. Zum Castortempel: Sande – Zahle 2008, 15–20.

1003 Vgl. Kap. VI.2.f. Zu verweisen ist in diesem Zusammenhang auch auf die Tabernen aus Tuffstein, die verkleidet wurden. Eine solche „Mischarchitektur" aus Marmor und Travertin ist typisch für das augusteische Rom. Vgl. andere Beispiele am Apollon-Sosianus-Tempel (Colini 1940, 32), am Bellonatempel (De Nuccio 2004, 43) oder am Augustusmausoleum (von Hesberg – Panciera 1994, 11–13. 24–27). Darüber hinaus lässt sich eine solche Mischarchitektur auch außerhalb Roms feststellen: etwa am Girlandengrab in Pompei (Kockel 1983 126–151; Heinrich 2002, 13–22) oder am Grabbau des Cartilius Poplicola in Ostia (Gismondi 1958, 171–181).

1004 Vgl. Kap. VI.2.c. und VI.3.a.

1005 Dieses Ergebnis widerlegt die Forschungsmeinung (Mattern 2001a, 91 f.), nach der Geisonblöcke in ihren Breiten grundsätzlich erst an der Stelle ihres Versatzes zugerichtet worden sein sollen.

1006 Vgl. Kap. VI.1.e; VI.1.j; VI.2.i.

1007 Diese Beobachtung entspricht der aktuellen Forschungsmeinung. Für die Frage, in welchem Zustand Bauglieder gehandelt wurden, stehen nur wenige literarische, epigraphische oder papyrologische Quellen zur Verfügung. Vgl. Ward-Perkins 1980a 31–40; Hagedorn 1993; Mattern 2000b,

Die Basen aus lunensischem Marmor sind, ob sie nun mit oder ohne Säulenanlauf gearbeitet sind, gleich hoch. Sie wurden offenbar aus stets gleich hohen Blöcken je nach Gestalt der angelieferten Säulen – die aus Cipollino mit, die aus Africano ohne Säulenanlauf – vor Ort mit oder ohne Säulenanlauf hergestellt[1008]. Die korinthischen Kapitelle des oberen Stockwerks fallen in ihrer Höhe sehr unterschiedlich aus, da sie auf die wahrscheinlich verschieden hoch ausgefallenen Buntmarmorsäulen Bezug nehmen mussten. Diese Anpassung konnte nur vor Ort vorgenommen werden[1009]. Die verkröpften Geisonblöcke des unteren Stockwerks der Basilica aus lunensischem Marmor weisen an ihren Unterseiten Hebelöcher gleicher Gestalt wie die übrigen an der Basilica verwendeten Hebelöcher auf[1010], deren Lage nur durch das Anheben als noch nicht ausgearbeiteter, quaderförmiger Block zu erklären ist[1011].

Der Dekor zumindest einzelner Baugliedserien wurde bereits vor ihrem Versatz am Boden wenigstens in groben Zügen angelegt[1012]. So weist die nach hinten versetzt angebrachte Positionierung der Hebelöcher auf den Oberseiten der Geisonblöcke darauf hin, dass ihre Konsolen und Kassetten auf dem Kopf liegend ansatzweise bereits ausgearbeitet worden sind. Bei mittigen Hebelöchern hätte man sonst beim Versatz ein Überkippen des Stückes riskiert. Ferner belegen die zur Höhennivellierung dienenden Scamilli der korinthischen Kapitelle der Serie K1, dass die Stücke mindestens ansatzweise vor ihrem Versatz bereits ausgearbeitet wurden[1013]. Möglicherweise wurde auch der Dekor der Friesblöcke im oberen Stockwerk der Basilica bereits am Boden zumindest grob angelegt, da ihre Ornamentik Rücksicht auf die Stoßfugen der Bauglieder nimmt[1014].

Nachdem die Bauglieder am Boden vorbereitet worden waren, wurden sie versetzt und teilweise miteinander verdübelt und/oder verklammert[1015]. Dabei wurden zwei verschieden geformte Wölfe verwendet. Im Unterschied zu den übrigen, einheitlich gestalteten Hebelöchern sind nämlich diejenigen an den Rankenpfeilern und Orientalenbasen deutlich schmaler. Denkbar wäre, dass für den Versatz der in Kapitel VI.3. beschriebenen Stücke eine separate, mit einem eigenen Wolf operierende Gruppe von Arbeitern zuständig war[1016].

Die endgültige Ausarbeitung zumindest der über Baugliedfugen laufenden Ornamentbänder wurde erst nach dem Versatz der Bauglieder vom Gerüst aus vorgenommen, da die Ornamentreihen, vor allem die verschiedenen Kymatien und Perlstäbe, nicht in Bezug zu den Stoß-

172–174. 180. Diesbezüglich lässt sich dafür hauptsächlich das erhaltene archäologische Material in Steinbrüchen, Schiffracks und Zwischenlagerstätten auswerten: Drexhage – Konen – Ruffing 2002, 224–228. Zu den antiken Steinbrüchen und dem Transport: Fant 1993; Fischer 1998, 40–43; Pensabene 1998a–c; Bruno 2002a sowie zahlreiche Beiträge in: Herz – Waelkens 1988; Waelkens 1990; Maniatis u. a. 1995; Schvoerer 1999; Herrmann u. a. 2002; Lazzarini 2004. Zu Schiffwracks: Kapitän 1961; Ward-Perkins 1980b, 327; Parker 1992; von Hesberg 1994b; Jurisic 2000, 39–41; Mattern 2000b, 187 f. Taf. 46. Zu Zwischenlagern für Marmor in Rom: Maischberger 1997. Nach diesen Quellen zu urteilen wurden die meisten Bauglieder bis ins 2. Jh. n. Chr. als Rohblöcke verschifft und erst anschließend zunehmend in Form von Halbfabrikaten: Maischberger 1997, 54. 159; Mattern 2000b, 181–186. Die Säulen waren hingegen meist ausgearbeitet: Pensabene 1972b, 322; Dodge 1988, 72; Mattern 2000b, 174–176 Taf. 45 f.

1008 Vgl. Kap. VI.1.b.

1009 Zu dem Phänomen der leicht unterschiedlich hohen Säulen und dem Kapitell als nivellierendem Bauglied vgl. beispielsweise Rakob – Heilmeyer 1973, 16–18.

1010 Sie dürften folglich vor Ort und nicht etwa schon im Steinbruch angelegt worden sein.

1011 Ser.Nr. 198069–198070.

1012 Wie die Baustelle räumlich organisiert war, an welchen Stellen das Baumaterial abgeladen wurde, wo welche Zwischenschritte erfolgten und wieweit dies in der Öffentlichkeit wahrgenommen werden konnte, ist unklar.

1013 Vgl. Kap. VI.1.i.

1014 Vgl. Kap. VI.1.j. Es lässt sich auch an anderen Gebäuden beobachten, dass die Ornamentik der Bauglieder mal vor deren Versatz, mal danach in unterschiedlichem Grad der Vollendung angelegt wurde, wie es sich in der jeweiligen Situation anbot. Ornament und Blockfugen gerade augusteischer Geisonblöcke stehen häufig in Bezug zueinander. Auch ein Befund des Mars-Ultor-Tempels vom Augustusforum, für den nachgewiesen werden konnte, dass die Ornamentik der Bauglieder zum Großteil fertig ausgearbeitet worden war, bevor die Blöcke versetzt wurden, ist hier zu nennen. Im Detail ist aber nicht klar, ob die Bauglieder ihre gesamte Vorbearbeitung bereits außerhalb des Forums oder dort selbst, am Boden liegend, erfahren haben (Alföldy 1992, 33 f.; Ganzert 1996b; Ganzert 2000, 57–66). Zu verweisen ist weiter auf einen im Obergeschoss der Porta Borsari in Verona verbauten Architravblock, dessen Ornament schon am Boden angelegt worden sein muss, der aber letztlich doch an anderer Stelle verbaut wurde (Kähler 1935b, 152 f. Abb. 8). Es gab folglich keine feste Regel, wann welche Partien an einem Bau ausgearbeitet werden sollten, sondern eine Vielzahl an individuell verschiedenen Lösungsmöglichkeiten.

1015 Zu den Schwierigkeiten und Fehlern dabei vgl. Kap. VI.2.i. und VI.2.l. Die Dübel bestanden aus Metall und wurden verbleit. Die Klammern könnten aus Holz gewesen sein, da keine Metallreste erhalten sind. Vgl. dazu den analogen Befund am Augustusforum: Ganzert 1996a, 124 f.

1016 Ein vergleichbares schmales Hebeloch findet sich an einer Pilasterbasis des Mars-Ultor-Tempels (Inv. 2515, Ganzert 1996, 200 Taf. 84, 3). Die an der Basilica Aemilia fassbaren zwei Typen von Hebelöchern lassen sich vielfach im 1. Jh. v. und n. Chr. feststellen. An ein- und demselben Gebäude tritt meistens aber nur einer der beiden Typen auf.

fugen stehen. Wollte man Ornamentsprünge zwischen den verschiedenen Blöcken vermeiden, konnte man die durchlaufenden Ornamentbänder der Gebälke also erst nach ihrem Versatz am Bau vollenden[1017]. Die einzelnen Geisonblöcke schneiden zwar stets zwischen Kassette und Konsole[1018], die exakte Schnittstelle variiert aber und die einzelnen Elemente der Kymatien werden in diesem Bereich mal der einen, mal der anderen Seite zugeschlagen. Die Ausarbeitung dieser Details war vor dem Versatz der Bauglieder folglich noch nicht definiert, so dass bei der Vollendung am Bau noch Spielraum blieb. Für Bauglieder, die aus einem Block bestehen und deren Ornamentierung folglich nicht über Fugen verlief, z. B. die Orientalenbasen, ist dagegen nicht zu entscheiden, wo die Fertigstellung der Ornamentierung vorgenommen wurde.

Aus der Detailanalyse der Ornamente geht hervor, dass an der Ausführung unterschiedliche Gruppierungen von Handwerkern beteiligt waren[1019]. Es gibt Ornamentbänder, die in der Wahl und Ausarbeitung ihrer Einzelformen eine große Variationsbreite aufweisen[1020] und solche, die ausnahmslos dieselbe Ikonographie und eine relativ standardisierte Ausführung zeigen[1021]. Da es unwahrscheinlich ist, dass gleichzeitig einerseits die Bauleitung die Ornamentik für manche Stellen detailliert vorgegeben hat, an anderen Stellen aber nicht, andererseits dieselben Steinmetzen die Arbeit mal homogen ausführten, mal heterogen gestalteten, müssen hier unterschiedliche Gruppierungen von Steinmetzen gearbeitet haben, wodurch sich diese Unterschiede erklären lassen. Diese Gruppierungen dürften sich einander aufgrund einer mehr oder weniger ähnlichen Ausbildung oder längerer bzw. kürzerer gemeinsamer Arbeit in ihren Verfahrensweisen mal mehr oder mal weniger angeglichen haben.

Den verschiedenen Handwerkergruppen wurden unterschiedliche Baulose zugewiesen. Soweit fassbar, wurden sie entweder an unterschiedlichen, horizontal verlaufenden Ornamentbändern oder in verschiedenen Raumeinheiten wie Portikus, Basilica, Mittelschiff oder Seitenschiff eingesetzt. So hat beispielsweise wahrscheinlich dieselbe Gruppe von Handwerkern die Bügelkymatien am Abakus der ionischen Kapitelle sowie an der Faszienseite des vollplastischen Architravs und am Geison des unteren Stockwerks der Basilica ausgeführt (Abb. 10. 15. 28). Die Bügelkymatien an den Architravsoffitten wurden hingegen vermutlich von einer anderen Gruppe von Steinmetzen gearbeitet (Abb. 23–26). Wieder eine andere Gruppe dürfte mit der Anlage der Bügelkymatien am Architrav des oberen Stockwerks betraut gewesen sein (Abb. 48–49)[1022]. Es ist daher davon auszugehen, dass die verschiedenen korinthischen Kapitellserien des oberen Stockwerkes der Basilica auch von unterschiedlichen Gruppen ausgeführt wurden. Die Basilica und die Portikus dürften grundsätzlich von verschiedenen Steinmetzgruppen ausgeführt worden sein[1023].

Die einzelnen Steinmetzen hatten im Rahmen des ihrer Gruppe zugewiesenen Bereiches einzelne Bauabschnitte auszuführen[1024]. So unterscheiden sich verschiedene Stücke desselben Ornamentbandes in den Maßen und der Ausführung ihrer einzelnen Elemente mitunter stark voneinander, an demselben Block stimmen sie hingegen zumeist miteinander überein. An den durchlaufenden Ornamentreihen stehen Bauglied und Abschnitt eines Steinmetzen nicht miteinander in Bezug. Der Übergang von einem zum anderen Steinmetzen lässt sich beispielsweise an Geisonfragmenten des unteren Stockwerks der Basilica erkennen, an denen sowohl Anzahl als auch Machart der Einzelformen desselben Ornamentbandes wechseln (Abb. 31)[1025].

Da ikonographische Details und die Art der Ausführung gleichzeitig wechseln, ist anzunehmen, dass jeweils ein- und derselbe Steinmetz die gesamte Ornamentik angelegt und ausgeführt hat, ohne dass eine Arbeitsteilung

1017 Auch dies steht im Einklang mit Beobachtungen an anderen Baugliedern augusteischer Bauten Roms. Während der in Bezug zu den Baugliedfugen stehende Akanthus am Architrav der unteren Ordnung im Innenraum des Apollon-Sosianus-Tempels am Boden angelegt worden war, wurde seine Feinausarbeitung und der Perlstab erst am Bau ausgearbeitet, da die Hände hier den Fugenschnitt nicht mehr respektieren (Viscogliosi 1996, 65–75 Abb. 75–100 Taf. 9–11).

1018 Vgl. die Kap. VI.1.f.; VI.1.k.; VI.2.j. und VI.2.k.

1019 Die genaue Organisation solcher Gruppen ist unklar. Der Begriff „Werkstatt" wird daher im Folgenden bewusst umgangen. Vgl. Boschung – Pfanner 1988, 24–26.

1020 z. B. die Bügelkymatien der Soffitten des Architravs im unteren Stockwerk der Basilica: Kap. VI.1.e. Vgl. ferner die Ausführungen in Kap. VIII.

1021 Dies ist beispielsweise am oberen Stockwerk der Basilica zu sehen. Ihre handwerkliche Ausführung ist beispielsweise gut mit den Ornamenten des Augustusforums zu vergleichen. Möglicherweise waren hier dieselben Steinmetzen am Werk.

1022 Vgl. zu den verschiedenen Bügelkymatien: Kap. VI.1.d.; VI.1.e.; VI.1.f. und VI.1.j.

1023 Vgl. dazu die Möglichkeit, dass für die beiden Gebäudeteile offiziell unterschiedliche Bauherren verantwortlich gewesen sein könnten: Anm. 6.

1024 Ein System, wie es auch an anderen Monumenten der späten Republik und frühen Kaiserzeit nachvollzogen werden kann: Maschek 2008. Vgl. weiter bspw. die Ornamentik der Ara Pacis, des Apollon-Sosianus-Tempels oder des Castortempels.

1025 Ser.Nr. 197336. 198080.

bestand. Gleiches gilt für einige nicht vollkommen ausgearbeitete Bauglieder (Abb. 113)[1026].

Einzelne Bauglieder, deren Ornamentik sich auf einen einzigen Block beschränkt, wurden wahrscheinlich vollständig jeweils von einem Steinmetzen gefertigt, da an keinem Stück unterschiedlich ausgeführte Details und somit verschiedene Hände nachweisbar sind. Die in sich homogene Ausarbeitung der Einzelstücke und die Heterogenität verschiedener Bauglieder des gleichen Ornamentbandes lassen sich beispielsweise an den Blattkymatien der Orientalenbasen (Abb. 127. 129–130)[1027], an den Eierstäben auf dem Abakus der korinthischen Kapitelle der Serie K2 des oberen Stockwerks der Basilica (Abb. 41. 45)[1028], an den Polstern der ionischen Kapitelle (Abb. 11–14)[1029] oder an den Bukranien und Paterae an den Metopen der Portikus (Abb. 83–84. 88–90)[1030] erkennen.

Durch die Aufteilung der Steinmetzgruppen bzw. der einzelnen Steinmetzen nach Gebäudeeinheiten, Ornamentbändern und Bauabschnitten war es grundsätzlich möglich, die Leistungen einzelner Steinmetzen oder Verbände genau zu beurteilen und entsprechend abzurechnen. Die Steinmetzen bzw. Steinmetzgruppen dürften demnach in Form von Werkverträgen gearbeitet haben und eher für die geleistete Arbeit als nach Arbeitszeit entlohnt worden sein, da sich nur in einem Fall feststellen lässt, dass Handwerker einer Gruppe bei einer anderen ausgeholfen haben[1031].

Während des Bauvorgangs konnte es jederzeit zu Planänderungen kommen[1032]. Für den Komplex der Basilica Aemilia lässt sich das in der Portikus an den Pfeilern der Stirnseiten der Tabernentrennwände nachweisen. Sie wurden zu einem Zeitpunkt, als die Fundamente und mindestens Teile des Pfeilers schon verlegt waren, nachträglich weiter nach vorne versetzt. Vermutlich waren bei der Vorbereitung der Gewölbekonstruktion statische Bedenken aufgetreten, womit eine ebenfalls nachträglich erfolgte Fixierung der Friesblöcke der Portikus durch Zugstangen zusammenhängen mag[1033]. Eine zweite Planänderung lässt sich an den schmalen Rankenpfeilern fassen, denen man nach Beginn ihrer Ornamentierung Geländer anstückte, für die der Dekor teilweise wieder abgearbeitet werden musste[1034].

2. Zum Anteil der Bauherren und dem der Handwerker an der Konzeption des architektonischen Schmucks

Im Folgenden soll der Frage nachgegangen werden, zu welchem Anteil die unterschiedliche Gestaltung der Bauglieder mit dem Entwurf der Bauleitung oder den zuvor nachgewiesenen verschiedenen Handwerker(gruppen) zusammenhängt. In einem ersten Schritt ist zu zeigen, welche Bereiche des Bauwerks nachweislich Teil des Entwurfs durch die Bauleitung waren. Anschließend soll beschrieben werden, welche Details in der Ausführung der Ornamentik den Handwerkern überlassen wurden[1035].

Vor dem Baubeginn waren durch die Bauleitung neben dem Grundriss die verschiedenen Ordnungen – tuskanisch an der Portikus, ionisch im unteren und korinthisch im oberen Stockwerk der Basilica – und dadurch weitere dekorative Verbindlichkeiten wie beispielsweise die Faszierung der Architrave der Basilica vorgegeben. Schließlich mussten für die verschiedenen Kapitelle mit unterschiedlichen Maßen entsprechende Blöcke (s.o.) bestellt werden. Aus dem gleichen Grund standen bereits die Verkröpfungen im Gebälk der Basilica und in der Attikazone der Portikus fest. Da die Blockbreiten der Geisa mit der angelegten Ornamentik in Beziehung stehen, dürfte auch die Einteilung der Konsolen-Kassetteneinheiten Teil des Entwurfs gewesen sein. Die Entscheidung für einen dorischen Fries für die Portikus gehört zum Entwurf, denn für das Geison der Portikus liegen verschiedene Blockbreiten mit unterschiedlich weit angelegten, auf den Block bezogenen Ornamenten vor[1036], die bei einem ionischen Fries nicht erklärbar wären. Über die festgelegte Blockhöhe des Geisons des unteren Stockwerks der Basilica war eine hohe, reich ornamentierbare Überleitung vorbestimmt.

1026 Vgl. das Geison des oberen Stockwerks der Basilica: Ser.Nr. 197251; die Archivolte der Portikus: Ser.Nr. 197690 und den Pfeiler: Ser.Nr. 197878. Vgl. weiter: Boschung – Pfanner 1988, 19. 24.

1027 Zu den Orientalenbasen: Kap. VI.3.c.

1028 Zu den Kapitellen der Serie K2: Kap. VI.1.i.

1029 Zu den ionischen Kapitellen: Kap. VI.1.d.

1030 Zu den Metopen des dorischen Frieses: Kap. VI.2.i.

1031 Eine Ausnahme begegnet an den drei Zwitterstücken der korinthischen Kapitelle des oberen Stockwerks der Basilica (Serie Kx), an denen sich Elemente der Serien K1 und K2 vermischen. Zur Forschungsdiskussion, wie die Handwerker entlohnt wurden, vgl. von Hesberg 2005a, 209 mit Anmerkungen.

1032 Dies kann als charakteristisch für die römische Architektur bezeichnet werden und wurde an mehreren Bauten beobachtet. So beispielsweise am Pantheon (Mattern 2001a 92 f.), am Augustusforum (Ganzert 1996a, 226 und Bauer 1988b, 185), am Traianeum in Pergamon (Nohlen 1984) oder am Caesarforum (Meneghini – Santangeli Valenzani 2007, 32).

1033 Vgl. die Kap. VI.2.c. und VI.2.i.

1034 Vgl. Kap. VI.3.a.

1035 Zur Vorgehensweise vgl. Schörner 1997, der dieses Verfahren allein auf Rankenfriese auf dem Gebiet der Gallia Narbonensis angewandt hat.

1036 Vgl. Kap. VI.2.j.

Schwieriger ist die Beantwortung der Frage nach dem bzw. den Verantwortlichen für die Wahl der einzelnen Ornamentbänder und dem jeweiligen Anteil der Bauleitung bzw. der Steinmetzen an der Gestalt der verschiedenen Baugliedserien gleicher Funktion desselben Stockwerkes.

In besonderer Weise sind hierfür die korinthischen Säulenkapitelle der Serie K2 des oberen Stockwerks der Basilica aufschlussreich. Sie tragen auf ihrem Abakus einen Eierstab, die Kapitelle der Serie K1 dagegen nur einen Wulst. Es wurden folglich zwei sich in ihrer Ikonographie unterscheidende Kapitellserien hergestellt. Diese waren von der Bauleitung nicht nur toleriert, sondern in ihrer unterschiedlichen Gestaltung gewünscht. Alle Kapitelle haben innerhalb ihrer jeweiligen Serie grundsätzlich ein sehr einheitliches Aussehen sowohl in Hinblick auf die Ikonographie als auch auf die Machart. Auffälligerweise unterscheidet sich jedoch der Eierstab auf den Abaki verschiedener Kapitelle der Serie K2 in seiner Ausführung. In der Höhe variieren die Eierstäbe zwischen 2,5 und 4,2 cm. Manche sind sehr flach aus dem Relief gearbeitet (Abb. 45), andere sind tief hinterbohrt (Abb. 41). Kaum ein Eierstab gleicht dem anderen. Dies kann nicht allein durch einen unterschiedlichen Ausarbeitungsgrad erklärt werden, sondern ist durch die Arbeitsweise einzelner Handwerker zu begründen.

Vor dem Hintergrund einer sonst vergleichsweise homogenen Gestaltung der Kapitelle sowie der anderen Eierstäbe des Gebäudes ist die fehlende Standardisierung am Eierstab des Abakus des Kapitells der Serie K2 bemerkenswert. Offensichtlich gehörte dieses Ornamentband nicht zum gewohnten Repertoire der Steinmetzen dieser Kapitelle. Vermutlich wurde der Eierstab demnach nicht nach dem Erachten der Steinmetzen bzw. Steinmetzgruppe angelegt, sondern geht auf den Entwurf der Bauleitung zurück. Obwohl zeitgleich viele in der Ausführung dieses Ornaments geübte Handwerker in der Basilica beschäftigt waren, fertigten sie nicht die Eierstäbe der genannten Kapitelle an. Die für die Logistik des Bauablaufs sinnvolle Aufteilung verschiedener Werkgruppen an unterschiedlichen Bereichen des Baus wurde folglich auch nicht unterlaufen, wenn es um Ornamente ging, die andere offensichtlich normierter hätten herstellen können.

Weiter sind in diesem Zusammenhang auch die Pilaster- und Säulenbasen des oberen Stockwerks der Basilica zu erwähnen. Sie gehören alle dem attischen Typ an, doch lassen sie sich in zwei verschiedene Serien einteilen[1037]. Die Pilaster- und einige Säulenbasen weisen zwischen Tori und Trochilus je einen Rundstab auf (Abb. 35–36), andere Stücke entsprechen der herkömmlichen attischen Basis (Abb. 34). Gerade bei einer relativ schlichten Profilierung ist davon auszugehen, dass die ausführenden Hände grundsätzlich in der Lage gewesen wären, nach Belieben einheitliche Basen herzustellen. Der Einsatz verschieden gestalteter Basen dürfte auf Wunsch bzw. zumindest im Einvernehmen mit der Bauleitung erfolgt sein, denn es handelt sich um ein verbreitetes Phänomen römischer Architektur bei Bauten hervorragender Qualität[1038].

Die ikonographischen Feinheiten eines Ornamentbandes und seine Ausführung sind hingegen auf die Arbeit der einzelnen Steinmetzen zurückzuführen[1039]. Zu nennen wären hier die genaue Gestalt der Zwischenblätter von Kymatien und die sehr variantenreiche Eckgestaltung der Ornamentreihen an den Kassetten der Geisa[1040]. Ferner konnte die Anzahl der einzelnen Elemente einer Ornamentreihe aufgrund unterschiedlicher Breiten je nach Steinmetz wechseln (Abb. 31)[1041]. Weiter hing es von den ausführenden Händen ab, ob die Faszien an den Architraven senkrecht oder geböscht angebracht waren[1042], ob die Zwischenblätter der Pfeifenstäbe der Bogensoffitten eine Pfeilspitze aufwiesen[1043], ob die dortigen Pfeifen leicht schräg oder gerade lagen[1044], oder ob über den Triglyphen der Portikus eine gesonderte Leiste eingezogen wurde[1045].

Die Achskorrespondenzen bei übereinander angelegten Ornamentbändern scheinen ebenfalls nicht Teil des Entwurfes gewesen zu sein, denn sie kommen nicht im gesamten Gebäude vor. Vielmehr treten sie nur am Gebälk des oberen Stockwerkes, wo Architravsoffitte und Fries korrespondieren, und am Geison, wo Eierstab zu Zahnschnitt im Verhältnis zueinander stehen, auf. Für das obere Stockwerk ist laut der Detailanalyse der Ornamentik eine eigene Handwerkergruppe verantwortlich gewesen, die möglicherweise auch am mit Achskorrespondenzen in der Ornamentik reich versehenen Augustusforum tätig war[1046].

Zusammenfassend lässt sich folgende Schlussfolgerung ziehen: Der einzelne Ornamenttyp wurde verbindlich

1037 Vgl. Kap. VI.1.g.

1038 So sind beispielsweise an einer Portikus beim griechischen Theater in der Villa Hadriana in Tivoli attische Pilasterbasen mit kompositen Säulenbasen kombiniert.

1039 Vgl. zum Folgenden auch die Ausführungen in Kap. VIII.

1040 Vgl. die analoge Situation am Mars-Ultor-Tempel: Ganzert 1996a, 219.

1041 Vgl. z. B. die Ornamentreihen am Geison im unteren Stockwerk der Basilica: Kap. VI.1.f.

1042 Vgl. Kap. VI.2.h.

1043 Vgl. Kap. VI.2.f.

1044 Vgl. Kap. VI.2.f.

1045 Vgl. Kap. VI.2.i.

1046 Zum Augustusforum vgl. etwa Ganzert 1996a, 220, Taf. 77, 7.

von der Bauleitung festgelegt. Auch die unterschiedlichen Baugliedserien gleicher Funktion waren nicht unerwünscht. Die exakte Ikonographie und Ausführung der einzelnen Ornamentbänder geht hingegen auf die Handwerker(gruppen) zurück.

Dass sich das Bügelkymation der Architravsoffitten des unteren Stockwerks grundlegend von dem an der Faszienseite unterscheidet, ist somit nicht als Teil des Entwurfs zu verstehen. Dass die Soffitten des Mittelschiffs ein Bügelkymation, diejenigen in der nördlichen Säulenlängsreihe ein Scherenkymation rahmte, ist hingegen so beabsichtigt gewesen.

XI. Entwurf und Ausführung der Stücke späterer Eingriffe

In diesem Abschnitt soll der Frage nachgegangen werden, ob und wie sich die Stücke späterer Eingriffe an der Basilica Aemilia in ihrer Herstellung von den augusteischen Stücken unterscheiden. Besonders gut eignen sich dafür die ionischen Kapitelle des unteren Stockwerks der Basilica aus neronisch-vespasianischer Zeit, da sie eine relativ komplexe Ornamentik aufweisen und verhältnismäßig zahlreich erhalten sind (Abb. 146–148)[1047].

Bei ihrer Herstellung übernahm man abgesehen von Details die Ikonographie der augusteischen Stücke, die von den Steinmetzen einheitlich umgesetzt wurde. Der Akanthus auf dem Polster, der bei den augusteischen Stücken je nach Position in seiner Lappen- und Fingerzahl variierte, ist hier immer gleich gestaltet. Auch wurde die Einberechnung der Ansichtigkeit von unten in der Ornamentgestaltung, die die augusteischen Kapitelle auszeichnete, an den späteren Stücken nicht mehr umgesetzt. Unterschiede sind dafür in der Sorgfalt der Ausarbeitung zu verzeichnen. So ist das Fragment Ser.Nr. 123001 fein ausgearbeitet (Abb. 146). Die Reste der Bohrstege wurden entfernt und die Ornamente wurden gleichmäßig angelegt. Das Fragment Ser.Nr. 123409 zeigt dagegen ungleichmäßige und verschiedenartige Blattfinger, denen jede Binnenzeichnung fehlt (Abb. 147). Auch machte man sich bei diesem Stück nicht die Mühe, die Bohrrillen zu glätten. Alles in allem wird der Eindruck erweckt, als hätten weniger geübte Steinmetze unter vermehrtem Einsatz des Bohrers verhältnismäßig schnell die Kapitelle gefertigt[1048].

Dasselbe Prinzip, die Ikonographie der augusteischen Stücke weitestgehend beizubehalten, scheint – soweit fassbar – auch für die übrigen Bauglieder späterer Eingriffe feststellbar Bei einer zunehmenden Normierung ikonographischer Details wurde hingegen in der Gründlichkeit der Ausführung stark variiert[1049].

1047 Vgl. Kap. VII.1.b.

1048 Zum zunehmend rationalisierten Herstellungsverfahren ab flavischer Zeit, welches sich auch an den hier vorgestellten Stücken bestätigt: Pfanner 1988, 674 f.; Boschung – Pfanner 1988, 11–15; Pfanner 1989, 170 f. 229 f.; Freyberger 1991, 135 f. Zum Herstellungsverfahren severischer Zeit: Freyberger 1998.

1049 Vgl. die Basen und Architravfragmente des unteren Stockwerks der Basilica (Kap. VII.1.a. und VII.1.c.).

XII. Zum Einsatz und Bedeutungsgehalt von Architektur und ihrem Schmuck

In den vorangegangen Kapiteln konnte gezeigt werden, dass der Großteil der vorgestellten ornamentierten Bauglieder gleichzeitig für dasselbe augusteische Gebäude hergestellt wurde. Darüber hinaus konnte der Entwurfsvorgang detailliert rekonstruiert werden[1050]. Die Grundvoraussetzungen für die Analyse des Einsatzes und Bedeutungsgehaltes von architektonischem Schmuck[1051] an der Basilica Aemilia sind damit gelegt[1052]. Dass die Basilica Aemilia grundsätzlich sehr reich ausgestattet war, mag vor dem Hintergrund ihrer prominenten Lage[1053] kaum verwundern und u. a. im Zusammenhang der allgemeinen Bestrebungen augusteischer Zeit verstanden werden, das Stadtbild Roms der Größe des Imperiums gebührend aufzuwerten und den Luxus auch der Öffentlichkeit zugänglich zu machen[1054]. Da es sich bei dem vorliegenden Komplex um einen der Öffentlichkeit zugänglichen Bau mit bestimmten Funktionen (s. u.) handelt, bieten sich darüber hinaus Fragen nach der Verbindung von Raumausstattung und Raumnutzung bzw. der Einbindung des Komplexes in die Kulturtopographie seiner Umwelt an[1055].

Hierfür werden folgende Kriterien gewählt: Wahl der architektonischen Ordnungen und der Baugliedserien, des Materials und der Ornamente, deren Ansichtigkeit sowie deren Quantität und Qualität und die Positionierung von epigraphischen und figürlichen Elementen.

1. Raumhierarchie und Raumnutzung

Am eindeutigsten ist die raumgliedernde Funktion der Ornamentik zu greifen. Der größte repräsentative Anspruch zeigt sich im Mittelschiff der Basilica. Eine erste Akzentuierung lässt sich anhand des verwendeten Materials, des Buntmarmors, aufzeigen[1056]. Die monolithen Säulen um das Mittelschiff des unteren Stockwerks[1057] bestehen aus

1050 Es wird im Folgenden nur derjenige architektonische Schmuck des augusteischen Baues behandelt, dessen Zugehörigkeit gesichert ist und dessen Position am Bau eindeutig bestimmt werden kann. Keine Berücksichtigung (falls nicht anders gekennzeichnet) finden also die Rankenpfeiler und die dazugehörigen Kapitelle, die Orientalenstatuen mit ihren Basen, die Pilaster der oberen Ordnung der Basilica, die Clipei und die Kassettendecken (vgl. die Kap. VI.3; VI.4.). Ebenfalls unbeachtet bleiben die aus späteren Baumaßnahmen resultierenden Bauglieder (vgl. Kap. VII.; IX.; XI.), weil mit ihnen nicht grundlegend in die Gestalt des Baus eingegriffen wurde. Sie wurden grundsätzlich an der Ikonographie der augusteischen Bauglieder ausgerichtet. Die Reparaturen am Fußboden der Basilica (Freyberger – Ertel 2007, 509–512; Ertel – Freyberger 2007, 129–134) und die ionischen Kapitelle des unteren Stockwerks der Basilica aus neronisch-vespasianischer Zeit zeigen darüber hinaus lediglich, dass die architektonischen Raffinessen des augusteischen Bauwerks, wie der auf Ansicht von unten gearbeitete Akanthus der Kapitelle, aufgegeben wurden.

1051 Zur hier vertretenen Definition von architektonischem Schmuck vgl. Anm. 12.

1052 Durch die Untersuchung der erhaltenen Bauglieder ist nur ein Element der Raumausstattung zu greifen. Weitere Aspekte wie Wandverkleidung, Polychromie, mögliche Stuckdekorationen, bewegliches Inventar oder die Art der Überdachung sowie die Anzahl und Position der Türen und Fenster und die damit verbundene Beleuchtung des Raumes sind nicht oder nur bedingt nachzuweisen. Lediglich an einem ionischen Kapitell konnten Farbreste festgestellt werden: Ser.Nr. 123422. Um weitere Farbreste an Bauteilen zu finden, bedürfte es einer eigenen wünschenswerten Untersuchung. Zur Malerei an antiken Baugliedern grundsätzlich: Mattern 1999, 26 f.; Brinkmann – Wünsche 2004, 268 mit weiterführender Literatur; Ungaro – Vitali 2004; Ungaro 2007b; Bitterer 2007a; Bitterer 2007b. Zu Stuckdekorationen vgl. beispielsweise die Stuckreste an den Forumshallen in Minturnae (Johnson 1935, 51–57 Abb. 25–28), Herkulaneum (Yegül 1993, 369–393) oder vom Apollon-Sosianus-Tempel (La Rocca 1985, 90; Viscogliosi 1988, 138; Mattern 2001b, 62 Abb. 6. 7). Ferner Mielsch 1975, 12–38. Zum Einfluss des Lichtes auf die Ornamentik: Nolte 1990.

1053 Vgl. Kap. II.

1054 Zur *maiestas imperii*: Zanker 1987, 157–161; Haselberger 2007. Zur *publica magnificentia*: Zanker 1987, 141–157; von Hesberg 1992, 126 f. mit den entsprechenden Schriftquellen. Die in ihrer Position nicht sicher rekonstruierbaren Rankenpfeiler und -kapitelle werten den Baukomplex unter dem Aspekt des Reichtums zusätzlich auf.

1055 Zum Funktionieren von Raumausstattung allgemein: Muth 1998, 54–59, bes. 55 Anm. 162.

1056 Zur Verwendung von Marmor in Rom ab der späten Republik allgemein: Schneider 1986, 144–149; Pensabene 1998b, 333–390; Mattern 1999, 22 f.; Pensabene 2002a. Verweise auf die Bedeutung des Materials liefern u. a. zahlreiche augusteische Schriftquellen (von Hesberg 2005a, 33–35 Anm. 48. 49; Scheithauer 2000, 221–286 bes. 225–227), die die Wahrnehmung durch die damaligen Zeitgenossen illustrieren sowie die gezielte Verwendung von Bauornamentik an zeitgleichen Gebäuden Roms belegen (von Hesberg 2005a, 51 f.).

1057 Vgl. Kap. VI.1. c. Zu monolithen Säulen aus buntem Stein allgemein: Barresi 2002.

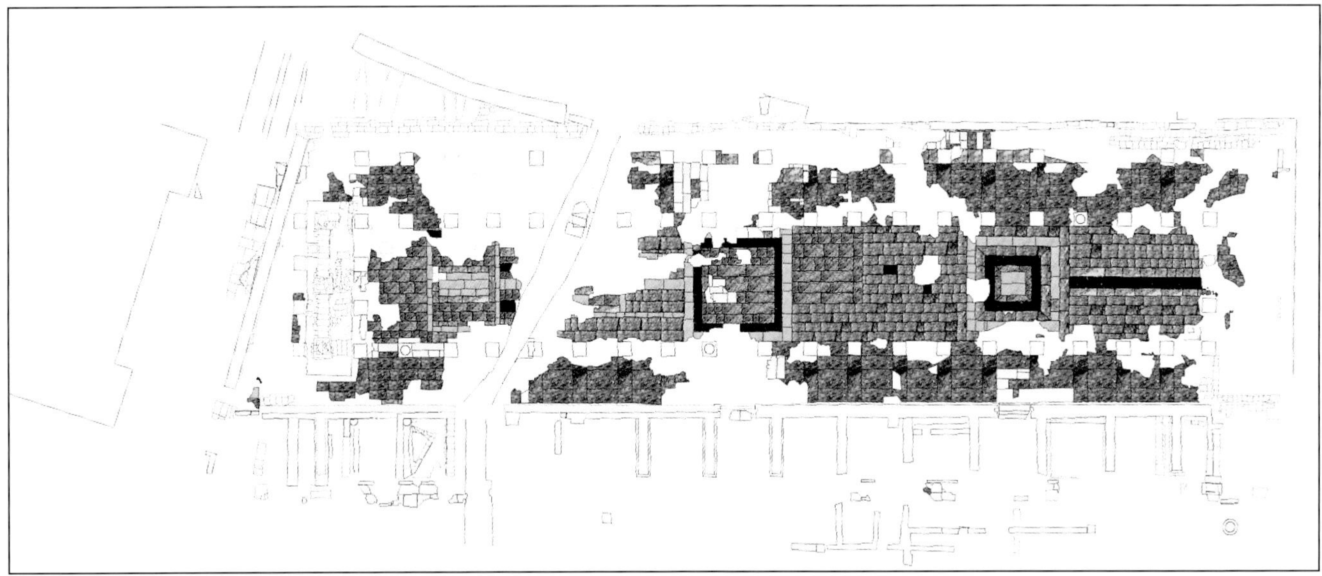

Abb. 154 Basilica, Marmorfußboden

kostspieligem[1058] Africano[1059], in der nördlichen Säulenlängsreihe stehen solche aus weniger teurem Cipollino[1060]. Auch mit Hilfe des mit verschiedenen Marmorsorten ausgestatteten Fußbodens wird die Innengliederung der Basilica verdeutlicht (Abb. 154)[1061]. In den Seitenschiffen sind Platten aus lunensischem Marmor verlegt. Nur zwischen den Cipollinosäulen der nördlichen Säulenlängsreihe bestehen sie aus Cipollino und bilden gemeinsam mit den Säulen eine grüne Linie, die das schmale, durch eine Stufe abgesetzte nördliche Seitenschiff vom übrigen Bereich abgrenzt. Darüber hinaus bleibt der Einsatz von Buntmarmor im Fußboden auf das Mittelschiff beschränkt und ist wie folgt angeordnet: Durch die Längsachse des Mittelschiffs zieht sich ein Streifen aus Pavonazzetto[1062], der von Cipollinoplatten gerahmt wird. Die übrige Pflasterung des Mittelschiffs besteht aus Africano. An den drei Durchgängen zur Portikus befinden sich große, konzentrisch angeordnete Quadrate aus unterschiedlichen Marmorsorten. Von außen nach innen wechseln sich Streifen aus Africano, Giallo Antico[1063], Africano, Portasanta[1064], Africano und Giallo Antico ab.

Auch im quantitativen Ornament-Vorkommen wurde zwischen Mittelschiff und Seitenschiffen differenziert. Das Mittelschiff wird im unteren Stockwerk dadurch hervorgehoben, dass dort der Architrav in drei Faszien unterteilt ist (Abb. 15), wohingegen dieser in den Seitenschiffen lediglich zwei Faszien aufweist. Einzig an den Seiten desjenigen Architravs, der über den Cipollinosäulen lag und zum schmalen Seitenschiff im Norden des Baus wies, sind die einzelnen Profile – Perlstab und Bügelkymation – nicht ornamental ausgearbeitet worden (Abb. 17). Ferner variiert der Architrav in der Gestaltung der Soffitten, die jeweils von einem Perlstab und einem lesbischen Kymation gerahmt werden. Das lesbische Kymation ist an den Architravblöcken über den Säulen um das Mittelschiff in Form eines Bügelkymations, an denen über den Säulen aus Cipollino in der nördlichen Säulenlängsreihe in Form eines Scherenkymations ausgearbeitet[1065].

Stärker noch zeichnet sich die Fokussierung auf das Mittelschiff an den Friesen und Geisa ab. Der Fries des oberen Stockwerks war nur zum Mittelschiff hin mit ei-

1058 Die Marmorpreise werden dem Preisedikt Diokletians entnommen: Lauffer 1971, 192 f. 280 f. Vgl. weiter: Mielsch 1985, 28 f.; Corcoran – DeLaine 1994, 263–273. Obwohl dieses Dokument deutlich später datiert, werden die Preisunterschiede auch für die augusteische Zeit gegolten haben, da der entscheidende Faktor für den Preis der einzelnen Marmorsorten, die Länge des Transportweges über Land, sich nicht geändert hat.

1059 Zum Africano: Pensabene – Lazzarini 1998. Zu seiner besonderen Wertschätzung in augusteischer Zeit besonders 144 f. Vgl. weiter Mielsch 1985, 54 f.; Gnoli 1988, 174–176; Pensabene 1998c, 353.

1060 Zum Cipollino: Mielsch 1985, 58; Gnoli 1988, 181–183; Pensabene 1998a, 311–326; Bruno 1998, 327–332.

1061 Freyberger – Ertel 2007, 509–512; Ertel – Freyberger 2007, 129–134.

1062 Zum Pavonazzetto: Mielsch 1985, 59; Schneider 1986, 140 f.; Gnoli 1988, 169–171.

1063 Zum Giallo Antico: Mielsch 1985, 56; Schneider 1986, 42 f.; Gnoli 1988, 166–168.

1064 Zum Portasanta: Mielsch 1985, 55 f.; Gnoli 1988, 172 f.

1065 Vgl. Kap. VI.1.e.

nem Lotuspalmettenfries geschmückt (Abb. 48–49). An der Rückseite zu den Seitenschiffen wurde er glatt belassen[1066]. Die möglicherweise besser beleuchtete Frieszone der gegenüberliegenden Wandverkleidung weist hingegen den gleichen Lotuspalmettendekor auf. Die Konsolengeisa sind ebenfalls in beiden Stockwerken allein zum Mittelschiff hin angelegt (Abb. 27–28. 52)[1067]. Der Übergang vom Fries zum Geison am unteren Stockwerk ist mit vier ausgeführten Ornamentbändern besonders reich geschmückt. Die Innenfassade wird durch die Verkröpfungen des Geisons aufgebrochen und zusätzlich variiert[1068]. Für einen Innenraum sind sie von beachtlicher Tiefe. Dies bot die Möglichkeit, zusätzlichen Schmuck, vermutlich die Orientalenstatuen, auf ihnen anzubringen[1069].

An den Architravblöcken des oberen Stockwerks, die zum Mittelschiff ausgerichtet sind, finden sich an der zweiten Faszie ungefähr über den Säulen quadratische Einlassspuren, zum Teil mit Metallresten. Hierbei handelt es sich wahrscheinlich um Reste von Metallapplikationen (Abb. 48)[1070]. Denkbar wären zwischen den Interkolumnien angebrachte Girlanden[1071].

Der Basilicaraum und hier insbesondere das Mittelschiff wurden darüber hinaus noch durch verschiedene optische Raffinessen und die Formenvielfalt der einzelnen Bauglieder und ihrer Ornamente hervorgehoben. Die Akanthusblätter der ionischen Kapitelle der unteren Ordnung stehen in dieser Hinsicht kaum hinter den korinthischen Kapitellen des oberen Stockwerks zurück. Die besonders reich verzierten Polster der ionischen Kapitelle sind beispielsweise gezielt auf eine Ansichtigkeit von unten gearbeitet, indem die Reliefhöhe und Ausführung der Blätter je nach ihrer Position am Polster variiert (Abb. 12–14)[1072]. Trifft dies für alle ionischen Kapitelle ungeachtet ihres Standortes zu, neigt sich nur im Mittelschiff der Fries geringfügig nach vorne und ist so von unten besser zu sehen[1073]. Die Bügel des zum Mittelschiff gerichteten Kymations des Architravs im oberen Stockwerk sind enger gestellt als diejenigen zu den Seitenschiffen[1074]. Auch bei der Entscheidung, die Africanosäulen im unteren Stockwerk der Basilica um das Mittelschiff und diejenigen aus Cipollino in die nördliche Säulenlängsreihe zu platzieren, dürfte neben des unterschiedlichen Wertes auch die Beleuchtung des Raumes eine Rolle gespielt haben. So wird durch die dunkleren Säulen aus Africano im sicherlich besser beleuchteten Mittelschiff ein scharfer Kontrast zu den hellen Cipollinosäulen erreicht worden sein, die hingegen eher im Schatten gestanden haben dürften[1075].

Außergewöhnlich sind ferner die Säulenstellung und der Neigungswinkel der Geisa im Mittelschiff. Erstere zeichnet sich durch ein verringertes Interkolumnium im oberen Stockwerk aus, so dass die Säulen der oberen Ordnung vielfach nicht auf denen des unteren Stockwerks zu stehen kommen[1076]. Mit der in der Basilica – dem Zeitgeist entsprechend – verwendeten ionischen und korinthischen Ordnung[1077] sind gegenüber der dorisieren-

1066 Vgl. Kap. VI.1.j.

1067 Vgl. die Kap. VI.1.f. und VI.1.k.

1068 Zur herausragenden Stellung von Verkröpfungen in der zeitgleichen stadtrömischen Architektur: von Hesberg 1992, 133.

1069 Vgl. die Präsentation von Verkröpfungen in der zeitgleichen Malerei: von Hesberg 1992, 128.

1070 Vgl. Kap. VI.1.j. Zum Einsatz von Metall in der Architektur allgemein: Mattern 1999, 13–21. Am Mars-Ultor-Tempel: Ganzert 1996a, 223. Einige historische Quellen sind zusammengetragen bei: von Normann 1996, bes. 195–203.

1071 Auch in der Wandmalerei sind Girlanden häufig zwischen den Interkolumnien dargestellt, wenngleich in ihrer ephemeren Gestalt aus echten Pflanzen. Vgl. für Rom aus augusteischer Zeit beispielsweise die Malerei aus der Villa unter der Farnesina (Grüner 2004 Abb. 46), vom Haus des Augustus (Mielsch 2001, 56 Abb. 55) oder vom Haus der Livia (Mielsch 2001, 60 Abb. 60). Vgl. auch das applizierte Metall in der Malerei der früheren Villa von Oplontis (De Franciscis 1975, Abb. 4–36). Zu vergleichen sind ferner die Reliefgirlanden zwischen den Stützen an der Innenseite der Umfriedung der Ara Pacis, wo sie an Bukranien aufgehängt sind (Settis 1988, 407 Abb. 183).

1072 Vgl. Kap. VI.1.d. Zur Einberechnung der Unteransicht in der antiken Architektur ferner Vitr. 3, 3, 13; 3, 5, 9; 3, 5, 13.

1073 Vgl. Kap. VI.1.e.

1074 Vgl. Kap. VI.1.j. Da das an allen erhaltenen Fragmenten der Fall ist, kann es sich nicht um einen zufälligen Befund handeln.

1075 Vergleichbares ist für die Exedra am Augustusforum (Ungaro 2002a, 112) oder in der Wandmalerei bspw. der Casa dei Grifi belegt (Engemann 1967, 66–68 Taf. 2 und 3).

1076 Auf die Bemühungen, das Gewicht von Gebälk und Dach der jeweiligen Ordnungen auf die Stützen abzuleiten, wurde bereits eingegangen. Vgl. die Kap. VI.1.e.; VI.1.j.

1077 Die Verwendung dieser Ordnungen begründet sich in der architekturgeschichtlichen Tradition. Hatte Bauer zwei Stockwerke mit Säulenstellung jeweils einer korinthischen Ordnung angenommen (Bauer 1993a, 184 f. Abb. 106. 107), konnte gezeigt werden, dass die untere Säulenstellung stattdessen mit ionischen Kapitellen versehen war (Kap. VI.1.d.). Diese Ordnungen wurden vielfach in den oberen Stockwerken einer mehrstöckigen Architektur verwendet bzw. wie im vorliegenden Fall in Innenräumen (Lauter 1986, 257; die Tabellen bei Liljenstolpe 1999, 147–149; Wilson Jones 2000, 111. 114–117). Die korinthische Ordnung wurde dabei meist über die ionische gestellt (Zu den Ausnahmen: Lauter 1986, 257–259; Liljenstolpe 1999, 147–149). In der gleichzeitigen Architektur Roms liegt mit der Fassade des Marcellustheaters hierfür ein prominentes Beispiel vor (Fidenzoni 1970; Ciancio Rossetto 1999; Tomasello – Zelazowski 2000). Auch in der Gestaltung der einzelnen Bauglieder lassen sich im Detail

den Außenarchitektur an der Portikus ohnehin bereits schlankere Formen verbunden[1078]. Durch die beschriebene Säulenstellung wurde darüber hinaus eine vermeintliche Fragilität der Architektur besonders betont[1079]. Nicht zu Unrecht wurde der Innenraum der Basilica daher schon mit dem dritten pompejanischen Malereistil verglichen[1080].

Auch bei der Neigung von Konsolen und Kassetten der Geisa könnte die Perspektive des Betrachters ausschlaggebend gewesen sein. Das Geison des unteren Stockwerks neigt sich außergewöhnlich weit nach unten, reagiert dabei auf den Fries und mag den Eindruck einer Außenarchitektur evozieren[1081]. Das Geison des oberen Stockwerks ist genau entgegengesetzt angelegt: leicht nach hinten gekippt, was die Höhenwirkung des Raumes noch steigert[1082].

Ein anderes mit dem Basilicaraum und insbesondere mit seinem Mittelschiff verbundene Charakteristikum besteht in der Unterschiedlichkeit und Vielfalt des architektonischen Schmucks[1083]. Die Geisa der unteren und oberen Ordnung unterscheiden sich in der Typologie ihrer Konsolen und der Wahl ihrer Ornamentik[1084]. In diesem Zusammenhang lassen sich auch die unterschiedlichen Serien funktional gleicher Bauglieder wie die verschiedenen Basen oder Kapitelle des oberen Stockwerks verstehen, die – obgleich vermutlich von verschiedenen Handwerkergruppen gefertigt[1085] – wohl weniger ein Zugeständnis an die Produktionsmöglichkeiten waren, sondern eher als eine willkommene zusätzliche Differenzierungsmöglichkeit des Raumes zu verstehen sind.

Die oberen Etagen der Seitenschiffe sind aufwändiger gestaltet als die unteren. Hier ist an den Wänden die Architektur der Säulenordnungen in Form einer Verkleidung inklusive verkröpfendem Gebälk angebracht[1086]. Ferner kommen verschiedene Serien von Basen und Kapitellen vor, die in unterschiedlichen Raumeinheiten verwendet wurden. Die Basen, die um das Mittelschiff standen, entsprechen dem attischen Typ (Abb. 34), eine zweite Serie, die zusätzlich zum attischen Profil Rundstäbe zwischen den Tori und dem Trochilus aufweist, ist in einer nördlichen Säulenlängsreihe und unter den Pilastern zu rekonstruieren (Abb. 35–36)[1087]. Die Pilasterbasen und die Basen der nördlichen Säulenlängsreihe (B2) wurden gegenüber den Basen im Mittelschiff (B1) aufwändiger geschmückt. Gleichfalls lassen sich die Säulenkapitelle in zwei Serien gliedern, die entsprechend den Basen in verschiedenen Gebäudeteilen zu rekonstruieren sind[1088]. Die Pilasterkapitelle unterscheiden sich zusätzlich von beiden Serien von Säulenkapitellen[1089]. Im Unterschied zum unteren Stockwerk, wo die Seitenschiffe im Aufwand ihrer Ornamente gegenüber dem Mittelschiff grundsätzlich zurückstanden, gilt dies für die Kapitelle des oberen Stockwerks nicht. So weisen die Kapitelle in der nördlichen Säulenlängsreihe des oberen Stockwerks eine besonders reiche Abakusgestaltung mit ausgearbeitetem ionischen Kymation auf und tragen, wie auch die Pilasterkapitelle, beispielsweise mit einem Akanthusblatt eine sehr aufwändige Stützblattgestaltung.

Die Portikus steht im Aufwand ihrer dekorativen Ausführung hinter der Basilica zurück[1090]. Alle sichtbaren Bereiche bestanden hier abgesehen vom Gewölbe, welches verputzt und vielleicht mit Stuckdekor versehen war, ausschließlich aus weißem, lunensischem Marmor[1091]. Die Faszien der Archivolten bzw. des Architravs der Portikus sind lediglich abgetreppt, während die Faszien des Archi-

zahlreiche Parallelen zu anderen Gebäuden augusteischer Zeit feststellen. Man kann demnach von Trends in der Architektur sprechen, denen man auch beim Bau der Basilica in vielen Bereichen folgte. So tragen beispielsweise die meisten augusteischen Architrave durch einen Perlstab abgetreppte Faszien und schließen zur Oberseite hin mit einem Bügelkymation ab (Leon 1971, 174). Wie schon vielfach bemerkt, lassen sich die Bauglieder des Augustusforums besonders gut mit denen der Basilica vergleichen.

1078 Vitr. 1, 2, 5; 4, 1, 7 f.

1079 Zu Ordnungen, deren Säulen nicht übereinander gestellt werden: Wilson Jones 2000, 114–117.

1080 von Hesberg 1981/1982, 164.

1081 Vgl. Kap. VI.1.f.

1082 Vgl. Kap. VI.1.k.

1083 Zur Formenvielfalt vgl. von Hesberg 1980a, 221. Der Wunsch nach Vielseitigkeit ist allgemein als augusteisches Phänomen zu verstehen. Dies lässt sich auch an der Portikus feststellen. Hier tritt kein Ornament mehrfach auf, sondern sowohl in den einzelnen Ornamentbändern als auch beispielsweise in der unterschiedlichen Konsolenform der beiden Geisa des Baus wird stets variiert (Vgl. Kap. VI.2.j.; VI.2.k.).

1084 Vgl. Kap. VI.1.f.; VI.1.k.

1085 Vgl. Kap. X.

1086 Vgl. die Kap. VI.1.g.; VI.1.i.; VI.1.j.; VI.1.k.

1087 Vgl. Kap. VI.1.g.

1088 Das korinthische Kapitell eignet sich mehr als das ionische für eine Allansichtigkeit (Vitr. 4, 1, 1; Liljenstolpe 1999, 150; Wilson Jones 2000, 135–156).

1089 Vgl. Kap. VI.1.i.

1090 Dennoch lassen sich ein gemessen an anderen Bauten vergleichsweise großer Ornamentreichtum und eine große Vielfalt feststellen. Dies wird u. a. an den aufwändig dekorierten tuskanischen Kapitellen deutlich (vgl. Kap. VI.2.e; VIII.).

1091 Zum Marmor Lunense: Mielsch 1985, 61 f.; Pensabene 2002b, 212–214; Bruno 2002b, 280; Pensabene 2004 mit weiterführender Literatur.

travs des unteren Stockwerks der Basilica voneinander jeweils durch einen Perlstab getrennt sind (Abb. 15. 72)[1092].

Der gesteigerte Aufwand in der Basilica kommt noch deutlicher an den Geisa zum Vorschein. Die relativ schlichte Ornamentierung am Geison der Portikus steht einem geradezu überbordenden Schmuck am Geison des unteren Stockwerks der Basilica gegenüber (Abb. 28. 91)[1093]. Bei letzterem vermitteln zwischen Fries und Konsolen ein Zahnschnitt und gleich drei Profile, die alle mit Dekor versehen sind: Bügelkymation, Eierstab und Perlstab. Am Geison der Portikus finden sich an derselben Stelle lediglich ein undekorierter Cavetto und ein Eierstab. Dasselbe lässt sich auch für die Konsolen und Kassetten feststellen. Die sie rahmenden Kymaprofile sind an der Portikus unverziert (Abb. 92), in der Basilica hingegen als Bügelkymation und Eierstab ausgearbeitet (Abb. 27–28). Die Konsole des Geisons der Portikus ist blockförmig und nur mit einer schmalen Soffitte in Form eines Schuppenrapports geschmückt (Abb. 92), wohingegen in der Basilica an dieser Stelle eine kunstvoll geschwungene, rhodische Konsole ausgeführt ist, deren Soffittendekoration Flechtbänder und Schuppenrapporte aufweist. Die Konsolen laufen in Form eines überlappenden Akanthusblattes aus. An ihren Seiten sind Halbpalmetten angebracht (Abb. 27–28). Bei der Portikus leitet ein Scherenkymation von der Geisonstirn zur glatt belassenen Sima mit Löwenkopfwasserspeiern über (Abb. 92). Am Geison der Basilica führen hingegen Perlstab und Blattkymation zu einer Sima, die mit einem Lotus-Palmettenband geschmückt ist und deren nach oben abschließende Leiste noch mit einem Perlstab und einem Eierstab verziert ist (Abb. 28).

Am Geison der Attika der Portikus leiten zwei glatt belassene Kyma Reversa und ein dazwischenliegender Zahnschnitt zu den Konsolen über[1094], an dem entsprechenden Exemplar im oberen Stockwerk der Basilica sind neben einem Kyma Reversa ein Eierstab und ein Zahnschnitt ausgearbeitet (Abb. 107. 52)[1095]. Die Konsolen und Kassettenrahmungen an den Stücken der Portikus wurden nicht geschmückt (Abb. 107), während am Geison des oberen Stockwerks der Basilica ein Blattkymation und ein Eierstab ausgearbeitet sind (Abb. 54). Die Stabsoffitten der Konsolen an der Portikus sind nicht dekoriert, die Kassettenblüten nur einfach gerahmt (Abb. 107), wohingegen an entsprechenden Stellen in der Basilica ein Flechtband und eine zweifach gerahmte konzentrische Blüte erscheinen (Abb. 54). Die Sima über der Geisonstirn ist an den Exemplaren der Portikus glatt belassen (Abb. 107), während in der Basilica zunächst ein Kymation zur Sima überleitet und auf dieses zusätzlich ein Lotuspalmettenfries gelegt ist (Abb. 52).

Während die einzelnen Ornamentbänder der Bauglieder der Basilica regelmäßig und vollständig ausgeführt sind (Abb. 27), sind die Dekorelemente der Portikus[1096] meist nur sehr oberflächlich und unregelmäßig aus dem Kymaprofil herausgearbeitet (Abb. 78. 98)[1097].

Weitere Akzente erhält die Basilica gegenüber der Portikus durch den figürlichen Fries mit Szenen der römischen Geschichte[1098] und wahrscheinlich durch die Orientalenstatuen[1099]. Figürlicher Schmuck lässt sich für die Portikus nicht nachweisen.

Traditionell liegt bei Portiken die Betonung in der architektonischen Ausstattung der Außenfassade[1100]. Auch an der Portikus der Basilica Aemilia wurde hier die aufwändigere Halbsäulenstellung verwendet, die gegenüber den Pilastern im Innenraum allein aufgrund ihrer größeren Fläche mehr Dekor bietet[1101]. Hervorgehoben wurden die Halbsäulen zusätzlich dadurch, dass der Mittelpunkt der Säule wenige Zentimeter außerhalb des Pfeilers liegt. Es handelt sich hier also tatsächlich um mehr als eine Halbsäule[1102]. Das Gebälk im Innenraum der Portikus ist wegen des daraufliegenden Gewölbes niedriger als dasjenige an der äußeren Fassade und dürfte im Gegensatz zu diesem wohl auch nicht durch ein aufwändig geschmücktes Konsolengeison abgeschlossen worden sein[1103]. Die Metopen, die an der Fassade mit Reliefs von Paterae oder Bukranien geschmückt waren, wurden im Innenraum der Portikus wahrscheinlich zumindest zum Teil glatt belassen[1104]. Die Portikusaußenfassade präsentierte ihre Attika zum Platz hin mit Profilen, Konsolengebälk und vor allem auch Inschriften[1105]. Verschiedene Dübellöcher und Einlassspuren auf den Geisonoberseiten der dorisierenden

1092 Vgl. die Kap. VI.2.f.; VI.2.h.; VI.1.e.

1093 Vgl. die Kap. VI.1.f.; VI.2.j.

1094 Vgl. Kap. VI.2.k.

1095 Vgl. Kap. VI.1.k.

1096 Dies ist beispielsweise am lesbischen Kymation der Archivolte sowie am Eierstab und am lesbischen Kymation vom Geison zu sehen.

1097 Dass die Art der Ausführung in der Antike durchaus Beachtung finden konnte, belegt Kallixeinos, Athen. 5, 205 c.

1098 Vgl. Kap. VI.1.e. Exkurs zum Fries. Zur augusteischen Datierung m. E. überzeugend: Ertel – Freyberger 2007, 118–129.

1099 Die Orientalenstatuen sind wahrscheinlich im Mittelschiff der Basilica über den Verkröpfungen des Geisons des unteren Stockwerks zu platzieren. Vgl. die Diskussion in Kap. VI.3.d. Zu ihrer Datierung in augusteische Zeit zuletzt Bitterer 2007a, 544. 549.

1100 Nünnerich-Asmus 1994, 25–54. 58–64.

1101 Vgl. Kap. VI.2.d.

1102 Vgl. Kap. VI.2.c.; VI.2.d.

1103 Vgl. Kap. VI.2.h.–VI.2.j.

1104 Vgl. Kap. VI.2.i.

1105 Vgl. Kap. VI.2.k.

Ordnung wie auch der Attika lassen applizierten Metallschmuck vermuten[1106].

Dennoch erfuhr der Innenraum der Portikus einige Aufmerksamkeit in seiner Ausgestaltung. So bot er durch seine große Tiefe viel Platz. Ein im Innenraum angebrachtes Gebälk bis zum Geison ist für Portiken nicht selbstverständlich. Ferner waren im Unterschied zur Außenfassade am Architrav im Innenraum drei Faszien ausgearbeitet. Möglicherweise gab es auch Verkröpfungen im Gebälk[1107].

Die Ausschmückung der einzelnen Tabernen war im Aufwand sowohl der Fassade als auch dem Portikusinneren untergeordnet. Die Tuffwände waren vermutlich verkleidet. Über das verwendete Material, die Anzahl und Gestaltung der Profile kann jedoch nichts mehr ausgesagt werden[1108]. Ebenfalls unklar ist die Ausstattung des Gewölbes, welches sich über die Tabernen spannte. Das einzige Bauglied, das sich diesen Räumen mit Sicherheit zuweisen lässt, ist ein mit einfachen Profilen geschmücktes Geison aus Travertin[1109].

Die Hervorhebung des Mittelschiffs, vor allem im unteren Stockwerk der Basilica, wird durch die Nutzung des Raumes verständlich. Über die beabsichtigte Verwendung der augusteischen Basilica liegen zwar keine Quellen vor[1110], das Gebiet um die Basilica[1111] und die Tabernen[1112] werden aber in verschiedenen spätrepublikanischen bis spätkaiserzeitlichen literarischen Zeugnissen mit Geldgeschäften in Zusammenhang gebracht. Eine Momentaufnahme der Nutzung ist durch ein Feuer im Gebäude zu Beginn des 5. Jhs. n. Chr. durch die Brand- und Korrosionsspuren des Mobiliars und der geschmolzenen Münzen auf dem Fußboden überliefert[1113]. Demnach standen in den Interkolumnien des Mittelschiffs Tische, an denen Händler ihre Waren vom Seitenschiff aus in Richtung Mittelschiff verkauften. Der repräsentative Mittelraum wurde vor allem von Besuchern betreten, während in den schlichteren Seitenschiffen die sich dort vermutlich regelmäßig aufhaltenden Händler arbeiteten. Auch für die augusteische Zeit wäre eine derartige Raumnutzung denkbar. Laut Vitruv standen die Seitenschiffe des oberen Stockwerks einer Basilica vor allem dem Publikumsverkehr zur Verfügung[1114]. Entsprechend repräsentativer wurden sie gestaltet.

Auch die Ausgestaltung der Portikus wird vor dem Hintergrund ihrer Raumnutzung verständlich. Die aufwändige Außenfassade war vom Forum aus einzusehen. Die Portikus diente aber nicht nur als Fassade, sondern wurde genutzt, um das Forum zu überblicken und vor allem auch Geschäfte in den Tabernen zu tätigen[1115]. So lässt sich die große Tiefe[1116] und die verhältnismäßig aufwändige Ausstattung der Portikus erklären[1117]. Offensichtlich sollten

1106 Vgl. Kap. VI.2.j.; VI.2.k.

1107 Vgl. Kap. VI.2.h.

1108 Freyberger – Ertel 2007, 509 nehmen Marmor an.

1109 Vgl. Freyberger – Ertel 2007, 502 Abb. 9; Ertel – Freyberger 2007, 116 Abb. 7.

1110 Antike Basiliken sind multifunktionale Gebäude. Sie dienten vor allem als Gerichtsstätten und Markthallen, aber auch andere Tätigkeiten, wie Glücksspiel oder staatlich administrative Tätigkeiten fanden in ihnen statt. Vgl. Welin 1953, 111–120; Nünnerich-Asmus 1994, 22–24; von Hesberg 2005a, 130–141. Zu den spezifischen Aktivitäten am Forum Romanum: Köb 2000, 124–201.

1111 Vgl. die bei Coarelli 1985, 181–183 aufgeführten Quellen.

1112 Papi 1999a; Papi 1999b; Papi 1999c.

1113 Ertel – Freyberger 2007, 129–134.

1114 Vitr. 5, 1, 5.

1115 Zur Funktion der Tabernen: Papi 1999a; Papi 1999b; Papi 1999c. Im Unterschied etwa zu den Portiken des Augustusforums mag sich der Einsatz der dorisierenden und mit Bögen verbundenen Ordnung am Forum Romanum durch weitere unterschiedliche Funktionen aufgedrängt haben, da die Portikus der Basilica Aemilia beispielsweise theater- bzw. amphitheatergleich als Zuschauerraum für Aufführungen auf dem Forumsplatz dienten. Vgl. die Gladiatorenspiele, die auf dem Forum abgehalten wurden: Carettoni 1956–1959; Purcell 1995, 331 f. 335 f.; Kissel 2004, 244–51; Welch 2007, 30–71. Ferner Vitr. 5,1,1 f. Weiter die Begräbnisreden: Zanker 2004, 20–41; Kissel 2004, 157–190; die Triumphzüge: Kissel 2004, 138–156 oder verschiedene andere öffentliche Ereignisse: Köb 2000, 124–201; Kissel 2004, 137–269. Zu den Ordnungen an Theatern und Amphitheatern: Wilson Jones 2000, 110 f.; Liljenstolpe 1999, 133–139. Die an der Attika ausgeführte Verkröpfung (Vgl. Kap. VI.2.k.) könnte entfernt an Bühnenfronten von Theatern erinnern (Zum Auftreten von Verkröpfungen an Bühnenfronten und Amphitheatern seit der späten Republik: von Hesberg 1992, 134–138). In Kombination mit der schwer auf der Portikus lastenden Attika erhält die Portikus einen triumphalen Charakter (Zur Attika, die zum einen aus konstruktiven Gründen notwendig ist, um das Gewölbe dahinter zu kaschieren, zum anderen aber auch gewissermaßen als monumentaler Inschriftenträger an Triumphbögen erscheint: Hoffmann 1996, 190 f. Vgl. weiter die ähnliche Gestaltung der sog. „Porticus Triumphalis" am Forum Holitorium (De Angelis d'Ossat 1934) oder den wohl frühaugusteischen Ehrenbogen auf dem Palatin, der in der Gestaltung seiner Pfeiler und Halbsäulen der Portikus eng verwandt ist: Tomei 2000a. Ferner sind in diesem Zusammenhang die Hallen des Augustusforums anzuführen, deren Attika zusätzlich durch die Koren u. a. ebenfalls als Triumphmonument zu verstehen sein könnte: Ungaro 2002a, 108–114 Abb. 2. 3).

1116 Zu den damit verbundenen statischen Schwierigkeiten: Vgl. Kap. VI.2.c.; VI.2.i.

1117 Dadurch setzt sich die Portikus deutlich von den unteren Ordnungen des Marcellustheaters oder des Kolosseums ab und entwickelt – ähnlich wie bei der Portikus des Forum

in der Portikus auch größere Menschenmengen Platz finden. Der gesteigerte Aufwand bei der Ausschmückung des Innenraums der Portikus gegenüber den Tabernen, wo sich vermutlich regelmäßig Händler aufhielten, entspricht dem des Mittelschiffs gegenüber den Seitenschiffen in der Basilica.

2. Raumgestaltung und urbanistischer Kontext

Es lassen sich aber auch Unterschiede im Einsatz der Ornamentik zwischen Basilica und Portikus beobachten, die nicht allein durch eine Raumhierarchisierung zu erklären sind, bei der die Raumnutzung den Grad an Repräsentativität bestimmt. So wurden an Basilica und Portikus bewusst unterschiedliche Ornamente gewählt, mit denen man sicherlich, gesteigert durch eine spezifische Ausführung, unterschiedliche Konnotationen verband[1118].

Diese Unterschiede sind nicht allein mit der dorisierenden Ordnung[1119] der Portikus zu erklären[1120]. Bügelkymatien, Blattkymatien, Flechtbänder, Palmetten, Lotusblüten und Perlstäbe treten ausschließlich an der Basilica auf (Abb. 15. 28). Sie entsprechen Gestaltungsweisen, wie sie ähnlich am Augustusforum vorkommen und die für die weitere Kaiserzeit maßgeblich wurden[1121]. Folglich dürften sie zeitgenössischen Trends in der öffentlichen Architektur entsprochen haben. An der Portikus wurden dagegen andere Ornamentierungsmuster gewählt: Pfeifenstäbe mit Kordelband an den Bogensoffitten, ein lesbisches Kymation an den Archivolten, das eine Zwischenform von Bügel- und Scherenkymation darstellt[1122], oder der Echinus der tuskanischen Kapitelle, der mit einem auf den Kopf gestellten Eierstab geschmückt ist

Holitorium oder des Augustusforums – einen gesteigert verzierten Innenraum, auch wenn er im Aufwand hinter der Fassade zurückbleibt. Vgl. auch Nünnerich-Asmus 1994, 68.

1118 Damit geht die Frage nach der Wahrnehmung und dem Verständnis des Gebäudes seitens des Besuchers einher. Die Architektur und ihr Schmuck dürfte für jeden Betrachter – sowohl in der Antike als auch heute – mit individuell verschiedenem Bedeutungsgehalt belegt gewesen sein, der seinerseits nicht gleich bleibend war, sondern sich mit der Zeit immer wieder verändern konnte. Gleichfalls ist davon auszugehen, dass nur ein bestimmter Teil an Besuchern sich überhaupt bewusst mit der Architektur auseinander gesetzt hat (vgl. die Ausführungen bei Zanker 2000, 216–221; von Hesberg 2005a, 233–243). Folglich kann es nicht darum gehen, einen konkreten Bedeutungsgehalt zu suchen, wie er individuell wahrgenommen wurde. Vielmehr sollen allgemeine Charakteristika herausgearbeitet werden, die sich an dem Bau erkennen lassen und in ihrer Gesamtheit aufzeigen, was in der Ausgestaltung von Bedeutung war (zu der Zeichenhaftigkeit und dem Verständnis von Architektur einführend Eco 2002, 293–356. Zum Ansatz semiotischer Methoden in der klassischen Archäologie grundlegend: Schneider – Fehr – Meyer 1979; Hölscher 1984; Hofmann 2008, 81–85. Zur Architektur besonders von Hesberg 1990; von Hesberg 1996; Schenk 1997, 134–136; Muth 1998, 54–59; von Hesberg 2003; von Hesberg 2005a, 32–62. 233–243; Hölscher 2006; Plattner 2007, 130).

An zusätzlichen Quellen können zum einen literarische Überlieferungen, die – wenn auch meist zweckgebunden – vom Bedeutungsgehalt von Architektur und ihrem Schmuck handeln, herangezogen und mit dem Befund der Basilica abgeglichen werden. Eine Zusammenstellung solcher Quellen findet sich bei Drerup 1981 und Scheithauer 2000, 221–286. Zum anderen lassen sich andere zeitgleiche Bauwerke dem Komplex der Basilica Aemilia gegenüberstellen. Ausgehend von diesen kann festgestellt werden, inwieweit architektonische Details und Ornamentik an der Basilica Aemilia von den allgemein bekannten Gestaltungsweisen ihrer Zeit abweichen und welche Aspekte der Bedeutungsebene dadurch betont werden.

1119 Zu gemischten Ordnungen allgemein: Wilson Jones 2000, 111–113.

1120 Diese Wahl entspricht den Konventionen der Zeit. Die von Bauer (Bauer 1993a, 184 f. Abb. 103) fälschlicherweise angenommenen zwei Stockwerke der Portikus waren in der römischen Architektur bislang ohne Vergleiche (Liljenstolpe 1999, 142). Es war jedoch nur eine dorisierende Ordnung vorhanden: vgl. Kap. VI.2. Dass diese Ordnung für den Außenbereich des Komplexes gewählt wurde, ist nicht ungewöhnlich, da sie seit der Klassik und besonders im Laufe des Hellenismus bzw. der römischen Republik für bestimmte architektonische Aufgaben gewählt wurde (Lauter 1986, 257–259; Wilson Jones 2000, 111 Anm. 10), in der öffentlichen Architektur vor allem in Kombination mit Bogenreihen, die vorzugsweise als Substruktion bzw. als untere Ordnung eingesetzt wurden (Lauter 1979, 400 f). Hier boten sich besonders die unteren Stockwerke von Theatern, Amphitheatern, Stadttoren, Ehrenbögen und eben Portiken an. Eine Zusammenstellung verschiedener Beispiele findet sich bei Liljenstolpe 1999, 147–149. Vgl. zu den Portiken: Liljenstolpe 1999, 144 f.; Wilson Jones 2000, 110. In der Einzelgestaltung verschiedener Bauglieder und ihrer Ausstattung mit Ornamenten lassen sich vielfach Parallelen in der zeitgleichen Architektur Roms finden. Zwar gibt es keine starren Gesetzmäßigkeiten, doch sind in augusteischer Zeit bestimmte Gestaltungsmöglichkeiten weit verbreitet. Vgl. etwa die Profilierung der tuskanischen Kapitelle, die sich in dieser Form in Rom nur in augusteischer Zeit nachweisen lässt (vgl. Kap. VIII.) oder auch die Gestaltung des Geisons, die – wie überhaupt die Portikuskonstruktion – eng verwandt mit dem Geison der Portikus am Forum Holitorium ist (vgl. De Angelis d'Ossat 1934). Eine flache Konsolenplatte findet sich gleichfalls am benachbarten Caesartempel, neben dem die Portikus errichtet wurde (vgl. Mattern 2001a, 133).

1121 Zu den Ornamenten des Augustusforums: Ganzert 1996, 215–223; Ungaro 2004.

1122 Relativ gut vergleichbar ist ein Kymation von der Ara Pacis: Ganzert 1996a, Taf. 95, 1.

(Abb. 68–69)[1123]. Diese Ornamentformen treten vielfach in der archaischen und republikanischen mittelitalischen Architektur auf. Die Bezugnahme auf altertümliche Vorbilder wird weiter unterstützt durch die Formen des Pfeifenstabs der Bogensoffitten oder des Eierstabs an den tuskanischen Kapitellen, die in ihrer Angleichung an archaisch-klassische Formen als retardierende Elemente zu verstehen sind[1124]. Durch den Rekurs auf altitalische Elemente werden Konnotationen von Tradition und Pietät hervorgerufen[1125]. Die Ausführung der Konsolenform am Geison der Portikus als flache Platte tritt ebenfalls vorzugsweise an spätrepublikanischen und frühaugusteischen Bauwerken auf und ist in der augusteischen Architektur nur selten anzutreffen[1126]. Die gegenüber der Basilica oberflächlichere Ausführung der Ornamente mag diesen Aspekt weiter verstärken. In diesem Sinn sind vielleicht auch Ornamente wie der umgedrehte Eierstab am Echinus der Kapitelle oder das lesbische Kymation an den Archivolten verständlich, die aus dem Rahmen des Üblichen fallen[1127].

In besonderer Weise sticht der dorische Fries hervor, dessen Metopen mit Bukranien und Paterae geschmückt waren; Motive, die vor allem in sepulkralen und sakralen Zusammenhängen vorkommen[1128]. Der dorische Fries gerade in Verbindung mit einem Konsolengeison ist für die zeitgleiche stadtrömische Architektur an öffentlichen Monumenten nicht belegt[1129]. Er lässt das Bauwerk nicht nur altertümlich, sondern auch besonders schwerfällig, also statisch sicher, erscheinen[1130]. Der Fries muss in der Konzeption des architektonischen Schmuckes einen hohen Stellenwert eingenommen haben, denn er wurde trotz einiger baulicher Komplikationen angebracht: Da über der Stütze stets eine Triglyphe stehen musste, die Jochweiten der Portikus jedoch unterschiedlich groß waren, mussten an den verschiedenen Gebäudebereichen drei voneinander abweichende Breitenmaße für Metopen entworfen werden[1131]. Auch war man wegen der Verwendung des dorischen Frieses angehalten, auf Verkröpfungen im Gebälk der Außenfassade der Portikus zu verzichten; sonst eine beliebte Möglichkeit der architektonischen Aufwertung dieser Zeit[1132], die im Innenraum der Basilica und möglicherweise auch an der Portikusaußenfassade der Basilica Iulia genutzt wurde[1133].

Neben dem Figurenprogramm[1134] lassen sich von den erhaltenen Inschriften[1135] zwei genau rekonstruieren[1136].

1123 Vgl. die Kap. VI.2.e.

1124 Vgl. die Kap. VI.2.e; VI.2.f. Zu archaistischen und klassizistischen Formen im augusteischen Rom allgemein: Zanker 1987, 240–263.

1125 Vgl. Vitr. 4, 7, 2–3; Prayon 1984, 141. Zu Fassadengestaltung mit Halbsäulen und Bögen und dem damit verbundenen traditionellen Charakter auch Nünnerich-Asmus 1994, 66–69.

1126 von Hesberg 1980a, 142–150.

1127 Zu Aspekten des innovativen Charakters der Anlage: Nünnerich-Asmus 1994, 66–69 (allerdings auf der Grundlage einer überholten Rekonstruktion).

1128 Vorschläge zur Bedeutung von Bukranien und Paterae bei: Zanker 1987, 122 f.

1129 Zu seiner singulären Stellung: von Hesberg 1980a, 147. Dorische Elemente im Gebälk (aber keinen Fries) scheint es – wenn man den Renaissancezeichnungen glauben darf – auch an der möglicherweise zeitgleichen Portikus in der Via S. Maria Calderari gegeben zu haben: Nash 1961, 298 f. Abb. 355.

1130 Vitr. 1, 2, 5; 4, 1, 6. Gesteigert wird der Eindruck ferner durch die Betonung der horizontalen Fluchten (Liljenstolpe 1999, 150). Die Kombination der dorisierenden Ordnung mit der Bogenkonstruktion verstärkt diesen Charakter (Nünnerich-Asmus 1994, 68). Ferner wird der stabile Eindruck der Portikus durch die schwer lastende Attika gesteigert, für welche besonders große Bauglieder verwendet wurden: Vgl. Kap. VI.2.k.

1131 Vgl. Kap. VI.2.i. Das hatte zur Folge, dass auch die Konsolen und Kassetten darauf abgestimmt werden mussten. Notwendigerweise lag schon zum Zeitpunkt der Bestellung der Bauglieder ein detaillierterer Plan im Einzelnen vor, als es sonst notwendig gewesen wäre. Vgl. Kap. X.

1132 von Hesberg 1992. Verkröpfungen lassen sich nur schwer mit dorischen Friesen kombinieren, da die Verkröpfung und die Triglyphen und Metopen vielfach nicht exakt miteinander in Bezug zu bringen sind. Daher gibt es nur wenige Bauwerke dorischer Ordnung mit Verkröpfungen: z. B. ein Bogen in Aosta, bei dem man aus einer Triglyphe eine „Tetraglyphe" machen musste: Vgl. Kleiner 1985, 20–22 Taf. II, 3; Roehmer 1997, 51–54. Ferner eine Verkröpfung am dorischen Gebälk aus dem Herkulesheiligtum von Tivoli (Giuliani 1970, 199 f. Abb. 225), ein dorischer Grabbau aus Kampanien (von Hesberg 1992, 141 Anm. 139 Taf. 52, 2) oder ein Geison aus Ptolemais (von Hesberg 1992, 141 Anm. 150 Taf. 52, 4).

1133 Zur Basilica: Kap. VI.1.f. Möglicherweise zugehörige, unpublizierte Architravblöcke könnten solche Verkröpfungen auch für die Portikus der Basilica Iulia belegen.

1134 Zur Partherthematik unter Augustus zuletzt: Rich 1998; Rose 2005; Freyberger – Ertel 2007, 523 f. Zur Bedeutung des figürlichen Frieses: Nünnerich-Asmus 1994, 73 f.; Freyberger – Ertel 2007, 523 f.

1135 Insgesamt haben sich auf dem Areal der Basilica Aemilia mehrere hundert Fragmente von Inschriften gefunden (Hülsen 1902b, 262–271). Viele der Inschriften sind in sekundären Zusammenhängen verbaut gewesen und gehören anderen Bauwerken an. Eine sehr große Zahl an kleinen, bislang unbekannten Inschriftenfragmenten befindet sich im Magazzino della ceramica im Antiquario Forense.

1136 1. Die zum Forum gerichtete Inschrift für Lucius Caesar an der Attika des östlichen Vorsprungs der Portikus (Ser.Nr. 198158 = CIL 6, 36908. Vgl. Kap. VI.2.k.; Kap. VIII.2.):

Sie belegen, dass die Portikus in Zusammenhang mit Namen des Kaiserhauses und des Senats wahrgenommen wurde[1137], die Basilica hingegen mit einer alten aristokratischen Familie[1138]. Dennoch ist von einer Deutung des Gebäudekomplexes Abstand zu nehmen, welche die Ornamentik in einem gesellschaftspolitischen Sinne zu interpretieren versucht[1139]. Unabhängig davon, wie man die Inschriften oder das Bildprogramm vertauschen würde, fände sich stets eine gefällige Interpretation[1140]. Die Vielschichtigkeit der möglichen Bedeutungsebenen lässt daher eindeutige Aussagen m. E. nicht zu[1141].

Die unterschiedliche Ornamentwahl an den verschiedenen Bereichen des Gebäudekomplexes dürfte dagegen mit der jeweils unterschiedlichen Stellung im urbanistischen Kontext zu erklären sein. Das Forum mit seinen verschiedenen Funktionen und Traditionen könnte in mittelaugusteischer Zeit die partiell altertümliche Gestaltung der Portikus beeinflusst haben und der Bau in seinem Erscheinungsbild dem Kontext des altehrwürdigen Platzes angemessen geschmückt worden sein[1142]. In spätrepublikanischer Zeit war man am Forum bestrebt, die gewachsene Platzanlage zunehmend mit geraden Gebäudefluchten zu rahmen[1143]. Dabei hatte sich spätestens seit frühaugusteischer Zeit ein verhältnismäßig symmetrischer Platz herauskristallisiert, der besonders von spätrepublikanischen Bogenarchitekturen geprägt war[1144]. Zu beachten ist in diesem Zusammenhang, dass die Portikus das Heiligtum der Venus Cloacina und vielleicht weitere altehrwürdige Heiligtümer am Forum gewissermaßen hinterfangen hat[1145]. Damit wurde den in der Literatur immer wieder postulierten Forderungen nach *maiestas imperii* und *dignitas forensis* Ausdruck verliehen[1146]. Bei der Basilica handelt es sich dagegen um einen von seiner Außenwelt abgeschlossenen und ausschließlich von innen erfahrbaren Raum, in dem sich unabhängig von der Außenwelt eigene Konzepte erarbeiten und verwirk-

L. Caesari Aug[u]sti f(ilio), Divi n(epoti) / principi iuventu[tis] co(n)s(uli) design(ato) / cum [e]sset ann(os) n[a]t(us) XIIII, aug(ur) / senatus. Hierbei handelt es sich um eine Weihung des Senats an Lucius Caesar. Im Zusammenhang mit dieser Inschrift könnten weitere angebracht gewesen sein, wie ein anschließender Orthostat belegt: Ser.Nr. 198154 = CIL 6, 36908. Kap. VI.2.k. Ferner Chioffi 1996, 64 f.; Heinemann 2007, 67 Anm. 108. Die Inschrift lautet: *EPS OM.* Wahrscheinlich zu ergänzen: *... pl]ebs omnis] ....*

2. Als zweites ist die Bauinschrift des Paullus zu nennen, die auf dem Architrav des unteren Stockwerks im Mittelschiff der Basilica zu lesen war (Ser.Nr. 197065. 197138. 198088 = CIL 6, 37059. Vgl. Kap. VI.1.e. Ferner: Hülsen 1902a 52; Carettoni 1961, 8 Abb. 2. 3; 67 Anm. 14. 15; Lanciani 1900, 4 f.; Hülsen 1902b, 38 f.; Vaglieri 1903, 94; Chioffi 1996, 56 Taf. 6, 15): *Paul[(l)us] ...[---R]oma[n---] ... resti[tu---]* Die Buchstaben, die auf drei Blöcke verteilt sind, entsprechen sich in Maßen und Ausführung. Da keinerlei Anzeichen dafür zu finden sind, dass sie sekundär eingraviert wurden, muss davon ausgegangen werden, dass sie zum augusteischen Bau gehörten. Bei dem in der Inschrift genannten handelt es sich wahrscheinlich um Marcus Aemilius Paullus, der den Bau nach 14 v. Chr. dem Namen nach errichtete (Genannt bei: Cass. Dio. 54, 24, 2 f. Vgl. weiter von Rohden 1893d).

1137 Zur möglichen unterschiedlichen Benennung der Gebäudebereiche und der Tatsache, dass sie offiziell unterschiedliche Bauherren aufgewiesen haben könnten, vgl. Anm. 6.

1138 Zum Einsatz und der Wirkung von Inschriften in der Architektur unter Augustus: Alföldy 2003; Niquet 2003. Erst in tiberischer Zeit waren mit der Basilica möglicherweise einige Namen des Kaiserhauses, allerdings im Seitenschiff, direkt verbunden, wie dort gefundene Ehreninschriften für Lucius Caesar und Tiberius aus dem Jahr 27/28 n. Chr. bezeugen: Inv. 5236. 5237. 6176. Vgl. Panciera 1969, 104–112.

1139 Eine in der Tradition der Altertumswissenschaft der letzten Jahrzehnte stehende gesellschaftspolitische Deutung besagt, dass Augustus sich des Mediums der städtischen Architektur gezielt bediente, um seine Herrschaft aufzubauen, zu festigen und schließlich seiner Familie auch für die Zeit nach seinem Tod zu sichern (vgl. z. B. Gros 1976; Zanker 1987; Coarelli 1988; von Hesberg 1988; Favro 1996; Purcell 1996; Kienast 1999; Bringmann – Schäfer 2002, 78–86. 224–264; Knell 2004, 36–85; Kolb 2006; Haselberger 2007). Für die Basilica Aemilia verbieten sich m. E. jedoch diesbezügliche Überlegungen, da sich die These von einer stark und direkt durch Augustus gelenkten städtebaulichen Entwicklung beliebig anwenden lässt.

1140 Vgl. die jeweiligen Interpretationen von Nünnerich-Asmus 1994, 72–74, unter der Annahme, die Orientalen stünden in der Basilica, und Freyberger – Ertel 2007, 523 f., unter der Annahme die Orientalen stünden auf der Portikus.

1141 Der Befund wird im Rahmen eines zentral gesteuerten und durchdachten Bauprogramms nicht verständlich und entspricht damit einer Erkenntnis, die sich in der Erforschung der Mechanismen der frühen Kaiserzeit seit einigen Jahren vermehrt einstellt (Hölscher 2000, bes. 243; Bergmann 2000, 171 f.; Weber – Zimmermann 2003; Heinemann 2007). Zu politisch-kulturellen Funktionen von Basiliken in Italien vgl. allgemein: Cavalieri 2000.

1142 Vgl. die Forderung Vitruvs nach der Angemessenheit der Raumausstattung in funktionaler, ideeller und sozialer Hinsicht: Vitr. 1, 2, 5–9. Dazu Muth 1998, 54. Ähnlich Quintilian 3, 7, 27.

1143 Zum Forum Romanum: Zanker 1972; zu Caesar- und Augustusforum zuletzt: Meneghini – Santangeli Valenzani 2007, 31–60.

1144 Zu erwähnen sind hier das Tabularium (Delbrueck 1979, 23–46), verschiedene Ehrenbögen (De Maria 1988, 264–272; Roehmer 1997, 19–44) und vielleicht auch die damalige Portikus der Basilica Iulia.

1145 Vgl. Kap. II.

1146 Varro, De vita pop. Rom. II 72, frg. Non., 853, 13 und von Hesberg 1992, 146 Anm. 186.

lichen ließen[1147]. Die schlecht einzusehenden Außenseiten der Basilica dürften tendenziell eher bescheiden geschmückt gewesen sein[1148].

3. Ausblick

Bei den in der vorliegenden Arbeit gemachten Beobachtungen zum Einsatz und Bedeutungsgehalt von augusteischer Architektur und insbesondere ihrem architektonischen Schmuck am Beispiel der Basilica Aemilia handelt es sich nur um erste, ausschnitthafte Einblicke in die verschiedenen Interpretationsmöglichkeiten. Um der Komplexität der architektur- und gesellschaftsgeschichtlichen Zusammenhänge besser nachgehen zu können, bedarf es jedoch der umfangreichen Erforschung und Publikation weiterer, vor allem stadtrömischer Monumente in der hier durchgeführten Weise[1149]. Es würde sich zum einen eine bautypübergreifende Betrachtung augusteischer Architektur anbieten, für welche schon heute ansatzweise Forschungsergebnisse zur Verfügung stehen: beispielsweise zum Augustusforum[1150], an dem sich ähnliche Mechanismen in der Raumgestaltung zu erkennen geben[1151], oder bedingt auch zu Tempelanlagen,[1152] deren Bauornamentik sich u. a. ebenfalls in Hinblick auf die Raumnutzung verstehen lässt[1153]. Die gegenwärtig durchgeführten Arbeiten zu den augusteischen Bauten auf dem Palatin, am Bellona-Tempel, an den Kaiserfora und nicht zuletzt am Forum Romanum versprechen in naher Zukunft eine wesentlich bessere Materialgrundlage, um den hier behandelten Fragestellungen nach dem Einsatz und der Bedeutung von architektonischem Schmuck in der augusteischen Architektur Roms nachgehen zu können[1154].

Zum anderen ließe sich eine bautypimmanente Untersuchung durchführen, in der man ausgehend von dem an der hier vorgelegten Basilica dargelegten Raumentwurf die nachfolgende Entwicklung der Basilicaarchitektur nachzeichnen und interpretieren könnte. Die Basiliken der republikanischen Zeit sind größtenteils zu schlecht erhalten, als dass man sie in der dargelegten Form untersuchen könnte[1155]. So stellt die hier vorgestellte Basilica in ihrer augusteischen Bauphase das früheste Beispiel seines Bautyps dar, bei dem sich eine derartige architektonische Exponierung des Mittelschiffs fassen lässt. Gleichzeitig handelt es sich um einen der ersten Basilikabauten – wenn

1147 Eine Studie des Verfassers mit weiteren Ausführungen des hier angeschnittenen Aspekts ist in Vorbereitung.

1148 Zu ihrer Außenfassade – an ihren Schmalseiten und zu den Kaiserfora gerichtet – liegen keine Informationen vor. Da sich alle übrigen Bauglieder der Basilica in großer Zahl erhalten haben, ist zu vermuten, dass es sich nicht um einen Überlieferungszufall handelt, sondern die Außenwände ein eher bescheidenes Aussehen hatten. Vorstellbar ist eine Gestaltung wie die der Begrenzungsmauern der Kaiserfora, beispielsweise der Rückwand des Augustusforums.

1149 Zur Publikationslage, vgl. Anm. 20.

1150 Zum Augustusform allgemein: Meneghini – Valenzani 2007, 43–60; Ungaro 2007a; Ungaro 2007b; Ungaro 2006; Meneghini 2006; Carnabuci 2006; Ungaro – Vitali 2004; Ungaro 2004; Knell 2004, 72–83; Ungaro 2002a; Ungaro u. a. 2001; La Rocca 2001; Rizzo 2001; Köb 2000, 225–267; Ganzert 2000; Viscogliosi 2000, 53–62; Spannagel 1999; Ungaro 1997; Ganzert 1996a; Carnabuci 1996; Nünnerich-Asmus 1994, 55–64; Alföldy 1992, 17–32; Alföldy 1989; Ganzert – Kockel 1988; Zanker 1968.

1151 Zum Einsatz von Buntmarmor und den Böden allgemein: Ungaro 2002a und Ungaro u. a. 2001; zur Hierarchisierung des Raumes in Hinblick auf seine Repräsentativität am Beispiel der Sala del Colosso: Ungaro 2007b; Ungaro 2006; Ungaro – Vitali 2004 und Ungaro 2002a, 114–121; zur unterschiedlich aufwändigen Ausführung der Ornamente ein Architravblock, dessen eine Seite Perlstäbe zwischen den Faszien, die andere Seite aber Rundstäbe aufweist: Inv. 2493b (Das m. W. unpublizierte Stück ist im Museum der Kaiserfora in den Trajansmärkten ausgestellt); zum Einsatz unterschiedlich gestalteter Serien funktional gleicher Bauglieder: Heilmeyer 1970, 27–31 (Kapitelle), Inv. 2287; Ganzert 1996a, Taf. 98, 5–6 (Fries der Portikus) und Leon 1971, 169 f. 174–176 (Architravsoffitten).

1152 Hier zeichnet sich eine Hervorhebung des Innenraumes der Cella gegenüber der Außenfassade ab, die durch die angesprochenen Kriterien, wie Materialwahl etc. erreicht wird (vgl. z. B. Mattern 1999b und Schenk 1997, bes. 168). Zu unterschiedlich gestalteten Serien von Basen im Innenraum des Concordiatempels: Gasparri 1979, 95–102 Abb. 88–113; zu verschiedenem Marmor für Pilaster: Schenk 1997, 167. Zu Aspekten des Ornamentreichtums und der Formvielfalt am Apollon-Sosianus-Tempel: Viscogliosi 1996, 45 f. Abb. 43. 44; 63 Abb. 64–74; 89 Abb. 104–111; 94–96 Abb. 116–122; 102–108 Abb. 128–132 (Kapitelle) und Viscogliosi 1996, 49 f. Abb. 49; 81–86. 92. 99–102 Abb. 123. 126. 127. 136; 108–112 Abb. 133–135 (Geisontypen). Einen Überblick über die gut bekannten augusteischen Tempel Roms bieten: Schenk 1997, 99–171. Gros 1976.

1153 Zum Augustusforum mit historisch-politischer Deutung: vor allem Spannagel 1999; mit „ambientaler“ Deutung: Ungaro 2002a und vor allem auch unter dem Aspekt der unterschiedlichen Raumnutzung: Köb 2000, 225–267; Carnabuci 1996; Ungaro 2002a und Carnabuci 2006). Zur Nutzung von Tempeln: Mattern 2001b

1154 Vgl. zum Palatin die Arbeiten von I. Iacopi, M. A: Tomei, P. Pensabene so wie ein laufendes Dissertationsprojekt zum Apollon-Palatinus-Tempel durch S. Zink. Der Bellona-Tempel wird durch M. De Nuccio bearbeitet, die Kaiserfora, vor allem das Augustusforum durch L. Ungaro. Vgl. weiter die angestrebten Untersuchungen zur Basilica Iulia, dem Caesartempel und den frühkaiserzeitlichen Bogenmonumenten am Forum unter der Leitung von K. S. Freyberger.

1155 vgl. die zusammengestellten Beispiele bei Nünnerich-Asmus 1994.

nicht den ersten-, in dem unterschiedliche Marmorsorten großflächig zum Einsatz gekommen sind, womit eigene Bedingungen und Möglichkeiten verbunden waren. Zwar kann auch für die weitere Kaiserzeit bisher kaum eine Basilika so detailliert rekonstruiert und in Hinblick auf den Umgang mit architektonischem Schmuck analysiert werden, doch zeigen Details wie der Fußbodenbelag der wenig später erbauten Basilica Iulia[1156], ein nur zu einer Seite ornamental ausgearbeiteter Friesblock der iulisch-claudischen Basilika in Triest[1157] oder Fußboden und unterschiedliche Baugliedserien gleicher Funktion der etwa hundert Jahre später erbauten Basilica Ulpia[1158], dass der an der Basilica Aemilia beobachtete Umgang mit Bauornamentik auch hier entsprechend umgesetzt wurde. Für das zweite Jahrhundert n. Chr. sind schließlich in den Provinzen verschiedene Basiliken gut überliefert, die belegen, dass die an der Basilica Aemilia durch unterschiedliche Strategien begonnene Hervorhebung des Mittelschiffes weiter zunimmt und das Mittelschiff vermehrt durch Apsiden zu den Schmalseiten hin ausgerichtet wurde[1159]. Die Basilica Aemilia dürfte aufgrund ihrer prominenten Lage und Ausstattung sowie ihrer frühen Zeitstellung auf die weitere Entwicklung des Bautyps großen Einfluss ausgeübt haben.

1156 Appetecchia 2007, 221 f. Abb. 2. 3.

1157 Casari 2004, 87–109 bes. 103–105 Taf. 44–46.

1158 Leon 1971, 50–81; Amici 1982; Packer 1997. von Hesberg 2005a, 134 f.

1159 Vgl. eine Basilica aus der ersten Hälfte des 2. Jhs. n. Chr. in Ulpia Oescus (Ivanov 2005, 53–56 Abb. 50–53), die Basilica von Leptis Magna (Ward Perkins 1993, 55–66; von Hesberg 2005a, 136 f.) und diejenige von Aphrodisias (Smith – Ratté 2000, 233 Abb. 10). Die Hervorhebung des basilikalen Mittelschiffs erfolgte somit lange vor den ersten christlichen Basiliken. Im Unterschied zu diesen war ihrer vielfältigen Funktion entsprechend aber nicht zwangsläufig eine bestimmte Ausrichtung festgelegt. (Eine Zentrierung des Innenraums durch Einbauten ist an verschiedenen republikanischen Basiliken zu erkennen, stellt aber keine Regel dar. Anders Nünnerich-Asmus 1994, 12–14).

XIII. Zusammenfassung

Die in der vorliegenden Arbeit behandelte Basilica Aemilia – bestehend aus Portikus, Tabernen und einer dahinter gelegenen Basilica – gehört aufgrund ihrer Lage, Größe und Ausstattung zu den bedeutendsten Bauten des antiken Roms[1160]. Obwohl sie im Vergleich zu den meisten antiken Bauwerken, gerade am Forum Romanum, besonders gut erhalten ist und daher einen großen wissenschaftlichen Erkenntniswert birgt, wurde sie bislang kaum erforscht bzw. bisherige Untersuchungen kaum publiziert[1161].

Für die vorliegende Studie wurde der Großteil der erhaltenen Fragmente von ornamentierten Baugliedern der kaiserzeitlichen Basilica Aemilia identifiziert und dokumentiert. Gerade die vollständige Einbeziehung des überlieferten Materials ermöglicht es, den Bau in außergewöhnlich detaillierter Weise zu erfassen. Wegen der unübersichtlichen Quellenlage am Forum Romanum wurde für die quellenkritische Zusammenstellung der Materialbasis eine eigene Methode entwickelt[1162]. Nach dieser wurde das Material für die Untersuchung in Baugliedserien aufgeteilt, die sicher, wahrscheinlich oder nur möglicherweise zugehörig zum Bau sind, um Kurzschlüssen in der Interpretation vorzubeugen.

Ziel war es zunächst, durch die Analyse der technischen Merkmale sowie der Ikonographie und Ausführung der Ornamente der einzelnen Bauglieder Aufschluss über die Rekonstruktion, die Chronologie und den Bauvorgang des Gebäudekomplexes zu erhalten.

Rekonstruktion

Die Basilica bestand aus einem Mittelschiff mit einem an allen Seiten umlaufenden Seitenschiff und einem zusätzlichen schmaleren Seitenschiff im Norden. Sie war von einer Mauer umgeben und hatte mindestens zwei Stockwerke mit Säulenstellungen. Das untere Stockwerk war mit einer ionischen, das obere mit einer korinthischen Ordnung versehen. Das Säulenjoch der oberen Ordnung entspricht nur drei Vierteln eines Joches der unteren Ordnung. Während im unteren Stockwerk an den wahrscheinlich mit Marmor verkleideten Wänden lediglich ein Architrav umlief, spiegelte sich im oberen Stockwerk die Innenraumarchitektur an den Wänden vollständig mit Basen, Pilastern, Kapitellen und über den Pilastern verkröpftem Gebälk wider. Innerhalb ein- und desselben Stockwerks wurden mehrere ikonographisch unterschiedliche Serien funktional gleicher Bauglieder eingesetzt, die sich den verschiedenen Bereichen des Baus genau zuweisen lassen[1163].

Die zum Forumsplatz gelegene Portikus war einstöckig und wurde von einer verkröpften Attika bekrönt. Die Front wurde von einer Bogenarchitektur gebildet, die von Pfeilern mit vorgeblendeten Halbsäulen getragen wurde. Die Schmalseiten der Portikus waren durch eine Mauer geschlossen, aber zumindest im Westen mit Türen versehen. Im Osten bildete der Bau entweder einen Risalit aus oder ging in einen anschließenden, die Via Sacra überspannenden Bogen über. Die Portikus wies eine hybride Ordnung aus dorischen, tuskanischen und ionischen Elementen auf. Bis auf das Konsolengeison fand sich der gleiche Aufbau auch im Innenraum der Portikus in Form einer Wandverkleidung, wobei aber die einzelnen Elemente des Gebälks niedriger waren als diejenigen der Außenfassade[1164].

Ob die erhaltenen Rankenpfeiler und -kapitelle als Pfeilergeschoss zwischen den beiden Stockwerken der Basilica zu rekonstruieren sind, wie es bereits Heinrich Bauer vorgeschlagen hat, oder alternativ einer Pergolaarchitektur auf der Terrasse der Portikus zuzuweisen sind, lässt sich nicht sicher entscheiden. Ihre Rekonstruktion als Zwischengeschoss in der Basilica ist auf der Grundlage der zur Verfügung stehenden Indizien m. E. jedoch wahrscheinlicher. Die Orientalenstatuen standen wahrscheinlich auf dem verkröpften Gebälk der unteren Ordnung im Mittelschiff der Basilica[1165]. Für weitere hier vorgestellte Architekturfragmente – Pilaster, Clipei und Kassettendecken – ist nicht zu klären, ob sie dem Baukomplex angehörten oder nicht[1166].

Chronologie

Der gesamte Baukomplex, wie er noch heute im Grundriss auf dem Forum erhalten ist, wurde in einer einzigen Bauphase in augusteischer Zeit errichtet. Maßgeblich für die Datierung ist eine Inschrift für Lucius Caesar, die zwischen 2 v. Chr. und 14 n. Chr. entstanden ist. Ein Zusammenhang zwischen dem archäologischen Befund und

1160 Vgl. Kap. II. und III.
1161 Vgl. Kap. IV.
1162 Vgl. Kap. V.
1163 Vgl. Kap. VI.1.
1164 Vgl. Kap. VI.2.
1165 Vgl. Kap. VI.3.
1166 Vgl. Kap. VI.4.

einer Nachricht bei Cassius Dio, nach welcher der Bau 14 v. Chr. abbrannte und neu errichtet werden musste, ist wahrscheinlich.

An den dieser Phase zuweisbaren Baugliedern lässt sich eine enorme Variationsbreite in der Typologie und Ausführung der einzelnen Ornamente beobachten, an der deutlich wird, dass eine auf wenige Jahre genaue Datierung von Bauornamentik anhand typologischer oder stilistischer Merkmale grundsätzlich nicht möglich ist. Vielmehr treten Formen, die gemeinhin als frühaugusteisch angesprochen werden, neben solchen, die bislang meist als spätaugusteisch bis tiberisch galten, gleichzeitig auf[1167].

Im Laufe der Kaiserzeit lassen sich bauliche Eingriffe, die zur Anfertigung neuer Bauglieder geführt haben, an zwei Stellen des Komplexes feststellen. Zum einen kam es im fortgeschrittenen 1. Jh. n. Chr., wahrscheinlich in neronisch-vespasianischer Zeit, zu einer Auswechslung mehrerer Bauglieder – Basen, Säulen, Kapitelle und Architravblöcke – im östlichen Bereich der nördlichen Säulenlängsreihe des unteren Basilicastockwerks. Dabei dürfte es sich um eine kontrollierte Restaurierung am stehenden Gebäude gehandelt haben. Möglicherweise wurde sie im Zusammenhang mit der Erbauung des nördlich anschließenden Templum Pacis realisiert. Der zweite Eingriff betrifft die zum Forum gerichtete Portikusfront, an der eine Metope des dorischen Frieses ersetzt wurde. Obgleich nicht mit Sicherheit zu sagen ist, welches Ausmaß diese Baumaßnahme hatte, ist auf Grundlage der erhaltenen Architekturfragmente eher von einer kleineren Reparatur auszugehen. Sie wurde ebenfalls im fortgeschrittenen 1. Jh. n. Chr. vorgenommen, vielleicht gleichzeitig mit den Maßnahmen an der Basilica. Abgesehen von den eben beschriebenen lassen sich anhand der Bauglieder keine weiteren kaiserzeitlichen Umbaumaßnahmen feststellen. Erst ab tetrarchischer Zeit sind wieder großflächige Restaurierungen in Form von Ziegelmauern bezeugt. Reparaturen, die mit einer literarisch überlieferten Katastrophe am Forum für die augusteische bis tetrarchische Zeit in Verbindung zu bringen wären, sind archäologisch nicht fassbar[1168].

Entwurf und Ausführung

Für die Basilica Aemilia gelang es, zwischen der ornamentalen Ausstattung des augusteischen Baus, die bereits Teil des Entwurfs war, und jener, die erst im Zuge der Ausführung durch die Handwerker entstand, zu unterscheiden. Hierfür wurde das erhaltene Material genau analysiert, um Aufschluss über den Planungs- und Bauvorgang zu erhalten. Dabei ließen sich verschiedene Steinmetzgruppen unterscheiden, die die einzelnen, in exakten Maßen bestellten Bauglieder am Boden liegend in unterschiedlichem Grad vorbereiteten bzw. die angelegte Ornamentierung nach ihrem Versatz vollendeten. Durch den gezielten Einsatz der verschiedenen Gruppen an zuvor festgelegten Bereichen des Baus bzw. den der einzelnen Steinmetzen an bestimmten Bauabschnitten konnte die Leistung der Arbeiter genau beurteilt und abgerechnet werden. Wie an vielen anderen römischen Bauten kam es noch während des Bauvorgangs mehrfach zu Änderungen am vorgesehenen Entwurf.

Anhand zahlreicher Einzelbeobachtungen konnte zudem nachgewiesen werden, dass die Wahl und der Anbringungsort der verschiedenen Ornamentbänder detailliert geplant und im Rahmen eines verbindlichen Entwurfs den Steinmetzen vorgeschrieben worden waren. In Bezug auf die genaue Ikonographie und die Ausarbeitung der Ornamentik gab es aber vielfach keine konkreten Anweisungen. Ob die Ornamentik einheitlicher, wie im oberen Stockwerk der Basilica, oder weniger einheitlich, wie im unteren Stockwerk der Basilica, gestaltet wurde, lag anscheinend an den ausführenden Handwerkern bzw. Handwerkergruppierungen[1169].

Bei der Anfertigung der Ornamentik an Baugliedern nachträglicher Eingriffe orientierte man sich an der Ikonographie der augusteischen Stücke. Die ikonographischen Details der Bauglieder variieren dabei deutlich weniger. Einzig in der Qualität der Ausführung lassen sich große Unterschiede feststellen[1170].

Einsatz und Bedeutungsgehalt von Architektur und Ornamentik

Auf Grundlage der Rekonstruktion und der Erkenntnisse zur Chronologie sowie des Planungs- und Bauvorgangs des Gebäudekomplexes konnten weiterführende Untersuchungen zum Einsatz und Bedeutungsgehalt des architektonischen Schmuckes vorgenommen werden[1171]. Obwohl sich der antike Raumeindruck heute nur noch bedingt fassen lässt, wird deutlich, dass die einzelnen Raumeinheiten des Komplexes durch die ornamentale Ausstattung in ihrer Repräsentativität voneinander abgesetzt wurden. Hierzu bediente man sich verschiedener Mittel, wie des gezielten Einsatzes unterschiedlichen

1167 Vgl. Kap. VIII.
1168 Vgl. Kap. VII.; IX.
1169 Vgl. Kap. X.
1170 Vgl. Kap. XI.
1171 Vgl. Kap. XII.

Materials oder unterschiedlicher Quantität von Ornamenten, die man an einigen Stücken auf eine Unteransichtigkeit hin ausarbeitete. Dies diente unter anderem dem Ziel, die mit dem Bau verbundene Pracht unter Berücksichtigung seiner Nutzungsmöglichkeiten gezielt auf die Besucher auszurichten, wobei das Mittelschiff der Basilica als Höhepunkt der Anlage verstanden werden muss. Darüber hinaus galt es anscheinend, die Gebäudeteile Basilica und Portikus vor dem Hintergrund ihrer unterschiedlichen urbanistischen Situation jeweils angemessen zu gestalten. Hierfür wurden für Portikus und Basilica unterschiedliche Konzepte hinsichtlich der verwendeten Ornamentformen entworfen. Während an der Portikus eine Bogenarchitektur mit altertümlichen Formenelementen begegnet, die sich in den Forumsplatz einbettete, zu dessen Uniformierung sie beitrug und dessen *dignitas* sie unterstrich, stellt die Basilica einen in sich geschlossenen Raum dar, der durch den Einsatz aktueller Ornamentformen und innovativer Gestaltungsweisen inszeniert wurde.

XIV. Summary

The Basilica Aemilia, the subject of this study, consists of a basilica fronted by a portico and shops. Its location, scale, and decorative elements make it one of the most important surviving structures of the ancient city of Rome.[1172] In comparison with most other ancient buildings, especially in the Forum Romanum, it is particularly well preserved, and therefore of special scholarly importance. Yet historically it is an understudied building, and the little work which has taken place has barely been published.[1173]

The present study has identified and documented the majority of the surviving ornamental architectural fragments from the Imperial phase of the Basilica Aemilia. The aim has been to form a complete picture of the available evidence, and this has made it possible to understand the building in unprecedented detail. Due to the complexity of the evidence from the Forum Romanum, a special method was developed to create a critical catalogue of the core material.[1174] The architectural elements that form the basis for this study were divided into discrete series of fragments that certainly, probably, or only possibly belonged to the building, so as to avoid premature conclusions in the interpretation of the evidence.

To begin with, the objective was to analyse the ornamentation of individual architectural elements according to their technical characteristics, placement and workmanship thus to draw conclusions as to the reconstruction, chronology, and construction history of the building complex as a whole.

Reconstruction

The Basilica consisted of a nave with a surrounding aisle and an additional, narrower aisle on the north side. It was defined by an outer wall and had at least two storeys supported by columns. The ground floor colonnade employed the Ionic order, while the Corinthian order was used for the upper storey. The interaxials of the upper colonnade were narrower, by a factor of three quarters, than those on the ground floor. On the lower floor the walls were faced in marble and decorated with no more than an architrave, in contrast with the rich interior decoration of the upper storey, where the walls were adorned with bases, pilasters, and capitals, and an entablature protruding above the pilasters. On each floor several sets of functionally equivalent but iconographically distinct structural elements were used; these sets can be assigned to different parts of the building.[1175]

The portico overlooking the open space of the Forum had a single storey and was crowned by a protruding attic. The façade was defined by arches supported by piers which incorporated superimposed half-columns. The ends of the portico were enclosed by walls, though at the west end there were doors which pierced the wall. The east end of the portico was defined by a protruding façade which perhaps merged with an arch spanning the Via Sacra. The portico had a hybrid order featuring Doric, Tuscan, and Ionic elements. The same pattern was repeated, with the exception of the console, in the interior space of the portico as panelled wall decoration, although the constituent elements of the interior entablature were compressed in comparison with the exterior façade.[1176]

Whether the surviving rinceaux, piers and capitals formed a separate storey of piers between the upper and lower storeys of the basilica, as Heinrich Bauer has proposed, or whether they should instead be assigned to a pergola on the roof of the portico, cannot be determined with any absolute certainty. On the basis of the available evidence, however, it does seem that the hypothesis of an intermediate storey is the more plausible. The oriental statues probably stood on the protruding entablature of the lower order in the nave of the basilica.[1177] In the case of the remaining architectural fragments – of pilasters, decorative shields (*clipei*), and coffered ceilings – examined in this study, it is not possible to determine whether they should be assigned to the building or not.[1178]

Chronology

The entire building complex, as it now appears in the ground plan which survives to this day in the Forum, was built in a single construction phase in the Augustan period. This dating is based on an inscription honouring Lucius Caesar set up between 2 b.c. and a.d. 14. There is also a probable connection between the archaeological remains and a reference in Cassius Dio which states that the building had to be rebuilt after a fire in 14 b.c

1172 See Chs. II and III.
1173 See Ch. IV.
1174 See Ch. V.
1175 See Ch. VI.1.
1176 See Ch. VI.2.
1177 See Ch. VI.3.
1178 See Ch. VI.4.

The architectural remains attributable to this phase reveal an extreme variation in the typology and workmanship of the individual decorative elements; from this it is clear that to date the architectural ornamentation on the basis of typology and style, with the aim of establishing a chronology that is accurate to within a few years, is fundamentally impossible. It is rather the case that forms which have generally been labelled as Early Augustan appear to date from the same period as others which have until now been understood to be Late Augustan or Tiberian .[1179].

Imperial period interventions which entailed the production of new architectural elements can be found in two parts of the complex. The first intervention took place in the latter 1st century a.d., probably in the time of Nero or Vespasian; this involved the replacement of several architectural elements – bases, columns, capitals and architrave blocks – in the eastern section of the long colonnade on the north side of the basilica on the ground floor. This was probably a controlled restoration carried out without dismantling the building as a whole. Possibly this took place in relation to the construction of the Templum Pacis, which adjoins the building on the north side. The second intervention involved the replacement of a metope on the Doric frieze belonging to the façade of the portico facing the Forum. The scale of this intervention cannot be determined with any certainty, but on the evidence of the surviving architectural fragments it is best to assume only minor repairs. This work likewise took place in the latter 1st century a.d., perhaps at the same time as the renovation of the basilica. Aside from what has just been mentioned, no further Imperial period reconstruction measures can be identified on the basis of the material evidence. Not until the time of the tetrarchs are major restorations again attested, in the form of brick walls. The hypothesis that there were repairs resulting from a catastrophe in the Forum which is known from the literary sources and which occurred at some point between the Augustan and tetrarchal periods finds no confirmation in the archaeology.[1180]

Planning and Execution

In this study of the Basilica Aemilia it has proven possible to differentiate the ornamentation of the original Augustan plan from decorative elements developed by the workmen during the course of construction. Detailed analysis of the surviving fragments allowed conclusions to be drawn in relation to the planning and construction process. Thus it was possible to distinguish between different groups of stonemasons who undertook varying degrees of preparatory work on the individual, made-to-order building blocks which were laid out on the ground, or put the finishing touches on the ornamentation once the blocks had been set in place. Posting groups of workers to pre-determined areas of the building or individual masons to particular sections made it possible to calculate and evaluate workers' performance. As with many other Roman buildings the original plan was frequently modified during construction.

On the basis of numerous observations it has also been possible to show that the selection and placement of the various decorative bands were planned in detail and imposed on the masons as part of a binding blueprint. Yet there often were no specific instructions as to the details of iconography or the finishing of the decorative elements. Apparently, the decision to craft the ornamentation in a generally uniform manner, as with the upper floor of the basilica, or less so, as with the basilica's lower storey, rested with the craftsmen or groups of craftsmen who carried out the work.[1181]

The iconography of Augustan building blocks was the model for the ornamentation of blocks added as part of subsequent interventions. There is remarkably little variation in the details of the iconography. Significant differences are only visible in the standard of execution.[1182]

Use and Meaning of Architecture and Ornamentation

Using the reconstruction and findings relating both to the chronology and to the planning and construction process of the building complex, it was possible to pose questions relating to the use and meaning of the architectural decoration.[1183] Although it is impossible to appreciate the full spatial impact of the building as it existed in antiquity, nevertheless is it clear that the decoration was used to mark out different areas of representational space within the building. Several strategies were used, for example the conscious use of different materials or variation in the volume of ornamentation, which in places was specially worked to take account of the view from below. One purpose of all this was to invite the viewer to contemplate the function of the building in conjunction with its decorative splendour, and in this there can be no doubt that the

1179 See Ch. VIII.
1180 See Chs. VII and IX.
1181 See Ch. X.
1182 See Ch. XI.
1183 See Ch. XII.

highlight of the complex was the basilica's central nave. In addition it would seem that efforts were made to integrate the basilica and portico with their respective and different urban settings. In order to do this, the decorative forms used on the portico and basilica were designed according to differing conceptual frameworks. The architecture of the portico was defined by arches and archaizing forms; it was embedded in the Forum, enhanced its uniform monumentality, and underlined its *dignitas*. The basilica was an enclosed and self-contained space, a theatrical stage for the display of contemporary decorative forms and innovations in architectural design.

XV. Riassunto

Argomento di questo volume è la Basilica Aemilia, un complesso architettonico costituito, oltre che dalla basilica propriamente detta, da una *porticus* e una fila di *tabernae* antistanti ad essa che per posizione, grandezza e decorazione rappresenta uno dei monumenti più significativi di Roma antica[1184]. Sebbene la Basilica, a confronto con la maggior parte degli altri edifici del Foro Romano, si sia mantenuta particolarmente bene e per questo costituisca una ricca fonte di informazioni scientifiche, le poche ricerche su di essa eseguite sono per la maggior parte inedite[1185].

Nell'ambito di questo studio è stata identificata e documentata la gran parte dei frammenti architettonici decorati dell'edificio di età imperiale. L'analisi completa del materiale conservato ha consentito di comprendere il complesso in modo straordinariamente dettagliato.

In considerazione della situazione particolare delle testimonianze archeologiche sul Foro Romano, dove può, a volte, essere difficile affermare con sicurezza se un determinato frammento o elemento architettonico appartenga ad un contesto piuttosto che ad un altro, è stato sviluppato un metodo specifico per la raccolta critica del materiale in base al quale i frammenti architettonici sono stati divisi in serie che facevano parte dell'edificio in modo certo, probabile o solo possibile[1186].

Scopo principale era ricavare informazioni sulla ricostruzione, la cronologia e il progetto del complesso attraverso l'analisi delle caratteristiche tecniche, dell'iconografia e della realizzazione della decorazione dei singoli elementi architettonici.

Ricostruzione

La basilica è costituita da una navata centrale circondata su tutti i lati da una navata più stretta e, ancora, da un'ultima navata ancora più piccola sul lato nord. Era circondata da un muro ed era un edificio ad almeno due piani con ordini di colonne..L'ordine del piano inferiore era ionico, quello del piano superiore corinzio. L'interasse dell'ordine superiore corrispondeva solo a tre quarti di quello dell'ordine inferiore.

Mentre nel piano inferiore l'incrostazione marmorea era limitata alla sola riproduzione dell'architrave, in quello superiore riproduceva esattamente lo spazio architettonico interno, con basi, lesene, capitelli e, sopra le lesene, la trabeazione aggettante.

Sullo stesso piano sono state impiegate serie di elementi architettonici diverse per decorazione ma uguali per funzione, che è stato possibile ricostruire in modo preciso[1187].

La *porticus*, rivolta verso il Foro, era ad un solo piano ed era sormontata da una cornice attica aggettante. Il prospetto mostrava un'architettura ad archi che poggiava su pilastri decorati da semicolonne. I lati corti della *porticus* erano chiusi da un muro ma almeno ad ovest dovevano esistere delle porte. Ad est l'edificio terminava con un avancorpo sporgente oppure questo stesso avancorpo proseguiva in un arco che si collegava alla *Sacra Via*. La *porticus* presentava un ordine ibrido di elementi dorici, tuscanici e ionici. Fatta eccezione per la cornice di mensola, la medesima disposizione di elementi architettonici si trovava anche all'interno della *porticus* in forma di rivestimento marmoreo mentre i singoli elementi della trabeazione erano più bassi di quelli in facciata[1188].

Non è possibile affermare con sicurezza se i pilastri decorati con girali e i capitelli corinzieggianti conservati costituissero parte di un piano intermedio tra i due della basilica, come proponeva Heinrich Bauer, oppure se, in alternativa, appartenessero ad una architettura a pergola sulla terrazza della *porticus*. Sulla base degli indizi a disposizione, la prima ipotesi sembra a chi scrive la più probabile. Le statue di orientali si trovavano probabilmente sui risalti dell'ordine inferiore della navata centrale della basilica[1189].

Per altri frammenti architettonici qui trattati – lesene, clipei, soffitti a cassettoni – non è possibile chiarire se appartengano o meno al complesso[1190].

Cronologia

L'intero complesso, così come si è mantenuto ed è leggibile ancora oggi in pianta sul Foro, è stato realizzato in una fase edilizia unica in età augustea. Di fondamentale importanza per la datazione è una dedica a Lucio Cesare, che si data tra il 2 a. C. e 14 d. C. Un collegamento tra questa fonte archeologica e una notizia di Cassio Dione,

1184 Cap. II e III.
1185 Cap. IV.
1186 Cap. V.
1187 Cap. VI.1.
1188 Cap. VI.2.
1189 Cap. VI.3.
1190 Cap. VI.4.

secondo la quale l'edificio bruciò nel 14 a. C. e dovette essere riedificato, è probabile.

Sulla base dei frammenti architettonici conservati appartenenti a questa fase, è possibile osservare un'enorme varietà nella tipologia e nella lavorazione dei singoli ornamenti che mostra come, in linea di principio, non sia possibile, sulla base di criteri tipologici o stilistici e in un torno di anni così breve, datare in modo preciso elementi architettonici decorati. Compaiono contemporaneamente forme diverse, di norma definite di prima età augustea, oltre che di piena età augustea oppure tiberiana[1191].

Nel corso dell'età imperiale è possibile constatare che in due punti del complesso sono stati effettuati interventi edilizi per i quali sono stati realizzati nuovi elementi architettonici. In pieno I secolo d. C., probabilmente in età neroniano-vespasianea, vennero sostituiti molti elementi architettonici nella parte orientale del colonnato nord del piano inferiore della basilica: basi, colonne, capitelli e blocchi di architrave. Dovrebbe essersi trattato di un intervento di restauro programmato. Possibilmente questi interventi erano effettuati in concomitanza con la costruzione del *Templum Pacis* che si legava all'edificio sul lato nord.

Il secondo intervento riguardava la fronte del portico verso il Foro, sulla quale venne sostituita una metopa del fregio. Sebbene non si possa dire con sicurezza di che portata sia stato l'intervento, sulla base dei frammenti architettonici conservati sembra sia stato più limitato e che sia stato effettuato nell'avanzato I secolo d. C., forse contemporaneamente ai restauri all'interno della basilica[1192].

Oltre ai due sopra descritti, sulla base dei frammenti architettonici non è possibile accertare alcun altro intervento di restauro di età imperiale. Solo a partire dall'età tetrarchica sono attestati nuovamente interventi di grossa portata in forma di muri laterizi. Archeologicamente non è possibile raccogliere indizi di restauri da mettere in relazione con una catastrofe sul Foro avvenuta tra l'età augustea e l'età tetrarchica e tramandata dalle fonti letterarie.

Progetto e realizzazione

Nell'ambito della decorazione architettonica della Basilica Aemilia di età augustea, si è giunti a distinguere gli elementi che appartenevano già al progetto iniziale da quelli che sono stati definiti solo durante la lavorazione dei singoli operai. A tale scopo, il materiale conservato è stato analizzato in modo molto accurato per ricavare spiegazioni sulle procedure della progettazione e della costruzione dell'edificio. Grazie a questo studio è stato possibile distinguere diversi gruppi di scalpellini i quali iniziavano la preparazione degli ornamenti dei blocchi, precedentemente disposti sul suolo in base alle misure, in grado diverso. La maggior parte dei pezzi venivano completati dopo essere stati messi in opera ma alcuni potrebbero anche essere stati ultimati quando erano ancora poggiati sul suolo.

Attraverso l'impegno mirato di determinati gruppi di operai su settori precedentemente scelti dell'edificio oppure di scalpellini specializzati in punti precisi di esso, è stato possibile farsi un'idea del loro rendimento e calcolarne la paga. Come già osservato in molti altri edifici romani, anche per la Basilica Aemilia è possibile notare che durante la costruzione dell'edificio sono state effettuate delle varianti sul progetto originale.

Sulla base di numerose dettagliate osservazioni è stato, inoltre, possibile capire che la scelta e la posizione dei singoli tipi di ornamenti erano state pianificate in modo preciso e che, nell'ambito di questo progetto vincolante, venivano imposte agli operai. Quanto all'iconografia precisa e all'elaborazione degli ornamenti, non c'era, invece, alcuna disposizione concreta.

Il fatto che la decorazione sia stata realizzata in modo più omogeneo, come nel piano superiore della basilica oppure meno omogeneo, come nel piano inferiore, sembrerebbe essere dipeso dagli operai o meglio, dalle squadre che hanno eseguito il lavoro[1193].

Per la decorazione degli elementi architettonici delle età successive, ci si è basati sull'iconografia dalla precedente tradizione augustea. Le varianti iconografiche nei dettagli di questi pezzi più recenti sono minime. Differenze chiaramente percepibili si possono cogliere solo nella qualità della loro lavorazione[1194].

Impiego e significato dell'architettura e della decorazione

Sulla base della ricostruzione, delle conoscenze acquisite sulla cronologia e sul processo della progettazione e realizzazione del complesso degli edifici, è stato possibile proseguire le indagini sull'impiego e sul significato degli elementi architettonici[1195].

Anche se oggi possiamo cogliere solo parzialmente la percezione degli spazi nell'antichità, è evidente che le singole parti del complesso monumentale si distinguevano

1191 Cap. VIII.
1192 Cap. VII. e IX.
1193 Cap. X.
1194 Cap. XI.
1195 Cap. XII

l'una dall'altra attraverso la decorazione nella sua rappresentatività. A tal fine si sono serviti di mezzi diversi, come la variazione dei materiali in parti specifiche oppure una differente quantità di ornamenti che, su determinati pezzi, sono stati lavorati considerando il punto di vista dell'osservatore dal basso. L'obiettivo era, tra altro, quello di modulare la magnificenza dell'edificio in funzione della fruizione dei visitatori. La navata centrale della basilica doveva, ovviamente, costituire il culmine del complesso.

Sembra inoltre che, all'interno del complesso monumentale, le strutture della basilica e della *porticus* si siano volute realizzare adeguatamente in considerazione della loro diversa situazione urbanistica. Per questo vennero progettate soluzioni diverse per la basilica e la *porticus* per quanto riguarda l'impiego delle forme di decorazione architettonica. Mentre nella *porticus* incontriamo un'architettura ad archi ed elementi di stile tradizionale che si inseriscono perfettamente nel Foro, sottolineandone l'uniformità e la *dignitas*, la basilica si colloca in uno spazio chiuso, allestito con l'impiego di forme ornamenti attuali e concezioni innovative.

XVI. Schaubilder und Tabellen

Schaubild 1 · Archäologie am Forum Romanum: Zum Umgang mit dislozierten Funden

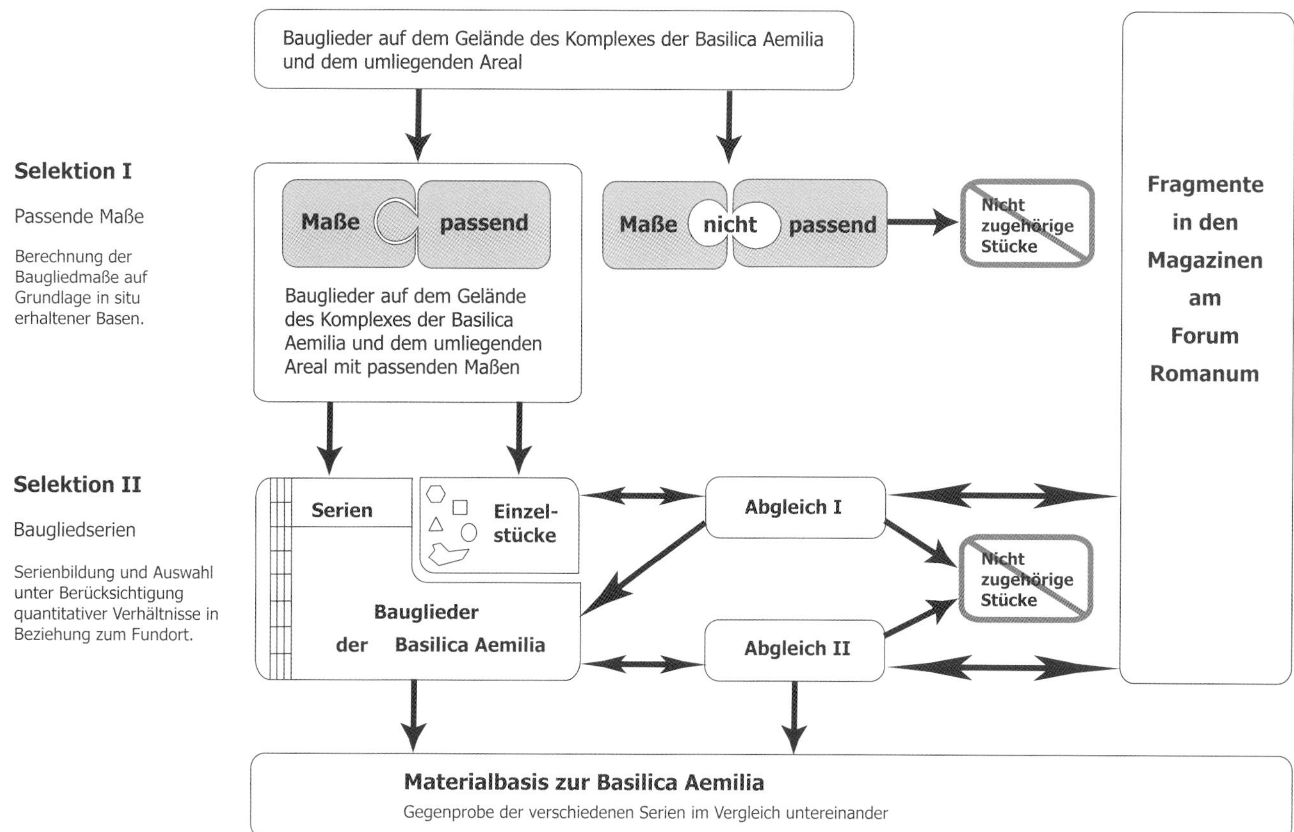

Tabelle 1 · Das ionische Kapitell des unteren Stockwerks der Basilica Scheidungskriterien der augusteischen und späteren Bauglieder

Ser.Nr.	B des Balteus	Erhabene Verzierung auf den Blättern des Balteus	B des Perlstabs	Rahmung des Perlstabs	Länge einer Perle	Überschneidungen der Akanthusfinger	Serie
123528	/	**Nein**	**2,5**	**Nein**	**2,5**	**Nein**	**Augusteisch**
123527	**9**	**Ja**	**2,5**	**Nein**	**2,5**	**Nein**	**Augusteisch**
123494	**9**	**Ja**	**2,5**	**Nein**	**2,8**	**Nein**	**Augusteisch**
123415	**9**	**Nein**	**2,3**	**Nein**	**3**	**Nein**	**Augusteisch**
123496	/	/	**2,5**	**Nein**	**3**	**Nein**	**Augusteisch**
123459	/	/	**2,6**	**Nein**	**2,5**	**Nein**	**Augusteisch**
123525	**8,5**	**Ja**	**2,8**	**Nein**	**2,6**	/	**Augusteisch**
123544	/		**2,5**	**Nein**	**2,5**	/	**Augusteisch**
123414	**9,5**	**Ja**	**2,8**	**Nein**	**2,4**	/	**Augusteisch**
123479	/	/	**2,7**	**Nein**	**2,7**	/	**Augusteisch**
123423	/	/	/	/	/	**Nein**	**Augusteisch**
123001	8,5	Ja	3,2	Ja	3,4	Ja	Später
123526	8,7	Ja	3,2	Ja	2,8	Ja	Später
123409	8,5	Nein	3,4	Ja	2,9	Ja	Später
123408	9	Ja	3,6	Ja	3,4	Ja	Später
123523	9,4	Nein	3,5	Ja	2,4	/	Später
123421	/	/	3,4	Ja		/	Später
123524	/	/	/	/	/	Ja	Später
123426	/	/	/	/	/	Ja	Später

Alle Maßangaben erfolgen in Zentimetern
/ = Werte lassen sich auf Grund des schlechten Erhaltungszustandes nicht mehr ermitteln

Die Tabelle zeigt, wie sich die Stücke einer späteren Serie von denen des augusteischen Baus scheiden lassen. Grundsätzlich liegt der den Balteus begrenzende Perlstab auf und misst in seiner Breite zwischen 2,5 und 2,8 cm. Die Länge der Perle variiert zwischen 2,5 und 3 cm. Akanthusfinger überschneiden sich gegenseitig nie. Bei den späteren Stücken ist der Perlstab durch zwei Leisten gerahmt und wird dadurch etwas breiter. Er misst zwischen 3,2 und 3,6 cm. Die Ausführungen bezüglich der Länge der Perlen sind nicht so einheitlich wie bei den vorherigen Kapitellen, sondern variieren zwischen 2,4 und 3,4 cm. Ferner überschneiden sich die äußersten Akanthusfinger zweier Lappen regelmäßig.

Das Bügelkymation der augusteischen Stücke liegt auf einem deutlich stärker gewölbten Hintergrund als das der späteren Stücke. Seine Bügelfüllung ist breiter und seine Bügel schwingen breiter aus. Das Zwischenblatt ist voluminöser. Dasjenige des Kymations der späteren Stücke weist zudem mittig ein Band auf, bevor es sich öffnet. Insgesamt ist das Bügelkymation der späteren Kapitelle durch harte Kanten noch klarer vom Hintergrund getrennt, während das Bügelkymation bei den augusteischen Stücken zum Reliefhintergrund feinere Übergänge aufweist.

Diese Aussagen treffen ausnahmslos zu, so dass Fragmente allein auf Grund ihrer Perlstabgestaltung oder ihres Bügelkymations einer Serie zugewiesen werden können, auch wenn sich kein Akanthus mehr erhalten hat, wie in der Tabelle exemplarisch vorgeführt. Auch die Akanthusblätter allein geben Auskunft, zu welcher der beiden Serien die Fragmente gehören.
Ob die Blätter des Balteus durch einen erhabenen Punkt zusätzlich geschmückt waren oder nicht, bietet keinen Anhaltspunkt für die Zuweisung zu einer Serie und scheint durch die Handschrift des Steinmetzen bedingt zu sein.

Tabelle 2 · Maße der Architrav-/Friesblöcke des unteren Stockwerks der Basilica und Serienzuweisung

Ser.Nr.	H gesamt	H Architrav	H Fries	T u.	B	Serie
197065	87	**61**	26	**80**	142	A1
197950	118	/	73	68	65	A1
198161	**117,5**	**61**	**56,5**	**76**	167	A2
198162	114	**60**	54	**80**	197	A2
198059	**63**	**63**	/	52	66	A3
198085	**60,5**	**60,5**	/	**80**	295	A3
198091	**59,5**	**59.5**	/	**ca.77**	262	A3
198073	**60**	**60**	/	60	67,5	A3
198079	**60**	**60**	/	75	80	A3
198061	**63**	**63**	/	**80**	48	A3
198075	**60**	**60**	/	53	140	A3
198056	**67**	**67**	/	75	55	A3
198094	**58**	**58**	/	49	75	A3
198089	**59**	**59**	/	68	68	A3
198071	**60**	**60**	/	68	64	A3
198088	**60–62**	**60–62**	/	**83**	120	A3
197126	**62**	**62**	/	40	75	A3
198099	**57**	**57**	/	**79**	83	A3

Alle Maßangaben erfolgen in Zentimetern
fett markierte Zahlen beschreiben Strecken, die komplett erhalten sind
/ = Werte lassen sich auf Grund des schlechten Erhaltungszustandes nicht mehr ermitteln

Die vorliegende Tabelle führt alle Architravblöcke des unteren Stockwerks der Basilica auf, an denen sich Gesamtmaße noch vollständig abnehmen lassen. Die Stücke lassen sich anhand ihrer Maße in drei Serien einteilen:

Serie A1: Architrav und Fries von mindestens 73 cm Höhe
Serie A2: Architrav und Fries von ca. 56,5 cm
Serie A3: nur Architrav ohne Fries

Tabelle 3 · Architrav des unteren Stockwerks der Basilica Faszienanzahl · Zuweisung über Detailmaße der einzelnen Faszien und der Höhe des nach oben abschließenden Bügelkymations mit Leiste

Ser.Nr.	Anzahl Faszien Vorderseite	H Faszie u.	H Faszie m.	H Faszie o.	H Abschluss o.	Anzahl Faszien Rückseite	H Faszie u.	H Faszie o.	H Abschluss o.	Perlstabausarbeitung Faszienseite	Perlstab Faszienseite in Block eingetieft	Art des lesbischen Kymations der Soffitte	Serie
197065	3	/	/	/	13	2	15	21,5	ca. 23	Ja	Ja	Bügel	A1
197950	3	/	/	17	12,5	/	/	/	/	/	Ja	/	A1
198162	2	/	/	/	ca. 20	2	ca. 18	23	ca. 20	Nein	Ja	/	A2
198161	2	/	/	/	ca. 20	2	/	min. 20,5	ca. 20	Nein		/	A2
198088	3	/	/	/	13	2	/	/	18	Ja	Nein	Bügel	A3a
198061	3	/	14	18,3	11	2	/	21	17	Ja	Ja	/	A3a
198085	3	11	15	18,2	10,8	2	/	/	/	/	Ja	Bügel	A3a
198091	3	/	/	18,3	11,5	2	/	/	/	/	Ja	Bügel	A3a
198056	3	/	/	18	12	/	/	/	/	/	Ja	Bügel	A3a
197243	3	/	/	18	/	/	/	/	/	/	Ja	Bügel	A3a
198094	/	/	/	/	/	2	16	21	15	Nein	Nein	Scheren	A3b
198089	/	/	/	/	/	2	18	21	17	Nein	Nein	Scheren	A3b
198073	/	/	/	/	/	2	/	/	/	/	Ja	Scheren	A3b
198071	/	/	/	/	/	2	/	22	20	Nein	Nein	/	A3b
198079	/	/	/	/	/	2	18	22	18	/	Ja	/	/
198099	/	/	/	/	/	2	16,5	22	/	/	Ja	/	/

Alle Maßangaben erfolgen in Zentimetern
/ = Werte lassen sich auf Grund des schlechten Erhaltungszustandes nicht mehr ermitteln

In der obigen Tabelle sind einige gut erhaltene Architravblöcke mit den Höhenmaßen der einzelnen Faszien und des oberen Abschlusses der Stücke bestehend aus Bügelkymation und Leiste aufgeführt. Da die Stücke unabhängig von ihrer Faszienanzahl stets dieselbe Gesamthöhe aufweisen, ergeben sich an den Dreifaszienseiten und den Zweifaszienseiten verschiedene Höhenmaße der einzelnen Bereiche. Daher ist es möglich, auf der Basis nur eines dieser erhaltenen Maße an kleineren Fragmenten die ursprüngliche Faszienanzahl zu rekonstruieren. Auf dieser Grundlage lässt sich beispielsweise für die Serie A2 nachweisen, dass sie zu beiden Seiten nur zwei Faszien trug, obwohl an der zweiten Seite nur der obere Abschluss in seiner vollen Höhe erhalten ist.

In dieser Tabelle sind alle Stücke aufgeführt, die sich mit Sicherheit der Basilica und der Serie A3 zuweisen lassen. Folgende Scheidungskriterien lassen sich festhalten:

1. Serie A3a weist an der Soffitte ein Bügelkymation auf, Serie A3b hingegen ein Scherenkymation.
2. Die Perlstäbe der Faszienseiten der Architravfragmente der Serie A3a sind stets an beiden Seiten ausgearbeitet. Bei den Stücken der Serie A3b trifft das nur für eine Seite zu.
3. Die Stücke der Serie A3a weisen auf der einen Seite drei, auf der anderen Seite zwei Faszien auf. Für die Architravfragmente der Serie A3b existiert kein einziges Beispiel mit drei Faszien, so dass von nur zwei Faszien auf beiden Seiten ausgegangen werden muss.

Da sich die genannten Kriterien streng voneinander trennen lassen, kann man Fragmente also allein an der Form ihrer Kymatien an der Soffitte einer Serie zuweisen. Nicht ausgearbeitete Perlstäbe lassen ein Stück der Serie A3b zurechnen. Wenn eine Architravseite drei Faszien aufweist (bzw. die entsprechenden Detailmaße), ist das Stück der Serie A3a hinzuzufügen. Ob der Perlstab auf den Faszien auflag oder in diese eingetieft ist, stellt kein Scheidungskriterium dar. Dies war scheinbar dem Steinmetz überlassen.

Tabelle 4 · Scheidung der Architravserien A3a und A3b

Ser.Nr.	Anzahl Faszien Vorderseite	Anzahl Faszien Rück-seite	Perlstab ausgearbeitet	Perlstab in Block eingetieft	Art des Kymations an der Soffitte	Serie
198075	/	/	/	/	**Scheren**	**A3b**
198094	/	**2**	**Nein**	/	**Scheren**	**A3b**
198089	/	**2**	**Nein**	/	**Scheren**	**A3b**
197200	/	**2**	**Nein**	/	/	**A3b**
198071	/	**2**	**Nein**	/	/	**A3b**
198061	3	2	Ja	Ja	/	A3a
198085	3	2	Ja	Ja	Bügel	A3a
198091	3	2	Ja	Ja	Bügel	A3a
198088	3	2	Ja	Nein	Bügel	A3a
197126	/	/	/	/	Bügel	A3a
198056	3	/	/	Ja	Bügel	A3a
197207	3	/	Ja	/	/	A3a
197235	3	/	/	/	/	A3a
198157	/	/	/	Nein	/	/
197644	/	/	/	Nein	/	/
197885	/	/	/	/	/	/
198079	/	2	/	Ja	/	/
198099	/	2	/	/	/	/

/ = Werte lassen sich auf Grund des schlechten Erhaltungszustandes nicht mehr ermitteln

Die Stücke der Serie A1 stimmen in allen Kriterien mit den Stücken der Serie A3a überein, die Architravfragmente der Serie A2 mit denen der Serie A3b. Allerdings ist bei den Stücken der Serie A2 die Soffitte nicht erhalten, für die man folglich eine Rahmung durch ein Scherenkymation annehmen möchte. Auch von den übrigen Fragmenten, deren Zuweisung zu den Stücken der Serie A3 nicht gesichert ist, lassen sich einige einer der beiden Dekorationsschemata zuweisen. Bezieht man alle Fragmente mit ein, sind 19 Stücke nach Art von Serie A3a und 12 Stücke nach Art von Serie A3b erhalten.

Tabelle 5 · Maße des Konsolengeisons des unteren Stockwerks der Basilica

Ser.Nr.	Höhe	Tiefe oben	Breite	Langstück oder Verkröpfung
198082	**60**	**150**	**231**	Langstück
198081	**60**	**153**	127,5	Langstück
198083	**60**	**150**	**230**	Langstück
198025	**59**	82,5	106	Langstück
198080	**60**	**182**	**180**	Verkröpfung
198062	**62**	93	137	Langstück
198077	**60**	100	117	Langstück
198070	**60**	90	100	Verkröpfung
398029	**60**	100	138	Langstück
198069	**60**	95	**185**	Verkröpfung
198072	**60**	63	100	/
198074	**60**	54	90	Verkröpfung

Alle Maßangaben erfolgen in Zentimetern
fett markierte Zahlen beschreiben Strecken, die komplett erhalten sind
/ = Werte lassen sich auf Grund des schlechten Erhaltungszustandes nicht mehr ermitteln

In dieser Tabelle sind alle Stücke aufgelistet, an denen noch originale Baugliedmaße abgenommen werden konnten. An zwölf Stücken lässt sich die ursprüngliche Höhe messen. Sie unterliegt nur geringen Schwankungen und kann dadurch sicher auf ca. 60 cm bestimmt werden. Die Breite der Langgeisonblöcke ist an Ser.Nr. 198082 und 398021 abzunehmen und beträgt etwa 230 cm. Da beide Blöcke aber aus mehreren Fragmenten modern rekonstruiert sind, ist eine zentimetergenaue Angabe nicht möglich. Gleiches gilt für die Verkröpfungsblöcke, deren Breite ebenfalls nur zweimal gemessen werden konnte. Während Ser.Nr. 198069 in einem Block mit beiden Schmalseiten erhalten ist, wurde Ser.Nr. 198080 aus mehreren Fragmenten modern rekonstruiert. Der abgenommene Wert ist somit nicht exakt. Auch die Tiefen der Geisonoberseiten sind nur an rekonstruierten Stücken zu messen. Für Stücke des Langgeisons sind etwa 150 cm, für die Verkröpfungen 182 cm anzunehmen, wobei gerade der Wert der Verkröpfungen nur noch an einem, zudem rekonstruierten Stück gemessen werden konnte.

Tabelle 6 · Scheidungskriterien der Lang- und Verkröpfungsblöcke

Es gibt verschiedene Möglichkeiten ein Fragment als Langgeison oder Verkröpfungsblock zu identifizieren:

- **Maße**: Nur wenige Stücke sind zu so großen Teilen erhalten, dass ihre Maße ihre Zugehörigkeit zu einer der beiden Gruppen beweisen.
- **Verkröpfung**: Alle Fragmente, an denen die Ornamentfolge der Vorderseite um 90 oder 270 Grad umspringt, erweisen sich als Teil einer Verkröpfung. Umgekehrt bedarf es mindestens drei Konsolen in einer Reihe, um ein Stück mit Sicherheit den Langgeisonblöcken zuzuweisen und auszuschließen, dass es sich um eine Verkröpfung handelt. Daher lassen sich die Verkröpfungsblöcke leichter identifizieren. Unter den nicht zugewiesenen Stücken dürfte die Zahl der Langgeisonfragmente überwiegen.
- **Schmalseite**: Nach den erhaltenen Stücken zu urteilen, war die Schmalseite der Blöcke auf die Ornamentik stets in gleicher Weise abgestimmt. Die Fugen verlaufen an der Seite einer Kassette so, dass je eine Seite des Eierstabs, der die Kassetten umläuft, bereits auf dem nächsten Block lag. Alle erhaltenen Verkröpfungen enden an ihren beiden Schmalseiten jeweils mit einer Konsole und dem Eierstab der folgenden Kassette. Die Langgeisonblöcke enden zu den Fugen jeweils mit einer Kassette.
- **Oberseite**: Auf der Oberseite der Langgeisonblöcke, etwa über der Geisonunterkante, verläuft eine ca. 3,5 cm breite und 0,6–1 cm tiefe Einarbeitung, die zwei nur wenig vorspringende Risalite bildet, auf der Verkröpfung aber in einem Rechteck auf die Verkröpfungsoberseite vorspringt. So lassen sich Stücke, die auf ihrer Oberseite den Vorsprung aufweisen den Verkröpfungen zuweisen. Auch bei diesem Kriterium lassen sich die Verkröpfungsstücke leichter erkennen als die Langgeisonblöcke.

Tabelle 7 · Maße der Serien B1 und B2 der Säulenbasen des oberen Stockwerks der Basilica

Serie B1

Ser.Nr.	H gesamt	H Plinthe	H Basis	Maße der Dübellöcher	Dm Basis max.	Dm Basis Oberseite
197015	39	17,5	21,5	5 x 5 x 7	/	68
197019	37,5	17	20,5	8 x 8 x 7	83	70
198144	41	18	23	6,5 x 7 x 9	/	/
198143	41	19	22	7 x 6 x 6	/	64
198145	40	18	22	/	/	/
198146	40	18	22	/	/	/
198147	40	18	22	7 x 7 x 6	/	/
197014	40,5	19	21,5	X x X x 5	/	/

Serie B2

Ser.Nr.	H gesamt	H Plinthe	H Basis	Maße der Dübellöcher	Dm Basis max.	Dm Basis Oberseite
197021	46	26	20	4 x 5 x 5	81,5	67
197018	43,5	23,5	20	/	80	65,5
198164	/	/	21	4 x 5 x 5	/	ca. 66
198135	43,5	23	20,5	5 x 5 x X	80	66
197016	40	20	20	6,5 x 5,5 x 4,5	79	67
197017	56,5	37	19,5	4,5 x 4,5 x 4	80	65,5
197407	/	/	/	/	/	/
197560	/	/	20,4	/	/	/
197020	41	41	/	4 x 3 x 4	/	/

Alle Maßangaben erfolgen in cm
/ = Werte lassen sich auf Grund des schlechten Erhaltungszustandes nicht mehr ermitteln

Die Serien B1 und B2 lassen sich klar durch ihr Profil trennen. Serie B2 weist zwischen Torus und Kehle jeweils einen Rundstab auf. Da die Basen aber ähnlich hoch sind, werden dadurch die Detailmaße des Profils von Serie B2 etwas geringer. An den Maßen fällt weiter auf, dass die Plinthen von Serie B2 höher sind und eine differenziertere Bearbeitung der einzelnen Seiten aufweisen, die Auskunft über den Bauzusammenhang in der Ebene der Zwischendecke des oberen Stockwerks gibt. Die Dübellöcher der Serie B1 fallen im Vergleich zu denen der Serie B2 etwas größer und tiefer aus.

Tabelle 8 · Das Säulenkapitell des oberen Stockwerks

Serie K1 und Serie K2 unterscheiden sich in vielen Details voneinander:

1. Serie K1 hat Stemm- und Dübellöcher auf der Kapitelloberseite, während die Oberseite von Serie K2 keine Löcher aufweist.
2. Serie K1 hat als Stützblatt ein Eichenblatt, Serie K2 ein kleines Akanthusblatt.
3. Serie K2 trägt auf dem Wulst des Abakus einen ausgearbeiteten Eierstab, während Serie K1 hier einen undekorierten Wulst aufweist.
4. Die Akanthusblätter von Serie K1 haben sieben Lappen (unten drei, dann fünf Finger) und tragen einen Spreitensaum. Der Akanthus von Serie K2 hat fünf Lappen (unten drei, dann vier Finger) und einen Mittelsteg ohne Spreitensaum.
5. Während die Rillen des Hochblattes bei Serie K1 bis fast zur Kapitellunterseite reichen, setzen sie bei Serie K2 erst etwa auf Höhe der zweiten Öse des Kranzblattes ein.
6. Die Caulisstämme von Serie K1 sind auf beiden Seiten zum Kalathos hin frei ausgearbeitet und ihr Caulisknoten setzt sich plastisch stark vom Caulisstamm ab. Die Caulisstämme von Serie K2 sind nur auf einer Seite zum Kalathos hin frei gearbeitet und stoßen an der anderen Seite direkt gegen ein Hochblatt. Ihr Caulisknoten setzt sich plastisch kaum vom Stamm ab.
7. Die Voluten und Helices von Serie K1 werden durch eine feine Profilierung an den Seiten gerahmt, welche Serie K2 nicht aufweist.
8. Die Voluten von Serie K1 überschneiden die Abakuskehle leicht, während die Voluten von Serie K2 sich unter dem Abakus einrollen.
9. Anhand der Akanthusgestaltung selbst ist die sichere Zuweisung zu einer der beiden Gruppen schwieriger. Tendenziell ist der Akanthus von Serie K1 aber höher im Relief und stärker hinterbohrt. Seine Finger und Stege weisen eher runde Formen auf, wohingegen bei Serie K2 mehr Kanten zu finden sind.

Anhand dieser Kriterien lassen sich sehr viele der Fragmente einer der beiden Serien zuweisen, wie die Tabelle exemplarisch veranschaulicht:

Ser.Nr.	Anzahl der Akanthusfinger am 2. Blattlappen von unten	Anzahl der Blattlappen	Caulisstamm an beiden Seiten zum Kalathos hin frei gearbeitet?	Caulisknoten plastisch vom Stamm abgesetzt?	Spreitensaum vorhanden?	Stützblatttyp: Eichenblatt oder Akanthus	Dübel-Stemmlöcher auf der Oberseite?	Überschneidung der Abakuskehle?	Helix und Volute gerahmt?	Eierstab am Wulst des Abakus ausgearbeitet	Serie
123000	5	7	**Ja**	**Ja**	**Ja**	E	**Ja**	/	**Ja**	**Nein**	**K1**
123002	5	7	**Ja**	**Ja**	**Ja**	E	**Ja**	/	**Ja**	**Nein**	**K1**
123026	5	7	**Ja**	**Ja**	**Ja**	E	**Ja**	/	**Ja**	**Nein**	**K1**
123023	5	7	**Ja**	**Ja**	**Ja**	E	**Ja**	**Ja**	**Ja**	**Nein**	**K1**
123033	5	7	**Ja**	**Ja**	**Ja**	E	**Ja**	/	**Ja**	**Nein**	**K1**
123003	/	/	/	/	/	/	/	**Ja**	**Ja**	**Nein**	**K1**
123117	/	/	/	/	/	/	/	/	**Ja**	/	**K1**
123027	4	5	Nein	Nein	Nein	Ak	/	/	Nein	/	K2
123031	4	5	Nein	/	Nein	/	/	/	/	/	K2
123530	4	/	Nein	/	Nein	/	/	/	/	/	K2
123532	4	/	Nein	/	Nein	/	/	/	/	/	K2
123034	/	/	Nein	/	/	/	Nein	/	/	/	K2
123538	/	/	Nein	/	/	Ak	Nein	/	/	/	K2
123057	/	/	/	/	/	/	/	Nein	Nein	Ja	K2
123137	/	/	/	/	/	/	/	/	Nein	/	K2

/ = Werte lassen sich auf Grund des schlechten Erhaltungszustandes nicht mehr ermitteln

Tabelle 9 · Maße des Kapitells des oberen Stockwerks

Ser.Nr.	H	Abakushöhe	Kalathos-höhe	Dm	Bauglied	Serie
123000	**65**	**7,5**	**57,5**	**50**	**Säulenkapitell**	**K1**
123002	**67**	**8**	**59**	**51**	**Säulenkapitell**	**K1**
123023	**66**	**9,5–10**	**56–56,5**	**52,5**	**Säulenkapitell**	**K1**
123024	**65**[1196]	**7**	**58**	**51**	**Säulenkapitell**	**K1**
123025	**61,5**	**8,5**	**53**	**/**	**Säulenkapitell**	**K1**
123026	**64**	**7**	**57**	**48,5**	**Säulenkapitell**	**K1**
123033	**59,7**	**7**	**52,7**	**49**	**Säulenkapitell**	**K1**
123538	**64,5**	**/**	**/**	**/**	**Säulenkapitell**	**K1**
123533	65	9,5	55,5	/	Säulenkapitell	K2
123542	67,5	/	/	/	Säulenkapitell	K2
123032	69[1197]	10	59	52	Säulenkapitell	K2
123028	67	9,5	57,5	49	Säulenkapitell	Kx
123539	67	/	/	/	Säulenkapitell	/
123034	65,5	/	/	54	Säulenkapitell	/
123022	61,5	7	/	/	Pilasterkapitell	
123021	/	/	/	58[1198]	Pilasterkapitell	
123031	/	/	/	50	Säulenkapitell	/
123035	/	/	/	51	Säulenkapitell	/

Alle Maßangaben erfolgen in Zentimetern
/ = Werte lassen sich auf Grund des schlechten Erhaltungszustandes nicht mehr ermitteln

Diese Tabelle beinhaltet alle Säulen- und Pilasterkapitelle, an welchen sich noch die gesamte Höhe des Baugliedes oder der untere Durchmesser messen lassen. Sowohl bei der Gesamthöhe als auch bei der Abakushöhe ergeben sich enorme Maßschwankungen.

1196 Die Oberseite des Kapitells scheint leicht abgearbeitet worden zu sein, weshalb Höhe und Abakushöhe vielleicht ursprünglich etwas größer waren.

1197 Das Kapitell war gebrochen und wurde modern etwas zu hoch rekonstruiert.

1198 Da es sich hierbei um ein Pilasterkapitell handelt, ist die Breite angegeben. Diese konnte allerdings nicht an der weggebrochenen Unterseite gemessen werden, sondern wurde etwa 20 cm höher genommen. Die Breite an der Unterseite war sicherlich etwas geringer.

Tabelle 10 · Serie Kx

Es gibt drei Fragmente, die Elemente von Serie K1 und Serie K2 in sich vereinen. Diese werden gemeinsam als Serie Kx bezeichnet. Jeweils ein Exemplar von Serie K1 und Serie K2 sind zum Vergleich in die Tabelle hinzugefügt.

Ser.Nr.	Anzahl der Akanthusfinger am 2. Blattlappen von unten	Anzahl der Blattlappen	Caulisstamm an beiden Seiten zum Kalathos hin frei gearbeitet?	Caulisknoten plastisch vom Stamm abgesetzt?	Spreitensaum vorhanden?	Stützblatttyp: Eichenblatt oder Akanthus	Dübel-Stemmlöcher auf der Oberseite?	Überschneidung der Abakuskehle?	Helix und Volute gerahmt?	Eierstab am Wulst des Abakus ausgearbeitet	Serie
123028	4	/	Ja	Nein	Nein	E	Nein	/	Nein	Ja	Kx
123073	/	/	/	/	/	/	/	Ja	Nein	Ja	Kx
123537	/	/	/	Ja	/	Ak/E	Nein	/	/	/	Kx
123000	5	7	Ja	Ja	Ja	E	Ja	/	Ja	Nein	K1
123027	4	5	Nein	Nein	Nein	Ak	/	/	Nein	/	K2

/ = Werte lassen sich auf Grund des schlechten Erhaltungszustandes nicht mehr ermitteln

Tabelle 11 · Architrav und Fries des oberen Stockwerks der Basilica

Maße der vollplastischen Bauglieder

Ser.Nr.	H	T u.	T o.	B	H Architrav	H Fries	B Bügelkymation an Vorderseite	B Bügelkymation an Rückseite
198037	**80**	**51**	/	97	**43**	**37**	**7,6**	**9**
198035	**80**	**52**	/	87	**43**	**37**	**7,8**	**9**
198034	**80**	**52**	**54,7**	177	**44,2**	**35,8**	**7,6**	**9**
198038	**80**	**49**	/	95,5	**43**	**37**	**6,7**	/
198041	**78**	**50**	/	82	**41**	**37**	**8,1**	**8,7**
198039	**80,5**	**50,5**	**55**	99	**42**	**38,5**	**7,5**	**8,2**
198036	**80**	**52,5**	**55**	178	**43**	**37**	**7,3**	**8,3**
198040	**79**	**52**	**56**	85	**43**	**36**	**7,7**	**9,1**
197220	42	45	/	66	/	/	/	/
197144	56	/	53	50	/	**38**	**8**	/
197152	54	/	57	55	/	/	**7,8**	/
197025	62	/	**55**	102	/	/	**7,4**	/
197095	79	45	/	62	/	/	**7,9**	/
198033	**80**	**52**	/	185	**46,5**	**33,5**	/	**8,5**
197455	58	**51**	/	51	/	/	/	/
197402	30	**53**	/	43	/	/	/	/
197530	25	13	/	22	/	/	/	**8,7**
197422	30	16	/	27	/	/	**8**	/

Maße der Wandverkleidung

Ser.Nr.	H	T u.	T o.	B	H Fries
197180	48	**14**	**18**	87	**35,5**
197717	19	**12**	/	15	/
197255	40	**18**	/	32	/
197231	41	**14**	/	34	/
197607	22	**18**	/	25	/
197308	36	**19**	/	29	/
197400	31	**12**	/	37	/
197427	30	**7**	/	32	/
197216	43	**13**	/	42	/
197801	16	**7**	/	15	/
197509	26	**6**	/	24	/

Alle Maßangaben erfolgen in Zentimetern
fett markierte Zahlen beschreiben Strecken, die komplett erhalten sind
/ = Werte lassen sich auf Grund des schlechten Erhaltungszustandes nicht mehr ermitteln

Tabelle 12 · Das Konsolengeison des oberen Stockwerks der Basilica
Maße der Bauglieder

Vollplastische Bauglieder

Ser.Nr.	H	T u.	T o.	B
198112	**51**	**50**	/	55
198102	**56,6**	/	/	62
198109	**52**	**50**	75	135
198106	**54**	**51**	85	75
198114	**51–55**	**51**	82	80
198113	**51**	11	/	94
198111	**51**	**50**	97	130
198104	**55**	**47**	70	93
198108	**53**	**50**	68	83
197185	**47**	**40**	/	60
197177	**48**	**50**	77	119
198115	**50**	**50**	/	63
197360	33	25	/	22
198116	**50**	26	/	37
197281	37	40	/	40
197205	44	30	/	43
197251	40	/	60	40
197300	36	43	/	185

Fragmente einer Wandverkleidung

Ser.Nr.	H	T	B
197696	19	**23**	13
197734	18	**16**	33,5
197616	21	**42**	35
197758	17	**18**	22
197711	19	**24**	64
197683	20	**26**	48
197568	23	**25**	30

Alle Maßangaben erfolgen in Zentimetern
fett markierte Zahlen beschreiben Strecken, die komplett erhalten sind
/ = Werte lassen sich auf Grund des schlechten Erhaltungszustandes nicht mehr ermitteln

Tabelle 13 · Plinthe und Basis der Portikus

Ser.Nr.	H	T	B	Mit Pflaster	H einschließlich Basis	H Plinthe	H Basis	Basistyp	Rekonstruktion
198064	**62**	**194**	**208**	Nein	55	22	30	Viertelsäule	Außenfassade
198107	**54**	42	74	Nein	54	22	32	Halbsäule	Außenfassade
198064	**62**	**194**	**208**	Nein	55	22	30	Pilaster	Portikusinnenraum, Pfeilerrückseite
197024	**110**	**78,5**	**119,6**	Ja	68,8	35,5	33,3	Pilaster	Portikusinnenraum, Stirnseiten der Tabernentrennwände
197070	82	**80**	89	Ja	ca. 66,5	33,5	ca.32	Pilaster	Portikusinnenraum, Stirnseiten der Tabernentrennwände
198042	**77**	**79**	125	Ja	60	/	/	Pilaster	Portikusinnenraum, Stirnseiten der Tabernentrennwände
198065	**61**	**29**	71,5	Nein	53	23	30	Pilaster	Portikusinnenraum Pfeilerrückseiten oder Außenfassade und Porikusinnenraum Schmalseiten
197139	58	54	73	Nein	/	20,9	/	/	Außenfassade oder Portikusinnenraum Pfeilerrückseiten oder Schmalseiten
198095	58,8	56	45	Nein	/	20	/	/	Außenfassade oder Portikusinnenraum Pfeilerrückseiten oder Schmalseiten

Alle Maßangaben erfolgen in Zentimetern
fett markierte Zahlen beschreiben Strecken, die komplett erhalten sind
/ = Werte lassen sich auf Grund des schlechten Erhaltungszustandes nicht mehr ermitteln

Siglen:
Mit Pflaster = Ob die Plinthen in das Portikuspflaster eingelassen waren oder nicht.

In Tabelle 13 sind alle Fragmente von Blöcken mit Plinthen, Basen und Säulenanläufen der Portikus der Basilica Aemilia aufgeführt, die sich in aussagekräftigem Zustand erhalten haben. Während sie in der Ausführung ihrer Detailmaße alle miteinander übereinstimmen und so ihre Zusammengehörigkeit zeigen, lassen sie sich anhand bestimmter Merkmale in verschiedene Gruppen gliedern. Zunächst betrifft das die Frage, ob sie einer Halb- bzw. Viertelsäulenbasis angehören oder einem Pilaster. Unter den Pilasterbasen ist eine Gruppe auszumachen, deren Stücke im Unterschied zu allen übrigen Basen unterschiedlich hoch sind. Auch ist ihre Plinthe um 12 cm höher als die aller übrigen Basen.

Diese Basen sind im Unterschied zu allen übrigen Stücken nicht auf ein für sie ursprünglich vorgesehenes Travertinfundament gestellt worden, sondern davor. Die Stücke sind ca. 12 cm höher, um in das Portikuspflaster einzubinden. Der im Gelände sicher rekonstruierbare Block Ser.Nr. 197024 zeigt, dass diese Stücke an den Stirnseiten der Tabernenfront zu stehen kamen. Bei ihnen handelt es sich um eine Planänderung während der Bauausführung, woraus sich auch erklären dürfte, warum die Blöcke im Unterschied zu den übrigen in ihrer Gesamthöhe nicht genormt sind.

Tabelle 14. Bögen der Portikus

Vollplastische Stücke

Ser.Nr.	T	Ansatz Soff.	Rekonstruktion
197066	**59,8**	/	Taberneneingänge
197063	**56?**	/	Taberneneingänge
197192	**56+x**	/	Taberneneingänge
197067	**60**	/	Taberneneingänge
197124	**60?**	/	Taberneneingänge
197201	**60?**	**8**	Taberneneingänge
198024	**61**	**10,5**	Taberneneingänge
197588	20	**14**	Taberneneingänge
198028	**80–90**	/	Portikusfront
198031	**87–110**	/	Portikusfront
198030	**100– 105**	/	Portikusfront
197096	**96–97**	**33**	Portikusfront
197436	39	**30**	Portikusfront
197068	45	**39**	Portikusfront

Wandverkleidung

197196	**9**	**32**	Portikusfront

Alle Maßangaben erfolgen in Zentimetern
fett markierte Zahlen beschreiben Strecken, die komplett erhalten sind
/ = Werte lassen sich auf Grund des schlechten Erhaltungszustandes nicht mehr ermitteln

Siglen:
Ansatz LK = Strecke zwischen Unterseite der Archivolte und dem Ansatz des lesbischen Kymations der Archivolte.
Ansatz Soff. = Strecke zwischen Vorderkante und dem Einsetzen des Soffittenfeldes.

Die Tabelle 14 verdeutlicht die Kriterien, nach denen sich die Fragmente der Portikusbögen in zwei Gruppen gliedern lassen. Zum einen sind sie unterschiedlich tief. Die Stücke über den Taberneneingängen haben eine Tiefe von ca. 60 cm, die Stücke der Portikusfront messen ca. 90–100 cm. Der Ansatz der Soffitte steht in Abhängigkeit zur Tiefe der Blöcke. Da die Soffitten – unabhängig von der Gruppe – mit ca. 30 cm Breite stets dieselben Maße aufweisen, lassen sich die Fragmente auch über die Strecke von Vorderkante zum Soffittenansatz den Gruppen zuweisen. Die Strecke von der Vorderkante bis zur Soffitte beträgt bei den Stücken der Portikusfront ca. 30–39 cm, bei denen über den Taberneneingängen ca. 8–14 cm.

Tabelle 15 · Der dorisierende Architrav der Portikus

Ser.Nr.	H	T	B	Faszien Anzahl	H Faszie 1	H Faszie 2	H Taenia	H Regula	H Guttae	B Guttae u.	B Guttae o.	Faszien Anzahl	H Faszie 1	H Faszie 2	H Faszie 3	Gruppe
198103	**56,5–60**	**132–142**	254,5	2	19	29,5	8,3–8,5	5,7–6,3	6	6	3,75	3	9–9,6	16,1	/	1
197170	49	53	72	/	/	/			6	8	4,5					1
198669	43	28	23	/	/	23,5	7	6	5,5	7	3					1
198668	31	24	32	/	/	/	/	/	/	7,2	3,8					1
198670	**59**	**88,5**	56	/	18,7	26,3			/	/	/					1
197155	**53,3**	53,5	60	2	14,6	25			5,9	6,5	4,5					1
198672	56	37	70	2	min.14	26	/	/	6	7	/					1
198103	**56,5–60**	**132–142**	254,5	2	19	29,5	8,3–8,5	5,7–6,3	6	6	3,75	3	9–9,6	16,1	/	2
198105	**55**	47	73				/	/	/	/	/	3	11,5	14	17,5	2
198086	**60,5**	**59,5**	157				/	/	/	/	/	3			18	2
198120	**48,1**	**16**	94				5,5	1	3	4,5	2,25	3	9	14,1	20,3	3
198123	**47,9**	**16**	37				5,1	1,5	4,5	5,5	2,5	3	9	14	20	3
197613	22	**11,5**	30				/	/	/	/	/	/	9	min.13	/	3
197551	24	**14,5**	28				/	/	/	/	/	/	9	min.12	/	3
197772	17	**18**	30				5,2	1	3,2	5,25	2,5	/	/	/	/	3
197744	18	**16,5**	23				5,1	1	4	4	2,25	/	/	/	/	3
197295	37,4	**15**	78				5,1	0,9	3,5	5,25	2,5	/	/	12,3	19,8	3
197294	37,5	**16**	61				5,1	0,9	2,3	5	2,25	/	/	12,2	20,2	3
197292	37,7	**13**	57				5,1	1,1	3,5	5	3	/	/	12,3	21,1	3
197274	38,8	**17**	43						3,2	5,25	3	/	/	14,3	20,5	3

Alle Maßangaben erfolgen in Zentimetern
fett markierte Zahlen beschreiben Strecken, die komplett erhalten sind
/ = Werte lassen sich auf Grund des schlechten Erhaltungszustandes nicht mehr ermitteln

Tabelle 15 verdeutlicht, wie und in welche Gruppen sich die Architravfragmente der Portikus einteilen lassen. Es ergeben sich drei Gruppen:

1. Eine höhere Gruppe, die zwei Faszien aufweist und stets aus vollplastischen Stücken besteht.
2. Eine Gruppe aus gleich hohen Blöcken, die ebenfalls aus vollplastischen Stücken besteht, im Unterschied zu der ersten Gruppe aber drei Faszien aufweist. Der Architrav ist insgesamt niedriger angelegt.
3. Eine dritte aus Fragmenten einer Wandverkleidung bestehende Gruppe, deren Platten insgesamt niedriger sind und in ihrer Höhe exakt den Architravdekor beinhalten. Die Höhe des Architravs korrespondiert mit dem der zweiten Gruppe.

Tabelle 16 · Der dorische Fries der Portikus

Ser.Nr.	H	T	B	B Metope	H Metope	B Steg Triglyphe	B Anlauf Triglyphe	B. Bukranionmitte bis Kordel	H Leiste	H Mutulus	H Leiste	B Triglyphe	B Mutulus	Gruppe
198029	**87,7–90**	**142,2**	156	**99,2–101**	**73,5**	**11,3**	**4,2–4,5**	**28**	**4**	**7**	**11,2**	**ca. 60**	/	1
197222	42	38	45	*Wohl 80*	/	/	/	**18**	/	/	/	/	/	1
197069	82	48,5	49	/	/	/	/	/	/	/	/	/	/	1
197619	27	30	18,5	/	/	/	/	/	/	/	/	/	/	1
198032	**82,3–83,3**	**148**	**110**	82	**68,5**	**9,75**	**5,5**	/	**0**	**6,5**	**13,7**	**59,5**	**73,5**	1
197119	67 (bis Schädel)	**10**	43,75	*Wohl ca. 80*	/	/	/	**19**	/	/	/	/	/	2
197256	40	**17,6**	49,5	/	/	/	/	/	/	/	**12,6**	/	/	2
198052	**71**	**11,5**	60	/	/	**7,5**	**3,5**	/	**2,3**	**3**	**9,5**	**43,7**	**48**	3
198054	**69,7**	**10,5**	40	/	/	**7,5**	**3,5**	/	/	**3,5**	**8,9**	**42**	**53,6?**	3
197118	67	**15,5**	54	/	/	**7**	**3,75**	/	**2,5**	**3,2**	**9**	**42,5**	**47,2**	3

Alle Maßangaben erfolgen in Zentimetern
fett markierte Zahlen beschreiben Strecken, die komplett erhalten sind
/ = Werte lassen sich auf Grund des schlechten Erhaltungszustandes nicht mehr ermitteln

1. Zur Einteilung der verschiedenen am Gebäude zu positionierenden Gruppen:

Tabelle 16 verdeutlicht wie und in welche Gruppen sich die Friesfragmente der Portikus einteilen lassen. Ähnlich den Architravstücken gibt es sie in zwei verschiedenen Höhen. Die höheren Stücke lassen sich in vollplastische Bauglieder (1) und solche einer Wandverkleidung (2) scheiden. Die niedrigeren Stücke gehören ausnahmslos einer Wandverkleidung an (3).

2. Zu den unterschiedlichen Metopenbreiten:

Die höheren und niedrigeren Stücke haben – wie am Architrav – unterschiedlich breite Triglyphen, die untereinander aber stets die gleichen Maße aufweisen. Die Metopen der höheren Gruppe haben jedoch verschiene Breitenmaße (B Metope). Da sich die unterschiedliche Breite auf die Komposition der an einigen Metopen angebrachten Bukranien auswirkt, genügt die Strecke zwischen der Mitte des Bukranionschädels und einer seitlich angebrachten Kordel, um die Breite der Metope zu bestimmen (B Bukranionmitte bis Kordel).

Tabelle 17 · Das Konsolengeison der Portikus

Ser.Nr.	H	T u.	T o.	B	B Konsole	B Kassette	B Kassetten-innere	Zwischenraum: Kassette-Konsole	B einer Einheit von Konsole und Kassette
198051	**72,2–73**	**92**	132	156	59	**103,7**	**49,5**	**27,1**	**162,7**
198058	63	/	108	118	**60,3**	/	/	/	/
198053	**71,6**	/	62	63,3	57,3	/	/	/	/
197181	48,7	/	79,5	97,5	**59,2**	**(99,1)**	/	**24,8**	**158,3**
197142 Eckstück	58,5	/	60,7	202	**58,8**	**98,3**	**60**	**19,7 und 18,6**	/
197334	35,2	/	71,2	59,2	/	/	**40**	/	/
197148	55,5	/	69,5	64,5	**53,5–54**	/	/	/	/
198057	**67–67,5**	**88,5**	130	273	**55,4**	**66,5**	**43,5**	**13**	**121,9**
198055	**68,6**	**ca. 91,5**	119,5	56,5	**20,6+x +x**	/	/	/	/
198110	36	/	86,8	72,7	**54**	**(ca. 74,5)**	/	**15,5**	**128,5**

Alle Maßangaben erfolgen in Zentimetern
fett markierte Zahlen beschreiben Strecken, die komplett erhalten sind
fett markiert in Klammern beschreibt errechnete Gesamtmaße
/ = Werte lassen sich auf Grund des schlechten Erhaltungszustandes nicht mehr ermitteln

Es ist nur das Konsolengeison der Außenfassade der Portikus überliefert. Dabei handelt es sich stets um vollplastische Stücke derselben Höhe. Während die Konsolen immer gleich breit sind – wie auch die Regulae und Triglyphen an Architrav und Fries der Portikusaußenfassade – sind die Kassetten – entsprechend den Metopen – unterschiedlich breit.

Tabelle 18 · Attika der Portikus

Ser.Nr.	H	T u.	T o.	B
Lehrabakus				
198098	**58,1–58,8**	/	**110–95,5**	**Ecke**
198048 Z.u.	**73,3–73**	/	**124–126**	**193–195**
198050 Z.u.	**72,2–74,7**	/	**117–122 und 113,5**	**123**
198046Z.u.	**73**	/	79	73
198093	**58**	/	94	109
198101	**57,3–59,7**	/	108,5	132
198087	**60,5–61,3**	/	93,5	**181,6–183,5**
197158	52		107	71
Blöcke mit Fußprofil				
198139	**43–44,5**	112–108	**61–78**	**Ecke**
198136	**44,4–44,6**	*98*	*64*	104
198129	**44**	*95*	*58*	118,5
198142	**42,3–42,7**	**118**	**73,6–85**	100
Attikafeld				
198154	**239.7**	/	**77,5**	**155**
198027	91	/	**77–80**	**146**
198128 (2 Werkstücke)	**45–45,9**	/	**66**	361 (**ca. 260**)
198158	**148–148,7**	/	**61–62,5**	**476**
198060	63	/	43	**142,8**
Attikageison				
198100	**57,5–63**	**49–64 bzw.66**	**99–114 bzw. 116**	**Ecke**
198063	**61,9**	**67**	94	76
198084	**60,5**	83,5	103	95
198097	**58,2**	**55–65,5**	**105–115,5**	96
198090	**59,9**	**60**	73,5	71
198092	**59,3**	**57,5**	70,4	77,5

Alle Maßangaben erfolgen in Zentimetern
fett markierte Zahlen beschreiben Strecken, die komplett erhalten sind
/ = Werte lassen sich auf Grund des schlechten Erhaltungszustandes nicht mehr ermitteln
Z.u. = Zugehörigkeit unsicher

Tabelle 18 führt den Großteil der zur Attika gehörigen Bauglieder mit den dazugehörigen Maßen auf. Die markierten Stücke sind die sicher rekonstruierbaren Bauglieder über dem Eckpfeiler Nr. 16. Anhand ihrer Maße, technischen Merkmalen, Ikonographie und Ausführung lassen sich an diese Stücke jeweils weitere anschließen.

Tabelle 19 · Maße der Rankenpfeiler

Ser.Nr.	H	T	B	Gruppe
198159	146	**57,5**	**24,5**	Schmaler Rankenpfeiler
197749	177	**56**	**24,5**	Schmaler Rankenpfeiler
197876	133	**57**	**24,5**	Schmaler Rankenpfeiler
197032	90	**60**	**24,5**	Schmaler Rankenpfeiler
198153	**283**	**58**	**24,5**	Schmaler Rankenpfeiler
197808	158	**58**	**24,5**	Schmaler Rankenpfeiler
197878	130	**56**	**24**	Schmaler Rankenpfeiler
197809	158	**56**	**25**	Schmaler Rankenpfeiler
197071	81	**58**	**23**	Schmaler Rankenpfeiler
197099	74	39 **(63)**	51	Breiter Rankenpfeiler
197191	46	60	80	Breiter Rankenpfeiler
197103	70	49	35	Breiter Rankenpfeiler
197171	49	41	58	Breiter Rankenpfeiler
197913	120	37	55	Breiter Rankenpfeiler
197167	50	**61**	46	Breiter Rankenpfeiler
197161	50	46	40	Breiter Rankenpfeiler
198124	**46–47**	**58–60**	59 **(86)**	Breiter Rankenpfeiler
198160	**130**	**60**	**83**	Breiter Rankenpfeiler
197877	131	**63,5**	**83,5**	Breiter Rankenpfeiler
197123	62	54–56	40	Eckstück eines breiten Rankenpfeilers
197029	97	63–66	**61,5**	Eckstück eines breiten Rankenpfeilers
197030	97	**63,7**	95 **(132)**	Besonders breiter Rankenpfeiler

Alle Maßangaben erfolgen in Zentimetern
fett markierte Zahlen beschreiben Strecken, die komplett erhalten sind
fett markiert in Klammern beschreibt errechnete Gesamtmaße

In dieser Tabelle sind die meisten Fragmente von Rankenpfeilern aufgeführt, bei denen sich Höhe, Tiefe oder Breite des Bauglieds vollkommen erhalten haben. In der Höhe waren die Pfeiler aus mehreren Blöcken zusammengesetzt. In der Tiefe und Breite jedoch nicht. Während alle Pfeiler dieselbe Tiefe von durchschnittlich 60 cm aufweisen, lassen sich anhand der Breiten zwei Gruppen bilden. Eine erste schmalere mit einer Breite von ca. 24,5 cm und eine zweite breitere mit einer Breite von etwas über 80 cm. Zwei Fragmente sind sowohl ca. 60 cm bereit als auch tief und sind zudem nur an zwei anstatt an drei Seiten mit Dekor versehen. Bei ihnen handelt es sich um Eckstücke, die an zwei Seiten einen Wandanschluss aufweisen. Ein einzelner Block unterscheidet sich durch eine besonders große Breite von allen übrigen.

Tabelle 20 · Maße der Rankenkapitelle

Ser.Nr.	H	T u.	B u.	Gruppe
198121	**47**	47	**26**	Schmales Rankenkapitell
198130	**44**	**58**	**25,5**	Schmales Rankenkapitell
198122	**47**	47	**26**	Schmales Rankenkapitell
198134	**44,5**	60	**24**	Schmales Rankenkapitell
198131	**44**	42	**22**	Schmales Rankenkapitell
197487	27	35	**24**	Schmales Rankenkapitell
197462	28	28	**26**	Schmales Rankenkapitell
197414	30	25	**22**	Schmales Rankenkapitell
198138	**43**	30	/	Schmales Rankenkapitell
198132	**44**	26	/	Schmales Rankenkapitell
197665	20	20	**25**	Schmales Rankenkapitell
198125	**45**	24	/	Schmales Rankenkapitell
198119	**48**	24	/	Schmales Rankenkapitell
198140	**42**	32	/	Schmales Rankenkapitell
198118	**50**	**60**	55 **(82)**	Breites Rankenkapitell
198127	**45,3**	**60**	97	Besonders breites Rankenkapitell
198126	**45,5**	65 **(88,4)**	70 **(88,4)**	Besonders tiefes Rankenkapitell

Alle Maßangaben erfolgen in Zentimetern
fett markierte Zahlen beschreiben Strecken, die komplett erhalten sind
fett markiert in Klammern beschreibt errechnete Gesamtmaße
/ = Werte lassen sich auf Grund des schlechten Erhaltungszustandes nicht mehr ermitteln

In der Tabelle sind die meisten Fragmente von Rankenkapitellen aufgeführt, bei denen sich Höhe, Tiefe oder Breite des Bauglieds vollkommen erhalten haben. Während alle Kapitelle dieselbe Tiefe von durchschnittlich 60 cm aufweisen, lassen sich anhand der Breiten zwei Gruppen bilden. Eine erste schmalere mit einer Breite von ca. 25 cm und eine zweite breitere mit einer Breite von etwas über 80 cm. Ein einzelner Block unterscheidet sich von allen übrigen durch seine besonders große Breite, ein anderer durch seine besonders große Tiefe.

Tabelle 21 · Maße der Orientalenbasen

Ser.Nr.	H	T	B	Besonderheit
197349	34	**66**	53	/
198043	**76**	**64**	**84**	/
198049	**72**	50	**92**	/
198044	**74**	57	30	/
198045	**74**	**66**	**93**	/
197173	49	38	**76**	Eckstück
197174	49	29	72	Eckstück
198047	**73**	34	**94**	/

Alle Maßangaben erfolgen in Zentimetern
fett markierte Zahlen beschreiben Strecken, die komplett erhalten sind
/ = Werte lassen sich auf Grund des schlechten Erhaltungszustandes nicht mehr ermitteln

In Tabelle 21 sind die Fragmente von Orientalenbasen aufgeführt, die komplett erhaltene Baugliedmaße aufweisen. Zwei Fragmente sind weniger breit und haben eine mit einer Anathyrose versehene Nebenseite. Sie sind an Ecksituationen zu rekonstruieren.

XVII. Abbildungsnachweis

Abb. 1 = Zeichnung H. Bauer, Bearbeitung Verf.; Abb. 2 = Zeichnung H. Bauer; Abb. 3 = Zeichnung H. Bauer; Abb. 4 = Zeichnung H. Bauer; Abb. 6a = Zeichnung H. Bauer; Abb. 6b = D-DAI-Rom-dig2007.2398 (Aufnahme Behrens); Abb. 7a = Zeichnung H. Bauer; Abb. 7b = D-DAI-Rom-dig2007.1366 (Aufnahme Behrens); Abb. 11 = D-DAI-Rom-dig2007.2916 (Aufnahme Behrens); Abb. 16 = D-DAI-Rom-dig2007.1269 (Aufnahme Behrens); Abb. 17 = D-DAI-Rom-dig2007.1482 (Aufnahme Behrens); Abb. 18 = D-DAI-Rom-dig2007.1489 (Aufnahme Behrens); Abb. 20 = D-DAI-Rom-dig2007.4509 (Aufnahme Behrens); Abb. 21 = Zeichnung H. Bauer; Abb. 31 = Zeichnung H. Bauer; Abb. 35 = D-DAI-Rom-dig2007.1780 (Aufnahme Behrens); Abb. 39 = D-DAI-Rom-dig2007.2036 (Aufnahme Behrens); Abb. 48 = D-DAI-Rom-dig2007.1700 (Aufnahme Behrens); Abb. 50 = D-DAI-Rom-dig2007.1750 (Aufnahme Behrens); Abb. 51 = D-DAI-Rom-dig2007.1680 (Aufnahme Behrens); Abb. 52 = D-DAI-Rom-dig2007.1708 (Aufnahme Behrens); Abb. 56 = Archivio grafico e fotografico della Soprintendenza del antiquario forense; Abb. 57 = D-DAI-Rom-dig2007.1555 (Aufnahme Behrens); Abb. 58 = Zeichnung A. Darwish; Abb. 59 = D-DAI-Rom-dig2007.1535 (Aufnahme Behrens); Abb. 61 = D-DAI-Rom-dig2007.1156 (Aufnahme Behrens); Abb. 62 = Zeichnung H. Bauer; Abb. 63 = Zeichnung H. Bauer; Abb. 64 = D-DAI-Rom-dig2007.1370 (Aufnahme Behrens); Abb. 66 = unter Mitwirkung von K. Tacke; Abb. 67 = D-DAI-Rom-dig2007.2238 (Aufnahme Behrens); Abb. 68 = D-DAI-Rom-dig2007.1335 (Aufnahme Behrens); Abb. 70 = D-DAI-Rom-dig2007.1181 (Aufnahme Behrens); Abb. 74 = Zeichnung H. Bauer; Abb. 79a = Zeichnung H. Bauer; Abb. 80 = D-DAI-Rom-dig2007.1388 (Aufnahme Behrens); Abb. 83 = D-DAI-Rom-dig2007.1416 (Aufnahme Behrens); Abb. 84 = D-DAI-Rom-dig2007.1401 (Aufnahme Behrens); Abb. 85 = D-DAI-Rom-dig2007.2711 (Aufnahme Behrens); Abb. 86 = D-DAI-Rom-dig2007.1426 (Aufnahme Behrens); Abb. 87 = D-DAI-Rom-dig2007.1409 (Aufnahme Behrens); Abb. 91 = D-DAI-Rom-dig2007.1446 (Aufnahme Behrens); Abb. 92 = D-DAI-Rom-dig2007.1431 (Aufnahme Behrens); Abb. 93 = D-DAI-Rom-dig2007.1435 (Aufnahme Behrens); Abb. 94 = D-DAI-Rom-dig2007.2614 (Aufnahme Behrens); Abb. 96 = D-DAI-Rom-dig2007.2943 (Aufnahme Behrens); Abb. 97 = D-DAI-Rom-dig2007.1434 (Aufnahme Behrens); Abb. 100 = Zeichnung H. Bauer; Abb. 101 = D-DAI-Rom-dig2007.1526 (Aufnahme Behrens); Abb. 102 = Zeichnung H. Bauer; Abb. 103 = D-DAI-Rom-dig2007.1516 (Aufnahme Behrens); Abb. 104 = Zeichnung H. Bauer; Abb. 105 = D-DAI-Rom-dig2007.2272 (Aufnahme Behrens); Abb. 111 = Zeichnung H. Bauer; Abb. 112 = Zeichnung H. Bauer; Abb. 113 = D-DAI-Rom-dig2007.1965 (Aufnahme Behrens); Abb. 116 = Zeichnung H. Bauer; Abb. 117 = D-DAI-Rom-dig2007.2100 (Aufnahme Behrens); Abb. 118 = D-DAI-Rom-dig2007.1969 (Aufnahme Behrens); Abb. 120 = D-DAI-Rom-dig2007.1937 (Aufnahme Behrens); Abb. 121 = Zeichnung Bauer; Abb. 122 = D-DAI-Rom-dig2007.2093 (Aufnahme Behrens); Abb. 123 = D-DAI-Rom-dig2007.2197 (Aufnahme Behrens); Abb. 124 = D-DAI-Rom-dig2007.1889 (Aufnahme Behrens); Abb. 125 = D-DAI-Rom-dig2007.1920 (Aufnahme Behrens); Abb. 126 = D-DAI-Rom-dig2007.2008 (Aufnahme Behrens); Abb. 127 = D-DAI-Rom-dig2007.2002 (Aufnahme Behrens); Abb. 128 = D-DAI-Rom-dig2007.2010 (Aufnahme Behrens); Abb. 131 = Zeichnung H. Bauer; Abb. 132 = Zeichnung H. Bauer; Abb. 133 = Zeichnung C. Ertel; Abb. 134 = Zeichnung C. Ertel; Abb. 137 = D-DAI-Rom-dig2007.8035 (Aufnahme Behrens); Abb. 139 = D-DAI-Rom-dig2007.2624 (Aufnahme Behrens); Abb. 140 = D-DAI-Rom-dig2007.7418 (Aufnahme Behrens); Abb. 141 = D-DAI-Rom-dig2007.7420 (Aufnahme Behrens); Abb. 142 = D-DAI-Rom-dig2007.7334 (Aufnahme Behrens); Abb. 143 = D-DAI-Rom-dig2007.2037 (Aufnahme Behrens); Abb. 144 = D-DAI-Rom-dig2007.1981 (Aufnahme Behrens); Abb. 145a = Zeichnung H. Bauer; Abb. 145b = D-DAI-Rom-dig2007.1367 (Aufnahme Behrens); Abb. 148 = D-DAI-Rom-dig2007.1727 (Aufnahme Behrens); Abb. 153 = Archivio grafico e fotografico della Soprintendenza del antiquario forense; Abb. 154 = Ertel – Freyberger 2007, 131.

Alle übrigen Abbildungen Verf.

XVIII. Literaturverzeichnis

Ackroyd 1992
B. G. Ackroyd, Porticus Iulia or Porticus Liviae? The reading of Dio 56, 27, 5, Athenaeum 80, 1992, 196–199.

Ackroyd 2000
B. G. Ackroyd, The Porticus Gai et Luci, Athenaeum 88, 2000, 563–580.

Adam 1994
J.-P. Adam, Le Temple de Portunus au Forum Boarium (Rom 1994).

Ahrens 2005
S. Ahrens, Die Architekturdekoration von Italica, IA 6 (Mainz 2005).

Aichholzer 1983
P. Aichholzer, Darstellungen römischer Sagen (Wien 1983).

Al-Ascad – Schmidt-Colinet 2005
K. Al-Ascad – A. Schmidt-Colinet, Kulturbegegnung im Grenzbereich, in: A. Schmidt-Colinet (Hrsg.), Palmyra. Kulturbegegnung im Grenzbereich [3](Mainz 2005) 36–63.

Albertson 1990
F. C. Albertson, The Basilica Aemilia Frieze. Religion and Politics in Late Republican Rome, Latomus 49, 1990, 801–815.

Alföldy 1989
G. Alföldy, Zu den Monumenten der römischen Provinzen auf dem Augustusforum, in: H.-J. Drexhage – J. Sünskes (Hrsg.), Migratio et Commutatio. Studien zur Alten Geschichte und deren Nachleben, Festschrift für Thomas Pekáry (St. Katharinen 1989) 226–234.

Alföldy 1992
G. Alföldy, Studi sull'epigrafia augustea e tiberiana di Roma (Rom 1992).

Alföldy 2003
G. Alföldy, Die Repräsentation der kaiserlichen Macht in den Inschriften Roms und des Imperium Romanum, in: L. De Blois – P. Erdkamp – O. Hekster – G. De Kleijn – S. Mols (Hrsg.), The Representation and Perception of Roman Imperial Power. Proceedings of the Third Workshop of the International Network Impact of Empire. Roman Empire, c. 200 B.C. – A.D. 476, Netherlands Institute in Rome 20.–23. März 2002 (Amsterdam 2003) 3–19.

Allély 2000
A. Allély, La Basilica Aemilia aux II et I siècles av. J.-C.: une histoire de famille, in: E. Deniaux (Hrsg.), Rome Antique. Pouvoir des images images du pouvoir, Kolloquium Caen 30. März 1996 (Caen 2000) 135–147.

Altenhöfer 2007
E. Altenhöfer, Die Cella des Dioskurentempels in Cori, RM 113, 2007, 373–397.

Alzinger 1974
W. Alzinger, Augusteische Architektur in Ephesos, SoSchrÖAI 16 (Wien 1974).

Alzinger 1972–1975
W. Alzinger, Grabungen in Ephesos von 1960–1969 bzw. 1970. Das Regierungsviertel, ÖJh 50, 1972–1975, Beibl. 229–300.

Amici 1982
C. M. Amici, Foro di Traiano: Basilica Ulpia e Biblioteche (Rom 1982).

Amici 1991
C. M. Amici, Il Foro di Cesare (Florenz 1991).

Amy – Gros 1979
R. Amy – P. Gros, La maison carrée de Nîmes, Gallia. Suppléments 38 (Paris 1979).

Andreae 1957
B. Andreae, Archäologische Funde und Grabungen im Bereich der Soprintendenzen von Rom 1949–1956–57, AA 1957, 110–358.

Annibaldi 1941
G. Annibaldi, Via Nomentana. Scoperta di tomba, NSc 19, 1941, 187–195.

Appetecchia 2007
A. Appetecchia, I pavimenti marmorei praticamente inediti della Basilica Iulia e della Basilica Aemilia al Foro Romano, in: C. Angelelli – A. Paribeni (Hrsg.), Atti del XII Colloquio dell'associazione Italiana per lo studio e la conservazione del mosaico, Padova – Brescia 14.–17. Februar 2006 (Padua 2007) 221–230.

Arya 2000
D. A. Ayra, Il ratto delle Sabine e la guerra romano-sabina, in: A. Carandini – R. Cappelli (Hrsg.), ROMA Romolo, Remo e la fondazione della città (Rom 2000) 303–319.

Bacchielli 1984
L. Bacchielli, Le porte romane ad ordini sovrapposti e gli antecedenti greci, RM 91, 1984, 79–87.

Bankel 1983
H. Bankel, Zum Fußmass attischer Bauten des 5. Jhs. v. Chr., AM 98, 1983, 65–99.

Barresi 2002
P. Barresi, Il ruolo delle colonne nel costo degli edifici pubblici, in: M. De Nuccio – L. Ungaro (Hrsg.), I marmi colorati della Roma imperiale. Ausstellungskatalog Rom (Venedig 2002) 69–81.

Bartoli 1912
A. Bartoli, Ultime vicende e trasformazioni cristiane della Basilica Emilia, RendLinc 21, 1912, 758–766.

Bartoli 1950
A. Bartoli, Il fregio figurato della Basilica Emilia, BdA 35, 1950, 289–294.

Bartoli 1962
A. Bartoli, Curia Senatus. Lo Scavo e il restauro (Rom 1962).

Bastet 1960
F. A. Bastet, Claudius oder Tiberius. Das große Hypogaeum bei der Porta Maggiore zu Rom, BABesch 35, 1960, 1–24.

Bauchhenß 1981
G. Bauchhenß, Die Iupitergigantensäulen in der römischen Provinz Germania superior, BJb Beih. 41 (Köln 1981).

Bauer 1996
F. A. Bauer, Stadt, Platz und Denkmal in der Spätantike. Untersuchungen zur Ausstattung des öffentlichen Raums in den spätantiken Städten Rom, Konstantinopel und Ephesos (Mainz 1996).

Bauer 2001
F. A. Bauer, Beatitudo Temporum, in: F. A. Bauer – N. Zimmermann (Hrsg.), Epochenwandel? Kunst und Kultur zwischen Antike und Mittelalter (Mainz 2001) 75–94.

Bauer 2005
F. A. Bauer, In formam antiquam restitutus. Das Bewahren der Vergangenheit in der Spätantike am Beispiel des Forum Romanum, in: V. Hoffmann – J. Schweizer – W. Wolters (Hrsg.), Die Denkmalpflege vor der Denkmalpflege, Bern 30. Juni – 3. Juli 1999 (Bern 2005) 39–61.

Bauer 1969
H. Bauer, Das Kapitell des Apollo Palatinus-Tempels, RM 76, 1969, 183–204.

Bauer DAInst Henkelbericht
Abschlussbericht der Arbeiten von 1970 an die Gerda-Henkel-Stiftung von Heinrich Bauer im Deutschen Archäologischen Institut der Abteilung Rom.

Bauer DAInst Nachlass
Unveröffentlichte begonnene Abhandlung zur Basilica Aemilia von Heinrich Bauer im Deutschen Archäologischen Institut der Abteilung Rom.

Bauer 1977a
H. Bauer, Basilica Aemilia, MDAVerb 8, 1977, 87–93.

Bauer 1977b
H. Bauer, Kaiserfora und Ianustempel, RM 84, 1977, 301–329.

Bauer – Pronti 1978
H. Bauer – A. Pronti, Elementi architettonici degli Horrea Agrippiana, ArchCl 30, 1978, 107–131.

Bauer 1978
H. Bauer, Un tentativo di ricostruzione degli Horrea Agrippiana, ArchCl 30, 1978, 132–146.

Bauer 1983
H. Bauer, Porticus absidata, RM 90, 1983, 1–184.

Bauer 1988a
H. Bauer, Basilica Aemilia, in: M. Hofter (Hrsg.), Augustus und die verlorene Republik. Ausstellungskatalog Berlin (Mainz 1988) 200–212.

Bauer 1988b
H. Bauer, Augustusforum, Hallen und Exedren, in: M. Hofter (Hrsg.), Augustus und die verlorene Republik. Ausstellungskatalog Berlin (Mainz 1988) 184–189.

Bauer 1989
H. Bauer, Die Cloaca Maxima, MInstWasser 103, 1989, 43–54.

Bauer 1993a
LTUR I (1993) 183–187 s. v. Basilica Paul(l)i (H. Bauer).

Bauer 1993b
LTUR I (1993) 173–175 s. v. Basilica Fulvia (H. Bauer).

Bauer 1993c
LTUR I (1993) 288–290 s. v. Cloaca, Cloaca Maxima (H. Bauer).

Bauer – Morselli 1995
LTUR II (1995) 307–311 s. v. Forum Nervae (H. Bauer – C. Morselli).

Bergener 1965
A. Bergener, Die führende Senatorenschicht im frühen Prinzipat, 14–68 n. Chr. (Bonn 1965).

Bergmann 2000
M. Bergmann, Repräsentation, in: A. H. Borbein – T. Hölscher – P. Zanker (Hrsg.), Klassischer Archäologie. Eine Einführung (Berlin 2000) 166–188.

Bertoletti 1988
M. Bertoletti, Architekturplastik des Apollo-Sosianus-Tempels, in: M. Hofter (Hrsg.), Augustus und die verlorene Republik. Ausstellungskatalog Berlin (Mainz 1988) 140–148.

Bertoletti 2008
M. Bertoletti, Monopteros, in: E. La Rocca – S. Tortorella – A. Lo Monaco (Hrsg.), Trionfi romani. Ausstellungskatalog Rom (Mailand 2008) 210 f.

Bianchi – Bruno – Coletta 2003
F. Bianchi – M. Bruno – A. Coletta, Anfiteatro Flavio: la cavea e il portico. Note sulla quantità e le qualità dei marmi impiegati, BCom 104, 2003, 37–57.

Bingöl 1980
O. Bingöl, Das ionische Normalkapitell in Kleinasien, IstMitt Beih. 20 (Tübingen 1980).

Bitterer 2005
T. Bitterer, Die Caracallathermen in Rom. Beobachtungen zur Wandverkleidung (ungedruckte Magisterarbeit München 2005).

Bitterer 2007a
T. Bitterer, Die Orientalenstatuen, in: K. S. Freyberger – C. Ertel – J. Lipps – T. Bitterer (Hrsg.), Neue Forschungen

zur Basilica Aemilia auf dem Forum Romanum. Ein Vorbericht, RM 113, 2007, 535–552.

Bitterer 2007b
T. Bitterer, Sulle statue degli orientali della Basilica Aemilia, ArchCl 58, 2007, 155–163.

von Blanckenhagen 1940
P.-H. von Blanckenhagen, Flavische Architektur und ihre Dekoration untersucht am Nervaforum (Berlin 1940).

Börker 1965
C. Börker, Blattkelchkapitelle. Untersuchungen zur kaiserzeitlichen Architekturornamentik in Griechenland (Berlin 1965).

Börker 1975
C. Börker, Bukranion und Bukephalion, AA 1975, 244–250.

Börker 1994
EAA Suppl. 1 (1994) 770 f. s. v. bucranion (C. Börker).

Boethius – Ward-Perkins 1970
A. Boethius – J. B. Ward-Perkins, Etruscan and Roman Architecture (Baltimore 1970).

Boni 1900
G. Boni, Nuove scoperte nella città e nel suburbio, NSc 1900, 159–191.

Boni 1901
G. Boni, Roma. Nuove scoperte nella città e nel suburbio. Il sacrario di Juturna, NSc 1901, 41–144.

Boni 1904
G. Boni, Foro Romano, in: Atti del Congresso internazionale di scienze storiche V, Rom 1.–9. April 1903 (Rom 1904) 493–584.

Borbonus – Dumser – Norena 2002
D. Borbonus – E. A. Dumser – C. F. Norena, Cloaca Maxima, in: L. Haselberger (Hrsg.), Maping Augustan Rome, JRA Suppl. 50 (Porthmouth 2002) 92 f.

Borda 1951
M. Borda, Antica storia di Roma in un fregio del tempo repubblicano, Urbe 14, 1951, 3–10.

Bordignon – Calandra 2007
G. Bordignon – G. Calandra, Ara Pacis: le fonti, i significati e la fortuna; materiali in corso di elaborazione a uso del seminario del Centro Studi. In occasione della lezione e degli incontri con Eugenio La Rocca e Henner von Hesberg, Venedig 6.–7. Februar 2007 (Venedig 2007).

Boschung 1987
D. Boschung, Antike Grabaltäre aus den Nekropolen Roms. Acta Bernensio X (Bern 1987).

Boschung – Pfanner 1988
D. Boschung – M. Pfanner, Antike Bildhauertechnik. Vier Bemerkungen an Beispielen in der Münchner Glyptothek, MüJb 39, 1988, 7–28.

Brandenburg 1978
H. Brandenburg, Der Beginn der stadtrömischen Sarkophag-Produktion der Kaiserzeit, JdI 93, 1978, 277–327.

Brandenburg 1996
H. Brandenburg, Die Verwendung von Spolien und originalen Werkstücken in der spätantiken Architektur, in: J. Poeschke (Hrsg.), Antike Spolien in der Architektur des Mittelalters und der Renaissance (München 1996) 11–48.

Brenk 1996
B. Brenk, Spolien und ihre Wirkung auf die Ästhetik der Varietas. Zum Problem alternierender Kapitelltypen, in: J. Poeschke (Hrsg.), Antike Spolien in der Architektur des Mittelalters und der Renaissance (München 1996) 49–92.

Bricchi Dondero 1950
I. Bricchi Dondero, Elenco del materiale numismatico ordinato nel medagliere della Soprintendenza alle Antichità del Palatino e Foro Romano, Antichità 2, 3, 1950, 3–9.

Bringmann – Schäfer 2002
K. Bringmann – T. Schäfer, Augustus und die Begründung des römischen Kaisertums (Berlin 2002).

Brinkmann – Wünsche 2004
V. Brinkmann – R. Wünsche (Hrsg.), Bunte Götter. Die Farbigkeit antiker Skulptur (München 2004).

Bruno 1998
M. Bruno, Su un fusto colossale di cipollino sopra le cave di Kylindroi nel distretto di Myloi, in: P. Pensabene (Hrsg.), Marmi Antichi II. Cave e tecnica di lavorazione. Studi Miscellanei 31 (Rom 1998) 327–332.

Bruno 2002a
M. Bruno, Considerazioni sulle cave, sui metodi di estrazione, di lavorazione e sui trasporti, in: M. De Nuccio – L. Ungaro (Hrsg.), I marmi colorati della Roma imperiale. Ausstellungskatalog Rom (Rom 2002) 179–194.

Bruno 2002b
M. Bruno, Il mondo delle cave in Italia: considerazioni su alcuni marmi e pietre usati nell'antichità, in: M. De Nuccio – L. Ungaro (Hrsg.), I marmi colorati della Roma imperiale. Ausstellungskatalog Rom (Rom 2002) 277–290.

Bruschi 1989
A. Bruschi, Edifici privati di Bramante a Roma. Palazzo Castellesi e Palazzo Caprini, Palladio II Nr. 4, 1989, 5–44.

Byvanck-Quarles van Ufford 1960
L. Byvanck-Quarles van Ufford, Le „Canthare“ d'Alésia, BABesch 35, 1960, 80–90.

Cagiano de Azevedo 1936
M. Cagiano De Azevedo, Un rilievo romano con strumenti sacrificali, BCom 64, 1936, 27–30.

Cain 1985
H.-U. Cain, Römische Marmorkandelaber (Mainz 1985).

Cain 1992
H.-U. Cain, Zwei Anthemienfragmente, in: P. C. Bol (Hrsg.), Forschungen zur Villa Albani 3 (Berlin 1992) 71–73.

Canina 1848
L. Canina, Gli edifizi di Roma antiqua cogniti per alcune reliquie, descritti e dimostrati nell`intera loro architettura dall commendatore Luigi Canina (Rom 1848).

Cappelli 1993
R. Cappelli, La leggenda di Enea nel racconto figurato degli Aemilii, Ostraka 2, 1993, 57–71.

Cappelli 1998
R. Cappelli, Il fregio dipinto dell'Esquilino e la propaganda augustea del mito delle origini, in: A. La Regina (Hrsg.), Palazzo Massimo alle Terme. Ausstellungskatalog Rom (Mailand 1998) 51–58.

Caprioli 2007
F. Caprioli, Vesta Aeterna. L'Aedes Vestae e la sua decorazione architettonica (Rom 2007).

Carafa 1998
P. Carafa, Il comizio di Roma dalle origini all'età di Augusto, BCom Suppl. 5 (Rom 1998).

Carettoni 1948
G. Carettoni, Esplorazione nella basilica Emilia, NSc 11, 1948, 111–128.

Carettoni 1956–59
G. Carettoni, Le galerie ipogee del foro Romano e i ludi gladiatori forensi, BCom 76, 1956–59, 23–44.

Carettoni 1960
G. Carettoni, Excavations and Discoveries in the Forum Romanum and the Palatine During the Last Fifty Years, JRS 50, 1960, 192–203.

Carettoni 1961
G. Carettoni, Il fregio della basilica Emilia, RIA 19, 1961, 5–78.

Carnabuci 1991
E. Carnabuci, L'angolo sud-orientale del Foro Romano nel manoscritto inedito di G. Boni, MemLinc IX, I, 1991, 247–365.

Carnabuci 1996
E. Carnabuci, I luoghi dell'amministrazione della giustizia nel foro di Augusto (Neapel 1996).

Carnabuci 2006
E. Carnabuci, La nuova „Forma" del Foro di Augusto: considerazioni sulle destinazioni d'uso degli emicicli, in: R. Meneghini – R. Santangeli Valenzani (Hrsg.), Formae Urbis Romae. Nuovi frammenti di piante marmoree dallo scavo dei fori imperiali, BCom Suppl. 15 (Rom 2006) 173–195.

Casari 1998
P. Casari, Sui clipei del foro di Augusto, ArchCl 50, 1998, 391–406.

Casari 2004
P. Casari, Iuppiter Ammon e Medusa nell'adriatico nordorientale. Simbologia imperiale nella decorazione architettonica forense (Rom 2004).

Cassatella 1993
LTUR I (1993) 46 f. s. v. Antoninus, Divus et Faustina, Diva, Aedes, Templum (A. Cassatella).

Casseta 2006
R. Cassetta, Il Foro Romano. Le indagini del dopoguerra, in: F. Coarelli (Hrsg.), Gli scavi di Roma 1922–1975, LTUR Suppl. II. 2 (2006) 32–38.

Cassieri 2001
N. Cassieri, Museo Archeologico Formia (Minturno 2001).

Castagnoli 1987/1988
F. Castagnoli, Gli iani del Foro Romano. Ianus = arco quadrifonte?, BCom 92,1, 1987/1988, 11–16.

Cavalieri 2000
M. Cavalieri, La basilica in Italia: Decorazione scultorea e sue valenze politico-culturali, Athenaeum 88, 2000, 465–476.

Cavalieri 2002
M. Cavalieri, Auctoritas Aedificiorum. Sperimentazioni urbanistiche nei comlessi forum-basilica delle Tres Galliae et Narbonensis durante i primi tre secoli dell'impero, 21 quaderni del seminario di archeologia (Parma 2002).

Cavalieri Manasse 1978
G. Cavalieri Manasse, La decorazione archittetonica Romana di Aquileia, Trieste, Pola. L'età repubblicana, augustea e giulio claudia (Padua 1978).

Chioffi 1996
L. Chioffi, Gli elogia augustei del foro romano. Aspetti epigrafici e topografici, Opuscula Epigraphica 7 (Rom 1996).

Chitham 1987
R. Chitham, Die Säulenordnungen der Antike und ihre Anwendung in der Architektur (Stuttgart 1987).

Ciancio Rossetto 1999
LTUR V (1999) 31–35 s. v. Theatrum Marcelli (P. Ciancio Rossetto).

Coarelli 1985
F. Coarelli, Il foro romano II (Rom 1985).

Coarelli 1988
F. Coarelli, Rom. Die Stadtplanung von Caesar bis Augustus, in: M. Hofter (Hrsg.), Augustus und die verlorene Republik. Ausstellungskatalog Berlin (1988) 68–80.

Coarelli 1993
LTUR I (1993) 290 f. s. v. Cloacina, sacrum (F. Coarelli).

Coarelli 1999
LTUR IV (1999) 67–70 s. v. Pax, Templum (F. Coarelli).

Colini 1933
A. M. Colini, Basilica Aemilia, BCom 61, 1933, 260.

Colini 1935
A. M. Colini, Basilica Aemilia, BCom 63, 1935, 189.

Colini 1939
A. M. Colini, Basilica Aemilia, BCom 67, 1939, 193.

Colini 1940
A. M. Colini, Il tempio di Apollo, BCom 68, 1940, 9–40.

Conlin 1997
D. A. Conlin, The Artists of the Ara Pacis. The Process of Hellenization in Roman Relief Sculpture (Chapel Hill 1997).

Corcoran – DeLaine 1994
S. Corcoran – J. DeLaine, The Unit Measurement of Marble in Diocletian's Prices Edict, JRA 7, 1994, 263–273.

Cozza 1989
L. Cozza, Sul frammento 212 della Pianta marmorea, JRA 2, 1989, 117–119.

Crawford 1974
M. H. Crawford, Roman Republican Coinage (Cambridge 1974).

De Angeli 1992
S. De Angeli, Templum Divi Vespasiani, Lavori e studi di archeologia 18 (Rom 1992).

De Angelis d'Ossat 1934
G. De Angelis d'Ossat, Il portico in peperino del Foro Olitorio, BCom 62, 1934, 65–73.

De Angelis d'Ossat 1943
G. De Angelis d'Ossat, Il capitello ionico della Basilica Emilia, Roma 21, 1943, 78 f.

De Angelis d'Ossat 2002
M. De Angelis d'Ossat, Vaso decorativo, in: M. De Angelis d'Ossat (Hrsg.), Scultura antica in Palazzo Altemps. Ausstellungskatalog Rom (Mailand 2002).

De Franciscis 1975
A. De Franciscis, La villa romana di Oplontis, in: B. Andreae – H. Kyrieleis (Hrsg.), Neue Forschungen in Pompei und den anderen vom Vesuvausbruch 79 n. Chr. verschütteten Städten, Kolloquium Villa Hügel 11.–14. Juni 1973 (Recklinghausen 1975) 9–38.

Deichmann 1975
F. W. Deichmann, Die Spolien in der spätantiken Architektur, SBMünchen 6, 1975, 1–101.

Delbrueck 1979
R. Delbrueck, Hellenistische Bauten in Latium [2](Perugia 1979).

Del Moro 2007
M. P. Del Moro, Il foro di Nerva, in: L. Ungaro (Hrsg.), Il museo dei Fori Imperiali nei Mercati di Traiano. Ausstellungskatalog Rom (Rom 2007) 178–191.

Van Deman 1913
E. B. van Deman, Portikus of Gaius and Lucius, AJA 17, 1913, 14–28.

Van Deman 1922
E. B. van Deman, The Sullan Forum, JRS 12, 1922, 1–31.

Demandt 1998
A. Demandt, Geschichte der Spätantike. Das Römische Reich von Diocletian bis Justinian (München 1998).

De Maria 1988
S. De Maria, Gli archi onorari di Roma e dell´Italia romana (Rom 1988).

De Nuccio 2004
M. De Nuccio, La decorazione archittetonoica dei templi del Circo Flaminio: Il tempio di Bellona, in: S. F. Ramallo Asenio (Hrsg.), La Decoración arquitectónica en las ciudades romanas de Occidente, Kolloquium Cartagena 8.–10. Oktober 2003 (Murcia 2004) 37–53.

De Ruggiero 1913
E. De Ruggiero, Il Foro Romano (Rom 1913).

Dickmann (in Druck)
J. A. Dickmann, Markt- oder Gerichtsbasilica? Zur Funktion römischer Basiliken, in: J. Krüger – W. Oechlin – J. Rasch (Hrsg.), Die Basilica. Ein herausragender Bautypus der europäischen Architekturgeschichte, Kolloquium Einsiedeln 20.–23. September 2007 (in Druck).

Dodge 1988
H. Dodge, Decorative Stones for Architecture in the Roman Empire, OxfJA 7, 1988, 65–80.

Donderer 1996
M. Donderer, Die Architekten der späten römischen Republik und der Kaiserzeit. Epigraphische Zeugnisse (Erlangen 1996).

Drerup 1981
H. Drerup, Zum Ausstattungsluxus in der römischen Architektur. Ein formgeschichtlicher Versuch [2](Münster 1981).

Drexhage – Konen – Ruffing 2002
H.-J. Drexhage – H. Konen – K. Ruffing, Die Wirtschaft des Römischen Reiches (1.–3. Jahrhundert). Eine Einführung (Berlin 2002).

Duckworth 1955
G. E. Duckworth, Plautus and the Basilica Aemilia, in: P. de Jonge (Hrsg.), Ut Pictura Poesis. Festschrift für Petrus Johannes Enk (Leiden 1955) 58–65.

Durm 1905
J. Durm, Die Baukunst der Etrusker. Die Baukunst der Römer, Handbuch der Architektur II [2](Stuttgart 1905).

Eck 1992
W. Eck, „Cura viarum" und „cura operum publicorum" als kollegiale Ämter im frühen Prinzipat, Klio 74, 1992, 237–245.

Eco 2002
U. Eco, Einführung in die Semiotik [9](München 2002).

Eisner 1986
M. Eisner, Zur Typologie der Grabbauten im Suburbium Roms, RM Ergh. 26 (Mainz 1967).

Engemann 1967
J. Engemann, Architekturdarstellungen des frühen zweiten Stils. Illusionistische römische Wandmalerei der ersten

Phase und ihre Vorbilder in der realen Architektur, RM Ergh. 12 (Heidelberg 1980).

Ertel – Freyberger 2007
C. Ertel – K. S. Freyberger, Nuove indagini sulla Basilica Aemilia nel Foro Romano. Storia architettonica, funzione e significato, ArchCl 58, 2007, 109–142.

Ertel u. a. (in Druck)
C. Ertel – K. S. Freyberger – J. Lipps, Neue Forschungen zur Basilica Aemilia am Forum Romanum in Rom, in: J. Krüger – W. Oechlin – J. Rasch (Hrsg.), Die Basilica. Ein herausragender Bautypus der europäischen Architekturgeschichte, Kolloquium Einsiedeln 20.–23. September 2007 (in Druck).

Eschebach 1978
H. Eschebach, Pompeji. Erlebte antike Welt (Leipzig 1978).

Fabrini 1972/1973
L. Fabrini, Basilica Emilia, BCom 83, 1972/1973, 64.

Fant 1993
J. C. Fant, Ideology, Gift, and Trade: A Distribution Model for the Roman Imperial Marbles, in: W. V. Harris (Hrsg.), The Inscribed Economy. Production and Distribution in the Roman Empire in the Light of Instrumentum Domesticum, The Proceedings of a Conference Held at the American Academy of Rome on 10–11 January 1992, JRA Suppl. 6 (Ann Arbor 1993) 145–170.

Favro 1996
D. Favro, The Urban Image of Augustan Rome (Cambridge 1996).

Fellmann 1957
R. Fellmann, Das Grab des Lucius Munatius Plancus bei Gaeta (Basel 1957).

Ferroni 1993
LTUR I (1993) 316–320 s. v. Concordia, Aedes (A. M. Ferroni).

Fidenzoni 1970
P. Fidenzoni, Il teatro di Marcello (Rom 1970).

Fischer 1996
G. Fischer, Das römische Pola. Eine archäologische Stadtgeschichte. AbhMünchen 110 (München 1996).

Fischer 1990
M. L. Fischer, Das korinthische Kapitell im Alten Israel in der hellenistischen und römischen Periode. Studien zur Geschichte der Baudekoration im Nahen Osten (Mainz 1990).

Fischer 1998
M. L. Fischer, Marble Studies: Roman Palestine and the Marble Trade, Xenia 40 (Konstanz 1998).

Fossel-Peschl 1982
E. A. Fossel-Peschl, Die Basilica am Staatsmarkt in Ephesos (Graz 1982).

Frank 1923
T. Frank, Cicero, Ad Atticum IV, 16, 14, AJPh 44, 1923, 355 f.

Frank 1924
T. Frank, Roman Buildings of the Republic (Rom 1924).

Frank 1933
T. Frank, An Economic Survey of Ancient Rome I. Rome and Italy of the Republic (Baltimore 1933).

Freyberger 1990
K. S. Freyberger, Stadtrömische Kapitelle aus der Zeit von Domitian bis Alexander Severus: Zur Arbeitsweise und Organisation stadtrömischer Werkstätten der Kaiserzeit (Mainz 1990).

Freyberger 1991
K. S. Freyberger, Zur Typisierung und Standartisierung stadtrömischer Kapitelle der mittleren Kaiserzeit, in: A. Hoffmann (Hrsg.), Bautechnik der Antike. Internationales Kolloquium, Berlin 15.–17. Februar 1990, DiskAB 5 (Mainz 1991) 53–55.

Freyberger 1998
K. S. Freyberger, Zur Produktionsweise stadtrömischer Marmordekoration in severischer Zeit, in: U. Peschlow – S. Möllers (Hrsg.), Spätantike und byzantinische Bauskulptur, Kolloquium Mainz 1994, Forschungen zur Kunstgeschichte und christlichen Archäologie 19 (Stuttgart 1998) 37–41.

Freyberger 2004
K. S. Freyberger, Ritratto ideale maschile. Foro Romano 1912, in: A. La Regina – M. Fukasa – D. O. Mandrelli (Hrsg.), Forma. La cittá moderna e il suo passato. Ausstellungskatalog Rom (Mailand 2004) 38 f.

Freyberger 2005
K. S. Freyberger, Basilica Aemilia. Jahresbericht 2004 des DAI, AA 2005/2, 147 f.

Freyberger 2006
K. S. Freyberger, Basilica Aemilia. Jahresbericht 2005 des DAI, AA 2006/2, 149 f.

Freyberger 2007
K. S. Freyberger, Rom, Basilica Aemilia. Jahresbericht 2006 des DAI, 2007, 50–52.

Freyberger – Ertel 2007
K. S. Freyberger – C. Ertel, Zur Baugeschichte, Rekonstruktion und Funktion, in: K. S. Freyberger – C. Ertel – J. Lipps – T. Bitterer (Hrsg.), Neue Forschungen zur Basilica Aemilia auf dem Forum Romanum. Ein Vorbericht, RM 113, 2007, 493–524.

Freyberger 2008
K. S. Freyberger, Basilica Aemilia, Partherbogen (Arco di Giano) und Basilica Iulia. Jahresbericht 2007 des DAI, 2008, 63–65.

Freyberger 2009
K. S. Freyberger, Das Forum Romanum. Spiegel der Stadtgeschichte des antiken Rom (Mainz 2009).

Frisch 1982/1983
B. Frischer, Monumenta et area honoris virtutisque causa. Evidence of memorials for Roman civic heroes, BCom 88, 1982/1983, 51–86.

Fuchs 1956
G. Fuchs, Zur Baugeschichte der Basilica Aemilia in republikanischer Zeit, RM 63, 1956, 14–25.

Fuchs 1969
G. Fuchs, Architekturdarstellungen auf römischen Münzen der Republik und der frühen Kaiserzeit (Berlin 1969).

Furuhagen 1961
H. Furuhagen, Some Remarks on the Sculptured Frieze of the Basilica Aemilia in Rome, OpRom 3, 139–155.

Gaggiotti 1985a
M. Gaggiotti, Atrium regium, basilica (Aemilia). Una insospettata continuità storica e una chiave ideologica per la soluzione del problema dell'origine della basilica, AnalRom 14, 1985, 53–80.

Gaggiotti 1985b
M Gaggiotti, Plauto, Livio, la più antica basilica del Foro Romano e la politica edilizia degli Aemilii. Per un programma di indagini nell'area della Basilica Emilia, in: Roma. Archeologia nel Centro I, Lavori e studi di archeologia 6 (Rom 1985) 56–66.

Gaggiotti 1996
M. Gaggiotti, Un´insospettabile fonte d´ispirazione per Giotto. Nota sul fregio della Basilica Aemilia, in: V. Casale – F. Coarelli – B. Toscano (Hrsg.), Scritti di archeologia e storia dell´arte in onore di Carlo Pietrangeli (Rom 1996).

Gallazzi – Kramer 1998
C. Gallazzi – B. Kramer, Artemidor im Zeichensaal. Eine Papyrusrolle mit Text, Landkarte und Skizzenbüchern aus späthellenistischer Zeit, Archiv für Papyrusforschung 44, 1998, 189–208.

Gallazzi – Kramer – Settis 2008
C. Gallazzi – B. Kramer – S. Settis u. a., Il papiro di Artemidoro (Mailand 2008).

Gallottini 1991
A. Gallottini, Capitello Corinzio, in: A. Giuliano (Hrsg.), Museo Nazionale Romano. Le Sculture I, 11 (Rom 1991) 5 f. Nr. 9.

Gans 1992
U. W. Gans, Korinthisierende Kapitelle der römischen Kaiserzeit. Schmuckkapitelle in Italien und in den nordwestlichen Provinzen (Köln 1992).

Ganzert 1983
J. Ganzert, Zur Entwicklung lesbischer Kymationformen, JdI 98, 1983, 123–202.

Ganzert 1985
J. Ganzert, Der Mars-Ultor-Tempel auf dem Augustusforum in Rom. Vorläufiger Arbeitsbericht, RM 92, 1985, 201–219.

Ganzert – Kockel 1988
J. Ganzert – V. Kockel, Augustusforum und Mars-Ultor-Tempel, in: M. Hofter (Hrsg.), Augustus und die verlorene Republik. Ausstellungskatalog Berlin (Mainz 1988) 149–200.

Ganzert 1988
J. Ganzert, Augusteische Kymaformen. Eine Leitform der Bauornamentik, in: M. Hofter (Hrsg.), Augustus und die verlorene Republik. Ausstellungskatalog Berlin (Mainz 1988) 121–128.

Ganzert 1996a
J. Ganzert, Der Mars-Ultor-Tempel auf dem Augustusforum in Rom, Deutsches Archäologisches Institut Rom, Sonderschriften 11 (Mainz 1996).

Ganzert 1996b
J. Ganzert, Erdbebenfolgen an Säulen und Gebälk des Mars-Ultor-Tempels?, in: E.-L. Schwandner (Hrsg.), Säule und Gebälk. Zu Struktur und Wandlungsprozeß griechisch-römischer Architektur, Bauforschungskolloquium Berlin 16.–18. Juni 1994, DiskAB 6 (Mainz 1996) 197–202.

Ganzert 2000
J. Ganzert, Im Allerheiligsten des Augustusforums. Fokus „oikoumenischer Akkulturation" (Mainz 2000).

Ganzert (in Druck)
J. Ganzert, Zur Genese „Basilicaler Charaktere", in: J. Krüger – W. Oechlin – J. Rasch (Hrsg.), Die Basilica. Ein herausragender Bautypus der europäischen Architekturgeschichte, Kolloquium Einsiedeln 20.–23. September 2007 (in Druck).

Gasparri 1979
C. Gasparri, Aedes Concordiae Augustae (Rom 1979).

Gatti 1899
G. Gatti, Notizie di recenti trovamenti di antichità, BCom 27, 1899, 126–168.

von Gerkan 1925
A. von Gerkan, Das Obergeschoss des flavischen Amphitheaters, RM 40, 1925, 11–50.

von Gerkan 1953/1954
A. von Gerkan, Einiges zur Aedes Castoris in Rom, RM 60/61, 1953/1954, 201–206.

Ghedini 1980
F. Ghedini, Cippo funerario di Claudia Toreuma, in: F. Ghedini (Hrsg.), Sculture greche e romane del museo civico di Padova. Ausstellungskatalog Padua (Rom 1980) 170–172.

Ghisetti Giavarina 1983
A. Ghisetti Giavarina, La Basilica Emilia e la rivalutazione del dorico nel rinascimento, BArchit 29, 1983, 7–36.

Gismondi 1958
I. Gismondi, Le tombe monumentali di Porta Marina. Le architetture, in: M. Floriani Squarciapino (Hrsg.), La necropoli lungo la Via Ostiense. Scavi di Ostia III. Le necropoli (Rom 1958) 169–190.

Giuliani 1970
C. F. Giuliani, Tibur I, Forma Italiae I 7 (Rom 1970).

Giuliani – Verduchi 1993
LTUR I (1993) 177–179 s. v. Basilica Iulia (C. F. Giuliani – P. Verduchi).

Giuliani 2006
C. F. Giuliani, L'edilizia nell'antichità ²(Rom 2006).

Giuliano 1955
A. Giuliano, Un nuovo frammento del fregio della Basilica Emilia, BdA 11, 1955, 165–167.

Gnoli 1988
R. Gnoli, Marmora Romana (Rom 1988).

Groag 1910
RE VII 1 (1910) 265–267. s. v. Fulvius 91 (E. Groag).

Gros 1976
P. Gros, Aurea Templa. Recherches sur l'architecture religieuse de Rome à l'époque d'Auguste, BEFAR 231 (Rom 1976).

Gros 1996
P. Gros, L'architecture romaine du début du IIIe siècle av. J. C. à la fin du Haut-Empire, 1. Les monuments publics (Paris 1996).

Gros 1999
P. Gros, Rez. zu A. Viscogliosi, Il tempio di Apollo „in circo" e la formazione del linguaggio architettonico augusteo, REA 101, 1999, 288–290.

Gruben 1972
G. Gruben, Kykladische Architektur, MüJb 23, 1972, 6–36.

Gruben 1982
G. Gruben, Naxos und Paros. Vierter vorläufiger Bericht über die Forschungskampagnen 1972–1980. I. Archaische Bauten, AA 1982, 159–229.

Gruben 1997
G. Gruben, Naxos und Delos. Studien zur archaischen Architektur der Kykladen, JdI 1997, 261–416.

Grüner 2004
A. Grüner, Venus Ordinis. Der Wandel von Malerei und Literatur im Zeitalter der römischen Bürgerkriege (Paderborn u. a. 2004).

Grundmann DAInst Gutachten
H. Grundmann, Stellungnahme zur Standsicherheit der Basilica Aemilia in Rom nach den Planunterlagen und archäologischen Rekonstruktion von Heinrich Bauer (8.10.2007), Im Deutschen Archäologischen Institut der Abteilung Rom.

Günther 1988
H. Günther, Das Studium der antiken Architektur in den Zeichnungen der Hochrenaissance (Tübingen 1988).

Gütschow 1921
M. Gütschow, Untersuchungen zum korinthischen Kapitell I, JdI 36, 1921, 44–83.

Guidobaldi 1983
F. Guidobaldi – A. G. Guidobaldi, Pavimenti marmorei di Roma dal IV al IX secolo, Studi di antichità cristiana 36 (Vatikan 1983).

Guidobaldi 1984
A. G. Guidobaldi, I pavimenti in opus sectile delle tabernae della Basilica Emilia: Testimonianze bizantine a Roma nel VI secolo, in: R. Farioli Campanati (Hrsg.), III colloquio internazionale sul mosaico antico, Ravenna 6.–10. September 1980 (Ravenna 1984) 505–513.

Hagedorn 1993
D. Hagedorn, P.Hibeh II 273 + 217: Antrag auf Bezahlung von Säulen, Säulenbasen und Kapitellen, ZPE 97, 1993, 97–102.

Halsall 2007
G. Halsall, Barbarian Migrations and the Roman West, 276–568 (Cambridge 2007).

Hahn 2006
J. Hahn, Neros Rom – Feuer und Fanal, in: E. Stein-Hölkeskamp – K. J. Hölkeskamp (Hrsg.), Erinnerungsorte der Antike. Die römische Welt (München 2006) 362–384.

Hansen 1991
E. Hansen, Versetzen von Baugliedern am griechischen Tempel, in: A. Hoffmann – E.-L. Schwandner – W. Hoepfner – G. Brands (Hrsg.), Bautechnik der Antike. Kolloquium Berlin 15.–17. Februar 1990, DiskAB 5 (Mainz 1991) 72–79.

Harlan 1995
M. Harlan, Roman Republican Moneyers and their Coins, 63 B. C. – 49 B. C. (London 1995).

Haselberger 1999
L. Haselberger (Hrsg.), Appearance and Essence. Refinements of Classical Architecture: Curvature. Proceedings of the second Williams Symposium on Classical Architecture, Philadelphia 2–4 April 1993 (Philadelphia 1999).

Haselberger 2002
L. Haselberger, Vallis: Forum-Velabrum, in: L. Haselberger (Hrsg.), Mapping Augustan Rome, JRA Suppl. 50 (Portsmouth 2002) 251.

Haselberger 2007
L. Haselberger, Urbem adornare. Die Stadt Rom und ihre Gestaltumwandlung unter Augustus, JRA Suppl. 64 (Portsmouth 2007).

Heilmeyer 1970
W. D. Heilmeyer, Korinthische Normalkapitelle. Studien zur Geschichte der römischen Architekturdekoration, RM Ergh. 16 (Heidelberg 1970).

Heilmeyer – Rakob 1973
W.-D. Heilmeyer – F. Rakob, Der Rundtempel am Tiber in Rom (Mainz 1973).

Heinemann 2007
A. Heinemann, Eine Archäologie des Störfalls. Die toten Söhne des Kaisers in der Öffentlichkeit des frühen Prinzipats, in: F. Hölscher – T. Hölscher (Hrsg.), Römische Bilderwelten. Von der Wirklichkeit zum Bild und zurück, Kolloquium Rom 15.–17. März 2004, Archäologie und Geschichte 12 (Heidelberg 2007) 41–109.

Heinrich 1991
H. Heinrich, Die Kapitelle des Fortuna-Augusta-Tempels in Pomeji, in: A. Hoffmann – E.-L. Schwandner – W. Hoepfner – G. Brands (Hrsg.), Bautechnik der Antike. Kolloquium Berlin 15.–17. Februar 1990, DiskAB 5 (Mainz 1991) 80–82.

Heinrich 2002
H. Heinrich, Subtilitas Novarum Scalpturarum. Untersuchungen zur Ornamentik marmorner Bauglieder der späten Republik und der frühen Kaiserzeit in Campanien (München 2002).

Heisel 1993
J. P. Heisel, Antike Bauzeichnungen (Darmstadt 1993).

Herdejürgen 1996
H. Herdejürgen, Stadtrömische und italische Girlandensarkophage. Faszikel 1. Die Sarkophage des 1. und 2. Jahrhunderts (Berlin 1996).

Herrmann 1988
J. J. Herrmann, The Ionic Capital in Late Antique Rome, Archeologica 56 (Rom 1988).

Herrmann u. a. 2002
J. J. Herrmann – N. Herz – R. Newman (Hrsg.), Asmosia 5. Interdisciplinary studies on ancient stone, Proceedings of the Fifth International Conference of the Association fort he study of Marble and Other Stones in Antiquity, Boston 1998 (Bicester 2002).

Herrmann 1991
K. Herrmann, Versatzmarken und Steinmetzzeichen aus Olympia, in: A. Hoffmann – E.-L. Schwandner – W. Hoepfner – G. Brands (Hrsg.), Bautechnik der Antike. Kolloquium Berlin 15.–17. Februar 1990, DiskAB 5 (Mainz 1991) 83–89.

Herz – Waelkens 1988
N. Herz – M. Waelkens (Hrsg.), Classical Marble: Geochemistry, Technology, Trade (Dordrecht u. a. 1988).

von Hesberg 1980a
H. von Hesberg, Konsolengeisa des Hellenismus und der frühen Kaiserzeit, RM Ergh. 24 (Mainz 1980).

von Hesberg 1980b
H. von Hesberg, Tischgräber in Italien, AA 1980, 422–439.

von Hesberg 1981a
H. von Hesberg, Lo sviluppo dell'ordine corinzio in età tardo-repubblicana, in: L'art décoratif à Rome à la fin de la république et au début du principat. Table ronde, Rome 1979, Collection de l'Ecole française de Rome 55 (1981) 19–33.

von Hesberg 1981b
H. von Hesberg, Girlandenschmuck der republikanischen Zeit in Mittelitalien, RM 88, 1981, 201–245.

von Hesberg 1981c
H. von Hesberg, Rez. zu P. Gros, Aurea Templa. Recherches sur l'architecture religieuse de Rome à l'époque d'Auguste, GGA 233, 1981, 218–237.

von Hesberg 1981/1982
H. von Hesberg, Elemente der frühkaiserzeitlichen Aedikulaarchitektur, ÖJh 53, 1981/1982, 43–86.

von Hesberg 1983
H. von Hesberg, Römische Grundrisspläne auf Marmor, in: W. Hoepfner (Hrsg.), Bauplanung und Bautheorie der Antike, Kolloquium Berlin 16.–18. November 1983, DiskAB 4 (Berlin 1983) 120–133.

von Hesberg 1988
H. von Hesberg, Die Veränderung des Erscheinungsbildes der Stadt Rom unter Augustus, in: M. Hofter (Hrsg.), Kaiser Augustus und die verlorene Republik. Ausstellungskatalog Berlin (Mainz 1988) 93–115.

von Hesberg 1990
H. von Hesberg, Bauornamentik als kulturelle Leitform, in: W. Trillmich – P. Zanker (Hrsg.), Stadtbild und Ideologie. Die Monumentalisierung hispanischer Städte zwischen Republik und Kaiserzeit, Kolloquium Madrid 19.–23. Oktober 1987, AbhMünchen 103 (München 1990) 341–364.

von Hesberg 1992
H. von Hesberg, Publica Magnificentia. Eine antiklassizistische Intention der frühen augusteischen Baukunst, JdI 107, 1992, 125–147.

von Hesberg – Panciera 1994
H. von Hesberg – S. Panciera, Das Mausoleum des Augustus, AbhMünchen 108 (München 1994).

von Hesberg 1994a
H. von Hesberg, Bogenmunumente und Stadttore in claudischer Zeit, in: V. M. Strocka (Hrsg.), Die Regierungszeit des Kaisers Claudius (41–54 n. Chr.): Umbruch oder Episode?, Kolloquium Freiburg 16.–18. Februar 1991 (Mainz 1994) 245–260.

von Hesberg 1994b
H. von Hesberg, Die Architekturteile, in: G. Hellenkemper Salies – H.-H. von Prittwitz und Gaffron – G. Bauchhenß (Hrsg.), Das Wrack. Der antike Schiffsfund von Mahdia. Ausstellungskatalog Bonn (Köln 1994) 175–194.

von Hesberg 1996
H. von Hesberg, Ornamentum: Zur Veräußerlichung architektonischer Schmuckformen in der Antike, in: E. G. Schmidt (Hrsg.), Griechenland und Rom. Vergleichende Untersuchungen zu Entwicklungstendenzen und -höhe-

punkten der antiken Geschichte, Kunst und Literatur (Erlangen 1996) 273–281.

von Hesberg 1999
H. von Hesberg, Rez. zu M. Donderer, Die Architekten der späten römischen Republik und der Kaiserzeit. Epigraphische Zeugnisse, BJb 199, 1999, 578–580.

von Hesberg 2002a
H. von Hesberg, Bauteile der frühen Kaiserzeit in Köln. Das Oppidum Ubiorum zur Zeit des Augustus, in: A. Rieche – H.-J. Schalles – M. Zelle (Hrsg.), Grabung-Forschung-Präsentation. Festschrift G. Precht, Xantener Berichte 12 (Mainz 2002) 13–36.

von Hesberg 2002b
H. von Hesberg, Die Basilica von Ephesos. Die kulturelle Kompetenz der neuen Stifter. In: C. Berns – H. von Hesberg – L. Vandeput – M. Waelkens (Hrsg.), Patris und Imperium. Kulturelle und politische Identität in den Städten der römischen Provinz Kleinasiens in der frühen Kaiserzeit, Kolloquium Köln 1998, BABesch Ergh. 8 (Leuven 2002) 149–158.

von Hesberg 2002c
H. von Hesberg, Il profumo del marmo – cambiamenti die riti di seppellimento e nei monumenti funerari nel I sec. d. C., in: D. Vaquerizo (Hrsg.), Espacio y usos funerarios en el Occidente Romano, Kolloquium Córdoba 5.–9. Juni 2001 (Córdoba 2002) 33–49.

von Hesberg 2003
H. von Hesberg, Römisches Ornament als Sprache. Die sanfte Gegenwart der Macht, in: The Representation and Perception of Roman Imperila Power. Proceedings of the Third Workshop of the International Network Impact of Empire. Roman Empire, c. 200 B. C. – A. D. 476, Netherlands Institute in Rome 20.–23. März 2002 (Amsterdam 2003) 48–68.

von Hesberg 2004
H. von Hesberg, Die Domus Imperatoris der neronischen Zeit auf dem Palatin, in: A. Hoffmann – U. Wulf (Hrsg.), Die Kaiserpaläste auf dem Palatin in Rom (Mainz 2004) 59–74.

von Hesberg 2005a
H. von Hesberg, Römische Baukunst (Ulm 2005).

von Hesberg 2005b
H. von Hesberg, Nutzung und Zurschaustellung von Wasser in der Domitiansvilla von Castel Gandolfo, JdI 120, 2005, 373–421.

von Hesberg 2007
H. von Hesberg, Die Statuengruppe im Tempel der Dioskuren in Cori. Bemerkungen zum Aufstellungskontext von Kultbildern in spätrepublikanischer Zeit, RM 113, 2007, 443–461.

Höcker 2004
C. Höcker, Metzler Lexikon antiker Architektur. Sachen und Begriffe (Stuttgart 2004).

Hölscher 1984
T. Hölscher, Staatsdenkmal und Publikum. Vom Untergang der Republik bis zur Festigung des Kaisertums in Rom, Xenia 9 (Konstanz 1984).

Hölscher 1988
T. Hölscher, Historische Reliefs, in: M. Hofter (Hrsg.), Augustus und die verlorene Republik. Ausstellungskatalog Berlin (Mainz 1988) 351–399.

Hölscher 2000
T. Hölscher, Augustus und die Macht der Archäologie, in F. Millar u. a., La révolution romaine après Ronald Syme. Bilans et perspectives, EntrHardt 46 (Genf 2000) 237–281.

Hölscher 2006
T. Hölscher, Macht, Raum und visuelle Wirkung: Auftritte römischer Kaiser in der Staatsarchitektur Roms, in: J. Maran – C. Juwig – H. Schwengel – U. Thaler (Hrsg.), Constructing Power – Architecture, Ideology and Social Practice, Geschichte: Forschung und Wissenschaft 19 (Hamburg 2006) 185–207.

Hoepfner 1991
W. Hoepfner, Zum Problem griechischer Holz- und Kassettendecken, in: A. Hoffmann – E.-L. Schwandner – W. Hoepfner – G. Brands (Hrsg.), Bautechnik der Antike. Internationales Kolloquium in Berlin 15.–17. Februar 1990, DiskAB 5 (Mainz 1991) 90–98.

Hoff 1987
M. E. M. Hoff, Rom. Vom Forum Romanum zum Campo Vaccino. Studien zur Darstellung des Forum Romanum im 16. und 17. Jahrhundert (Berlin 1987).

Hoffmann 1980
A. Hoffmann, Das Gartenstadion in der Villa Hadriana. Deutsches Archäologisches Institut Rom, Sonderschriften 4 (Mainz 1980).

Hoffmann 1991
A. Hoffmann, Konstruieren mit Eisen, in: A. Hoffmann – E.-L. Schwandner – W. Hoepfner – G. Brands (Hrsg.) Bautechnik der Antike. Internationales Kolloquium in Berlin 15.–17. Februar 1990, DiskAB 5 (Mainz 1991) 99–106.

Hoffmann 1996
A. Hoffmann, Von der Vielfalt der Gebälke und Gesimse, in: E.-L. Schwandner (Hrsg.), Säule und Gebälk. Zu Struktur und Wandlungsprozeß griechisch-römischer Architektur, Bauforschungskolloquium Berlin 16.–18. Juni 1994, DiskAB 6 (Mainz 1996) 190–196.

Hofmann 2008
K. P. Hofmann, Der rituelle Umgang mit dem Tod. Untersuchungen zu bronze- und früheisenzeitlichen Brandbestattungen im Elbe-Weser-Dreieck. Arch. Ber. Landkreis

Rotenburg (Wümme) 14 = Schrr. Ehemalig Herzogtümer Bremen und Verden 30 (Oldenburg – Stade 2008).

Hollstein 1993
W. Hollstein, Die stadtrömische Münzprägung der Jahre 78–50 v. Chr. zwischen politischer Aktualität und Familienthematik, Quellen und Forschungen zur antiken Welt 14 (München 1993).

Honroth 1971
M. Honroth, Stadtrömische Girlanden. Ein Versuch zur Entwicklungsgeschichte römischer Girlanden. Sonderschrift Öst.Inst. 17 (Wien 1971).

Hueber 1984
F. Hueber, Beobachtungen zu Kurvatur und Scheinperspektive an der Celsusbibliothek und anderen kaiserzeitlichen Bauten, in: W. Hoepfner (Hrsg.), Bauplanung und Bautheorie der Antike, Kolloquium Berlin 16.–18. November 1983, DiskAB 4 (Berlin 1984) 175–200.

Hueber 1989
F. Hueber, Gestaltungsfeinheiten und Quaderbautechnik an Bauten der frühen Kaiserzeit. Ergebnisse von Bauuntersuchungen als Beitrag zur Vitruv-Forschung, in: H. Geertman – J. J. De Jong (Hrsg.), Munus non ingratum. Proceedings of the International Symposium on Vitruvs' „De Architectura" and the Hellenistic and Republican Architecture, Kolloquium Leiden 20.–23. Januar 1987 (Leiden 1989) 217–229.

Hülsen 1888
C. Hülsen, Sitzungsprotocolle, RM 3, 1888, 93–100.

Hülsen 1889
C. Hülsen, Jahresbericht über neue Funde und Forschungen zur Topographie der Stadt Rom. 1887–1889, RM 4, 1889, 227–291.

Hülsen 1902a
C. Hülsen, Jahresbericht über neue Funde und Forschungen zur Topographie der Stadt Rom. Neue Reihe I. Die Ausgrabungen auf dem Forum Romanum 1898–1902, RM 17, 1902, 1–97.

Hülsen 1902b
C. Hülsen, Neue Inschriften vom Forum Romanum, Klio 2, 1902, 227–283.

Hülsen 1905a
C. Hülsen, Jahresbericht über neue Funde und Forschungen zur Topographie der Stadt Rom II. Die Ausgrabungen auf dem Forum Romanum 1902–1904, RM 17, 1905, 1–119.

Hülsen 1905b
C. Hülsen, Das Forum Romanum. Seine Geschichte und seine Denkmäler [2](Rom 1905).

Hülsen 1910
C. Hülsen, Il libro di Giuliano da Sangallo. Codice Vaticano Barberiniano Latino 4424 (Leipzig 1910).

Hülsen 1927
C. Hülsen, Le chiese di Roma nel medio evo (Florenz 1927).

Iaccarino 1934
S. Iaccarino, Monete rinvenute nella Basilica Emilia, BdA 28, 1934, 479 f.

Iacopi 1974
I. Iacopi, L'Antiquario Forense (Rom 1974).

Iacopi – Tedone 2006
I. Iacopi – G. Tedone, Bibliotheca e Porticus ad Apollinis, RM 112, 2005/2006, 351–378.

Iara 2007
K. Iara, Die Bauornamentik des so genannten Gartenstadions des Kaiserpalastes auf dem Palatin (ungedruckte Dissertation Universität zu Köln 2007).

Ivanov 2005
T. Ivanov, Ulpia Oescus Volume II, Razkopki i prounivanja 34, 2005, 7–89.

Jenewein 2008
G. Jenewein, Die Architekturdekoration der Caracallathermen (Wien 2008).

Johnson 1935
J. Johnson, Excavations at Minturnae I. Monuments of the Republican Forum (Philadelphia 1935).

Jordan 1885
H. Jordan, Topographie der Stadt Rom im Alterthum. I, 2 (Berlin 1885).

Jurisic 2000
M. Jurisic, Ancient Shipwrecks of the Adriatic. Maritime Transport During the First and Second Centuries AD, BAR International Series 818 (Oxford 2000).

Kähler 1935a
H. Kähler, Die Porta Aurea in Ravenna, RM 50, 1935, 172–224.

Kähler 1935b
H. Kähler, Die römischen Stadttore von Verona, JdI 50, 1935, 138–197.

Kähler 1937
H. Kähler, Zu den Spolien im Baptisterium der Lateransbasilika, RM 52, 1937, 106–118.

Kähler 1939
H. Kähler, Die römischen Kapitelle des Rheingebietes, RGF 13 (Berlin 1939).

Kähler 1942
H. Kähler, Die römischen Torburgen der frühen Kaiserzeit, JdI 57, 1942, 1–104.

Kähler 1960
H. Kähler, Rom und seine Welt (München 1960).

Kampen 1991
N. Kampen, Reliefs of the Basilica Aemilia: A Redating, Klio 73, 1991, 448–458.

Kapitän 1961
G. Kapitän, Schiffsfrachten antiker Baugesteine und Architekturteile vor den Küsten Ostsiziliens, Klio 39, 1961, 276–318.

Keil 1964
J. Keil, Ephesos. Ein Führer durch die Ruinenstätte und ihre Geschichte [5](Wien 1964).

Kienast 1996
D. Kiensat, Römische Kaisertabelle. Grundzüge einer römischen Kaiserchronologie [2](Darmstadt 1996).

Kienast 1999
D. Kienast, Augustus. Princeps und Monarch [3](Darmstadt 1999).

Kissel 2004
T. Kissel, Das Forum Romanum. Leben im Herzen Roms (Düsseldorf 2004).

Klebs 1893a
RE I 1 (1893) 552 f. s. v. Aemilius 68 (E. Klebs).

Klebs 1893b
RE I 1 (1893) 554–556 s. v. Aemilius 72 (E. Klebs).

Kleiner 1985
F. S. Kleiner, The Arch of Nero in Rome: A Study of A Roman Honorary Arch Before and Under Nero (Rom 1985).

Knell 1998
H. Knell, Rez. zu „Die Architekten der späten römischen Republik und der Kaiserzeit. Epigraphische Zeugnisse." Gymnasium 105, 1998, 318 f.

Knell 2004
H. Knell, Bauprogramme römischer Kaiser (Mainz 2004).

Knibbe – Büyükkolanci 1989
D. Knibbe – M. Büyükkolanci, Zur Bauinschrift der Basilica auf dem sogenannten Staatsmarkt von Ephesos, ÖJh 59, 1989, 43–45.

Kockel 1983
V. Kockel, Beobachtungen zum Tempel des Mars Ultor und zum Forum des Augustus, RM 90, 1983, 421–448.

Köb 2000
I. Köb, Rom – ein Stadtzentrum im Wandel. Untersuchungen zur Funktion und Nutzung des Forum Romanum und der Kaiserfora in der Kaiserzeit (Hamburg 2000).

Koeppel 1982
G. Koeppel, Official State Reliefs of the City of Rome, in: ANRW II 12.1 (Berlin 1982) 477–506.

Köster 2004
R. Köster, Die Bauornamentik von Milet. Teil 1: Die Bauornamentik der früheren und mittleren Kaiserzeit. Milet VII 1 (Berlin 2004).

Kolb 1993
A. Kolb, Die kaiserliche Bauverwaltung in der Stadt Rom: Geschichte und Aufbau der cura operum publicorum unter dem Prinzipat. Heidelberger althistorische Beiträge und epigraphische Studien 13 (Stuttgart 1993).

Kolb 1995
F. Kolb, Rom. Die Geschichte der Stadt in der Antike (München 1995).

Kolb 2006
F. Kolb, Augustus und das Rom aus Marmor – Glanz und Größe, in: E. Stein-Hölkeskamp – K.-J. Hölkeskamp (Hrsg.), Erinnerungsorte der Antike. Die römische Welt (München 2006) 123–139.

Komnick 2001
H. Komnick, Die Restitutionsmünzen der frühen Kaiserzeit. Aspekte der Kaiserlegitimation (Berlin 2001).

Kränzle 1991
P. Kränzle, Die zeitliche und ikonographische Stellung des Frieses der Basilica Aemilia, Antiquates 2 (Hamburg 1991).

Kränzle 1993
P. Kränzle, Die zeitliche und ikonographische Stellung des Frieses der Basilica Aemilia, AntPl 23, 1993, 93–130.

Kraus 1953
T. Kraus, Die Ranken der Ara Pacis. Ein Beitrag zur Entwicklungsgeschichte der römischen Ornamentik (Berlin 1953).

Kulikowski 2007
M. Kulikowski, Rome's Gothic Wars from the Third Century to Alaric (Cambridge 2007).

Labranche 1968
C. L. Labranche, Roma Nobilis: The Public Architecture of Rome 330–476 (Michigan 1968).

Lancaster 2005
L. C. Lancaster, Concrete Vaulted Construction in Imperial Rome. Innovations in Context (Cambridge 2005).

Lanciani 1988
R. Lanciani, Sitzungsprotocolle, RM 3, 1888, 93–100.

Lanciani 1899
R. Lanciani, Le escavazioni del foro, BCom 27, 1899, 169–204.

Lanciani 1900
R. Lanciani, Le escavazioni del foro, BCom 28, 1900, 3–8.

Lanciani 1903
R. Lanciani, Basilica Emilia, Bcom 31, 83–96.

Lanciani 1989
R. Lanciani, Storia degli Scavi di Roma I–VI (1902–1912), in: L. Malvezzi Campeggi (Hrsg.), R. Lanciani, Storia degli scavi di Roma I (Rom 1989).

Lanciani 1990
R. Lanciani, Storia degli Scavi di Roma I–VI (1902–1912), in: L. Malvezzi Campeggi (Hrsg.), R. Lanciani, Storia degli scavi di Roma II (Rom 1990).

Landskron 2005
A. Landskron, Parther und Sasaniden. Das Bild der Orientalen in der römischen Kaiserzeit (Wien 2005).

Landwehr 2000
Ch. Landwehr, Die römischen Skulpturen von Caesarea Mauretaniae II. Idealplastik männliche Figuren (Mainz 2000).

Langner 2001
M. Langner, Antike Graffitizeichnungen. Motive, Gestaltung und Bedeutung, Palilia 11 (Wiesbaden 2001).

La Rocca 1984
E. La Rocca, La riva a mezzaluna: culti, agoni, monumenti funerari presso il Tevere nel Campo Marzio occidentale (Rom 1984).

La Rocca 1985
E. La Rocca, Amazzonomachia. Le sculture frontonali del tempio di Apollo Sosiano. Ausstellungskatalog Rom 1985 (Rom 1985).

La Rocca 1993
E. La Rocca, Due monumenti a pianta circolare in circo Flaminio: il perirrhanterion e la columna Bellica, in: V. R. T. Scott – A. R. Scott (Hrsg.), Classical and Postclassical Studies in Memory of Frank Edward Brown (Rom 1993) 17–29.

La Rocca 1995
E. La Rocca, Sul circo Flaminio, Archeologia Laziale 12, 1, 1995, 103–119.

La Rocca 1999
LTUR IV (1999) 79 f. s. v. Prirrhanterion (E. La Rocca).

La Rocca 2001
E. La Rocca, La nuova immagine dei fori Imperiali. Appunti in margine agli scavi, RM 108, 2001, 171–213.

Lauffer 1971
S. Lauffer, Diokletians Preisedikt (Berlin 1971).

Lauter 1976
H. Lauter, Die Koren des Erechtheion, Antike Plastik 16 (Berlin 1976).

Lauter 1979
H. Lauter, Bemerkungen zur späthellenistischen Baukunst in Mittelitalien, JdI 94, 1979, 390–459.

Lauter 1982
H. Lauter, Zwei Bemerkungen zur Basilica Iulia, RM 89, 1982, 447–451.

Lauter 1986
H. Lauter, Die Architektur des Hellenismus (Darmstadt 1986).

Lauter-Bufe 1988
H. Lauter-Bufe, Die Geschichte des Sikeliotisch-korinthischen Kapitells (Mainz 1988).

Lazzarini 2004
L. Lazzarini (Hrsg.), Asmosia VI. Interdisciplinary Studies on Ancient Stone, Proceedings of the Sixth International Conference of the Association for the Study of Marble and Other Stones in Antiquity, Venedig 2000 (Venedig 2004).

Lazzaro 1980
L. Lazzaro, Cippo funerario di Claudia Toreuma, in: F. Ghedini (Hrsg.), Sculture greche e romane del museo civico di Padova. Ausstellungskatalog Padua (Rom 1980) 172 f.

Lehmann 1982
P. W. Lehmann, The Basilica Aemilia and S. Biagio at Montepulciano, ArtB 64, 1982, 124–131.

Leon 1971
C. F. Leon, Die Bauornamentik des Trajansforums und ihre Stellung in der früh- und mittelkaiserzeitlichen Architekturdekoration Roms (Wien 1971).

Liljenstolpe 1999
P. Liljenstolpe, Superimposed Orders: the Use of the Architectural Orders in Multistoreyed Structures of the Roman Imperial Era, Opuscula Romana 24, 1999, 117–154.

Lipps 2006
J. Lipps, Nuovi ricerchi sulla Basilica Emilia, AiacNews III, 2006, 10–12.

Lipps 2007a
J. Lipps, Die Säulenkapitelle der Basilica, in: K. S. Freyberger – C. Ertel – J. Lipps – T. Bitterer (Hrsg.), Neue Forschungen zur Basilica Aemilia auf dem Forum Romanum. Ein Vorbericht, RM 113, 2007, 525–534.

Lipps 2007b
J. Lipps, Sulla decorazione architettonica della Basilica Aemilia. Un contributo alla cronologia dell'edificio di età imperiale, ArchCl 58, 2007, 143–153.

Lipps 2008
J. Lipps, Zur Datierung der spätantiken Portikus des Caesarforums: Literarische Quellen und archäologischer Befund, RM 114, 2008, 389–405.

Lugli 1946
G. Lugli, Roma Antica. Il centro monumentale (Rom 1946).

Lugli 1957
G. Lugli, La tecnica edilizia romana. Con particolare riguardo a Roma e Lazio (Rom 1957).

Lugli 1970
G. Lugli, Itinerario di Roma antica (Mailand 1970).

Lupi 1984
L. Lupi, XXIII,1 Capitello Corinzio, in: A. Giuliano (Hrsg.), Museo Nazionale Romano, Le Sculture I, 7 (Rom 1984) 527 f.

Lupi 1991a
L. Lupi, Capitello Corinzio, in: A. Giuliano (Hrsg.), Museo Nazionale Romano, Le Sculture I, 11 (Rom 1991) 2 f. Nr. 4

Lupi 1991b
L. Lupi, Capitello Corinzieggiante, in: A. Giuliano (Hrsg.), Museo Nazionale Romano. Le Sculture I, 11 (Rom 1991) 52 f. Nr. 52

Machado 2006
C. Machado, Building the Past: Monuments and Memory in the Forum Romanum, in: W. Bowden – A. Gutteridge – C. Machado (Hrsg.), Social and Political Life in Late Antiquity, Late Antique Archeology 3.1 (Leiden 2006) 157–192.

Maischberger 1997
M. Maischberger, Marmor in Rom: Anlieferung, Lager- und Werkplätze in der Kaiserzeit, Palilia 1 (Wiesbaden 1997).

Manacorda 1993
LTUR I (1993) 326–329 s. v. Crypta Balbi (D. Manacorda).

Manacorda 2001
D. Manacorda, Crypta Balbi. Archeologia e storia di un paesaggio urbano (Mailand 2001).

Mancini 1967/1968
A. Mancini, La chiesa medioevale di S. Adriano nel Foro Romano, RendPontAc 40, 1967/1968, 191–245.

Manderscheid 2004
H. Manderscheid, Was nach den „ruchlosen Räubereien" übrigblieb – zu Gestalt und Funktion der sogenannten Bagni di Livia in der Domus Transitoria, in: A. Hoffmann – U. Wulf (Hrsg.), Die Kaiserpaläste auf dem Palatin in Rom (Mainz 2004) 75–85.

Maniatis u. a. 1995
Y. Maniatis – N. Herz – Y. Basiakos (Hrsg.), Asmosia III. Interdisciplinary Studies on Ancient Stone, Proceedings of the 3rd International Conference of the Association for the Study of Marble and Other Stones in Antiquity, Athen 1993 (Dorchester 1995).

Maschek 2008
D. Maschek, Figur und Ornament. Das Tänzerinnenmonument von der Via Prenestina und die Produktion von Architekturdekor im römischen Suburbium des 1. Jhs. v. Chr., ÖJh 77, 2008, 185–217.

Mathea-Förtsch 1999
M. Mathea-Förtsch, Römische Rankenpfeiler und -pilaster, BeitrESkAr 17 (Mainz 1999).

Mattern 1995
T. Mattern, Segmentstab-Kanneluren. Zu Entwicklung und Verbreitung eines Bauornamentes, Borreas 18, 1995, 57–76.

Mattern 1997
T. Mattern, Die Bauphasen der frühkaiserzeitlichen Basilica Aemilia, Boreas 20, 1997, 33–41.

Mattern 1999
T. Mattern, „Vielheit und Einheit". Zu Erscheinungsbild und Wirkung römischer Tempelarchitektur, BJb 199, 1999, 1–30.

Mattern 2000a
T. Mattern, Der Magna Mater-Tempel und die augusteische Architektur in Rom, RM 107, 2000, 147–153.

Mattern 2000b
T. Mattern, Vom Steinbruch zur Baustelle. Kaiserzeitlicher Baugliedhandel und normierte Architektur?, in: T. Mattern (Hrsg.), Munus. Festschrift für Hans Wiegartz (Münster 2000) 171–188.

Mattern 2001a
T. Mattern, Gesims und Ornament. Zur stadtrömischen Architektur von der Republik bis Septimius Severus (Paderborn 2001).

Mattern 2001b
T. Mattern, Dignis digna. Innenräume stadtrömischer Tempel, AW 32, 2001, 57–63.

Mattingly – Sydenham 1972
H. Mattingly – E. A. Sydenham, The Roman Imperial Coinage II. Vespasian to Hadrian [3](London 1927).

McDaniel 1928
W. B. McDaniel, Basilica Aemilia, AJA 32, 1928, 155–178.

Meneghini – Santangeli Valenzani 2004
R. Meneghini – R. Santangeli Valenzani, Roma nell'altomedioevo. Topografia e urbanistica della città dal V al X secolo (Rom 2004).

Meneghini – Santangeli Valenzani 2006
R. Meneghini, La nuova Forma del Foro di Augusto: tratto e imagine, in: R. Meneghini – R. Santangeli Valenzani (Hrsg.), Formae Urbis Romae. Nuovi frammenti di piante marmoree dallo scavo dei fori imperiali, BCom Suppl. 15 (Rom 2006) 157–171.

Meneghini – Santangeli Valenzani 2007
R. Meneghini – R. Santangeli Valenzani, I Fori Imperiali. Gli scavi del Comune di Roma (1991–2007) (Rom 2007).

von Mercklin 1962
E. von Mercklin, Antike Figuralkapitelle (Berlin 1962).

Micheli 1987
M. E. Micheli, Un nuovo frammento di Enea, Xenia 13, 1987, 25–30.

Mielsch 1975
H. Mielsch, Römische Stuckreliefs, RM Ergh. 21 (Heidelberg 1975).

Mielsch 1985
H. Mielsch, Buntmarmore aus Rom im Antikenmuseum Berlin (Berlin 1985).

Mielsch 2001
H. Mielsch, Römische Wandmalerei (Darmstadt 2001).

Milella 2004
M. Milella, La decorazione architettonica del Foro di Traiano a Roma, in: S. F. Ramallo Asenio (Hrsg.), La Decoración arquitectónica en las ciudades romanas de Occidente, Kolloquium Cartagena 8.–10. Oktober 2003 (Murcia 2004) 55–72.

Milella 2007
M. Milella, Il Foro di Cesare, in: L. Ungaro (Hrsg.), Il museo dei Fori Imperiali nei Mercati di Traiano. Ausstellunbgskatalog Rom (Rom 2007) 94–117.

Montagna Pasquinucci 1973
M. Montagna Pasquinucci, La decorazione architettonica del tempio del Divo Giulio nel foro romano, MonAnt 48, 1973, 257–281.

Moormann 1991
E. M. Moormann, Bouwkunst binnen de muren, VerAmstMeded 50, 1991, 26–29.
Morselli – Tortorici 1989
C. Morselli – E. Tortorici (Hrsg.), Curia, Forum Iulium, Forum Transitorium, Lavori e studi di archeologia 14 (Rom 1989).
Morselli – Pisani Sartorio 1995
LTUR II (1995) 312 f. s. v. Forum Piscarium/Piscatorium (C. Morselli – G. Pisani Sartorio).
Muth 1998
S. Muth, Erleben von Raum – Leben im Raum. Zur Funktion mythologischer Mosaikbilder in der römisch-kaiserzeitlichen Wohnarchitektur. Archäologie und Geschichte 10 (Heidelberg 1998).
Muth 2006
S. Muth, Rom in der Spätantike. Die Stadt als Erinnerungslandschaft, in: E. Stein-Hölkeskamp – K. J. Hölkeskamp (Hrsg.), Erinnerungsorte der Antike. Die römische Welt (München 2006) 438–456.
Napp 1933
A. E. Napp, Bukranion und Girlande. Beiträge zur Entwicklungsgeschichte der hellenistischen und römischen Dekorationskunst (Wertheim am Main 1933).
Nash 1961
E. Nash, Bildlexikon zur Topographie des antiken Rom I (Tübingen 1961).
Nash 1962
E. Nash, Bildlexikon zur Topographie des antiken Rom II (Tübingen 1962).
Neедergaard 1988
E. Nedergaard, Zur Problematik der Augustusbögen auf dem Forum Romanum, in: M: Hofter (Hrsg.), Augustus und die verlorene Republik. Ausstellungskatalog Berlin (1988) 224–239.
Nedergaard 2004
E. Nedergaard, Restructuring the Fasti Capitolini, AnalRom 30, 2004, 83–99.
Neu 1972
A. Neu, Römisches Ornament. Stadtrömische Marmorgebälke aus der Zeit von Septimius Severus bis Konstantin (Münster 1972).
Nielsen – Poulsen 1992
I. Nielsen – B. Poulsen (Hrsg.), The Temple of Castor and Pollux (Rom 1992).
Nielsen 1993
LTUR I (1993) 242–245 s. v. Castor, Aedes, Templum (I. Nielsen).
Niquet 2003
H. Niquet, Inschriften als Medium von „Propaganda" und Selbstdarstellung im 1. Jh. n. Chr., in: G. Weber – M. Zimmermann (Hrsg.), Propaganda – Selbstdarstellung – Repräsentation im römischen Kaiserreich des 1. Jh. n. Chr. (Stuttgart 2003) 145–173.
Nohlen 1984
K. Nohlen, Planung und Planänderung am Bau. Zum Gewinnen räumlicher Vorstellung im Bauverlauf des Traianeum in Pergamon, in: W. Hoepfner (Hrsg.), Bauplanung und Bautheorie der Antike, Berlin 16.–18. November 1983, DiskAB 4 (Berlin 1984) 238–249.
Nolte 1990
S. Nolte, Schatteneffekte im Ornament der Kaiserzeit und der Einfluss des Lichtes auf die Ornamentik, in: W.-D. Heilmeyer – W. Hoepfner (Hrsg.), Licht und Architektur (Tübingen 1990) 72–78.
Nordh 1949
A. Nordh, Libellus de Regionibus urbis Romae (Lundae 1949).
Noreña 2002
C. F. Noreña, Porticus Gai et Luci, in: L. Haselberger (Hrsg.), Mapping Augustan Rome, JRA Suppl. 50 (Porthsmouth 2002) 204.
von Normann 1996
A. von Normann, Architekturtoreutik in der Antike (München 1996).
Nünnerich-Asmus 1994
A. Nünnerich-Asmus, Basilica und Portikus. Die Architektur der Säulenhallen als Ausdruck gewandelter Urbanität in später Republik und früher Kaiserzeit (Köln 1994).
Olivier 1983
A. Olivier, Sommiers de Platesbandes apareillées et armées à Conimbriga et à Villa d'Hadrien à Tivolli, MEFRA 95, 2, 1983, 937–959.
Osthues 2005
E.-W. Osthues, Studien zum dorischen Eckkonflikt, JdI 120, 2005, 1–154.
Packer 1997
J. E. Packer, The Forum of Trajan in Rome. A Study of the Monuments. California Studies in the History of Art 31 (Berkeley 1997).
Pagano 1996
M. Pagano, La nuova pianta della città e di alcuni edifici pubblici di Ercolano, CronErcol 26, 1996, 229–262.
Palombi 1999
LTUR IV (Rom 1999) 122 f. s. v. Porticus Gai et Luci (D. Palombi).
Palombi – Leone 2007
D. Palombi – A Leone, Il gruppo statuario dei Dioscuri dal tempio del foro di Cori, RM 113, 2007, 399–442.
Panciera 1969
S. Panciera, Miscellanea Epigrafica IV, Epigrafica 31, 1969, 104–120.

Panciera 1982
S. Panciera, Iscrizioni senatorie di Roma e dintorni, in: Epigrafia e ordine senatorio I. Atti del Colloquio internazinale AIEGL, Rom 1981, Tituli 4 (1982) 591–678.

Papi 1999a
LTUR V (1999) 13 f. s. v. Tabernae Lanienae (E. Papi).

Papi 1999b
LTUR V (1999) 10–13 s. v. Tabernae Argentariae (E. Papi).

Papi 1999c
LTUR V (1999) 14 f. s. v. Tabernae Novae (E. Papi).

Papini 2008
M. Papini, Rilievo con scena di battaglia, in: E. La Rocca – S. Tortorella – A. Lo Monaco (Hrsg.), Trionfi romani. Ausstellungskatalog Rom (2008) 172 f.

Parker 1992
A. J. Parker, Ancient Shipwrecks of Mediterranean and the Roman Provinces (Oxford 1992).

Paul 1994
A. Paul, Toskanische Kapitelle aus Trier und Umgebung, TrZ 57, 1994, 147–273.

Pensabene 1972a
P. Pensabene, Scavi di Ostia VII. I Capitelli (Rom 1972).

Pensabene 1972b
P. Pensabene, Considerazioni sul trasporto di manufatti marmorei in età imperiale a Roma e in altri centri occidentali, DialA 6, 1972, 317–362.

Pensabene 1982a
P. Pensabene, La decorazione architettonica di Cherchel, cornici, architravi, soffitti, basi e pilastri, in: 150-Jahr-Feier Deutsches Archäologisches Institut Rom 1979, RM Ergh. 25 (1982) 116–169.

Pensabene 1982b
P. Pensabene, Les chapiteaux de Cherchel. Etude de la décoration architectonique, Bulletin d'archéologie algérienne Suppl. 3 (Alger 1982).

Pensabene 1984
P. Pensabene, Tempio di Saturno. Architettura e decorazione, Lavori e studi di archeologia 5 (Rom 1984).

Pensabene – Panella 1993/1994
P. Pensabene – C. Panella, Reimpiego e progettazione architettonica nei monumenti tardo-antichi di Roma, RendPontAc 66, 1993/1994, 111–283.

Pensabene 1996a
LTUR III (1996) 206–208 s. v. Magna Mater (P. Pensabene).

Pensabene 1996b
P. Pensabene, Programmi decorativi e architettura del tempio di Antonino e Faustina al Foro Romano, in: L. Bacchielli – M. Bonanno Aravantinos (Hrsg.), Scritti di Antichità in memoria di Sandro Stucchi, Studi Miscellanei 29 (Rom 1996) 239–269.

Pensabene 1997
P. Pensabene, Elementi architettonici dalla Casa di Augusto sul Palatino, RM 104, 1997, 149–192.

Pensabene 1998a
P. Pensabene (Hrsg.), Marmi Antichi II. Cave e tecnica di lavorazione, Studi Miscellanei 31 (Rom 1998).

Pensabene 1998b
P. Pensabene, Le colonne sbozzate di cipollino nei distretti di Myloi e di Aetos (Karystos), in: P. Pensabene (Hrsg.), Marmi Antichi II. Cave e tecnica di lavorazione, Studi Miscellanei 31 (Rom 1998) 311–327.

Pensabene 1998c
P. Pensabene, Il fenomeno del marmo nella Roma tardorepubblicana e imperiale, in: P. Pensabene (Hrsg.), Marmi Antichi II. Cave e tecnica di lavorazione, Studi Miscellanei 31 (Rom 1998) 333–390.

Pensabene – Lazzarini 1998
P. Pensabene – L. Lazzarini, Il problema del bigio antico e del bigio morato: contributo allo studio delle cave di Teos e di Chios, in: P. Pensabene (Hrsg.), Marmi Antichi II. Cave e tecnica di lavorazione, Studi Miscellanei 31 (Rom 1998) 141–174.

Pensabene 2002a
P. Pensabene, Il fenomeno del marmo nel mondo romano, in: M. De Nuccio – L. Ungaro (Hrsg.), I marmi colorati della Roma imperiale. Ausstellungskatalog Rom (Venedig 2002) 3–68.

Pensabene 2002b
P. Pensabene, Le principali cave di marmo bianco, in: M. De Nuccio – L. Ungaro (Hrsg.), I marmi colorati della Roma imperiale. Ausstellungskatalog Rom (Venedig 2002) 203–222.

Pensabene 2004a
P. Pensabene, Trasformazione urbana e reimpiego tra la seconda metà del IV secolo e l'età carolingia, in: G. Borghini – P. Callegari – L. Nista (Hrsg.), Roma: il riuso dell'antico (Bologna 2004) 19–32.

Pensabene 2004b
P. Pensabene, La Diffusione del Marmo Lunense nelle province occidentali, in: S. F. Ramallo Asenio (Hrsg.) La Decoración arquitectónica en las ciudades romanas de Occidente, Kolloquium Cartagena 2003 (2004) 421–443.

Pettinau 1984a
B. Pettinau, XV, 43. Blocco di Soffitto a Cassettoni, in: A. Giuliano (Hrsg.), Museo Nazionale Romano, Le Sculture I, 7 (Rom 1984) 488.

Pettinau 1984b
B. Pettinau, XXIV,1 Capitello Corinzio, in: A. Giuliano (Hrsg.), Museo Nazionale Romano, Le Sculture I, 7 (Rom 1984) 531 f.

Pfanner 1983
M. Pfanner, Der Titusbogen, BeitrESkAr 2 (Mainz 1983).

Pfanner 1988
M. Pfanner, Vom „Laufenden Bohrer“ bis zum „Bohrlosen Stil“, AA 1988, 667–676.
Pfanner 1989
M. Pfanner, Über das Herstellen von Porträts. Ein Beitrag zu Rationalisierungsmaßnahmen und Produktionsmechanismen von Massenware im späten Hellenismus und in der römischen Kaiserzeit, JdI 104, 1989, 157–257.
Picard 1957
Ch. Picard, Le chatiment de Tarpeia(?) et les frises historico-légendaires de la Basilique Aemilia à Rome, RevArch 49, 1957, 181–188.
Pisani Sartorio 1982
G. Pisani Sartorio, L'area sacra dei templi della Fortuna e della Mater Matuta nel Foro Boario in: I. Dondero – P. Pensabene (Hrsg.), Roma repubblicana fra il 509 e il 270 a. C. (Rom 1982) 51–56.
Pisani Sartorio 1995
LTUR II (1995) 281–285 s. v. Fortuna et Mater Matuta, Aedes (G. Pisani Sartorio).
Pisani Sartorio 1996a
LTUR III (1996) 312 f. s. v. Porta Tiburtina (G. Pisani Sartorio).
Pisani Sartorio 1996b
LTUR III (1996) 201–203 s. v. Macellum (G. Pisani Sartorio).
Platner – Ashby 1965
S. B. Platner – T. Ashby, A Topographical Dictionary of Ancient Rome (Oxford 1965).
Plattner 2003
G. A. Plattner, Ephesische Kapitelle des 1. und 2. Jhs. n. Chr. Form und Funktion kaiserzeitlicher Architekturdekoration in Kleinasien (ungedruckte Dissertation Universität Wien 2003).
Plattner 2004
G. A. Plattner, Transfer von Architekturkonzepten und Ornamentformen zwischen Kleinasien und Rom in der Kaiserzeit, RHM 46, 2004, 17–35.
Plattner – Schmidt-Colinet 2005
G. A. Plattner – A. Schmidt-Colinet, Beobachtungen zu drei Kaiserzeitlichen Bauten in Ephesos, in: B. Brandt – V. Gassner – S. Ladstätter (Hrsg.), Synergia. Festschrift für Friedrich Krinzinger (Wien 2005) 243–246.
Plattner 2007
G. A. Plattner, Elemente stadtrömischer Bautypen und Ornamentformen in der kleinasiatischen Architektur, in: M. Meyer (Hrsg.), Neue Zeiten – Neue Sitten. Zu Rezeption und Integration römischen und italischen Kulturguts in Kleinasien (Wien 2007) 125–132.
Poeschke 1996
J. Poeschke (Hrsg.), Antike Spolien in der Architektur des Mittelalters und der Renaissance (München 1996).
Prayon 1984
F. Prayon, Zur Genese der tuskanischen Säule, in: H. Knell (Hrsg.), Vitruv-Kolloquium Darmstadt 17.–18. Juni 1982 (Darmstadt 1984) 141–162.
Pülz 1989
S. Pülz, Untersuchungen zur kaiserzeitlichen Bauornamentik von Didyma, IstMitt Beih. 35 (Tübingen 1989).
Purcell 1995
LTUR II (1995) 325–336 s. v. Forum Romanum (The Republican Period) (N. Purcell).
Purcell 1996
N. Purcell, Rome and Its Development Under Augustus and His Successors, in CAH 10 [2](1996) 782–811.
Radt 1999
W. Radt, Pergamon. Geschichte und Bauten einer antiken Metropole (Darmstadt 1999).
Rakob 1983
F. Rakob, Metrologie und Planfiguren einer kaiserlichen Bauhütte, in: W. Hoepfner (Hrsg.), Bauplanung und Bautheorie der Antike. Kolloquium Berlin 16.–18. November 1983, DiskAB 4 (Berlin 1983) 220–237.
Reece 1982
R. Reece, A Collection of Coins from the Centre of Rome, BSR 37, 1982, 116–145.
Reece 2003
R. Reece, Coins and the Late Roman Economy, in: L. Lavan – W. Bowden (Hrsg.), Theory and Practice in Late Antique Archeology, Late Antique Archeology 1 (Brill 2003) 139–168.
Reinholdt 2000
C. Reinholdt, Rez. zu A. Viscogliosi, Il tempio di Apollo „in circo“ e la formazione del linguaggio architettonico augusteo, AnzAW 53, 2000, 195–203.
Rich 1998
J. W. Rich, Augustus Parthian Honours, the Temple of Mars Ultor and the Arch in the Forum Romanum, BSR 66, 1998, 71–128.
Richardson 1979
L. Richardson Jr., Basilica Fulvia, Modo Aemilia, in: G. Kopcke – M. B. Moore (Hrsg.), Studies in Classical Art and Archeology. Attribute to P. H. v. Blanckenhagen (Locust Valley 1979) 209–215.
Richardson 1992
L. Richardson Jr., A New Topographical Dictionary of Ancient Rome (Baltimore 1992).
Rieche 1984
A. Rieche, Römische Kinder- und Gesellschaftsspiele (Aalen 1984).
Rizzo 2001
S. Rizzo, Indagini nei fori Imperiali. Oroidrografia, foro di Cesare, foro di Augusto, templum Pacis, RM 108, 2001, 216–244.

Rodenwaldt 1925
G. Rodenwaldt, Der Sarkophag Caffarelli. BWPr 83 (Berlin 1925).
Rodríguez Almeida 1980
E. Rodríguez Almeida, Forma Urbis marmorea. Aggiornamento generale (Rom 1981).
Roehmer 1997
M. Roehmer, Der Bogen als Staatsmonument. Zur politischen Bedeutung der römischen Ehrenbögen des 1. Jhs. n. Chr. (München 1997).
von Rohden 1893a
RE I 1 (1893) 561–663 s. v. Aemilius 75 (H. von Rohden).
von Rohden 1893b
RE I 1 (1893) 564 f. s. v. Aemilius 81 (H. von Rohden).
von Rohden 1893c
RE I 1 (1893) 565 f. s. v. Aemilius 82 (H. von Rohden).
von Rohden 1893d
RE I 1 (1893) 580 s. v. Aemilius 115 (H. von Rohden).
von Rohmann 1998
J. Rohmann, Die Kapitellproduktion der römischen Kaiserzeit in Pergamon, PF 10 (Berlin 1998).
Rohmann 2007
J. Rohmann, Kapitelle, in: J. J. Rasch – A. Arbeiter, Das Mausoleum der Constantina in Rom. Spätantike Zentralbauten in Rom und Latium 4 (Mainz 2007) 31–39.
Romano – Stapp – Gallia 2002
D. G. Romano – N. L. Stapp – A. B. Gallia, Making the Map, in: L. Haselberger (Hrsg.), Mapping Augustan Rome, JRA Suppl. 50 (Portsmouth 2002) 29–39.
Ronczewski 1934
K. Ronczewski, Einige Spielarten von Pilasterkapitellen, AA 1934, 17–50.
Rosada 1970/1971
G. Rosada, La tipologia e il significato dell' „ordine" tuscanico nell'architettura di Roma, AttiVenezia 129, 1970/1971, 65–126.
Rose 2005
C. B. Rose, The Parthians in Augustan Rome, AJA 109, 2005, 21–75.
Rossini 2006
O. Rossini, Ara Pacis (Rom 2006).
Rumscheid 1994
F. Rumscheid, Untersuchungen zur kleinasiatischen Bauornamentik des Hellenismus (Mainz 1994).
Sande – Zahle 1988
S. Sande – J. Zahle, Der Tempel der Dioskuren auf dem Forum Romanum, in: M. Hofter (Hrsg.), Augustus und die verlorene Republik. Ausstellungskatalog Berlin 198 (1988) 213–224.
Sande – Zahle 2008
S. Sande – J. Zahle (Hrsg.), The Temple of Castor and Pollux III. The Augustan Temple (Rom 2008).
Santangeli Valenzani 2004
R. Santangeli Valenzani, Abitare a Roma nell'alto medioevo, in: L. Paroli – L Venditelli (Hrsg.), Roma dall'antichità al medioevo II (Mailand 2004) 41–59.
Sauron 1978
F. Coarelli – G. Sauron, La Tete Pentini. Contribution à l'approche méthodologique de Néo-Atticisme, MEFRA 90,2, 1978, 705–751.
Sauron 1994
G. Sauron, Quis Deum? L'expression plastique des idéologies politiques et religieuses à Rome à la fin de la république et au début du principat, BEFAR 285 (Rom 1994).
Scappin 2007
L. Scappin, L'impiego del metallo nell'architettura antica, in: C. G. Malacrino – E. Sorbo (Hrsg.), Architetti, architettura e città nel Mediterraneo antico (Mailand 2007) 291–305.
Scarfi – Tombolani 1985
B. M. Scarfi – M. Tombolani, Altino preromana e romana (Altino 1985).
Schäfer 1999
A. Schäfer, Die tuskanischen Kapitelle des römischen Köln, KölnJb 32, 1999, 689–702.
Schede 1909
M. Schede, Antikes Traufleistenornament. Zur Kunstgeschichte des Auslandes 67 (Strassburg 1909).
Scheithauer 2000
A. Scheithauer, Kaiserliche Bautätigkeit in Rom. Das Echo in der antiken Literatur (Stuttgart 2000).
Schenk 1997
R. Schenk, Der korinthische Tempel bis zum Ende des Prinzipats des Augustus (Leidorf 1997).
Schmidt-Colinet 1992
A. Schmidt-Colinet, Das Tempelgrab Nr. 36 in Palmyra, DaF 4 (Mainz 1992).
Schmidt-Colinet – Plattner 2004
A. Schmidt-Colinet – G. A. Plattner, Antike Architektur und Bauornamentik. Grundformen und Grundbegriffe (Wien 2004).
Schneider – Fehr – Meyer 1979
L. Schneider – B. Fehr – K. H. Meyer, Zeichen, Kommunikation, Interaktion. Zur Bedeutung von Zeichen-, Kommunikations- und Interaktionstheorie für die Klassische Archäologie, Hephaistos 1, 1979, 7–41.
Schneider 1986
R. M. Schneider, Bunte Barbaren. Orientalenstatuen aus farbigem Marmor in der römischen Repräsentationskunst (Worms 1986).
Schneider 1998
R. M. Schneider, Die Faszination des Feindes: Bilder der Parther und des Orients in Rom, in: J. Wiesehöfer (Hrsg.), Das Partherreich und seine Zeugnisse. Beiträge des inter-

nationalen Colloquiums Eutin 27.–30. Juni 1996 (Stuttgart 1998) 95–146.

Schneider 2002
R. M. Schneider, Nuove immagini del potere romano. Sculture in marmo colorato nell'impero romano, in: M. De Nucio – L. Ungaro (Hrsg.), I marmi colorati della Roma imperiale. Ausstellungskatalog Rom (Rom 2002) 82–105.

Schörner 1995
G. Schörner, Römische Rankenfriese. Untersuchungen zur Baudekoration der späten Republik und der frühen und mittleren Kaiserzeit im Westen des Imperium Romanum, BeitrESkAr 15 (Mainz 1995).

Schörner 1997
G. Schörner, Entwurf und arbeitsteilige Fertigung in der Gallia Narbonensis: Die Rankenfriese des Quellheiligtums und der Maison Carée in Nime, KölnJb 30, 1997, 145–157.

Schreiter 1995
C. Schreiter, Römische Schmuckbasen, KölnJb 28, 1995, 161–347.

Schvoerer 1999
M. Schvoerer (Hrsg.), Archéomatériaux. Marbres et autres roches, Asmosia IV. Interdisciplinary Studies on Ancient Stone, Proceedings of the Fifth International Conference of the Association for the Study of Marble and Other Stones in Antiquity, Bordeaux 1995 (Bordeaux 1999).

Schwarz 2002
M. Schwarz, Tumulat Italia tellus: Gestaltung, Chronologie und Bedeutung der römischen Rundgräber in Italien (Rahden 2002).

Scott 1999
LTUR IV (1999) 189–192 s. v. Regia (R. T. Scott).

Seelentag 2004
G. Seelentag, Taten und Tugenden Traians. Herrschaftsdarstellung im Prinzipat. Hermes Einzelschriften 91 (Stuttgart 2004).

Segenni 1985
S. Segenni, Amiternum e il suo territorio in età romana (Pisa 1985).

Settis 1988
S. Settis, Die Ara Pacis, in: M. Hofter (Hrsg.), Augustus und die verlorene Republik, Ausstellungskatalog Berlin (Mainz 1988) 400–426.

Shoe 1952
L. T. Shoe, Profiles of Western Greek Mouldings (Rom 1952).

Shoe 1964
L. T. Shoe, in: Essays in Memory of Karl Lehmann, 1964, 300–303.

Shoe 1965
L. T. Shoe., Etruscan and Republican Roman Mouldings, MemAmAc 28, 1965, 1–232.

Shoe 1969
L. T. Shoe, The geographical distribution of Greek and Roman Ionic Bases, Hesperia 38, 1969, 186–204.

Simon 1966
E. Simon, Fragmente vom Fries der Basilica Aemilia, in: W. Helbig (Hrsg.), Führer durch die öffentlichen Sammlungen klassischer Altertümer in RomII [4](Tübingen 1966) 834–843.

Simpson 1977
C. J. Simpson, The Date of Dedication of the Temple of Mars Ultor, JRS 67, 1977, 91–94.

Sinn 1987
F. Sinn, Stadtrömische Marmorurnen (Mainz 1987).

Sinn 1991
F. Sinn, Vatikanische Museen. Museo Gregoriano Profano ex Lateranense. Katalog der Skulpturen I. Die Grabdenkmäler 1. Reliefs, Altäre, Urnen, MAR 17 (Mainz 1991).

Sirano – Beste 2005/2006
F. Sirano – H.-J. Beste, Studi sul teatro di Teano. Rassegna preliminare, RM 112, 2005/2006, 399–423.

Sisani 2004
S. Sisani, Il Foro Romano, in: F. Coarelli (Hrsg.), Gli scavi di Roma 1878–1921, LTUR Suppl. II.1 (Rom 2004) 59–68.

Sisani 2006
S. Sisani, Il Foro Romano. Le indagini die Alfonso Bartoli, in: F. Coarelli (Hrsg.), Gli scavi di Roma 1922–1975, LTUR Suppl. II.2 (Rom 2006) 31 f.

Smith – Ratté 2000
R. R. R. Smith – C. Ratté, Archeological Research at Aphrodisias in Caria, 1997 and 1998, AJA 104, 2000, 221–253.

Sommer 2003
M. Sommer, Hatra. Geschichte und Kultur einer Karawanenstadt im römisch-parthischen Mesopotamien (Mainz 2003).

Spannagel 1999
M. Spannagel, Exemplaria principis. Untersuchungen zu Entstehung und Ausstattung des Augustusforum. Archäologie und Geschichte 9 (Heidelberg 1999).

Sperti 1983
L. Sperti, I capitelli romani del museo archeologico di Verona (Rom 1983).

Sperti – Tirelli 2007
L. Sperti – M. Tirelli, I capitelli romani di Altino, RdA 31, 2007, 103–138.

Steinby 1986
E. M. Steinby, L'industria laterizia di Roma nel tardo impero, in: A. Giardina (Hrsg.), Società Romana e impero tardoantico II. Roma. Politica, economia, paesaggio urbano (Rom 1986) 99–169.

Steinby 1987
E. M. Steinby, Il lato orientale del Foro Romano, Arctos 21, 1987 139–184.

Steinby 1988
E. M. Steinby, Il lato orientale del foro,Archeologia Laziale 9, 1988, 32–36.
Steinby 1993
LTUR I (1993) 167 f. s. v. Basilica Aemilia (E. M. Steinby).
Storz 1988
S. Storz, Fragmente der Innenordnung des Mars-Ultor-Tempels und ihre Renaissance-Darstellungen, in: M. Hofter (Hrsg.), Kaiser Augustus und die verlorene Republik. Ausstellungskatalog Berlin (Berlin 1988) 172–184.
Strocka 2002
V. M. Strocka, Der Apollon des Kanachos in Didyma und der Beginn des Strengen Stils, JdI 117, 2002, 81–125.
Strong – Ward-Perkins 1962
D. E. Strong – J. B. Ward-Perkins, The Temple of Castor in the Forum Romanum, BSR 30, 1962, 1–30.
Strong 1963
D. E. Strong, Some Observations on Early Roman Corinthian, JRS 53, 1963, 72–84.
Strube 1993
C. Strube, Baudekoration im Nordsyrischen Kalksteinmassiv, DaF 5 (Mainz 1993).
Stückelberger 1994
A. Stückelberger, Bild und Wort: das illustrierte Fachbuch in der antiken Naturwissenschaft, Medizin und Technik (Mainz 1994).
Sturm 1888
J. Sturm, Das kaiserliche Stadium auf dem Palatin. Ein Beitrag zur Geschichte der römischen Kaiserpaläste (Würzburg 1888).
Swan 2004
P. M. Swan, The Augustan Succession. An Historical Commentary on Cassius Dio's Roman History, Books 55–56, 9 B.C.–29 A.D. (Oxford 2004).
von Sydow 1973
W. von Sydow, Archäologische Funde und Forschungen im Bereich der Soprintendenz Rom, AA 1973, 521–647.
von Sydow 1977
W. von Sydow, Eine Grabrotunde an der via Appia antica, JdI 92, 1977, 241–321.
Syndikus 1994
A. Syndikus, Zu Leon Battista Albertis Studium der Basilica Aemilia auf dem Forum Romanum, ZKuGesch 57, 1994, 319–329.
Tancke 1989
K. Tancke, Figuralkassetten griechischer und römischer Steindecken (Frankfurt 1989).
Taylor 2003
R. M. Taylor, Roman Builders: A Study in Architectural Process (Cambridge 2003).
Tea 1932
E. Tea, Giacomo Boni nella vita del suo tempo II (Mailand 1932).
Toebelmann 1923
F. Toebelmann, Römische Gebälke, in: I, E. Fiechter – C. Hülsen (Hrsg.) (Heidelberg 1923).
Tomasello – Zelazowski 2000
A. Tomasello – J. Zelazowski, Considerazioni sul Teatro di Marcello nei resti monumentali e nella tradizione grafica rinascimentale, Apol 51, 2000, 7–36.
Tombrägel 2004
M. Tombrägel, Die republikanischen Villen in Tivoli: Zur Entwicklungsgeschichte der römischen Villa im zweiten und ersten Jahrhundert v. Chr. (ungedruckte Dissertation Philippsuniversität Marburg 2004).
Tomei 2000a
M. A. Tomei, I resti dell'arco di Ottavio sul Palatino e il Portico delle Danaide, MEFRA 112,2, 2000, 557–610.
Tomei 2000b
M. A. Tomei, Le case di Augusto sul Palatino, RM 107, 2000, 7–36.
Tomei 2004
M. A. Tomei, Die Residenz des ersten Kaisers – Der Palatin in augusteischer Zeit, in: A. Hoffmann – U. Wulf (Hrsg.), Die Kaiserpaläste auf dem Palatin in Rom (Mainz 2004) 6–17.
Tomei 2005/2006
M. A. Tomei, Danaidi in rosso antico dal Palatino, RM 112, 2005/2006, 379–384.
Torelli 1968
M. Torelli, I monumenti funerari romani con fregio dorico, DialA 2, 1968, 32–54.
Torelli 1999a
LTUR IV (1999) 70–74 s. v. Pax Augusta Ara (M. Torelli).
Torelli 1999b
LTUR IV (1999) 95 f. s. v. Plutei Traiani (M. Torelli).
Tortorici 1991
E. Tortorici, Argiletum. Commercio speculazione edilizia e lotta politica dall'analisi topografica di un quartiere di Roma di età repubblicana, BCom Suppl. 1 (Rom 1991).
Trunk 1991
M. Trunk, Römische Tempel in den Rhein- und westlichen Donauprovinzen, FiA 14 (Augst 1991).
Ungaro 1997
L. Ungaro, Il modello del Foro di Augusto a Roma, in: J. Arce – S. Ensoli – E. La Rocca (Hrsg.), Hispania Romana. Da terra di conquista a provincia dell`impero (Mailand 1997) 170–175.
Ungaro u. a. 2001
L. Ungaro – G. L. Ponti – M. Vitti, Le pavimentazioni del Foro di Augusto del Foro e dei Mercati di Traiano alla luce dei recenti restauri, in: A. Paribeni (Hrsg.), Atti del VII

Colloquio dell'associazione italiana per lo studio a la conservazione del mosaico, Pompei 22.–25. März 2000 (Ravenna 2001) 565–574.

Ungaro 2002a
L. Ungaro, Il Foro di Augusto, in: M. De Nuccio – L. Ungaro (Hrsg.), I marmi colorati della Roma imperiale, Ausstellungskatalog Rom (Venedig 2002) 109–121.

Ungaro 2002b
L. Ungaro, 492 Rom, Augustusforum. Neue Rekonstruktion des Attikageschosses, in: M. Maischberger (Hrsg.), Die Griechische Klassik. Idee oder Wirklichkeit. Ausstellungskatalog Berlin (Berlin 2002) 638 f.

Ungaro 2004
L. Ungaro, La decorazione architettonica del Foro di Augusto a Roma, in: S. F. Ramallo Asenio (Hrsg.), La Decoración arquitectónica en las ciudades romanas de Occidente, Kolloquium Cartagena 8.–10. Oktober 2003 (Murcia 2004) 17–35.

Ungaro – Vitali 2004
L. Ungaro – M. L. Vitali, Die bemalte Wandverkleidung der „Aula del colosso" im Augustusforum, in: V. Brinkmann – R. Wünsche (Hrsg.), Bunte Götter. Die Farbigkeit antiker Skulptur (München 2004) 216–218.

Ungaro 2006
L. Ungaro, Roma, Foro di Augusto, Aula del colosso. Il rivestimento parietale in marmo dipinto. Analisi di laboratorio e ricostruzione, in: C. Angelelli – A. Paribeni (Hrsg.), Atti del XII Colloquio dell'Associazione italiana per lo studio e la conservazione del mosaico, Padova 14.–15. und 17. Februar – Brescia 16. Februar 2006 (Tivoli 2007) 231–240.

Ungaro 2007a
L. Ungaro, La memoria dell'antico, in: L. Ungaro (Hrsg.), Il museo dei Fori Imperiali nei Mercati di Traiano (Rom 2007) 130–169.

Ungaro 2007b
L. Ungaro, Roma, Foro di Augusto, Aula del Colosso. Il Rivestimento parietale in marmo dipinto: analisi di laboratorio e ricostruzione, in: C. Angelelli – A. Paribeni (Hrsg.), Atti del XII colloquio dell'associazione italiana per lo studio e la conservazione del mosaico, Padua 14.–15. und 17. Februar – Brescia 16. Februar 2006 (Rom 2007) 231–240.

Vaglieri 1903
D. Vaglieri, Gli scavi recenti nel Roro Romano, BCom 31, 1903, 3–240.

Valeri 1900
D. Valeri, Scavi sulla Basilica Emilia, Riv.Italia 1900, 711–719.

Vandeput 1997
L. Vandeput, Sagalassos: A Case Study, The Architectural Decoration in Roman Asia Minor (Turnhout 1997).

Vasdaris 1987
C. Vasdaris, Das dorische Kapitell in der hellenistisch-römischen Zeit im östlichen Mittelmeerraum (Athen 1987).

Vessberg 1941
O. Vessberg, Studien zur Kunstgeschichte der römischen Republik, Acta Instituti Romani Regni Sueciae VIII (Leipzig 1941).

Violante 2007
S. Violante, Rom. Foro Romano, Basilica Aemilia, in: F. Filippi (Hrsg.), Ricostruire l'Antico prima del virtuale. Italo Gismondi. Un architetto per l`archeologia (1887–1974). Ausstellungskatalog Rom (Rom 2007) 306.

Viscogliosi 1988
A. Viscogliosi, Die Architektur-Dekoration der Cella des Apollo-Sosianus-Tempels, in: M. Hofter (Hrsg.), Augustus und die verlorene Republik. Ausstellungskatalog Berlin (Mainz 1988) 136–140.

Viscogliosi 1996
A. Viscogliosi, Il tempio di Apollo in Circo e la formazione del linguaggio architettonico augusteo, BCom Suppl. 3 (Rom 1996).

Viscogliosi 2000
A. Viscogliosi, I Fori Imperiali nei disegni d'architettura del primo cinquecento. Ricerche sull'architettura e l'urbanistica di Roma (Rom 2000).

Waelkens 1990
M. Waelkens (Hrsg.), Pierre eternelle du Nil au Rhin. Carrieres et prefabrication (Brüssel 1990).

Ward-Perkins 1974
J. B. Ward-Perkins, Architettura Romana (Mailand 1974).

Ward-Perkins 1980a
J. B. Ward-Perkins, Nicomedia and the Marble Trade, BSR 48, 1980, 3–69.

Ward-Perkins 1980b
J. B. Ward-Perkins, The Marble Trade and Its Organisation. Evidence from Nicomedia, MemAmAc 36, 1980, 325–338.

Ward-Perkins 1993
J. B. Ward-Perkins, The Severan Buildings of Lepcis Magna. An Architectural Survey (Manchester 1993).

Weber – Zimmermann 2003
G. Weber – M. Zimmermann, Propaganda, Selbstdarstellung und Repräsentation. Die Leitbegriffe des Kolloquiums in der Forschung zur frühen Kaiserzeit, in: G. Weber – M. Zimmermann (Hrsg.), Propaganda – Selbstdarstellung – Repräsentation im römischen Kaiserreich des 1. Jh. n. Chr. (Stuttgart 2003) 11–40.

Wegner 1987
M. Wegner, Bauschmuck der Basilica Aemilia, RM 94, 1987, 325–329.

Wegner 1993
M. Wegner, Römische Miszellen 2, ÖJh 62, 1993, 77–85.

Weickert 1913
C. Weickert, Das lesbische Kymation. Ein Beitrag zur Geschichte der antiken Ornamentik (München 1913).

Weigand 1914
E. Weigand, Baalbek und Rom, die römische Reichskunst in ihrer Entwicklung und Differenzierung, JdI 29, 1914, 37–91.

Weigand 1924
E. Weigand, Rez. zu F. Toebelmann, Römische Gebälke I, ZGeschArchit 8, 1924, 73.

Weigel 1985
R. D. Weigel, Augustus' Relations with the Aemilii Lepidi – Persecution and Patronage, RhM 128, 1985, 180–191.

Weigel 1986
R. D. Weigel, A Reevaluation of Lepidus' „Basilica Aemilia" Denarius, in: I. A. Carradice (Hrsg.), Proceedings of the 10th International Congress of Numismatics, London September 1986 (London 1989) 147–152.

Welch 2003
K. Welch, A New View of the Origins of the Basilica. The Atrium Regium, Graecostasis, and Roman Diplomacy, JRA 16, 2003, 5–34.

Welch 2007
K. Welch, The Roman Amphitheatre. From its Origins to the Colosseum (Cambridge 2007).

Welin 1953
E. Welin, Studien zur Topographie des Forum Romanum (Lund 1953).

Van der Werff 1973
J. H. van der Werff, Notes on a Graffito from the Basilica Aemilia, BABesch 48, 1973, 83–90.

Wesenberg 1981
B. Wesenberg, Zur Baugeschichte des Niketempels, JdI 96, 1981, 28–54.

Wesenberg 1984
B. Wesenberg, Augustusforum und Akropolis, JdI 99, 1984, 161–185.

Wiegartz 1984
H. Wiegartz, Vitruvs Darstellung der römischen Basilica, in: H. Knell (Hrsg.), Vitruv-Kolloquium Darmstadt 17.–18. Juni 1982 (Darmstadt 1984) 193–237.

Wilson Jones 2000
M. Wilson Jones, Principles of Roman Architecture (New Haven 2002).

Wiseman 1998
T. P. Wiseman, Roman Drama and Roman History (Exeter 1998).

Wolf 2003
M. Wolf, Die Häuser von Solunt, Deutsches Archäologisches Institut Rom, Sonderschriften 14 (Mainz 2003).

Wurz 1906
E. Wurz, Plastische Dekoration des Stützwerkes in Baukunst und Kunstgewerbe des Altertums (Straßburg 1906).

Yegül 1993
F. K. Yegül, The Palestra at Herculaneum as a New Architectural Type, in: Eius Virtutis Studiosi: Classical and Postclassical Studies in Memory of Frank Edward Brown (1908–1988) (Rom 1993) 369–393.

Zampa 2005
P. Zampa, La baslica Emilia, in: F. P. Fiore – A. Nesselrath (Hrsg.), La Roma di Leon Battista Alberti. Ausstellungskatalog Rom (Mailand 2005) 214–223.

Zanker 1968
P. Zanker, Forum Augustum: das Bildprogramm, MAR 2 (Tübingen 1968).

Zanker 1972
P. Zanker, Forum Romanum. Die Neugestaltung durch Augustus (Tübingen 1972).

Zanker 1987
P. Zanker, Augustus und die Macht der Bilder (München 1987).

Zanker 2000
P. Zanker, Bild-Räume und Betrachter im kaiserzeitlichen Rom, in: A. H. Borbein – T. Hölscher – P. Zanker (Hrsg.), Klassische Archäologie. Eine Einführung (Berlin 2000) 205–226.

Zanker 2004
P. Zanker, Die Apotheose der römischen Kaiser. Ritual und städtische Bühne (München 2004).

Zappalà 2008
S. Zappalà, Il fregio figurato della Basilica Aemilia, Forma Urbis 13, 2008, 37–43.

Zevi 1991
F. Zevi, L'Atrium Regium, ArchCl 43, 1991/1, 475–487.

Zevi 1993
LTUR I (1993) 137 s. v. Atrium Regium (F. Zevi).

Zimmer 1983
G. Zimmer, Maßstäbe römischer Architekten, in: W. Hoepfner (Hrsg.), Bauplanung und Bautheorie der Antike. Kolloquium Berlin 16.–18. November 1983, DiskAB 4 (Berlin 1983) 265–276.

Zink 2008
S. Zink, Reconstructing the Palatine Temple of Apollo: A Case Study in Early Augustan Temple Design, JRA 21, 2008, 265–276.

XIX. Personen- und Ortsregister

Personenregister

Orts-, Gebäuderegister

Palilia

Herausgegeben vom Deutschen Archäologischen Institut, Abteilung Rom

Band 23: Krise und Wandel

Süditalien im 4. und 3. Jahrhundert v. Chr. Internationaler Kongress anlässlich des 65. Geburtstages von Dieter Mertens

Hg. von Richard Neudecker

2011. 4°. 212 S., 139 s/w-Abb., kart. (978-3-89500-865-8)

Band 22: Die »ägyptische Grotte« von Vulci

Zum Beginn der Archäologie als wissenschaftliche Disziplin

Von Friederike Bubenheimer-Erhart

2010. 4°. 184 S., 77 s/w-Abb., kart. (978-3-89500-711-8)

Band 21: Die Masken aus der Nekropole von Lipari

Von Agnes Schwarzmaier

2011. 4°. 256 S., 48 Textabb., 24 s/w- und 2 Farbtafeln, kart. (978-3-89500-710-1)

Band 20: Militär in Rom

Von Alexandra W. Busch

2011. 4°. 184 S., 90 s/w-Abb., kart. (978-3-89500-706-4)

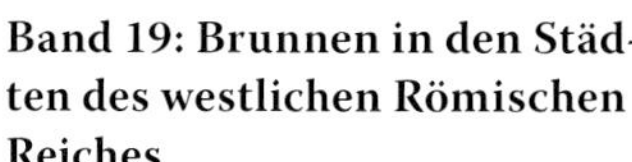

Band 19: Brunnen in den Städten des westlichen Römischen Reiches

Von Andrea Schmölder-Veit

2009. 4°. 208 S., 75 s/w-Abb., kart. (978-3-89500-698-2)

Band 18: Stadtverkehr in der antiken Welt

Internationales Kolloquium zur 175-Jahrfeier des Deutschen Archäologischen Instituts Rom, 21. bis 23. April 2004

Hg. von Dieter Mertens

2008. 4°. 244 S., 175 s/w-Abb., kart. (978-3-89500-665-4)

Band 17: Der Zeuskult bei den Westgriechen

Von Mirko Vonderstein

2006. 4°. 256 S., 65 s/w-Abb., kart. (978-3-89500-546-6)

Band 16: Lebenswelten

Bilder und Räume in der römischen Stadt der Kaiserzeit

Hg. von Paul Zanker und Richard Neudecker

2005. 4°. 256 S., 124 s/w-Abb., kart. (978-3-89500-515-2)

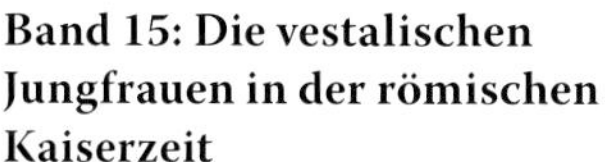

Band 15: Die vestalischen Jungfrauen in der römischen Kaiserzeit

Von Nina Meckacher

2006. 4°. 272 S., 110 s/w-Abb., kart. (978-3-89500-499-5)

Band 14: Das Bild der Stadt Rom im Frühmittelalter

Papststiftungen im Spiegel des Liber Pontificalis von Gregor dem Dritten bis zu Leo dem Dritten

Von Franz Alto Bauer

2005. 4°. 256 S., 97 s/w-Abb., kart. (978-3-89500-437-7)

Palilia

Herausgegeben vom Deutschen Archäologischen Institut, Abteilung Rom

Band 13: Klassizistische Weihreliefs

Zur römischen Rezeption griechischer Votivbilder

Von Stephanie Böhm

2004. 4°. 132 S., 81 s/w-Abb., kart. (978-3-89500-383-7)

Band 12: Leben in der Stadt. Oberitalien zwischen römischer Kaiserzeit und Mittelalter

Abitare in città. La Cisalpina tra impero e medioevo

Hg. von Jacopo Ortalli und Michael Heinzelmann

2003. 4°. 240 S., 205 s/w-Abb., kart. (978-3-89500-314-1)

Band 11: Antike Graffitizeichnungen

Motive, Gestaltung und Bedeutung

Von Martin Langner

2001. 4°. 336 S., 80 s/w-Abb., kart. mit CD-Rom (978-3-89500-188-8)

Band 10: Steine und Pfeiler für die Götter

Weihgeschenkgattungen in westgriechischen Stadtheiligtümern

Von Daphni Doepner

2002. 4°. 264 S., 173 s/w-Abb., kart. (978-3-89500-075-1)

Band 9: Ubi diutius nobis habitandum est

Die Innendekoration der kaiserzeitlichen Gräber Roms

Von Francisca Feraudi-Gruénais

2001. 4°. 248 S., 159 s/w-Abb., kart. (978-3-89500-076-8)

Band 8: Römischer Bestattungsbrauch und Beigabensitten

In Rom, Norditalien und den Nordwestprovinzen von der späten Republik bis in die Kaiserzeit

Hg. von Michael Heinzelmann und Jacopo Ortalli

2001. 4°. 364 S., 245 s/w-Abb., kart. (978-3-89500-077-5)

Band 7: Chiragan, Aphrodisias, Konstantinopel

Zur mythologischen Skulptur der Spätantike

Von Marianne Bergmann

2000. 4°. 176 S., 261 s/w-Abb., kart. (978-3-89500-123-9)

Band 6: Im Spiegel des Mythos. Bilderwelt und Lebenswelt

Lo specchio del mito. Immaginario e realtà.

Hg. von Franceso de Angelis und Susanne Muth

1999. 4°. 160 S., 110 s/w-Abb., kart. (978-3-89500-074-4)

Band 5: Die Skulpturen von Fianello Sabino

Zum Beginn der Skulpturenausstattung in römischen Villen

Von Christiane Vorster

1998. 4°. 124 S., 133 s/w-Abb., kart. (978-3-89500-053-9)

Band 4: Der Kult von Demeter und Kore auf Sizilien und in der Magna Graecia

Von Valentina Hinz

1998. 4°. 252 S., 69 s/w-Abb., kart. (978-3-89500-052-2)